21世纪经济学系列教材
ECONOMICS

U0949796

现代外国财政制度

第二版

Modern Foreign Public Finance Systems

王德祥 编著

WUHAN UNIVERSITY PRESS
武汉大学出版社

图书在版编目(CIP)数据

现代外国财政制度/王德祥编著. —2版. —武汉：武汉大学出版社，2016.7

21世纪经济学系列教材

ISBN 978-7-307-17723-9

Ⅰ. 现… Ⅱ. 王… Ⅲ. 财政制度—国外—高等学校—教材 Ⅳ. F811.2

中国版本图书馆CIP数据核字(2016)第065101号

责任编辑:陈　红　　责任校对:李孟潇　　版式设计:马　佳

出版发行：**武汉大学出版社**　(430072　武昌　珞珈山)

(电子邮件：cbs22@whu.edu.cn　网址：www.wdp.com.cn)

印刷：湖北金海印务有限公司

开本:787×1092　1/16　印张:22.75　字数:536千字　插页:1

版次:2005年11月第1版　2016年7月第2版

2016年7月第2版第1次印刷

ISBN 978-7-307-17723-9　　定价:40.00元

版权所有，不得翻印；凡购我社的图书，如有质量问题，请与当地图书销售部门联系调换。

第二版前言

经过三十多年的改革开放，中国经济已进入创新驱动发展的新阶段。创新驱动除了技术创新驱动，还包括制度创新驱动；在制度创新中，财政制度的创新是重要内容；而要实现财政制度创新，学习和借鉴国际经验又是十分必要的。《诗经·小雅》云："他山之石，可以攻玉。"

《现代外国财政制度》正是期望能发挥这一作用。为了让读者可以比较全面、系统地了解当前主要发达国家的公共财政制度和其他国家的财政制度，此次修订在保持原有结构基本不变的基础上，根据有关国家政府网站的信息和国际组织公布的最新资料，更新和改写了大部分内容。

与第一版相比，修订版的主要变化和调整是：第一，增加了俄罗斯、印度、芬兰财政制度的内容，它们或许能反映北欧福利国家、经济转轨国家和发展中大国的财政制度特征。第二，加强了公共财政制度的理论基础叙述，例如，公共支出理论、公共债务理论、财政分权理论部分的补充与完善。第三，结合现实调整了一些章节，例如公共支出部分的社会保障制度模式、农业和农村发展支出模式、基础教育支出模式；公共收入部分的直接税主体、间接税主体、直接税与间接税并立模式，税收征管模式；公共债务部分的美国和日本的地方债制度，公债可持续问题。第四，为了真实地反映国外状况，对一些引用的图表尽量不做加工和更变，使其保持了原有形态。第五，主要内容、图表和数据均取自原文权威文献，具有可靠性。

本次修订受益于许多著述者的相关研究。另外，研究生雷蕾、张惠、任静、唐飞、李智、许贝贝、周瑞雪、周宁宇、文洁为本书的数据和资料更新做了许多工作。武汉大学出版社的陈红编辑，为本书做了极为出色的编辑工作，在此一并表示感谢。

编　者

2016年4月

目　录

第一章 导 论

制度是社会和组织的行为规范。公共财政制度是对公共经济活动的基本准则、目标要求、组织机构、行为主体、管理方法、运作程序、责任和权利等方面的规定，是一国经济制度的重要组成部分。本章主要讨论国外公共财政制度的特征、公共财政制度的历史发展、西方国家近年来公共财政制度的改革和发展。

第一节 公共财政制度

第二次世界大战后，西方财政制度普遍转向公共财政制度。目前，世界上大多数国家已经或正在建立公共财政制度，公共财政制度已成为当代国外财政制度的一般形态。

一、制度与制度变迁

制度是社会和组织的行为规范，是为了构建人类行为而设定的一系列约束。道格拉斯·诺思指出，制度是有序社会的规则、惯例、习俗和行为理念的集合体，它们一起构成了我们日常的行为选择方式，并决定了我们达到预期目标的路径。制度为人们的行动提供了保证，通过帮助人们形成合理的预期来协调相互关系，在复杂和不确定的世界中给予秩序和稳定性。

新制度经济学将制度看做一种结构体系，它包括正式规则、非正式规则和组织实施。(1) 正式规则是人们有意识创造的各种法律安排、政策规定和契约。法律安排主要由社会的全体公民通过立法程序来作出，政策规定则由政府行政机构来制定，而契约是社会的各种组织、个人和团体之间协商的产物。(2) 非正式规则是指社会习俗、习惯、道德规范、思想信仰和意识形态。非正式规则反映了人们长期实践的成功经验，是一定社会中人们的共识，它对人们行为的约束主要依赖社会舆论。(3) 制度实施是指保证规则执行的组织安排和管理形态。制度的实施形式——根据某种规范从事一定活动和进行某些管理的各种政治团体、经济团体和社会团体组织，本身就是制度结构的重要内容。

关于制度变迁和制度发展，学术界已进行了广泛的研究与探讨。一般来看，社会制度的替代、变更和转换主要源于社会生活条件和环境的改变：(1) 技术上的重大发明和创新突破的出现。重大技术创新可以改变人们的行为偏好、生活方式和价值观念，使新的行为和结果得以接受和推广流行，而使原有的或传统的制度规则与社会经济发展不相适应。(2) 社会资源状况和分配格局的变化。当社会资源出现短缺或持续的交易障碍时，就会引起资源价格和供求关系上的巨大变化；而社会的收入分配差距过大，必然引起严重的社会动荡与不安。这些形成了推动规则变化调整的强大动力。(3) 战争和突发自然灾害的强烈冲击。在各种外来冲击和震动面前，人们被迫改变规则，以维护社会的存在和发展。

从制度变迁的过程看，在上述各因素的作用下，制度变迁通常采取两种形式：（1）强制性制度变迁。强制性制度变迁是一种相对突变，主要是指在强烈的外在冲击过程中和冲击之后，社会对正式规则所作的强制性调整，政府的政策调整和一些法令的颁布即是如此。（2）诱致性制度变迁。诱致性制度变迁是指制度演变的渐进性和自发性，主要指技术和资源的变化促使人们自发地调整行为、生活方式、观念意识和交易规范等非正式制度；特别是当一些团体、组织和个人已经进行了成功的变革尝试之后，其他团体、组织和个人就会学习这些成功经验，从而形成逐渐扩散的、诱致性的制度变迁过程。区分这两类制度变迁的目的在于揭示它们在推动主体、面对的条件和时机上的差异。事实上，在通常情况下，诱致性制度变迁将会发展为强制性制度变迁，强制性制度变迁中又会伴随诱致性制度变迁，二者没有绝对界线。

制度变迁过程的一个重要特点就是它具有路径依赖特性，即制度演进一经发动便呈现正反馈或自我强化的机制。这是因为制度演进总是在制度变革收益大于成本的预期下开始的，而制度变革净收益的实现又将导致新的制度变革发生。反之，不进行制度变革，社会制度就有可能锁定在原有的状态。这也就意味着，制度改革和创新对于一个社会的进步、稳定和发展具有十分重要的作用。

二、公共财政制度

财政是指国家的收入和支出活动。财政活动主要由从事国家管理的政府（各级政府部门和机构）来完成，为了保证财政活动有序进行和避免收支不当、部门和人员徇私舞弊、民众不遵从和不配合，以法律、政令等形式所建立的规定、组织和程序就是财政制度。简单地说，财政制度就是国家制定的关于财政活动的规定和行为规范。

财政制度是一国经济制度的重要组成部分。它的功能是：（1）规定财政的性质、目的、作用和原则，为财政活动提供准则、范围、方向和路径；（2）规定财政活动的内容、主体、责任和相互关系，为财政运行确立组织结构、机制、纪律和秩序；（3）为政府履行社会经济职能、进行国家管理提供财力基础和制度保证。

财政制度按它所对应的财政的性质和作用差异，可分为专制性财政制度、自利性财政制度、公共（性）财政制度。例如，公共财政制度所确定的财政就是公共财政，也即保证公共品提供、为居民公众利益服务的财政，它的收支活动本质上是代表公共利益的（而不是代表专制统治者，也不是代表政府部门或管理阶层的利益的）。公共财政作为一个概念，主要是定义一种非“私”的财政属性或为“公”的导向特性①。

从历史来看，专制性财政制度是奴隶社会和封建社会的财政制度，这种财政制度本质上是为君主专制统治服务的。虽然它可能比较系统（例如中国古代西周的“九赋九式”制度），也可能会进行一些有益于民生的制度调整（例如秦汉以后中国古代的历次财税改革，“租调制”、“两税法”和“一条鞭法”改革等），但它由君主支配、为专制统治服务

---

① 关于公共财政的概念，中国财政学界从不同角度给出了多种定义和解释，如公共财政即民主财政、法制财政、民生财政等等。

的性质不会改变。

自利性财政制度是专制性财政制度崩溃、公共性财政制度尚未完全建立时期的财政制度，它的特点是收支安排由政府和议会控制，财政活动主要是保证政府利益和维护政府的权威与声望。虽然它看起来比较民主，也会关注民生疾苦和社会公益，但它用于社会发展和公众福利的比重（相对政府自身的消费）不可能很大。

公共财政制度是现代国家的财政制度模式，它以现代市场经济制度和国家现代化发展为基础。其中，又以第二次世界大战后西方发达市场经济国家所建立的公共财政制度为代表。从其内容和组成看，它主要由公共预算、公共支出、公共收入、公债、公共财政体制和国有资产管理制度所构成。作为现代财政制度①的代表模式，公共财政制度具有鲜明的公共性、民主性和分权性特征。

（一）以提供公共品和履行三大职能为核心

公共财政制度与其他财政制度的根本区别，首先在于它强调现代财政的公共服务性质和资源配置、公平分配、经济稳定的职能②。公共品是指公众需要而个人和市场主体不愿和不能充分提供的物品与服务，如国防、治安秩序、社会保障、医疗卫生、环境保护、教育和基础设施等。现代财政提供公共品就是面向广大居民、为公众服务，为市场经济发展提供基础、条件和支持，体现了现代条件下国家财政的目的和方向的根本转变。而现代财政的资源配置、收入分配和经济稳定职能，则体现了现代财政在作用和功能上的重大变化。所谓资源配置职能，是指财政通过提供公共品吸收和运用一部分社会资源，从而调整社会资源的配置和运用格局，使社会资源的配置和运用达到最优状态，避免社会资源过多地用于私人品的生产，出现公共品供应不足和不能满足公众需要的状况；财政的分配职能，是指通过财政活动改变市场分配可能出现的严重的分配不公问题，维护社会的公平正义；财政的稳定职能，是指通过财政活动调节市场供求关系、平抑波动、保证市场经济稳定运行。

从实践上看，目前发达市场经济国家的公共预算中，用于公共品和公共服务的支出都占90%以上，用于政府行政管理的费用不到10%。在美国联邦政府的预算支出中，每年的行政管理支出甚至不到1%，而社保、低保、医疗健康支出这三项就占60%左右。财政收入也大众化了，除贫困家庭以外，一般在工作的人都会缴纳个人所得税和社会保障税（费），低收入者和老人通过低税率和税收优惠、接受医疗照顾和各种公共服务客观上缩小了与高收入者的差距。目前发达市场经济国家的财政收支状况与它们在20世纪上半期以前相比已完全不同。

（二）以公共选择和民主监督为运行机制

公共财政制度与其他财政制度的区别，还在于它以公共选择和民主监督作为运行机

---

① 在中国学术界近年的讨论中，现代财政制度是指适应国家治理体系和治理能力现代化要求的财政制度，它应具有统一规范、公开透明、结构合理、调节有力、运行高效的特点。这一定义主要是针对中国实际所提出的财政制度改革的方向和建设目标。

② Richard Abel Musgrave. *Public finance in theory and practice*, McGraw-Hill, 1984.

制。20 世纪 60 年代以后，以布坎南为代表的美国公共选择学派提出财政运行的“公共选择理论”，明确指出在市场经济条件下政府和公共部门的人员也不能避免谋求自身利益的问题，尼斯坎宁甚至构建了一个预算最大化模型来反映政府部门出于自身利益的、不切实际的预算控制情况。在公共选择学派看来，要保证财政的公共性，保证财政能根据公众意愿有效地提供公共品和公共服务，必须要求实行财政民主化，让公众参与财政预算决策，知晓财政收支的执行状况。这意味着财政预算必须公开、透明、完整，财政收支情况必须接受公众（或通过公众代表）的监督和质询，而不能任由政府部门操纵。为此，布坎南专门写作了《民主财政论》一书①。

“公共选择理论”是对发达市场经济国家财政运行实践的总结和思考，对发达市场经济国家财政运行实践产生了很大影响。目前，西方发达国家的中央或联邦预算主要采取政府各部门编制、议会审议通过并立法、预算文本全面公开、专门机构监督执行和审计检查的方式。州、省或区域预算以及县预算与中央或联邦预算大体相同，但相对简化。市、乡、镇等地方基层预算则采取居民公众直接进行讨论、审议和投票通过、监督执行的方式。公共选择和民主监督已成为现代公共财政运作的一般形式，成为保证国家财政民主性和公共服务性的重要机制。

（三）以分权负责和分层管理为组织模式

公共财政制度与其他财政制度的区别，也在于它实行分权负责和分层管理的结构安排或组织模式。在西方学术界，这种组织模式又称财政联邦主义模式，是指国家财政划分为中央或联邦财政、州或省财政、县市乡镇财政，各级财政之间划分公共服务供应边界和税收范围及权限、互不隶属、各自负责。1956 年，蒂布特曾以居民流动性差异分析了中央财政和地方财政在收入和支出上的要求和约束，论证了中央和地方财政之间划分权限、自主运作、提供不同公共服务的合理性②。蒂布特认为，由于地理环境和社会文化差异，各地方的居民存在不同的公共品和公共服务需求偏好，在居民可以自由移居的情况下，如果地方政府不能满足居民意愿，提供他们所需要的公共品，居民就会不愿交税并迁向其他地方，这在客观上要求实行财政分权模式——给予地方政府财政自主权，让它们根据居民意愿自主安排财政收支活动，提供居民满意的公共品和公共服务。在蒂布特提出“用脚投票模型”之后，奥茨又提出了分权定理和基层优先（分权）原则③。

蒂布特和奥茨的理论模型是以西方发达市场经济国家的财政分权模式为基础的。早在 19 世纪后期，美国和西欧一些国家就已实行“地方自治”制度。而 1787 年的美国《联邦宪法》则明确规定了联邦与各州分权：联邦征收捐税、关税、商品税和发行债务，用于偿付战争债务、保障国防安全和提供社会福利，“凡未授予联邦、也未禁止州行使的权力，由各州保留或由人民保留”。第二次世界大战以后，更多国家采取了分权型的财政组织模式，包括传统上偏好集权体制的日本。目前，许多发展中国家和经济转轨国家（如

---

① 詹姆斯·M. 布坎南. 民主财政论. 北京：商务印书馆，2002.

② Charles Tiebout. A pure theory of local expenditures. *Journal of Political Economy*, 1956（64）.

③ 华莱士·E. 奥茨. 财政联邦主义. 南京：译林出版社，2012.

俄罗斯等）都实行财政分权模式。财政分权模式的关键是分工负责，有效提供全国性、区域性和地方性公共服务，对各自辖区的居民负责；在地方基层，财政分权体现为“地方自治”，它是基层政府与居民群众紧密联系、合作发展的关键制度或机制。

关于财政制度的变迁和发展，马斯格雷夫在其 *Fiscal Systems*（1969 年）中进行了分析①。他认为经济结构（包含发展阶段水平和技术的作用）和收入分配状况（社会矛盾）可能是主要因素，人口、社会思想和政治制度（政府形成）是重要因素。在下节我们将对公共财政制度的形成情况进行讨论。

第二节　公共财政制度的历史发展

从历史来看，西方国家的公共财政制度大体经历了三个发展阶段。其中，国家政治民主制度、市场经济制度和公共财政思想是公共财政制度建立的基本条件，而经济结构变化下的社会矛盾、经济危机和国际竞争则是公共财政制度形成与发展的动力因素。

一、萌芽阶段（1640—1880 年）

公共财政制度萌芽与资产阶级民主革命爆发、封建专制统治结束密切相关。1640 年 4 月，英王查理一世为筹措军费、镇压苏格兰起义，重新召集了议会（1629 年被查理一世解散），但由于议员们拒绝国王的要求并激烈抨击其专制行为，查理一世再次解散议会并抓捕议员，结果导致资产阶级革命爆发。1689 年英国议会通过《权利法案》，确立君主立宪制，宣告专制统治结束。根据《权利法案》，国家的财政开支和征税需由议会讨论和批准。这标志着财政制度的转变。

英国资产阶级革命胜利后，圈地运动、海外贸易和殖民地开发使大量财富聚集到英国资产阶级手中，英国的工场手工业加速发展。1760 年后，英国率先开始工业革命。

1776 年，亚当·斯密的《国民财富的性质和原因的研究》问世。该书提出，市场经济和每个国民发挥自己的天赋才能是社会财富增加的源泉，国家（政府）的责任就是保障社会独立、保证个人权利、发展公共事业（如学校和道路设施等）。斯密的政府与市场分工的理论、财政公共性与市场私利性的思想，受到英国社会的高度赞扬，也对工业革命中的欧洲大陆和北美产生了极大影响。

1800 年以后，欧美国家已经开始具备一些萌生公共财政制度的条件，并出现了一些具有公共性质的制度安排。（1）早期的公共预算制度。例如，1789 年英国国会通过了第一个国家预算，正式建立年度预算制度。此后，法国、德国、美国等欧美国家先后建立预算制度。在美国，国会还在规范预算管理上取得进展，一是运用分项拨款方式来控制联邦政府的支出；二是建立了独立的国会预算拨款委员会审查和控制支出（1865 年），后来又建立了 8 个独立的拨款分委员会。（2）教育、济贫、农业和农村支出制度。例如，美国各州从 1827 年开始建立公立中、小学，实行全免学费的小学义务教育，马萨诸塞州在 1852 年最早通过《义务教育法》。英国在 1843 年修订《济贫法》，1880 年颁布《教育

① 理查德·A. 马斯格雷夫. 比较财政分析. 上海：上海三联书店、上海人民出版社，1996.

法》，实行5~10年的义务教育。法国在1852—1870年，修建了多达上万公里的乡村小道。

总体看，这一时期各国财政支出的主要方向是国防、行政管理、债务利息，用于居民公共服务的支出如济贫、基础设施、农业农村发展、义务教育的开支很小。以1875年美国联邦支出为例，在2.74亿美元的总支出中，军队支出（陆军、海军、抚恤金）占31.2%，利息占37.5%，行政管理占25.9%（一般事务如外交、征税、邮政等占19.6%，内政占6.3%），港口和河流建设等仅占5.3%①。

二、初始阶段（1880—1945年）

1880年后，随着以电力、汽车、化工、钢铁为代表的第二次工业革命的发展，欧美各国的工业化水平进一步提高，工业就业和生产比重超过农业，成为主导产业。资本积累和大工业生产带来了巨大的物质财富，也带来了生产过剩、失业和严重的社会分配矛盾。欧美各国的工人运动和社会运动高涨。同时，工业贸易竞争和殖民地争夺也加剧了国家间的矛盾与冲突，如1898年美西战争、1899年英布战争、1808年波斯尼亚危机、1911年摩洛哥危机和意土战争、1912年和1913年两次巴尔干战争、1914—1918年第一次世界大战。

这一时期，除了马克思主义，在欧美还出现了社会改良、福利主义和社会民主化思潮。在德国，新历史学派、社会政策学派和国家社会主义学派积极倡导社会改良，认为国家是社会组织的最高形式，是社会公共机构，在进步的文明社会中，国家的公共职能应不断扩大，凡是个人努力不能达到的目标，都应由国家来实现。国家应实行社会改革，调整劳资关系，发展社会福利和文化教育，以此来促进工业发展。在英国，费边主义思想和福利经济学派兴起，它们要求国家关注公众利益，运用财政活动促进社会资源的最优配置，倡导从社会福利来判断一个社会的进步。1909年费边社的代表人物韦伯夫妇发表了一份著名报告，建议国家从财政和公共基金中拨款建立全面的社会服务事业、照顾老幼病残、对失业者发放相当于工资的生活费并重新训练工人从事其他工作。阿瑟·庇古1920年出版《福利经济学》，1928年出版《公共财政学研究》，他提出了收入边际效用说和社会福利标准，认为政府应向富人征收累进所得税和遗产税，用来发放失业津贴、社会救济、养老金、医疗保险和房屋补贴，增加社会福利，使社会满足的总量增加。

工业化、社会矛盾发展和社会思想的变化促使各国开始关注公平分配和缓和社会矛盾问题。从1883年起，德国先后出台《疾病保险法》、《工伤事故保险法》、《老年和残障保险法》，建立了最早的社会保障制度。进入20世纪后，英国、法国、北欧国家、日本和美国先后建立了社会保障制度。1929年经济大危机后，在凯恩斯写作《就业、利息和货币通论》、阐述国家干预必要性的同时，美国进行了“新政”改革，尝试运用财政政策来推动社会基础设施建设，促进社会就业和经济复苏。在财政收入和税收政策方面，1895年美国联邦政府鉴于西部农业团体和其他社会团体对改革税制、抑制分配不公平的要求，

① United States Department of the Treasury. Annual Reports of the Secretary of the Treasury. 1866—1877，1921.

决定开征综合个人所得税，虽然因联邦最高法院裁决“违宪”而搁浅，但最终在1909年通过修宪而合法并于1913年正式开征个人所得税和公司（所得）税，这标志着国家财政发挥公平分配功能的开端。在英国，下议院1909年通过财政预算第一次大幅提高了对土地所有者和非劳动收入的税收，增加了遗产税，同时大幅度提高了对养老金等社会福利项目的支出。虽然这一预算案遭到代表贵族和上流社会利益的上议院的反对，但围绕预算审批权的斗争最终使下议院取得胜利（1911年英国议会通过法案，决定最后预算审批权在下院），这标志着国家财政真正开始走向“公共选择”的机制与道路。

而第一次世界大战之后，出于对战争发生与国家政治制度关系的反思，各国开始推进政治民主制度建设。1918—1928年，德国、奥地利、匈牙利、波兰、荷兰、英国、加拿大、美国等欧美国家，纷纷建立了公民普选的制度。这为公共财政制度的建立准备了政治条件。

这一时期，欧美各国的公共服务支出比重有较大提高。以大危机后财政干预规模最大的美国为例，1938年联邦财政总支出72.38亿美元，其中公共服务支出（包括社会救济、公共工程、社会保障、农业支出）占52.2%，已超过国防、行政管理、利息和一般事务性支出；在62.41亿美元的联邦财政收入中，个人所得税和公司税占41.4%，这两项再加上资本利得税、超额利润税、遗产与赠与税、社保税共占60.4%，可见联邦税收模式已由间接税为主转变为直接税（所得税）为主①。而同期，英国的财政（中央和地方）总支出中用于经济、社会和环境服务的支出比重为50.2%②，也超过国防与行政支出。

三、形成和发展阶段（1945年至目前）

第二次世界大战结束以后，鉴于第二次世界大战爆发的教训和反思，西方各国一方面积极建立维护世界和平的国际秩序；另一方面积极完善政治、经济民主化机制，促进国内的社会经济发展。50年代初，工业化再次加速；60年代初，主要国家的工业增长开始减速。70年代初石油危机爆发后，西方国家普遍出现工业收缩趋势。由于战后的经济恢复、重建和经济增长的起伏，由于社会民主化发展和公众对社会服务、公平分配的要求，也由于东、西方制度竞争的环境（战后初期就形成了东、西方两大阵营，并逐渐形成冷战格局），西方国家开始进行制度调整，建立公共财政制度。

与此同时，公共财政理论也应运而生，为公共财政制度提供了支持。1954年，美国经济学家保罗·萨缪尔森在《经济学与统计学评论》发表著名论文《公共支出的纯理论》，明确提出公共品的概念，运用一般均衡方法论证并提出财政提供社会公共品、满足公众需要、提高社会福利水平或优化资源配置的条件。1956年，蒂布特提出“用脚投票模型”，论证了中央和地方分权、构建财政分权体制对于保证各类公共服务良好供应的必要性和重要性。1959年，马斯格雷夫出版《公共财政理论》，提出现代财政的资源配置、公平分配和经济稳定三大职能，提出了中央、地区和地方基层进行职能分派和税收划分的

---

① Annual Reports of the Secretary of the Treasury, 1940.

② Peacock, Alan T., Jack Wiseman. The growth of public expenditures in the United Kingdom. NBER, Princeton University Press, 1961.

经典模型。60 年代，以布坎南为代表的公共选择学派提出，为防止和约束政府官员追求自身利益最大化的行为、保证财政的公共性，必须实行完善的财政民主化制度，建立完善的公共抉择、预算公开和社会监督机制。

一般来看，西方各国大体在 60 年代建立了公共财政制度的基本框架。此后，在应对经济衰退的过程中，又不断进行调整、补充和完善。从建立和发展过程来看，对公共财政制度建设具有重大作用和影响的主要有 4 大改革或环节，即：财政分权改革、税收制度改革、预算制度改革、社会保障制度改革。

（一）财政分权改革

财政分权关系到各级财政的职责、公共服务分工和有效供应问题，也关系到消除集权统治和防止专制政府复活、剥夺公民权利、危及世界和平问题。第二次世界大战尚未结束时，美英苏三国签订《雅尔塔协定》和《波茨坦会议》就决定：战后德国和日本应以政府分权、发展地方权限为原则（作为去纳粹化、去军国主义化的重要措施）。

战后，在美国占领军当局的主持下，联邦德国新宪法《基本法》（1949 年）明确规定德国实行联邦制（地方市镇实行自治），考虑到历史传统（1870 年前和 1919—1933 年实行各州和地方自治），德国建立了分权+协商的财政分权制；日本新《宪法》（1946 年）明确规定国家实行民主化、三权分立和地方自治，并制定了《地方财政法》和《地方自治法》，规定了都道府县和市町村的公共职能与地方税收，建立了接近美国模式的财政分权制。

美国作为联邦制或分权制的创始国，一些州在 1870 年后就将分权制用于州和地方，并在州法中规定地方自治。战后，所有州与市镇乡都实行财政分权（80% 的州与县分权），并且改革、完善了居民选举制度（包括选举前登记、直选候选人、地方选举和司法选举等）。由于美国的财政分权比较彻底、各级政府自主权大，因此往往成为其他国家改革的参照。

其他西方国家由于非强制性，财政分权改革的选择性大，故有的起步晚（如法国），有的开始早但进展慢（如意大利），效果也不同。分权改革的重要性在于：分权将各级政府的服务责任和相关税收明确规定下来，使各级政府处于平等和自主状态，在居民票选的政治民主制度下，是否努力提供公众需要的公共品成为选择标准，这就促使各级政府坚持运用公共选择机制，认真提供公共服务，自觉维护分权自主格局。至于分权改革的效果，主要取决于分权的明确性与合理性以及地方自治的水平或居民对政府监督约束的情况。

（二）税收制度改革

经济恢复后，从 1948 年起，西方各国先后对税收制度进行了改革和调整：一是建立具有大众性和分配性特征的综合型个人所得税制度，以此来加强对收入分配的调节并用于稳定经济运行（通过改变税率来调节社会需求）；二是建立直接税（个人所得税为主，包括财产税、遗产税等）占主导的税制结构模式，以支持日益增长的公共服务支出，取代间接税（商品和劳务税）占主导的税收模式。

表 1-1 反映了美国等 5 个主要国家的个人所得税占 GDP 的比重情况，其中，北欧的

瑞典比重最高，亚洲的日本比重最低（OECD 没有计算日本的地方个人所得税——居民税）；5 国个人所得税的主体地位（不考虑社会保障税）和比重基本保持长期稳定状态，其中，在 1985 年后有所波动，2000 年以来出现调整、降低的趋势（瑞典降低幅度最大）。

表 1-1 **1960—2013 年主要国家的个人所得税占 GDP 的比重（%）**

年份 国家	1960	1970	1980	1985	1990	2000	2010	2013
美国	8.3	9.4	9.9	9.3	9.7	11.8	7.8	9.8
英国	10.8	11.3	9.8	9.2	9.9	10.1	9.4	9.1
德国	6.6	8.4	10.8	10.3	9.6	9.2	8.5	9.5
瑞典	17.1	17.7	17.9	17.3	19.0	16.3	12.0	12.3
日本	4.0	4.1	6.0	6.6	7.9	5.6	5.1	5.6

注：1990 年前为联邦德国。

资料来源：OECD Data，https：//data. oecd. org/tax.

税制改革对于公共财政制度建设和发展的重要性在于，税收制度是国家财政收入的主要来源，是财政进行公平分配和稳定经济运行的重要手段，故进行税制改革，建立具有宽税基、大众性特点的个人所得税制度，并将其作为国家税收的主体，既可以满足公共财政提供各类公共服务的财力需要，同时也可以有效发挥公共财政制度的 3 大作用或功能。

（三）预算制度改革

预算制度是有关财政收支计划编制、审批、执行、决算的原则和规范，是否改变由政府各部门操纵、维护各级政府自身利益、不公开或拒绝公众讨论并监督的预算状况，成为公共财政制度建立和发展的一个重要环节。第二次世界大战后，西方国家根据本国实际，先后进行预算改革，建立了公众参与、部门有据编制、全面公开、多方监督、服务导向的预算制度。

以美国为例，从 1950 年起美国联邦政府就开始进行预算改革。包括：（1）编制方法改革。先后进行绩效预算、计划项目预算、目标预算和零基预算改革等，摒弃了简单粗糙的编制方法，建立了目的明确、目标可测、基于历史成本和信息、反映公共需要和提供重点、将责任和效率紧密联系的预算模式。（2）预算分类改革。1969 年将行政预算、综合现金预算和信托基金等合并，建立了统一预算并建立了多年度滚动编制、功能预算、部门预算的结构模式。（3）预算管理机构改革。1970 年将财政部预算局改为总统直接领导下的预算与管理办公室（OMB），以保证它的独立性；1974 年成立国会预算办公室（CBO），作为国会非党派性的专业预算机构，为国会审议政府预算和立法提供支持。（4）预算审议制度改革。1974 年美国国会通过《国会预算改革法案》，重新规定了审议程序，以保证审议的充分性；加强总会计局的独立监督地位，规定它不仅要审计政府账目还要调查财政支出项目的效率与合法性；在国会两院内设立预算委员会，建立专业委员会审议、预算委员会协调、大会辩论及共同决议机制；重新定义留置权，对总统扣押预算拨款的权力设立限制和约束。(5) 预算公开改革。1966 年美国国会通过促进联邦政府信息公开的《信息自由法案》(FIA)，充分扩展了政府信息公开的范围，成为各国信息公开的范本；1976 年通过《政府阳光法案》，要求政府公开财政信息，以便社会舆论和公众监督；1974 年颁布《联邦隐私权法》，规定了信息公开中的保密问题。这些法案成为美国联邦预算通过网络、媒体、出版物向社会全面公开的依据。而美国预算改革往往是其他国家改革的先导和范本。

(四) 社会保障制度改革

社会保障是向老人、失业者、伤残者和贫困者提供基本生活保障服务，社会保障制度是现代市场经济中的安全网或重要公共品，故改革和完善社会保障制度（扩大保障范围、提高保障水平等），必然导致财政结构的变化，加强财政的公共性。

第二次世界大战后，美国在 1952 年将社会保障范围扩大到农业工人、家庭佣人和其他自谋职业者；1965 年增设了对低收入者的医疗补助项目和老年医疗保险计划；1972 年又增设了对老年人、盲人和残疾人每月提供基本补助的补充性保障收入计划。

第二次世界大战前日本建立了私人部门的雇员养老基金（1941 年），战后 1961 年建立了国家养老基金（私人部门除雇员以外的社会群体，1986 年再改革）；1953—1962 年颁布《共济组合法》，建立了包括中央和地方政府雇员、农林渔业合作雇员、教师在内的组合保险体系（含养老保险和医疗保险），将养老保障覆盖到全体国民。第二次世界大战前日本建立了私人部门的雇员健康保险（1922 年）和地方负责的非雇员的国民健康保险（1939 年），战后 1958 年改革国民健康保险（中央政府管理），1983 年又增设了老年综合健康计划（70 岁以上，中央和地方政府、参保人共同分担）。

表 1-2 是 1961 年美国等 5 个主要国家公共服务支出占当年财政总支出的比重和地方税收占税收总收入的比重。由表可见，国家财政支出中用于纯公共服务的支出（不包括国防和行政管理支出）都超过了 50%，财政的公共性特征已经显现。另外，中央（联邦）和地方政府的分权（税收划分）格局也基本形成，其中美国、联邦德国的地方税收比重较高。此后，这些国家的服务支出比重和地方税收比重进一步提高。

表 1-2　　**1961 年 5 国公共服务支出比重和地方税收比重（%）**

	美国	英国	联邦德国	瑞典	日本
服务支出(不含国防和行政管理支出)/财政支出	53.0	51.2	54.1	53.7	51.4
其中：					
教、卫、社保比重	33.3	41.3	45.9	37.6	24.5
经济建设支出比重	19.7	9.8	8.2	16.1	26.9
州和地方税收/总税收（不含社保税）	34.2	10.9	44.0	25.6	28.6

资料来源：马斯格雷夫．比较财政分析．上海：上海三联书店，1996：164，342-343；日本的数据来自日本财务省网站《财政统计》（预算主要经费分类，昭和 24 年（1949 年）以来）。

第三节　公共财政制度近年来的改革与发展

20 世纪 80 年代以来，随着新技术革命和经济全球化的发展，西方国家的公共财政制度出现改革与发展的新趋势。这种新趋势本质上是政府管理制度改革和发展的一部分，是对信息革命和全球竞争所引起的社会、政治、经济、环境变化的积极回应。

一、公共预算原则：向平衡预算回归

第二次世界大战结束后，西方各国为促进经济增长而先后实施了凯恩斯主义的财政刺激政策，公共预算逐渐背离平衡原则，预算赤字不断扩大。但是，自 20 世纪 80 年代中期以来，平衡预算再次受到重视。

1985 年，美国国会通过《平衡预算和紧急赤字控制法》，要求逐年减少赤字，实现预算平衡或盈余。1990 年，又通过《预算执行法案》，提出“量入为出”和控制支出、增加收入的一揽子计划。1997 年通过《平衡预算法案》，以压缩医疗保险等社会福利支出来实现平衡预算。2011 年通过《预算控制法》，提出到 2020 年减少 9170 美元赤字。

联邦德国从 20 世纪 70 年代末开始控制预算收支规模。1990 年德国重新统一以后，为促进东部与西部的整合，德国联邦政府一度采取了扩大财政支出和实行赤字预算的政策。但随着东部经济的好转，德国重新实施了限制支出、削减赤字的计划，1996 年财政赤字占 GDP 的比重又下降到 3.9%。1997 年后德国采取更严厉的平衡预算措施和压缩财政赤字的计划，包括冻结预算支出增长和出售国有企业股份等。

英国也从 20 世纪 70 年代末开始控制预算支出，包括启动国有企业的市场化改革、减少福利支出和公务员的支出等，终于在 1988 年实现了财政盈余。20 世纪 90 年代中期以后，英国将控制预算赤字作为重点，1998 年英国国会通过新的《财政法案》和《财政稳定法典》，提出预算“透明、稳定、负责、公平、效率”原则，其中，效率原则要求从收入和支出两方面寻求平衡或盈余的途径。

日本 1975 年前一直保持预算平衡。1975 年因“石油危机”冲击，日本政府通过特别法案，突破 1947 年《财政法》的限制，规定特殊年份允许例外，开始实施赤字预算政策。1990 年以来，日本遭受了战后最严重的经济衰退，预算赤字不断扩大。1997 年度起日本政府试图扭转这一局面，2001 年度日本政府确立将国债发行控制在 30 万亿日元和减少公共投资、减少社会保障支出、减少地方政府支出的政策，赤字率逐步下降。

不过应注意到，由于 2008 年美国发生次贷危机，2009 年后主要国家（特别是美、日、英 3 国）的赤字率大幅度上升（见表 1-3）。但这并不表示公共预算理念发生了变化。

表 1-3 2000—2013 年主要国家的财政赤字率（%）

	2000	2001	2002	2004	2006	2007	2008	2009	2010	2011	2012	2013
美国	0.1	2.2	5.5	5.8	3.6	4.3	7.8	12.8	11.9	11.0	9.3	7.5
日本	8.0	6.2	7.5	6.4	3.2	2.5	3.0	8.8	8.7	9.1	9.2	9.0
英国	3.7	0.6	2.0	3.6	2.7	2.8	5.0	10.9	10.1	8.3	6.6	6.9
德国	1.1	3.1	3.8	3.8	1.7	0.2	0.1	3.1	4.2	0.8	0.2	0.4
意大利	0.9	3.2	3.2	3.6	3.4	1.6	2.7	5.4	4.3	3.8	3.0	2.9

资料来源：OECD liarbry, https：//www. oecd-iliarbry. org/statistics.

二、公共预算方法：推行绩效预算

最近 30 多年来，以西方国家为代表，进行预算编制方法改革、推行绩效预算已成为公共财政制度改革与发展的新特点和新趋势。绩效预算是以达到绩效目标为导向的一种预算编制方法，它的特点是：在各部门编制年度预算之前，首先确立本部门在未来 5 年中提供公共品和公共服务所要达到的（中期）绩效目标（可以测度的服务供应成果的数量，以及可以度量的对社会和公众的福利贡献，例如环境质量的改善水平，减少疾病发生率，提高自然灾害的预报率和降低损失率等），然后围绕达到这一目标来研究、讨论并确定本部门的主要服务项目及其目标，再根据完成各项目、达到各项目目标来考虑（5 年中）各个年度的具体服务活动及其目标，最后估计完成各项目的成本以及各年度活动的成本，完成预算方案的编制。绩效预算就是各部门将公共品供应与居民的受益相联系，自己确定一个中期性、可检测的总目标（直接产出成果+社会贡献成就，即绩效目标），根据这个总目标选择服务项目并确定每年要完成的服务事项和估计所需的资源。这样，编制预算的理由清楚、依据充分；执行预算的效果可查；编制预算也使各部门上下动员、人人明确目标和自己的责任定位（不能为项目尽力的将离开），由此可改变公共部门官僚化和只用钱、不服务的状况。

1993 年，美国国会通过《政府绩效与结果法案》（*The Government Performance and Results Act*，GPRA），决定重新开始绩效预算改革（20 世纪 50 年代初曾尝试过）。随后，由副总统挂帅，直接主持和领导绩效预算改革，督促联邦各部门进行预算改革的准备工作，并确定了绩效预算改革的原则、框架和时间表。2001 年，美国预算与管理办公室提出了绩效预算编制、审查的规范和要求，各部门开始编制绩效预算。此后，联邦政府一直采用绩效预算编制方法。从绩效预算的特点和美国的实践来看，绩效预算吸收了以往的计划项目预算、零基预算等方法的优点，对促使政府部门明确服务责任、约束自己的行为、加强服务供应、提高支出效率、减少资源浪费和控制支出规模，确有积极作用。

另外，澳大利亚、新西兰、加拿大和英国等国家也开展了绩效预算改革（有些国家甚至在美国改革之前）。在英国，绩效预算改革的主要做法是：（1）在公共部门引入“公共服务协议”制度，即要求承担公共支出任务的部门和机构建立明确的支出目标或绩效指标，政府和国会根据部门提出的目标和指标进行监督、审查并向社会公布各部门的绩效情况；(2) 引入“服务交货协议”制度，要求各部门确立最低水平的投入基准，并保证达到公共服务目标；(3) 引入“部门投资战略”制度，要求各部门为新投资和利用现有资产制订长期计划，并确立资本投资计划应达到的目标；(4) 在预算编制中引入“资源预算”新概念，在对经常项目支出的预算估计中考虑以往购置所形成的资产的利用价值，以发挥公共资产的作用，减少经常性支出和耗费。英国的绩效预算方法也被许多 OECD 国家所仿效。

三、加强支出控制：建立新规则

(一) 预算控制

公共预算的主要功能之一是对公共支出进行控制和管理，为不同的公共服务部门合理配置资源。1990 年，美国通过的《预算执行法案》，将预算支出分为自主性支出和法定性支出，对自主性支出设置年度控制限额，对法定性支出则实行“量入为出”(有收入来源才可以增加支出) 原则。1998 年，英国针对经常项目和资本项目分别建立“黄金规则”和“可持续规则”，明确借款仅用于公共投资项目并将国债 (与 GDP) 比例保持在一个稳定的水平上，而对经常项目实行“资源预算”。同时还将支出划分为部门限制性支出 (DEL) 和年度管理性支出 (AME)，并分别建立了对它们的检查、评估机制。

(二) 支出监督

近年来，西方国家在加强公共支出监督上重点采取了两种方法：一是加强内部监督，主要是在各部门和机构内设置专门的监督岗位。例如，美国从 1990 年起在联邦政府各部门及其下属机构内设置财务长一职，专门履行经常性检察和监督 (预算执行情况和本部门财务状况) 职能。二是加强外部监督，主要是加强国会调查 (如国会议员下访和立法调查) 和独立审计机构的审计监督。目前，美国会计总署的审计已经覆盖在一个预算年度内使用联邦资金 30 万美元以上的所有机构、地方政府和非营利组织。美国联邦支出监督已经形成会计总署、联邦资金管理部门、社会审计机构 (审计事务所) 三者并立，共同参与的体系和机制。

(三) 绩效评估

绩效评估、检查机制既是绩效预算制度的重要内容，也可作为独立的监督和控制机制。最近 30 多年来，越来越多的西方国家运用绩效评估机制来督促公共部门加强支出管理，提高服务支出效率。绩效评估主要包括 3 类：(1) 本部门评估。例如，美国联邦政府各部门和联邦支出项目代理人每个年度在 OMB 参与下进行评估，并向总统和国会提交年度绩效报告。(2) 社会公众评估。通过网上投票和其他方式，让公众表达他们对政府部门、公共机构和公共项目的满意度。(3) 政府专门机构评估。1963 年英国政府建立了公共支出检查委员会，对公共部门的支出状况进行检查评估，然后确定预算支出的次序和限额。1979 年，撒切尔政府建立专门小组，采用私人企业的评估方法对各政府部门进行效率评估，将低效率的服务项目转移给私人部门。1979—1982年，英国进行了223次评估，精简1.2万个职位，年均节约开支1.8亿英镑。1986年英国在公共部门实行签订绩效合同和绩效评估制度，1991年所有公共机构都建立了顾客服务标准，并开始公布社会服务、学校和卫生等公共部门的绩效结果，对达标单位颁发“市民宪章”。美国1993年成立“国家绩效评鉴委员会”，全面审查部门绩效，1994年出版政府服务标准手册《顾客至上：服务美国民众的标准》。通过评估，1994—1999年联邦政府精简了36.5万个职位，撤销了2000多个机构，终止了数百个支出项目。

（四）政府采购制度

近年来，许多国家建立了公开采购制度，对提高资金效益、减少支出、抑制腐败产生了积极影响。政府采购制度的基本特点是公开、竞争和透明，整个招标和采购过程都处于公众、立法机构和审计部门的监督之下。国外政府采购制度的主要规定是：（1）明确界定采购范围。许多国家规定政府部门和公共机构的一般公用品都实行公开采购（国防用品另作规定）。（2）设立政府采购机构。大多数国家建立了全国性的政府采购委员会或办公室，制定采购规则和条例、负责信息公布、对采购过程进行监督；各级政府设置采购事务机构，负责具体采购活动。（3）建立供货监督机制。除采购委员会和具体采购机构对供货人的供货状况进行监督外，许多国家（如美国1994年《联邦购置精简法案》）还要求财政部门和审计部门对供货人的业绩进行评估、鉴定，并将其作为政府采购合同中的重要条款。（4）建立相关配套制度。如建立“采购账户”取代各部门用于购置的拨款账户，根据采购合同将资金直接拨转供应商；建立相应的预算会计和国库管理制度等。

（五）BOT投资方式

运用BOT（建设、经营、移交）投资方式也是近年来出现的新做法和新趋势，甚至被视为在公共支出管理和政府活动中引入的重大创新。BOT投资是指政府部门对拟建大型工程项目通过公开招标方式选择合格的承包商（主要是私人公司），由其自筹资金（主要是借款）进行建设，准许建设承包商在工程完工后自行经营、回收投资，在经营期满后将项目资产全部移交给政府。BOT投资被认为是吸收私人资本（特别是外资）进入公共领域的一种有效手段，对国家基础设施建设（如高速公路、发电厂、铁路等）大有增益，它可以使国家财政在投入很少的公共资源的情况下建设公共设施、改善公共服务。当然，一些国家的经验也证明，若承包商经营失败，财政仍将对工程建设项目负责。

四、税收制度改革：降低税负、支持发展

第二次世界大战后，西方国家有三次重要的税制改革。第一次是1965年前建立社会保险税（工薪税）；第二次是20世纪60年代后期至70年代中期推行增值税；第三次是20世纪80年代中期以来（美国1986年发起）的所得税改革（包括降低个人所得税税率和企业所得税税率、减少税率档次、减少扣除和优惠、扩大税基，到90年代初个人所得

税最高边际税率下降达40个百分点)。

最近20年来，西方各国继续推进税制改革。改革的主要趋势是:

(一) 降低所得税，促进增长和就业

德国1999年提高了个人所得税的生计扣除，增加子女免税额，降低了低税率。加拿大1999年提高了个人所得税起征点，取消3%的所得税附加。日本1999年将个人所得税最高边际税率从65%降至50%。此后，降低个人所得税成为一般趋势。最近几年，个人所得税降低的势头减缓甚至反弹和回升，但又出现公司所得税减税之势，如英国2015年预算提出了到2020年的减税目标。

(二) 重视商品税，提高商品税比重

随着所得税的降低，近年来商品税（特别是增值税和消费税）受到重视。2014年，日本再次将一般消费税（增值税）税率提高到8%。根据安倍政府2013年提出的《经济财政运行与改革的基本方针》，一般消费税改革是日本重建财政、恢复财政平衡的希望所在；与西欧的增值税税率（15%~20%）相比，日本还有增税的空间。在西欧，2000年以来商品服务税的比重出现不断上升态势，目前西欧的商品服务税比重已超过20世纪八九十年代。

(三) 加强税收协调，约束国际竞争

随着全球化发展和人员、资本、商品在国际快速流动，为减少国际税收竞争带来的不合理的要素流动和财政影响，最近20多年来OECD国家和欧盟国家加强了税收协调。例如，1995年OECD设立税收管理和事务协作委员会，以推进税收管理多边合作。1998年OECD财长会议针对国际税收竞争提出专项报告，包括19项治理建议和6项准则。欧盟1998年颁布增值税共同方案，1999年提出公司税税率协调方案。

(四) 开征生态税，保护生态环境

近年来环境问题受到世界各国的重视，一些发达国家开征了“环境税”或“生态税”(也称绿税)。主要包括:（1）污染排放税，如二氧化碳税、二氧化硫税、水污染税、铀税、化学品税、发电税;（2）废旧处理税，如润滑油税、轮胎税、饮料容器税、电池税;（3）资源保护税，如开采税、森林税、土壤保护税;（4）环境污染税，如噪音税、拥挤税、垃圾税。

本章小结

公共财政制度是现代国家的财政制度模式，它有三个基本特征。从历史来看，公共财政制度经历了萌芽、起步和形成三个阶段。第二次世界大战后公共财政制度之所以能够建立，是因为社会民主化发展、经济结构变化和增长减速、公共财政理论的兴起和国际竞争的压力，而直接动力是4大制度改革（它使公共财政的制度体系基本建立起来)。最近30多年来，公共财政制度呈现出改革与发展的新趋势。

复习思考题

1. 关于公共财政的概念，为何我国学术界对它有不同理解？
2. 简述公共财政制度的基本特征及其与公共财政的联系。
3. 除公共财政制度外，历史上还有哪些类型的财政制度？它们的主要特征是什么？
4. 从西方公共财政制度的演进看，建立公共财政制度需要哪些条件？
5. 在现阶段，中国建立公共财政制度首先必须清除哪些障碍？
6. 从制度变迁理论看，目前是中国建立公共财政制度的有利时机吗？

第二章　公共预算制度

公共预算是公共财政活动的计划和方案。公共预算集中体现一国政府运用财政手段提供公共服务和引导资源配置、调节社会分配、稳定经济运行的政策思想和具体方法。公共预算制度是有关预算编制、预算审议、预算公开、预算执行和决算、预算监督和管理的制度规范，是现代财政制度的重要组成部分。本章主要讨论世界主要国家的公共预算制度的特点及其改革情况。

第一节　公共预算制度概述

一、公共预算制度

预算“Budget”一词源于法文“Bougette”（公文包）。18 世纪中期以后，英国财政大臣在议会发表有关下一年度财政计划的演说时，总是打开随身带着的装有收支账目的大皮包，于是人们就将财政收支计划称作 Budget（预算）。马克思曾经指出，国家的“预算只不过是国家本年度预期收入和支出的一览表”①。

现代财政预算是一国政府为满足公共需要和履行国家职能所制定的并经法定程序批准的年度收入和支出的计划和方案，故称公共预算（Public budget）。美国学者托马斯·D. 林奇认为，公共预算是一定时期国家财政为实现特定目标所必须完成的各种项目的计划，包括对所需资源和可用资源的预计，通常还需要与过去一个或多个时期进行对比，并说明未来的需求②。因此，公共预算也就是贴着货币标签的政府工作计划。

公共预算有三个基本功能：第一，管理和控制功能。通过编制年度公共收支计划并立法确认，为政府公共部门提供服务、从事财政活动建立明确的管理和控制框架；第二，分配和引导功能。通过编制预算使政府的政策意图和财政目标切实得到实施和实现，也使公众了解公共政策，从而引导社会资源的合理配置，使经济稳定运行；第三，提高服务效率的功能。通过预算编制和审批过程来促使、鼓励公共部门及其人员重视公众意见和要求，重视公共服务供应成本并对预算项目的耗费与效果进行科学分析，从而提高服务效率和财政效率。

公共预算要解决的基本问题有两个方面：一是解决应有多少资源要从私人部门转移到公共部门；二是要决定这些资源应如何配置于各部门和各服务项目。公共预算的理论和制

---

① 马克思，恩格斯．马克思恩格斯全集：第 9 卷．北京：人民出版社，1961：87.

② 托马斯·D. 林奇．美国公共预算·4 版．北京：中国财政经济出版社，2000：5.

度建设主要围绕这两个基本问题展开。

公共预算制度包括公共预算的编制、审议、公开、执行和决算、监督和管理制度。其中，预算编制制度由于它关系到预算基本问题解决的路径和方法，因此最受关注。除了有关预算编制的原则、程序等一般规定外，关于预算编制的结构模式或形式（如统一预算、复式预算、跨年度预算、功能预算和部门预算等）、技术和方法（如零基预算、计划项目预算、目标预算、绩效预算法和资源预算等）的规定十分重要，因为预算的结构模式或形式决定收支项目和内容的安排是否具体、全面、合理、易于公开和执行；而预算所采用的技术和方法则决定收支计划是否科学、客观、准确、便于考核和监督。

制定公共预算的一般要求是：（1）在内容上保证公共性和全面性，即支出必须主要用于公共品和公共服务供应，收入主要来源于公众缴纳的税收，收入和服务支出应完整且包括全部的收入和支出；（2）在结构上保证简洁性、鲜明性和层次性，即收入和支出计划应主要用表格数字来反映，明确显示收支预算的内容范围、重点方向和基本特点，按照总体、部分（类别、功能、部门等）、细节来依次分层次地列表和叙述，便于讨论、审议批准、公开和监督执行；（3）在技术与方法上保证科学性和可靠性，即收入和支出计划中的数字应根据科学、可靠的技术和方法来计算，预算估计应有充分的理论依据、信息支撑和实践记录，预算通过后具有法律效力，不允许任何组织和个人随意突破和更改。公共预算制度的建设、改革和完善主要围绕这些要求来进行。

二、公共预算理论

在编制公共预算之前，政府首脑通常要在议会演讲并提出政府经济报告。报告除了对以往的经济社会发展和财政作用状况进行估计，对未来形势和发展前景做出判断以外，重点是指出预算年度及今后几年要解决的主要问题和拟采取的对策，提出预算编制的指导思想和基本政策框架。公共预算理论就是有关预算安排的指导思想、总体框架和政策方向的系统认识。

（一）健全财政理论

以亚当·斯密为代表的古典经济学家认为，一个国家的收支与一个家庭的收支相似，家庭的收支平衡原则和节俭行为同样适用于国家。因此，政府应尽量节俭，保持国家预算收支的平衡，国家不能无益地耗费由个人节俭而形成的一切社会财富；除非紧急情况和特殊需要，政府不应发行国债，不应安排无收入支持的支出。因为通过国债发行会将本可用于生产的资金耗费，既影响生产，又要（还本付息）提高税收、加重人们的负担，长期影响经济和生活。收支平衡是古典学派眼中国家财政健全的标志。健全财政理论即坚持财政平衡的观点是20世纪以前国家预算的基本准则。20世纪30年代后，由于经历严重的经济危机和“新政”反危机政策的成功实践，由于凯恩斯主义的财政干预理论流行，西方各国逐渐摆脱平衡预算原则的约束，不再拘泥于传统的健全财政理论，转而推行赤字预算政策，于是出现了赤字财政和债务财政状况。最近30年来，西方国家的公共预算又出现了向健全财政理论回归的趋向。

（二）充分就业预算论

充分就业预算论是第二次世界大战后，基于凯恩斯主义的国家干预和需求调节理论而形成一种预算理论。根据凯恩斯主义的观点，失业率上升和收入下降的主要原因是社会的有效需求不足，所以，即使在一般情况下，要使一国的经济资源得到充分利用，使社会就业达到“充分就业”水平（如失业率低于4%），就需要根据充分就业条件下的国民收入增长来估计和安排国家财政预算。要达到“充分就业”水平就必须增加财政支出以刺激生产、扩大就业，在预算上就会出现赤字，因而政府在编制预算时就要有意识地实施一种预算支出大于收入的政策。这种为达到充分就业目标而着意安排一定赤字规模的预算，就称为充分就业预算。充分就业预算理论的实质是，财政预算不应以赤字或盈余作为原则或标准，而应以充分就业作为原则或标准，也就是应以预算的不平衡（赤字预算）来争取经济和就业的平衡。充分就业预算论对战后西方国家的预算具有重大影响（直到目前依然如此），所谓积极的财政政策都是以赤字预算或充分就业预算为基础的。

（三）周期预算平衡论

长期运用充分就业预算有可能导致财政赤字和债务的大规模积累，反过来对经济发展形成拖累。基于这一认识，20世纪40年代美国经济学家阿尔文·汉森提出了周期预算平衡理论。他认为，为了维持经济平衡和保证就业，坚持年度预算平衡是困难的，但并不是在所有年度都要搞预算赤字。他主张根据经济运动状况，在周期波动中实现预算平衡，例如，在经济下降阶段，政府应当扩大支出和减少税收，以增加消费和促进投资，这时产生预算赤字；但在经济上升阶段，政府可以减少支出和增加税收，由此形成预算盈余。如果能以繁荣年份的财政盈余补偿萧条年份的财政赤字，也就做到了周期平衡，即在整个经济周期内实现收支平衡。因此，政府在编制预算时，特别是在编制多年度的财政计划时，应有意识地考虑周期性的收支平衡安排，既做到“以丰补歉、以盈填亏”的财政平衡，又可以达到稳定经济的目的。周期预算平衡理论综合了健全财政理论和充分就业预算论，是对预算理论的重要发展，对战后以来西方的公共预算实践产生了深远影响。它也是西方国家编制多年度预算和中期财政计划的理论基础。

（四）预算职能理论

20世纪50年代，美国财政学家理查德·马斯格雷夫提出，现代国家财政有三大职能：资源配置、收入分配和经济稳定。资源配置职能是指财政提供社会公共品，在公共部门和私人部门之间适当分配资源；收入分配职能是指市场竞争所形成的社会分配格局不一定是合理的，财政活动应参与社会分配，使社会的收入分配向合理的方向调整；宏观调节职能是指由于私人部门谋求自身最大利益，总供给和总需求不能自动平衡，经常出现需要不足、失业大增和经济衰退的现象，政府应相机运用财政措施促进就业和经济增长。公共预算应保证政府和财政履行这三大职能，因此在编制预算时，首先应根据社会的资源配置状况决定财政收支的规模和与私人部门的比例；然后按社会的平均所得状况和调节改善目标，决定税收的规模和转移支出的大小；最后，估计技术改变和生产力增长趋势，预测现行物价水平下未来供给的增加情况，以此决定均衡条件下的财政支出。马斯格雷夫强调将财政职能与预算过程有机结合，故称预算职能理论（又称马斯格雷夫预算模型）。目前西方各国每年的预算方案按职能（功能）分类和按部门（组织）分类都基于这一理论。

（五）预算决策理论

早在20世纪初，瑞典经济学家威克塞尔和林达尔就提出，从公共资源取自于社会并用于社会这一本质特性来看，公共收入和公共支出的规模只能由民主决策和公共抉择的方式来决定，公共预算的过程应遵从自愿交易原则和成本与收益一致原理。假定在议会式民主制度下，两个党派分别代表不同偏好的两类选民，那么，他们依据对自己支付的成本（税收）和所获收益（服务）的估计，进行讨价还价，最后所决定的公共收入和支出的方案就是唯一合理的。按他们的说法，如果选民就不同的支出和捐税计划作出自愿选择，他们一定会选择一个社会福利最大化计划。威克塞尔和林达尔的这一理论，被西方学者称为威克塞尔和林达尔预算模型。这一预算理论对于战后西方各国建立各层次的预算审议和民主决策制度产生了重要影响。

第二节　公共预算的组织和原则

公共预算活动的组织和编制原则是公共预算制度的基本内容。公共预算组织是指预算管理机构，公共预算原则是指政府部门准备预算的基本要求和规范。

一、公共预算组织

（一）美国公共预算组织

美国公共预算的基本法律依据是《美国法典》、1921年的《预算与会计法案》、1974年的《国会预算法案》、1990年的《预算执行法案》和《联邦信贷改革法案》，这些法律规定了联邦预算过程和组织管理结构。

美国联邦预算的组织管理由三个专门机构负责。（1）管理与预算办公室（OMB）。它的前身是1921年依据《预算与会计法案》所建立的预算局（BOB），1970年命名为“管理与预算办公室”，在总统直接领导下根据总统的预算方针负责准备联邦预算、指导各部门起草预算方案并对预算执行过程进行管理。OMB通常在充分听取各部门意见的基础上削减各个部门最初提出的预算要求，并阐述理由、进行协调。在预算审查和拨款法案通过之后，监控资金的流动和预算执行状况。（2）总会计署（GAO）。1921年依据《预算与会计法案》建立，其基本任务是作为一个独立于行政部门以外的审计机构，对公共资金的使用或各个政府部门的支出账户进行审计，对支出项目的结果进行评估。它既是政府的专门监督机构，又向国会提出报告和建议，保证公共资金分配和使用的真实性，防止浪费和腐败问题。（3）国会预算办公室（CBO）。根据1974年的《国会预算法案》建立，其基本任务是作为一个永久性的、非党派的、无偏袒的技术机构，从整体角度研究预算问题、进行经济预测、估算预算方案的成本、分析预算的优先情况与选择性，帮助国会建立预算计划、考虑预算政策、阻止不合理的预算方案。1974 年前，政府与国会在预算决策上不对称，政府有 OMB 提供信息与技术支持，国会虽有各种拨款委员会但都过于专业化，缺乏一个从整体角度提供信息与技术支持的专职预算机构。建立 CBO 的目的，就是使国会能够客观地审议、修正预算方案。

除上述三个机构之外，在国会内部还设有各种委员会。例如：（1）参议院、众议院预算委员会，负责两院审议、对其他各类委员会的意见进行协调；（2）参、众两院授权委员会，负责联邦支出授权审查；（3）两院的拨款委员会，负责联邦支出审查，它们下设 13 个专门小组负责常规支出的审查；（4）众议院赋税委员会、参议院财政委员会，负责税收审查；（5）两院联合税收委员会、共同委员会，负责两院间协调。这些委员会负责对联邦预算案进行专项和综合审议。

（二）其他国家的预算组织

英国、德国、法国、日本等国开展公共预算活动的法律依据是宪法或基本法、财政法或预算法。

这些国家的公共预算组织一般不像美国设立各种高度专门化的机构进行组织和审查。一般结构是：（1）财政部及预算局。财政部根据政府内阁制定的预算方针来指导、安排预算过程，财政部内设立专职的预算局具体负责预算编制和协调。（2）国家审计院（或会计检察院，审计署）。国家审计院是政府的专门监督机构，并向国会提出报告。其审计监督的权能和独立性不及美国。

国会预算管理机构与美国相似，但一般没有美国那么多专门委员会（除了英国，英国众议院的专门委员会多达 32 个，但不是预算审查委员会）。通常有：预算委员会、拨款委员会和财经计划委员会，这些委员会下再设几个专门委员会包括审计委员会和国家账目委员会等，另外就是两院临时协调委员会。由于这些国家的议会对预算修改的权力有限，议会在审议过程中只有在限定的范围内修正预算的权力（日本和英国议会有削减预算支出的权力，但不能增加支出；德国议会还可在征得政府同意的情况下，适当增加预算支出），不像美国议会在审议过程中可以不受限制地改变支出和收入。这些国家的国会内部也不设立专门从事预算研究分析的预算机构。

二、公共预算的原则

（一）美国公共预算原则

第二次世界大战以前，基于效益和民主理念，美国联邦政府确立了 5 项预算原则：

（1）年度原则，按年度编制预算，不允许有跨年度的收入和支出。

（2）全面原则，公共预算包括年度内的全部政府收支项目活动，不允许有例外。

（3）分类原则，预算收入和支出按有关要求分类列出，保证财政资源的分配和使用。

（4）可靠原则，预算编制必须依据可靠的信息，预算收入和支出数据必须正确估计。

（5）公开原则，预算必须经过议会的审查和批准，并应采取一定形式向全社会公布。

第二次世界大战结束后，随着预算理念的变化和法规的完善，又补充了一些原则，如：

（6）多年度原则。1964 年《美国法典》（修订版）1105 条规定，联邦预算应对预算年度及其后 4 年的收支作出估计（根据该原则，1965 年联邦政府开始编制 5 年预算）。

（7）限制赤字原则。《美国法典》（1964 年修订版）1103 条规定，联邦预算支出一般不超过当年的预算收入；1985 年《平衡预算法案》和 1990 年《预算执行法案》规定，联邦政府应逐年减少赤字，直到预算平衡。

（8）重视绩效原则。1993 年美国《政府绩效与结果法案》规定，联邦政府各部门应提交预算项目的年度绩效计划（包括可计量的绩效目标和实现方法），并在财政年度结束后 150 天内向总统和国会提交绩效报告。

（二）英国、德国、日本的公共预算原则

1. 英国公共预算原则

1961 年英国根据"普洛登委员会报告"对公共预算进行重大改革，确立了 4 项原则：

（1）全面性原则。预算必须包括全部收支，以便考虑资源能力和占用水平。

（2）重要性原则。各年度的预算支出必须考虑各种公共支出的相对重要性。

（3）多年度原则。预算应是多年度的，但只有预算年度的计划有法定效力。

（4）分类别原则。预算收支应按功能和经济性质（经常支出与资本支出）分类。

1998 年英国修订《财政法》，并颁布《财政稳定法典》，补充了以下 5 项原则：

（5）透明原则。公共预算必须透明和公开，使公众充分了解。

（6）稳定原则。公共预算必须考虑对宏观经济稳定运行的影响。

（7）负责原则。公共预算应体现政府管理和对社会负责的态度。

（8）公平原则。公共预算应考虑后代的福利和发展，注意代际公平。

（9）效率原则。公共预算必应从收入与支出两方面来考虑社会经济效率。

2. 德国公共预算原则

1949 年联邦德国《基本法》规定了公共预算的基本原则，包括：

（1）全面性原则。不允许有任何预算外收支和特别预算（国有企业特别基金除外）。

（2）公开性原则。预算必须在财政年度开始前提出，经议会批准并向社会公布。

1967 年联邦德国通过新《预算法》（对 1922 年《预算法》进行重大修改），增加了新原则：

（3）总体平衡原则。联邦和州在编制年度预算时必须考虑总体经济的平衡，经济总体平衡包括物价稳定、就业发展、对外经济平衡、经济持续和适度增长。

（4）借贷适度原则。联邦预算可以计入国家信用收入，但一般不允许超过预算投资支出，除非遇到严重、持续的经济困难和借贷特别有利于未来发展。

（5）计划指导原则。联邦和州编制年度预算应以中期（5 年）财政收支计划为基础，中期财政收支计划应在联邦财政部长推荐且与州和地方的协作之下制订。

（6）统一分类原则。联邦、州、市镇 3 级预算采用统一的分类格式，运用统一的评价标准，但相互保持独立；提交议会审批的联邦预算主要按经济性质分类，按功能分类的

预算主要使各部门明确任务和支出规模。

(7) 国会调整原则。国会有权对联邦预算草案进行修改和调整，但一般只限于预算支出的削减方面，否则应与政府协商。

此后，联邦德国又多次修订《预算法》，增加了一些新规定。如：1985 年“预算审查现代化”规定；1990 年“投资预算”规定；1994 年“财政赤字”规定；1997 年“财政可持续性”规定等。总体来看，补充的新原则主要是：加强预算约束原则，控制预算赤字原则。

3. 日本公共预算原则

日本 1947 年《财政法》（5 章 48 款）及以后的修订本规定了公共预算的原则。包括：

(1) 全面预算原则。预算应包括财政年度内政府的全部收入和支出，并要列出收入和支出的具体项目，不允许只列收支差额。

(2) 年度预算原则。预算一般不允许跨越年度（但允许例外，如大型工程在开工年度确定总支出和各年度支出，审批后其余年度自行支出，此为递延经费，限 5 年内；又如在特殊情况下，本年度支出可转到下年度使用，此为跨年度支出费用）。

(3) 事前审批原则。公共预算必须在新预算年度开始以前提交国会审批，若预算未获批准，则应编制临时预算提交国会审批后方可开支。

(4) 预算公开原则。财政部长应准备预算计划草案，由内阁审定后于每年 1 月份向国会提交，在国会审议批准后向社会公布。

(5) 预算形式原则。公共预算分一般会计预算和特别会计预算，特别会计预算是为管理特定项目、特定基金、特定收入（用于特殊支出）所作的预算。

(6) 国债限制原则。公共支出一般由经常收入来开支；作为临时需要，可以发行国债和借款，但发行和借款数量应由国会严格控制。

综上可见，发达国家的公共预算原则随经济发展和财政状况而变化和发展，有些是长期坚持的一般原则，有些是在某一时期为纠偏而增设的原则。其中，年度、全面、分类、可靠、公开（透明）原则是一般性、长期性原则；而绩效、公平、稳定、限制原则是最近一些年来针对赤字扩大和支出低效所采取的纠正性原则。

第三节 公共预算的程序

公共预算程序是指从编制预算到完成审批和立法的过程、顺序和时间安排。公共预算的主要过程大体为：预算管理机构发布预算指导，政府部门和机构编制本部门预算草案，预算管理机构汇编后形成总预算案，向本级议会（或居民大会）提交预算案，议会审议和批准并完成预算立法。

一、美国公共预算程序

（一）联邦预算程序

美国联邦预算的特点是程序多、周期长。编制预算需 9 个月，审批立法也需 9 个月。

主要程序为：预算通知、部门编制、汇总、国会审议、起草法案、两院通过（见专栏2.1）。

专栏 2.1 **美国联邦预算程序**

时　间	内　容
新财政年度前一年	
2—5月	总统提出预算框架，OMB 发预算通知，各部门准备初步概算
6—9月	OMB 下发详细预算指导，各部门编制预算，向 OMB 提交
10—12月	OMB 审核各部门预算，形成综合预算草案
新财政年度的当年	
1月第一个星期一至2月的第一个星期一	总统向国会提交联邦预算草案，并向全国公布
2月15日后	国会两院预算委员会、拨款委员会举行听证会，总统、财政部长、OMB 局长、经济顾问委员会主席出席，说明编制原则、基础等；各专门委员会举行审查听证会，社会各界代表出席、表达意见
3月15日前	各专门委员会向两院预算委员会报告审查情况并提出收支估计数
4月15日前	两院预算委员会决定预算支出、收入额度、赤字和债务水平，起草共同决议；参、众两院分别表决，通过共同决议
5月15日前	两院拨款委员会根据共同决议规定的额度，组织下属的 12 个小组委员会（国防、农业等）审议、决定各类支出；授权委员会讨论各种支出的授权；两院拨款委员会起草预算拨款法案，提交两院大会表决（同时，收入审议由众院岁入委员会、参院财政委员会组织，程序同支出拨款）
6月15日前	两院组成共同委员会，对两院决定的拨款差异进行协调
6月30日前	国会两院通过协商一致的拨款法案，提交给总统签署
7月15日前	总统向国会陈述对预算的中期评论
10月1日	新财政年度开始

资料来源：OMB，Budget of the United States Government.

根据 1974 年《预算改革法》，联邦财政年度改为 10 月 1 日—9 月 30 日（较以前推迟了 3 个月）。主要考虑经济活动的特征、统计资料的可得性、联邦预算立法所需时间以及与州和地方预算的衔接性（它们需要在已知联邦拨款时完成预算）。

美国联邦预算的编制过程如图 2.1 所示。

美国联邦预算的审议、立法程序参见专栏 2.2。其中，关键是两院负责收入、支出和拨款委员会（及小组）的审议、修改和法案起草。

专栏 2.2 **美国国会的议案审议和立法程序**

联邦预算案的审议和立法过程与其他议案的审议和立法过程相同。美国议会的议案审议过程可概括为三读程序和委员会（及小组）审议、全院辩论、表决过程

1. 一读。在全院宣读编印成册的议案的名称和要点，经表决通过后列入议程

2. 委员会审议。列入议程的议案由议长提交各相关的专业委员会审议，专业委员会对议案有绝对

处置权，可搁置拖延、大动手术、废弃不用或快速通过。如议案重要，则先交各小组委员会审议，再由专业委员会审议；审议中通常举行听证会，通知证人作证，并进行辩论。专业委员会最后向议院提交审议后的修正案

3. 二读。议院议长向全院宣读专业委员会修正案全文，经表决通过后进入辩论阶段

4. 全院辩论。辩论通常由议长或相关专业委员会主席主持。众议院一般设定辩论时间，像预算等重要议案也只有 2 天的大会辩论。辩论结束后，对修正案逐一修补，进行（口头）表决

5. 三读。宣读修正案全文后进行最后表决，2/3 以上赞成通过议案

美国众议院通过的议案送参议院审议，若有修正，仍需众议院同意；若众议院拒绝，则由两院组成协调委员会来达成一致，最后再交两院通过。两院通过的议案送总统签署后成为正式法案

西方各国的审议和立法过程大体相同。例如英国，全院辩论在前，专业委员会修正在后；众议院通过的议案送参议院即使未获通过，也不影响议案的权威性和有效性

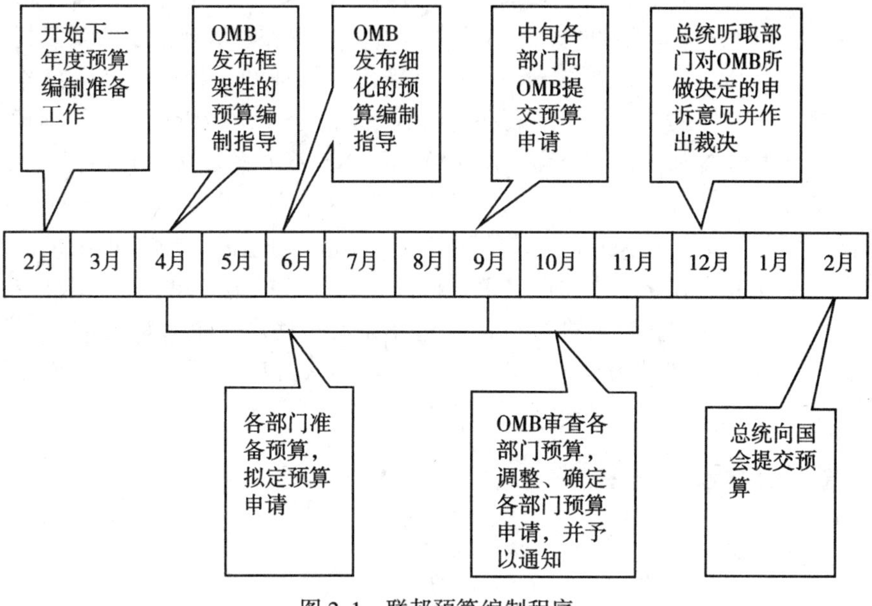

图 2.1　联邦预算编制程序

（二）州和地方预算程序

在美国，现代预算源于州和地方（城市）的创新。1907 年，纽约市发布的研究报告《市镇预算的编制》，成为美国预算制度的第一块基石。1920 年后，大城市大多有了预算。1910 年，俄亥俄州制定法律第一个赋予州长准备预算的权力，1920 年有 44 个州编制了预算，成立了州长领导下的预算办公室。联邦预算到 1921 年通过《预算与会计法案》才开始。

美国州和地方的财政年度很少与联邦相同。大部分州财政年度是 7 月 1 日—6 月 30 日。地方（县市镇乡村）的财政年度开始日期多数是：1 月 1 日、4 月 1 日或 9 月 1 日。

州预算编制。美国有 20 个州（特别是人口较少和中、小经济规模的州）也不是每个

年度做一次预算，而是2年做一次预算（一般是在一个财政年度结束时开始启动新一轮预算编制），理由是行政部门编制预算和州议会审查过于频繁、压力过大。州预算的编制时间一般不超过6个月。

州预算审批。州议会审议和联邦一样，实行两院审议，依靠专业委员会（但数量要少），并且要州长签字生效。州议会的审议时间不等，有一些州规定为3~6周，也有些州规定20周，这可能取决于各州给议员的报酬：大多数州的议员报酬比国会议员低很多（1960年后，国会和州议员及职员大都受过专业训练，有硕士以上学位），他们不像国会议员（专职）可以花很多时间旅行、调查、审议。大多数州议会与联邦一样，可以不受限制地增减预算（仅少数州只允许有限调整）。但州长也可以否决任何项目（超过总统的否决权）。

地方预算编制。县、市、镇等地方预算的编制程序与州基本相同，但时间较短。一般情况下，从开始下达预算通知到地方议会通过预算只有6个月（预算编制在新财政年度开始前的半年启动），预算编制时间3~5个月。在人口少、经济规模小的乡镇村，时间会更短。主要程序是：市（镇）长或预算办公室下发预算通知、指南、表格；各服务部门准备项目和支出估计；提交预算申请表和材料后预算办公室组织听证会；根据预测的财产税等收入数据市长与各部门首脑协商确定预算；印制预算方案（文件）后提交市议会。

地方预算审批。地方议会不设两院，也没有各种专业委员会，预算审议由单一的市（镇）财政委员会主持，故一般不会对预算案做重大修改和变动。预算审议、批准的时间一般也不超过一个月。在比较小的市、镇、村（也有较大的地方单位），预算审批通常采取选民大会形式，直接对预算案进行投票（近年来，一些市、镇对重大市政项目的预算立项还采取了居民网上投票方式）；当然，这时各类支出和收入项目及数额必须设计成“选择题”那样。

二、德国公共预算程序

（一）联邦预算程序

德国财政年度采取公历年度制：1月1日—12月30日。德国联邦预算的周期短，从预算编制到完成立法的时间为12个月，其中审议、立法时间为5个月。基本程序是：

（1）12月，联邦财政部一般在一个年度即将开始时向联邦各部门下达编制下一个财政年度预算的通知和要求。

（2）3月，各部门完成预算初稿，上交财政部。财政部对各部门预算进行审核，将审核意见提交给联邦经济部、联邦银行、联邦统计局、联邦经济顾问委员会及各州财政部，听取它们对部门审核的意见并取得联邦审计院独立审计的结果。

（3）5月，联邦财政部提出中期经济预测和中期财政计划，根据各方意见起草联邦预算，联邦财政部与各政府部长进行协商，调整和修改各部门预算后形成联邦预算方案。

（4）6月，预算方案和中期财政计划提交总理府，供内阁讨论通过。

（5）8月，预算方案和中期财政计划提交联邦议会，供议会熟悉并寻求建议。

（6）9月，联邦总理将预算方案提交联邦众议院审议。众议院应在6周内提出审议意见。审议一般先由财政部长作财政报告，议会进行辩论后形成一般性书面意见；然后由财政部根据议会的意见进行调整和修改，再次提交给议会；议会众议院预算委员会对修改的预算案逐项进行审查并作出决议；最后由众议院全体投票，表决通过关于预算案的决议。

（7）11月，参议院开始审议。如参议院对众议院的预算审议决议有异议，应在3周内向两院协调委员会提出，由协调委员会协商修改。

（8）12月，参议院通过预算决议，由联邦总统、总理、财长联合签署后成为法律。

（9）1月，新财政年度开始。

（二）州和地方预算程序

德国联邦、州和地方采用统一的预算规则，所以，州和地方（市镇）的预算程序、方法等与联邦预算基本相同，只是相对简化。特别是在地方市镇，由于地方自治要求，市镇预算在本地议会讨论期间同时也向居民公开，居民可以直接向议会反映自己的意见和要求。另外，地方议会也设有一些专业委员会负责各类收支的审查，看起来比美国的地方审议更规范、更专业化。

三、英国公共预算程序

（一）中央预算程序

英国财政年度为上年4月1日至下年3月31日。英国中央预算有三个特点：一是两次预算，秋季初预算和春季正式预算；二是预算审批分两步，先收入法案，后拨款法案；三是英国政府具有强势地位，议会审议只是小修小改。

英国中央预算的周期长，政府自己对支出的检查和控制较严。预算一般在新财政年度开始前1年左右启动，在新财政年度开始后4个月完成，前后长达16个月。英国的预算程序始于1961年普罗登委员会的报告《公共支出控制》。同许多国家一样，英国的税收和收入预算由财政部测算、编制，各政府部门主要进行支出预算。一般程序是：

（1）3月，随着新财政年度的开始，英国财政部向其余各部发布编制下年度预算的通知，各部门对本部门的支出进行检查、评估和概算。

（2）5月，各部门向财政部提交中期（未来3年）支出计划（包括支出总额、净额、范围、项目和作用等）后，财政部与各部门就支出政策和目标、各部门的中期计划进行讨论，并研究经济趋势。

（3）8月，财政部提出关于公共支出预算方案、水平的报告和经济趋势报告，提交各部部长进行分析和选择、确定公共支出预算方案，编制“中央支出预算”（Central Government Supply Estimates）。

（4）11月前后，财政大臣向下议院提交“中期财政计划”（Pre-Budget Report），发布“中央支出预算”（秋季预算）报告，供社会各界讨论；同时提交“补充预算”（约占年度经常预算的45%），让国会通过后为新财政年度最初几个月提供拨款。

（5）12月—2月，财政部收集讨论信息，修订、完成预算案。

(6) 3月—5月，财政大臣向议会提出预算报告，下议院进行审议并通过财政预算决议，起草财政法案，随后交上议院通过。收入预算审批结束（此时，新财政年度已开始）。

(7) 6月，国会审议“中央支出预算”方案，然后起草拨款法案。

(8) 7月底8月初，国会表决通过拨款法案，英王签署财政法案和年度拨款法案。

英国中央预算程序曾进行过一次改革。1992年保守党政府上台后实行“统一审议”程序（取消春季预算，在冬季时完成审议和立法），并一直持续到1996年。1997年工党政府上台后，又回到以前的程序。

（二）地方预算程序

英国地方（市、镇、郡和区）预算的程序简单。地方何时开始预算编制也不重要，关键是要等每年11月份中央政府的秋季预算后，中央财政公布了财政支出拨款方案地方才能决定预算（财政拨款是英国地方财政的主要来源）。在此前后，各市（镇）围绕主要职能（中央规定的地方服务职责，如教育和学校、社会服务和保健、道路和卫生、旅游、文化、社区和房屋等），就支出类别的优先次序、项目、数额等召开多层次的公众协商会议、各界各社区的代表会议并提供热线电话和预算公共网站，广泛征询意见和进行投票选择。本地议会主要决定重点支出政策和市政税（地方财产税）的税率调整。

四、日本公共预算程序

（一）日本中央预算

日本的财政年度与英国相同，为上年4月1日至下年3月31日。日本中央预算的特点是：预算周期短，预算一般在新财政年度开始前10个月（每年6月）启动、次年3月底结束。预算审批也比较简单。一般程序是：

(1) 6月—8月，内阁讨论预算方针，根据形势和收入测算模型确定各类支出（法定支出如偿债、地方让与税等除外）的“封顶”额和优先支出，并在8月初由财务省以“预算指导”方式下达各部。同时，各部自行检查当前的工作和问题，准备支出和项目计划，接到“预算指导”后修改，在8月31日前向财务省提交预算请求。

(2) 9月—12月，财务省预算局和各部就预算请求中的各项目细节举行听证会，进行审查和协商，各部进行答辩、补充必要的支持材料和数据资料等，然后各部编制详细的预算。12月初，内阁发布“预算方案框架和编制原则”，财务省据此与各部作最后协商，并起草和完成预算草案，12月底提交内阁批准。

(3) 1月—3月，内阁在1月下旬向国会提交预算案，财务大臣分别在众院、参院宣读预算报告（草案）；然后众院审议（包括召开公共听证会），众院预算委员会批准后进行众院大会票决；再将众院审议结果交参院，因参院人数和专业人士少，多半走过场，有时存在差异也组成联合委员会协调，万一不能达成一致，《宪法》保证众院审议结果有优先权（这些都与英国的情况相似，议会也不会对预算大修大改）。4月1日，新财政年度开始。

（二）日本地方预算

日本地方（都道府县和市町村）预算程序与中央相同，同步开始。以都（道府县）政府为例，6月份开始各部门根据下达的“封顶额”准备预算请求（支出）；8月份上报都财务局，然后财务局与各部门协商、检查；1月初财务局向中央总务省（原自治省并入）和财务省提出预算（债务发行和服务资助预算）请求报告，总务省公布地方债发行计划，财务省传达地方让与税分配等支持计划的信息；3月份都政府向都议会提交预算方案，都议会审议批准。

市町村与此类似，只是会更早（10月底以前）向都政府提出预算（债务发行和服务资助预算）请求，并与都财务局协商；在等待并得到总务省、财务省的相关信息后，再决定预算并提交审批。

第四节 公共预算的结构模式

公共预算结构是指预算编制中对内容项目的分类方法及其表现形式，又称预算分类模式。预算模式取决于立法要求、预算目标和管理需要，为了满足不同目的和要求，公共预算通常有多种分类方法与表现形式，其中，居于主要地位的分类模式又称基本结构模式。目前，具有代表性的公共预算有三种基本结构模式：统一预算模式、复式预算模式、统一预算与复式预算相结合的模式。

一、美国的统一预算

统一预算（Unified or consolidated budget）是目前美国联邦政府的基本预算形式。20世纪30年代以前，美国联邦政府采取分项预算，它根据政府机构运转所需的支出项目分类（如人员费、商品购买、维护费等），并在各类支出下列出细目，以便控制。1929—1933年经济大危机以后，美国进行“新政”改革，从1933年开始实行复式预算模式，将财政收入和支出分为“一般项目”和“非一般项目”两部分，一般项目坚持节约和平衡方针，非一般项目即投资部分执行扩张和刺激经济增长的政策。第二次世界大战爆发以后，美国放弃了复式预算。从第二次世界大战结束以后一直到1969年，美国联邦预算采取三种不同但互相补充的预算：行政预算、综合现金预算和国民收入预算账户中的联邦政府收入预算。1969年，联邦预算进行改革，将这三种预算合并，形成统一预算或称合并预算。

（一）统一预算的特点

1. 统一预算是多年度的综合性预算

统一预算包括联邦公共预算的收入、支出、（盈余）赤字、公众持有的债务，以便全面反映联邦预算的总体状况。除用数额表示外，还用其与GDP的百分比来表示相对规模，见表2-1。

表 2-1 **美国联邦预算总表（2015 年度）** 单位：10 亿美元

项目＼年份	2013	2014	2015	2016	2017	2018	2019	…	2024
支出	3455	3651	3901	4099	4269	4443	4729		
收入	2775	3002	3337	3568	3811	4030	4226		
赤字	680	649	564	531	458	413	503		
公共债务	11983	12903	13592	14257	14843	15370	15982		
占 GDP 的百分比（%）									
支出	20.8	21.1	21.4	21.4	21.1	20.9	21.3		
收入	16.7	17.3	18.3	18.6	18.9	19.0	19.0		
赤字	4.1	3.7	3.1	2.8	2.3	1.9	2.3		
公共债务	72.1	74.4	74.6	74.3	73.5	72.4	72.0		

资料来源：http：//www.whitehouse.gov/sites/default/files/omb/budget/fy2015/assets/budget.pdf.

统一预算采取多年度预算形式，除预算年度之外，还包括最近结束的财政年度、当前年度（尚未完成）以及预算年度之后 4 个年度的估计数。预算年度和此后 4 个年度一起构成了一个中期（5 年）的财政计划。美国国会重点审议预算年度的估计情况。最近几年，美国联邦预算将年度数进一步扩展到 10 年，2015 年度联邦预算表就列出了 2015—2024 年度的估计情况（限于篇幅，表 2-1 未列出具体数字）。

2. 统一预算包括预算外和关联企业的情况

统一预算采用联邦预算内和预算外的划分，将由专项法律规定、具有特定收支（不受联邦政府控制，但联邦政府要负责）的项目作为预算外部分来列出。

由联邦政府创办的企业和机构，如农业合作银行、农业信贷银行、联邦农业抵押公司、学生贷款协会、房地产全国抵押协会、联邦房屋信贷银行等，由于它们是经联邦政府特许并为公共政策服务的私人性机构，既不属于预算内，也不属于预算外（由联邦政府投资建立的公共企业和机构如田纳西流域工程管理局、农村电话银行等，属于预算内），但考虑到它们与联邦政府的关联和影响，也在预算文件的附录中反映。另外，联邦储备系统是独立于联邦政府的机构，但由于它与财政部的关联，故也在预算附录中列出。

3. 统一预算按性质、功能和部门分类

美国联邦预算按不同的需要分类，主要有三种：（1）按管理性质分类，如自主支出（Discretionary outlays）和法定（Mandatory outlays）支出。自主支出是联邦政府自主安排的部分，法定支出是永久性法律规定的强制性支出（如社会保障、医疗照顾和医疗保险等）部分。（2）按功能和来源分类，如国防、农业、社会保障等支出，个人所得税、公司税等收入，这是为了反映预算支出在各个职能方向上的配置情况和预算总收入中不同税收和非税收入的比重情况。（3）按部门或组织分类，如国防部支出、农业支出等，其中各部门的支出又按二级单位和项目分类，主要是为了反映联邦各部门的自主性预算要求和国会审议后批准的情况（授权支出额）。

应注意到，美国联邦政府不做复式预算，不按经常项目和资本项目分类（虽然一些州和地方编制资本预算）。主要原因是：联邦政府提供的全国性公共品主要是国防设施（目前大型公共工程往往是地方性的，由地方提供），这些国防投资与一般资本投资不同，需要经常更新调整，主要由国防部负责。另外，联邦政府的非国防投资主要是对各州的公共投资拨款，目的是实施宏观经济政策、刺激地方经济，这种对州和地方的转移支付，以及联邦政府有关土地、建筑物和设备的购买，贷款和贷款担保补贴等，通常在预算文件的附件“分析和展望”中进行分析。

（二）统一预算的基本分类

1. 统一预算：性质分类

联邦预算按管理的性质分类源于1990年的《预算执行法案》（*The Budget Enforcement Act*，BEA），这种分类的主要目的在于限制政府的自主性支出，同时也严格控制法定支出，使联邦预算逐步走向平衡。该《预算执行法案》规定，对每个年度联邦政府的自主支出设置额度限制（Cap）；而对法定支出遵循增减相抵（Pay-as-you-go）原则，即如果增加一项法定支出，就必须减少另一项法定支出或者增加某项法定收入，否则不做改变或调整。

从表2-2可见，2015财年美国联邦预算中联邦的自主支出所占的比重仅为30%，法定支出（社会保障和福利性支出）约占预算总支出的63%。另外可见，最近几年美国联邦的预算赤字正在减少。

表2-2 **美国联邦预算（2015年，按性质）** 单位：10亿美元

项目＼年份	2013	2014	2015	…	2024	2015—2019	2015—2024
支出：							
自主支出	1147	1174	1186				
国防	626	612	623				
非国防	522	562	563				
法定支出	2086	2251	2458				
社会保障	808	852	896				
医疗照顾	492	513	526				
医疗补助	265	309	336				
其他	521	577	691				
净利息支出	221	223	252				
总支出	3455	3651	3901				

续表

项目 \ 年份	2013	2014	2015	…	2024	2015—2019	2015—2024
收入：							
个人所得税							
公司税							
⋮							
总收入	2775	3002	3337				
赤字：	680	649	564				
净利息	221	223	252				
基本赤字	459	425	312				
预算内赤字	719	670	564				
预算外赤字	-39	-21	0				

资料来源："Budget of the United States Government, Fiscal Year 2015", https://www.whitehouse.gov/sites/default/files/omb/budget/fy2015/assets/budget.pdf.

2. 统一预算：功能分类

功能或职能分类可以反映联邦政府的公共服务支出配置和明确收入来源。这种分类也是国会审议、立法的主要依据。根据美国《预算法》的规定，功能的定义是：（1）一种功能包含一系列目的相似的活动与项目，它强调联邦政府应努力完成的任务和应达到的目标；（2）一种功能必须是对国家发展具有长期性和重要意义的相似活动的集合，完成每一功能都需要耗费大量资源；（3）政府的各种具体服务活动和项目按主要功能归类，而不考虑它们具体由哪些部门来完成。

表 2-3 是 2015 年度美国联邦预算的功能和来源分类。由表可见，美国联邦预算的标准职能支出分为 17 类，目前预算支出总额为 3.9 万亿美元，占 GDP 的 21%左右（收入只占 GDP 的 18%左右），其中，最大的 2 项支出或重点支出方向是社会保障支出和国防支出，而收入保障、医疗照顾和健康支出分别居第 3、4、5 位，一般政府管理支出仅占预算总支出的 0.6%。公共收入分为 7 类，其中个人所得税和社会保险税是两类最大的收入，公司所得税、商品税分别居第 3、4 位。另外，由表可见，国会审议后批准的支出比联邦政府的预算减少了 7000 多亿，基本上每项职能支出都被削减（表中列出了最大的削减项：医疗健康支出，将近 1000 亿），这表明美国国会在预算决定方面的权限之大——国会的审议绝不是举举手、走走过场。

表 2-3　　**美国联邦预算（2015 年，按功能和来源）**　　单位：10 亿美元

	2014 批准	2015 预算	2015 批准	…
支出（按功能）				
1. 国防		636.6		
2. 国际事务		39.0		

续表

	2014 批准	2015 预算	2015 批准	…
3. 科学、空间和技术		30.8		
4. 能源		8.6		
5. 自然资源和环境		41.3		
6. 农业		16.9		
7. 商业和住房信贷		-31.4		
8. 交通		97.8		
9. 社会和社区发展		28.8		
10. 教育、培训、就业和社会服务		117.4		
11. 健康		512.2	416.6	
12. 医疗照顾		532.2		
13. 收入保障		535.9		
14. 社会保障		903.2		
15. 退伍军人福利和服务		158.5		
16. 司法管理		55.8		
17. 一般政府管理		25.7		
18. 净利息		251.8		
19. 补助		29.3		
20. 未分配的抵偿收入		-95.6		
总计	3650.5	3901.0	3165.6	
(占 GDP 的比重,%)	20.8	21.1	21.4	
收入（按来源）				
1. 个人所得税		1534	1478	
2. 公司所得税		449	342	
3. 社会保险和工薪税		1056	1065	
4. 商品税		111	96	
5. 财产和赠与税		18	20	
6. 关税		37	37	
7. 在联储的存款		88	94	
8. 移民改革		2	-	
9. 杂项收入		43	45	
总计		3021	3337	3167
(占 GDP 的比重,%)	16.7	17.3	18.3	

资料来源："Fiscal Year 2015 Budget of the U. S. Government". United States Office of Management and Budget. March 14, 2015. http://www.gpo.gov/fdsys/pkg/BUDGET-2015.pdf.

联邦预算支出的功能分类下是活动分类，活动分类下是具体服务支出项目。具体功能分类、活动分类和项目分类见表 2-4（为简便起见，只有少数活动给出了一些重要项目）。

表 2-4 美国联邦预算的功能、活动与项目分类

编号	内　容	编号	内　容	编号	内　容
050	国防		地区灾害救助和保险	650	社会保障
	军事人员	500	教育、培训、就业和社会服务		老年和遗属保险
	军事设施		初等、中等和职业教育		伤残保险
	原子能防卫		高等教育	700	退伍军人福利与服务
	与国防相关的活动		教育研究		退休军人教育、培训和定居
150	国际事务		培训、就业和服务		退伍军人医疗和医疗照顾
	国际发展援助	550	健康		退伍军人住房
	国际安全援助		医疗服务	750	司法管理
	外交事务		健康研究与培训		联邦法律执行
	国际金融		食物安全与职业健康		联邦诉讼和审判
250	一般科学、空间和技术	570	医疗照顾（对老人）计划		教养改造
	基础科学研究		医疗保险	800	一般管理
	航天飞行、研究支持	660	收入保障		立法机构支出
270	能源		一般退休和伤残保险		总统管理办公室
	能源供应和储备		联邦职工退休和伤残		中央财政管理
300	自然资源和环境		失业保险计划		财产和资料管理
	水、森林、土地和再生资源		住房补贴计划		中央人事管理
	污染控制		公用住房经营基金		财政转移支付
350	农业		公用住房资本基金		对哥伦比亚特区
	农场收入稳定计划		其他 HUD 住房		对州、县转移支付
	农业研究与服务		农村住房资助	900	净利息
370	商业贸易和住房信贷		食品和营养补助		国债利息
	抵押信贷、邮政和商业促进		对妇、幼特别食品方案		其他利息支付
400	交通运输		其他营养计划	920	补助
	陆路、海运、航空		其他收入帮助		自然灾害
450	社区和区域发展		难民帮助		突发事件
	社区发展		低收入家庭能源补贴		应急基金
	区域与农村发展		儿童发展一揽子基金	950	未分配的抵偿收入
	印第安人项目		补充性收入保障		拍卖等收入
	阿巴拉契山脉委员会		家庭支持计划		租金和特许权收入
	田纳西河流域管理局		儿童发展计划		资产销售
	迪拉里委员会		贫困家庭资助计划		

3. 统一预算：部门分类

部门分类的主要目的是明确联邦政府各部/机构自主支配的服务支出规模，也便于国会审议并授权支出。表 2-5 列出了联邦农业部等 23 个部门（或直属机构）2015 年度的预算支出情况（自主支出）。

表 2-5 **美国联邦预算（2015 年，各部门的自主支出）** 单位：10 亿美元

年份 联邦各部门(按字母顺序)	2013	2014	2015	…	2024	…
农业	23.0	24.1	22.2			
商务	7.3	8.3	8.8			
国防	495.5	496.0	495.6			
教育	65.7	67.3	68.6			
能源	25.2	27.2	27.9			
健康和人力资源服务	74.3	79.8	73.7			
国土安全	38.1	39.3	38.2			
住房和城市发展	22.8	33.7	32.6			
内政	10.9	11.5	11.5			
司法	25.4	27.2	16.7			
劳动	11.8	12.0	11.8			
国务院与国际项目	39.6	42.7	42.6			
交通	13.1	13.7	14.0			
财政	12.3	12.6	12.4			
退伍军人事务	61.1	63.4	65.3			
陆军工程兵	8.1	5.5	4.5			
环境保护署	7.9	8.2	7.9			
综合服务管理	-1.2	1.8	0.2			
国家航空和航天管理局	16.9	17.6	17.5			
国家科学基金	6.9	7.2	7.3			
小企业管理局	1.0	0.9	0.7			
社会保障管理局	8.6	8.9	9.1			
国家和社会服务公司	1.0	1.1	1.1			
其他机构	17.9	18.7	19.2			
总计	993.0	1028.9	1064.7			

注：不包括“戴帽”限制的支出。

资料来源：“Fiscal Year 2015 Budget of the U. S. Government”. United States Office of Management and Budget. March 14, 2015. http://www.gpo.gov/fdsys/pkg/BUDGET-2015.pdf.

按部门分类的联邦预算是联邦政府各部（机构）的预算（部门预算）汇总。各部门的预算主要是按服务任务编制的。表2-6是2015年度美国国土安全部的预算支出表。

表2-6 **美国国土安全部预算（2015年）** 单位：百万美元

项目＼年份	2013预算 总体	2014预算 总体	2015预算 总体
1. 部门管理			
2. 分析和运作			
3. 调查办公室			
4. 海关和边界保护			
5. 移民事务			
6. 交通和安全管理			
7. 海岸警卫			
8. 秘密服务			
9. 国家保护和项目委员会			
10. 健康事务办公室			
11. 联邦紧急管理署			
12. 公民迁移事务			
13. 联邦法律执行训练中心			
14. 科学技术委员会			
15. 国内核探测办公室			
总额	25258 59210	25103 60655	25752 60919

注：部门总额包括自主支出、法定支出、收费和基金支出，预算总体包括非国土安全支出。

资料来源："Budget-in-Brief, Fiscal year 2015", Department of Homeland Security（DHS），http：//www.dhs.gov/topic/surge-capacity-force.

二、德国的复式预算

复式预算是将预算收支按经济性质（经常项目和资本项目）分类，分别编制经常预算和资本预算的一种结构安排形式。实行复式预算的主要目的是支持公共投资，给资本支出优先权。不过，根据美国学术界的看法，复式预算模式有可能成为赤字预算长期持续的"遮阳伞"，为政府追求表面政绩、不计实效、进行大规模的投资和财政干预提供便利。

复式预算始于西欧。1927年，丹麦政府将预算分为"普通"和"资本"两部分，第一次编制了复式预算。1933年，罗斯福进行"新政"改革，美国联邦政府编制了"正常"和"非正常"预算：正常预算包括经常性支出和收入，编制和审批时坚持节省和平衡的原则；非正常预算包括公共工程投资、国营企事业资本支出，收入来源于国债发行，因预算收支的周期长、主要用于提供社会公共设施和资本，故实行预算赤字政策。1936年，随着经济复苏，一些不满“新政”政策的人要求减少政府干预，于是美国联邦最高法院宣布“新政”立法“违宪”，美国联邦政府放弃了复式预算。

第二次世界大战后，联邦德国和许多西欧国家先后采用复式预算并一直保持至今。德国联邦政府和州、市镇三级都实行复式预算。从经验来看，只要总体上坚持预算平衡（特别是地区和地方财政）的原则和严格遵守财政纪律，运用复式预算可以灵活地为经济发展提供基础设施建设支持、保证经济运行的稳定性，并可以约束政府行政支出扩张，而不会对市场经济发展产生抑制或助长一个大政府的形成。德国的经验还表明，运用复式预算也不等于一定要将它作为预算编制的主要结构模式，完全可以强调部门预算、功能预算安排，关键是要有一个科学的中期财政计划的指导。

从战后以来和近年来的情况看，德国的复式预算有以下3个特点。

（一）中期财政计划指导

中期财政计划（Medium-term financial planning）是一个为期5年的、以经济发展为基础编制的公共财政发展计划，它显示了在未来年度（一般是指除当前所处的财政年度即预算尚未完成年度和预算年度之外，此后的3个财政年度）期望的收入、支出、预算平衡和债务发展状况。1969年，德国修订《基本法》（第109～115条涉及预算编制）并制定《预算原则法案法》（*Haushaltsgrundsätzegesetz*，HGrG），进行预算改革，开始编制滚动的中期（5年）财政计划，作为联邦公共预算的基础和指导。

1. 制订中期财政计划的原因

德国《预算原则法案法》第50条规定，各级政府应在编制5年期财政计划的基础上进行前瞻性的预算管理；第51条规定，应建立一个由联邦财政部长担任主席的财政计划委员会（理事会），来提出一个统筹性的财政计划（包括联邦、州和地方政府）。

德国制订、编制中期（5年）财政计划的原因是：（1）从一个不太长的时期角度来考虑财政发展，使每年的预算能够很好地衔接，避免年度预算的短视、狭隘和保守——特别是当预算中包含跨年度、有较大规模的公共投资支出项目时尤其重要；（2）在一个政府经济发展项目（方案）、一项财政改革措施、一项新的法规推出和实施的早期阶段，充分鉴别和估计它的财政影响；（3）在一个适当的时期来鉴定和估计财政政策对未来财政运行的影响规模和范围，防止和避免不希望的财政趋势出现；（4）客观陈述财政风险，包括分析财政和债务项目的敏感性，估计债务的可持续性和相关风险，估计地区和地方政府以及公共企业和机构的或有风险等；（5）在充分考虑以上问题的基础上给出未来年度公共财政收支曲线和赤字规模走向的明确路径，指导预算编制，向议会和公众提供预算信息，保证财政平衡、稳定和财政活动的合理发展。

如图2.2和表2-7所示，从德国中期财政计划（2013—2017年）基本趋势图来看，如果2014年及以后3年德国经济发展不发生重大变化，按照联邦政府确定的经济发展项目，联邦财政的中期发展将会呈现良好走势，即2015年将实现预算平衡，此后联邦财政收入将持续超过财政支出，联邦预算赤字或净借款（虚线左边阴影部分）将变为盈余。

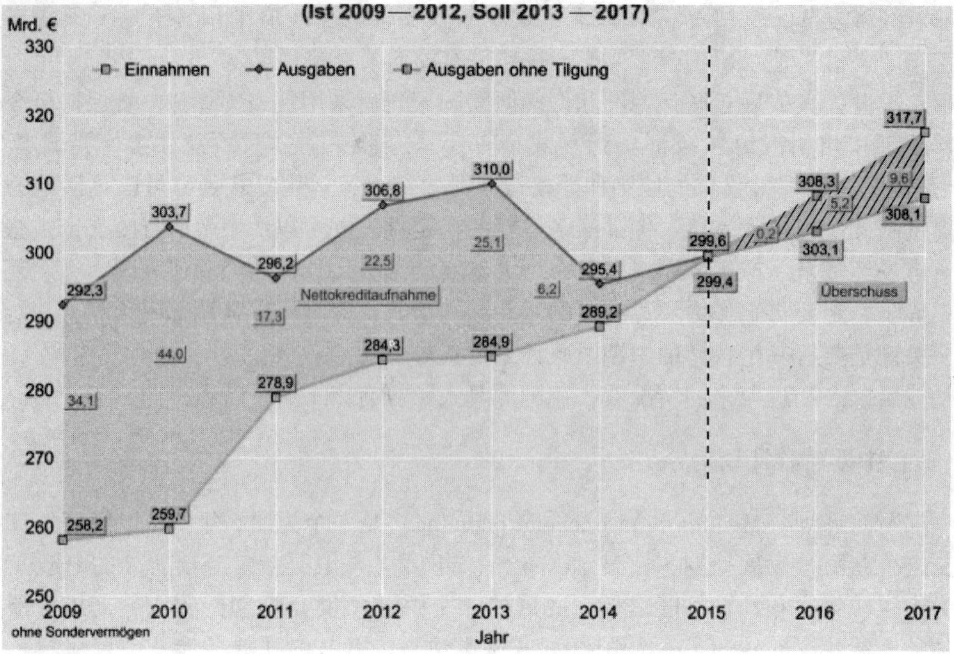

图 2.2　德国中期财政计划中的财政趋势

资料来源："Finanzplan des Bundes 2013 bis 2017", http://www.bundesfinanzministerium.de/.

表 2-7　　**德国联邦财政计划总表（2013—2017 年）**　　单位：亿欧元

项目 \ 年份	2012	2013	2014	2015	2016	2017
支出	3068	3110	2954	2996	3083	3177
支出调整	—	—	—	2994	3031	3081
比上年变化%	3.6	1.1	-4.7	1.4	1.2	1.6
收入	3068	3110	2954	2996	3083	3177
税收收入	2561	2606	2687	2794	2929	3005
净借债（债务）	225	251	62	—	—	—
备注：						
投资支出	363	348	297	252	249	247

资料来源："Finanzplan des Bundes 2013 bis 2017", http://www.bundesfinanzministerium.de/.

2. 制订中期财政计划的机构和程序

在德国，负责制订中期财政计划的机构是联邦财政部"预算委员会"，主要参与者是德国"财政计划委员会"。

"预算委员会"的成员是：联邦财政部、经济与技术部、各州财政部、5 个主要经济研究机构、联邦统计办公室、联邦银行、宏观经济趋势评估专家委员会、地方政府（市镇）全国协会联盟的专家和代表。

“财政计划委员会”是一个部级水平的全国性政策协调机构。联邦财政部长任委员会主席，成员包括：各州财政部长、地方政府协会联盟的代表、联邦银行的代表。“财政计划委员会”一年召开二次会议，春季和秋季各一次，主要就未来的财政支出政策进行协商并达成一致意见，为中期财政计划的起草奠定基础。虽然中期财政计划是联邦政府的财政计划，但具有一般指导意义，因为各州和市镇每年都要制订自己的中期财政计划并且与预算采取统一的标准分类，各州和地方市镇的参与有利于它们自主地与联邦财政政策协调。

中期财政计划每年年初与年度预算编制同时开始，联邦财政部“预算委员会”的专家们根据刚结束的财政年度的数据对中期财政计划进行更新和推移，并考虑对中期财政计划的目类进行调整。随后（4月份），根据联邦政府每年4月份提出的经济发展中期项目，估计和分析对支出做较大（增、减）变化的必要性，明确不希望的变化项目和中期财政计划调整的基本点；同时，“预算委员会”各分支单位就计划数字与各单位对应的部门进行协商。

制订中期财政计划的关键是使财政收支变化与经济的生产能力一致，在德国，主要是对计划期最初2年的宏观经济发展进行估计，分析经济活动走向和财政应对政策，而不考虑以后年度的财政稳定政策，由此来决定支出计划；“税收工作小组”则根据这个宏观经济趋势和支出计划来进行财政收入估计，做出中期收入计划。中期财政收支计划初稿在每年5月份完成，并由“财政计划委员会”的春季会议讨论、决定。6~7月份交内阁审核、讨论，最后确定，8月份连同预算方案一起送两院。

3. 中期财政计划的主要特点

德国中期财政计划是综合性的财政发展计划。它不仅包括收入、支出、债务的总量，也包括所有预算主体的内容和细节（目前包括约1000个收入目类、5000个支出目类）；还包括中期财政风险和储备情况。

中期财政计划是宏观导向的财政发展计划。它根据宏观经济趋势和联邦政府每年4月提出的经济发展中期项目进行估计和分析。

中期财政计划是一个滚动、延续的财政计划。每年制订的中期财政计划覆盖5年（编制计划的当年、预算年度和此后3个年度），为了进行比较，中期财政计划的结构和分类总与预算体系保持一致并与预算方案一起提交议会和向社会公布（目前公布的支出约40个目类，主要是按功能分类的支出）。

中期财政计划是政府活动的财政计划。它要逐条与各级政府的部长们进行协商和修订，然后再归纳为几个主要大类，并提交到立法机构（议会两院），作为预算方案的来源依据和提供必要的信息；它也是“预算委员会”与联邦政府各部就预算项目和数额问题进行讨论、协商、决定部门预算的依据。

中期财政计划是一个有明确路径的财政战略计划。它要揭示经济发展的战略和财政政策的走向及其前景，它要考虑和估计并努力避免潜在的财政风险，它要勾画和描述财政发展的中期路径和具体结果。

（二）复式预算的重要性下降

在德国联邦预算的结构安排中，复式预算曾经长期处于主体地位，但近年来随着联邦财政投资规模不断缩小和注重预算平衡，复式预算（即按收入和支出的经济性质分类）的地位退后、重要性下降。

表 2-8 是德国联邦政府 2015 年度的复式预算表。从表可见，经常收入主要为税收，资本收入很少；预算支出中经常支出占主体，其中人员支出约占总支出的 10%，资本支出也不多，约占联邦预算总支出的 10%。

表 2-8　　**德国联邦预算概要（复式预算表，2015 年）**　　单位：10 亿欧元

项目 \ 年份	2015	2014
（一）收入		
1. 经常收入	277.4	268.2
税收	296.4	288.5
⋮		
2. 资本收入	2.5	2.7
⋮		
融资等		
总计	**299.1**	**296.5**
（二）支出		
1. 经常支出	272.6	267.9
人员支出	29.7	28.9
⋮		
2. 资本支出	27.1	30.4
⋮		
总计	**299.1**	**296.5**

注：为简略起见，编者根据原表进行了合并，本表由原有的 4 个表综合而成。

资料来源："Bundeshaushalt 2015"（2014.12.23），http://www.bundeshaushalt-info.de/fileadmin/de.bundeshaushalt/content_de/dokumente/2015/soll/Haushaltsplan-2015.pdf.

（三）按功能和部门分类的预算推前

1. 联邦预算的功能分类

表 2-9 是德国联邦预算的功能（职能、任务）分类表。功能分类的目的是反映联邦公共服务供应的范围、方向和规模。从表可见，德国联邦服务主要有 9 大领域；2015 年度

联邦公共服务的重点仍是社保和社会福利（该项支出约占近两年联邦预算总支出的50%，这也反映了德国联邦财政的公共性质），然后是国防、财税、科学教育文化、交通和通信支出等，行政管理支出仅占总支出的1.2%。在收入方面，除了财税收入，有一定规模的就是居民生活服务供应的收入（如能源、水、交通和通信）。

表2-9　**德国联邦预算的功能分类表（2015年）**　单位：10亿欧元

功能/任务	收入		支出	
	2015	2014	2015	2014
0. 一般管理合计	3.4	3.3	65.9	69.6
国防	0.3	0.3	33.5	32.3
外交	1.8	1.8	10.0	14.4
安全与秩序	0.48	0.44	4.5	4.4
法律	0.47	0.45	0.47	0.47
行政管理	0.14	0.18	3.7	3.4
财政管理	0.13	0.13	4.2	4.0
1. 科学、研究、教育和文化	0.13	0.12	20.6	19.3
2. 社会保障和家庭、青年、就业	2.8	2.7	153.1	147.8
3. 环境、卫生、体育和娱乐	0.41	0.40	2.03	2.00
4. 住房、城市、地区和社区	0.41	0.45	2.18	2.19
5. 食品、农业、森林	0.03	0.03	0.97	0.96
6. 能源、水、商业和社会服务	5.3	6.6	4.3	4.2
7. 交通和通信	5.7	5.1	16.9	16.4
8. 财政和税收	280.7	277.5	32.8	33.9
税收	277.7	269.4	0.8	0.7
资产	2.7	2.8	—	—
总计	299.1	296.5	299.1	296.5

资料来源："Bundeshaushalt 2015"（2014.12.23），http://www.bundeshaushalt-info.de/fileadmin/de.bundeshaushalt/content_de/dokumente/2015/soll/Haushaltsplan-2015.pdf.

2. 联邦预算的部门分类

在德国联邦预算和中期财政计划中，近两年按部门分类的收入和支出表出现在首位或前列，这反映了德国联邦政府和立法机构对部门预算的重视。

从表2-10可见，在2015年度联邦各部门的总支出中，联邦劳动和社会事务部的劳动和社会服务支出最大（约占预算总支出的41.9%），其次是国防部（占总支出的11%），然后是交通运输和基础设施数字化部（占总支出的7.7%）。

表 2-10　　德国联邦预算的部门分类（2015 年）　　单位：10 亿欧元

部门/机构	收入		支出	
	2015	2014	2015	2014
1. 总统府	—	—	—	—
2. 联邦议院				
3. 联邦参议院				
4. 总理府				
5. 外交部				
6. 内政部				
⋮				
11. 劳动和社会事务部	1. 9	1. 8	125. 5	121. 9
12. 交通运输和基础设施数字化部	5. 8	5. 2	23. 2	22. 8
13. 国防部	0. 29	0. 29	32. 9	32. 4
⋮				
总计	299. 1	296. 5	299. 1	296. 5

资料来源："Bundeshaushalt 2015"（2014. 12. 23），http：//www. bundeshaushalt-info. de/fileadmin/de. bundeshaushalt/content_de/dokumente/2015/soll/Haushaltsplan-2015. pdf.

三、英国的复式预算

英国中央政府的复式预算在 1968 年以前具体分为线上预算和线下预算，1968 年改为国库基金预算和国家借贷基金预算。英国目前的复式预算明确划分为经常预算和资本预算。

英国目前以复式预算为主体的结构模式有自己的特点，如：中期财政计划与多年度预算合二为一（一体化）；经常支出和资本支出实行资源预算并按中期和短期不同的管理特点进行区分。

（一）中期财政计划与多年度预算

英国中央政府的多年度预算包括中期（5 年）财政计划，议会主要对预算年度的收支情况进行审议，最后通过的预算文件表现为年度财政法案和拨款法案。

表 2-11 是英国预算责任办公室（OBR）编制的 2015 年度中央预算的经济展望（中期预测），表 2-12 是中期财政计划概要（2015—2019 年）。中期财政计划包括预算年度和以后 4 个年度的经常收支、资本收支、赤字与债务的估计情况，而且财政计划收支按复式预算来表示。从表 2-11 和表 2-12 可见，2015 年及以后 4 年，英国经济增长将放缓；如果公共收支按中期财政计划进行，则 2018 年度可实行财政盈余。

表 2-11 **2015 年英国中央预算中的经济展望（%）**[①]

	Percentage change on a year earlier, unless otherwise stated						
			Forecast				
	2013	2014	2015	2016	2017	2018	2019
GDP growth	1. 7	2. 6	2. 5	2. 3	2. 3	2. 3	2. 4
Main components of GDP							
Household consumption[②]	1. 7	2. 0	2. 6	2. 7	2. 5	2. 3	2. 2
General government consumption	−0. 3	1. 5	0. 8	−0. 7	−0. 9	−0. 2	1. 5
Fixed investment	3. 4	6. 8	4. 3	6. 2	5. 6	5. 7	4. 4
Business	5. 3	6. 8	5. 1	7. 5	6. 5	6. 4	4. 4
General government[③]	−8. 1	7. 3	2. 3	1. 9	1. 6	1. 5	2. 8
Private dwellings[③]	6. 2	6. 6	3. 5	5. 4	5. 5	6. 2	5. 2
Change in inventories[④]	0. 3	0. 2	0. 1	0. 0	0. 0	0. 0	0. 0
Net trade[④]	0. 0	−0. 5	−0. 1	−0. 4	−0. 2	−0. 2	−0. 2
CPI inflation	**2. 6**	**1. 5**	**0. 2**	**1. 2**	**1. 7**	**1. 9**	**2. 0**
Employment（millions)	**30. 0**	**30. 7**	**31. 1**	**31. 4**	**31. 5**	**31. 7**	**31. 9**
ILO unempolyment（% rate)[⑤]	**7. 6**	**6. 2**	**5. 3**	**5. 2**	**5. 3**	**5. 3**	**5. 3**

① All figures in this table are rounded to the nearest decimal place. This is not intended to convey a degree of unwarranted accuracy. Components may not sum to total due to rounding and statistical discrepancy.

② Includes households and non-profit institutions serving households.

③ Includes transfer costs of non-produced assets.

④ Contribution to GDP growth, percentage points.

⑤ International Labour Organization.

Source: Office for Budget Responsibility, Office for National Statistics.

资料来源："Budget 2015"（HM treasury），March 2015. https：//www. gov. uk/government/Budget 2015.

表 2-12 **2015 年英国中期财政计划概要（%）**

	Percent of GDP						
	Outturn	Forecast					
	2013—2014	2014—2015	2015—2016	2016—2017	2017—2018	2018—2019	2019—2020
Receipts and expenditure							
Public sector current receipts（*a*）	36. 1	35. 8	35. 5	36. 1	36. 2	36. 2	36. 3
Total managed expenditure（*b*）	41. 7	40. 7	39. 6	38. 1	36. 8	36. 0	36. 0
of which:							
Public sector current expenditure（*c*）	38. 1	37. 0	35. 9	34. 5	33. 3	32. 5	32. 5
Public sector net investment（*d*）	1. 5	1. 7	1. 6	1. 5	1. 4	1. 4	1. 4
Depreciation（*e*）	2. 0	2. 1	2. 1	2. 1	2. 1	2. 1	2. 1

续表

	Percent of GDP						
	Outturn	Forecast					
	2013—2014	2014—2015	2015—2016	2016—2017	2017—2018	2018—2019	2019—2020
Deficit							
Public sector net borrowing ($b-a$)	5.6	5.0	4.0	2.0	0.6	−0.2	−0.3
Current budget deficit ($c+e-a$)	4.1	3.3	2.4	0.5	−0.8	−1.7	−1.7
Cyclically-adjusted net borrowing	4.1	4.2	3.7	1.9	0.6	−0.3	−0.3
Primary balance	−3.8	−3.4	−2.5	−0.3	1.3	2.1	2.1
Cyclically-adjusted primary balance	−2.3	−2.7	−2.2	−0.1	1.3	2.1	2.1
Fiscal mandate and supplementary target							
Cyclically-adjusted deficit on current budget	2.6	2.5	2.1	0.4	−0.8	−1.7	−1.7
Public sector net debt①	79.1	80.4	80.2	79.8	77.8	74.8	71.6
Financing							
Central government net cash requirement	4.5	4.9	3.7	3.1	1.6	0.5	0.5
Public sector net cash requirement	3.7	4.7	3.4	3.0	1.4	0.3	0.2
Stability and Growth Pact							
Treaty deficit②	5.8	5.2	4.3	2.2	0.8	0.0	−0.1
Cyclically-adjusted Treaty deficit	4.2	4.4	4.0	2.0	0.8	0.0	−0.1
Treaty debt ratio③	87.9	88.4	89.7	89.7	88.2	85.7	82.8
	£ billion						
Public sector net borrowing	97.3	90.2	75.3	39.4	12.8	−5.2	−0.7
Current budget deficit	71.6	59.8	45.7	10.2	−15.8	−35.2	−38.7
Cyclically-adjusted net borrowing	70.4	76.2	68.8	36.3	11.8	−5.4	−7.0
Cyclically-adjusted deficit on current budget	44.6	45.8	39.3	7.1	−16.8	−35.3	−38.8
Public sector net debt	1402	1479	1533	1580	1606	1617	1627
Memo：Output gap (per cent of GDP)	−2.0	−0.8	−0.4	−0.2	0.0	0.0	0.0

① Debt at end March；GDP centred on end March.

② General government net borrowing on a Maastricht basis.

③ General government gross debt on a Maastricht basis.

资料来源："Budget 2015"(HM treasury), March 2015. https://www.gov.uk/government/Budget 2015.

（二）复式预算：支出区分和资源预算改革

英国的复式预算已非传统的形式。主要的变化是，1998 年英国根据修订的《财政法》、新建立的《财政稳定法典》和政府的《经济与财政战略报告》进行预算改革，制定了一些加强公共支出控制的新规则。（1）对经常支出和资本支出进行分类改革：根据支出的中期性（多年度）和年度性划分为DEL和AME。DEL（部门限额支出）是跨度为3年左右、支出不变动的滚动性支出，它受英国“公共支出检查”（PSR）机制的管理①。AME（年度管理支出）是年度性（1年内）支出，这类支出通常在一年进行2次评估并进行调整。(2) 对支出的预算方法进行改革：对预算支出实行RB（资源预算）②。即估计一个部门的经常和资本支出需要时，按其所需的全部资源（包括人力和资产价值的损耗、补偿，而不只是所需的直接现金支出）来估算。资源预算就是计算政府部门提供公共服务的全部成本，通过全面揭示资源耗费来促使公共部门节约支出、提高支出效率。实行资源预算是1998年以来英国进行预算改革的重要内容。

表2-13是2015年度英国中央预算的经常支出和资本支出。由表可见，2015年度(2015/2016) 中央预算支出（包括按资源预算方法计算的DEL和AME）为6743亿英镑，投资支出为683亿英镑，总支出为7426亿英镑。

表2-13 **英国中央预算的经常和资本支出（2015年）** 单位：10亿英镑

	£ billion					
	2014—2015	215—2016	2016—2017	2017—2018	2018—2019	2019—2020
CURRENT EXPENDITURE						
Resource AME	332. 5	335. 7	347. 0	361. 5	375. 5	389. 7
Resource DEL, excluding depreciation	315. 6	316. 3				
Ring-fenced depreciation	21. 3	22. 3				
Implied Resource DEL, including depreciation			323. 8	312. 0	310. 1	330. 4
Public sector current expenditure	**669. 3**	**674. 3**	**670. 9**	**673. 4**	**685. 6**	**720. 1**
CAPITAL EXPENDITURE						
Capital AME	22. 2	20. 6	21. 7	21. 6	21. 2	21. 5
Capital DEL	45. 6	47. 7				
Implied Capital DEL			47. 7	48. 9	52. 4	55. 7
Public sector gross investment	**67. 8**	**68. 3**	**69. 4**	**70. 5**	**73. 6**	**77. 2**
TOTAL MANAGED EXPENDITURE	**737. 1**	**742. 6**	**740. 3**	**743. 9**	**759. 2**	**797. 3**
Total Managed Expenditure (% GDP)	40. 7%	39. 6%	38. 1%	36. 8%	36. 0%	396. 0%
Memo: average annual real growth in Total Managed Expenditure 2010—2011 to 2014—2015): -1. 1%						

资料来源：“Budget 2015”（HM treasury），March 2015. https://www.gov.uk/government/Budget2015.

① 英国公共支出委员会每2年对其执行情况和效果进行一次检查，根据检查结果修订和确定新的支出限额；与该支出配套的还有“公共服务协议”（PSA）制度。

② 英国在2000年度正式运用资源预算（Resource budgeting, RB）。

表 2-14 是 2015 年度英国中央预算的经常收入。由表可见，英国中央预算的经常收入为 6674 亿英镑，其中，个人所得税收入居第一，增值税第二，国民保险税第三，然后是公司税、房地产税（市政税）、外国居民财产税（统一商业税）等。

表 2-14 **英国中央预算的经常收入（2015 年）** 单位：10 亿英镑

	£ billion						
	Outturn	Forecast					
	2013—2014	2014—2015	2015—2016	2016—2017	2017—2018	2018—2019	2019—2020
Income tax（gross of tax credits）	157.7	162.6	170.5	182.0	192.7	202.8	216.5
Of which：Pay as you earn	135.5	138.6	143.9	153.6	163.7	173.5	185.9
Self assessment	20.9	23.4	26.2	29.3	30.3	31.1	32.4
National insurance contributions	107.3	108.7	113.2	123.9	129.2	135.4	142.7
Value added tax	106.5	110.8	114.3	117.7	121.4	125.9	131.1
Corporation tax	40.3	42.4	43.0	43.6	44.6	45.6	46.6
Of which：Onshore	36.7	40.3	42.3	42.9	44.0	44.8	46.0
Offshore	3.6	2.1	0.7	0.7	0.7	0.8	0.7
Corporation tax credits	−1.0	−0.9	−0.9	−0.9	−1.0	−1.0	−1.0
Petroleum revenue tax	1.1	0.5	0.0	−0.1	0.0	0.0	0.0
Fuel duties	26.9	27.2	27.0	27.2	27.6	28.2	28.8
Business rates	26.8	27.3	28.0	29.0	29.5	30.7	32.0
Council tax	27.5	27.9	28.3	28.8	29.5	30.2	31.1
VAT refunds	13.8	13.9	13.9	13.2	12.7	12.7	13.4
Capital gains tax	3.9	5.7	6.5	7.3	8.0	8.8	9.8
Inheritance tax	3.4	3.8	4.2	4.6	5.1	5.7	6.4
Stamp duty land tax	9.4	10.9	10.4	11.8	13.8	16.0	18.0
Stamp taxes on shares	3.1	3.0	3.3	3.4	3.5	3.6	3.9
Tobacco duties	9.6	9.4	9.1	9.0	9.1	9.2	9.3
Spirits duties	2.9	3.2	3.2	3.3	3.5	3.6	3.7
Wine duties	3.7	3.9	3.9	4.1	4.4	4.6	4.9
Beer and cider duties	3.7	3.7	3.4	3.4	3.6	3.6	3.6
Air passenger duty	3.0	3.2	3.1	3.2	3.4	3.5	3.7
Insurance premium tax	3.0	3.0	3.0	3.1	3.1	3.2	3.2
Climate change levy	1.2	1.7	2.0	2.0	1.8	1.7	1.6
Other HMRC taxes	6.5	6.5	6.8	6.6	6.9	7.1	7.3
Vehicle excise duties	6.1	6.1	5.8	5.6	5.5	5.3	5.1
Bank levy	2.3	2.8	3.6	3.8	3.7	3.7	3.7

续表

	£ billion						
	Outturn	Forecast					
	2013—2014	2014—2015	2015—2016	2016—2017	2017—2018	2018—2019	2019—2020
Licence fee receipts	3. 1	3. 1	3. 1	3. 1	3. 1	3. 2	3. 3
Environmental levies	3. 1	4. 8	5. 9	6. 8	7. 3	8. 7	9. 4
EU ETS auction receipts	0. 4	0. 3	0. 3	0. 3	0. 4	0. 4	0. 6
Scottish taxes	0. 0	0. 0	0. 5	0. 6	0. 7	0. 8	0. 9
Diverted profits tax	0. 0	0. 0	0. 0	0. 3	0. 4	0. 3	0. 4
Other taxes	7. 3	7. 2	6. 5	6. 1	6. 0	5. 9	6. 0
National Accounts taxes	**582. 6**	**602. 4**	**622. 1**	**652. 7**	**679. 4**	**709. 5**	**746. 2**
Less own resources contribution to EU	−2. 9	−2. 9	−2. 6	−2. 2	−2. 3	−2. 4	−2. 6
Interest and dividends	5. 9	6. 4	6. 7	7. 5	9. 2	10. 7	11. 9
Gross operating surplus	36. 7	38. 2	39. 6	41. 4	43. 2	45. 1	47. 2
Other receipts	1. 8	2. 9	1. 5	1. 5	1. 6	1. 6	1. 6
Current receipts	**624. 1**	**646. 9**	**667. 4**	**700. 9**	**731. 2**	**764. 5**	**804. 3**
Memo：UK oil and gas revenues	4. 7	2. 6	0. 7	0. 6	0. 7	0. 8	0. 7

（三）部门预算分类采用复式形式

由于实行预算改革和预算支出控制，近年来英国的部门预算也采取新的复式结构形式。在英国 22 个中央部门（机构）的经常支出和新投资支出中，英国卫生部的经常性服务支出最大（占经常支出总额的 1/3 强），然后是教育部、国防部、对苏格兰的转移支付等；而投资支出中，占第一位的是英国交通部的服务投资，然后是国防部、教育部、卫生部的投资支出。①

（四）预算的功能分类采取简化形式

英国中央预算支出的功能分类采取最简单的形式，如表 2-15 所示。由表可见，在 2015 年度 7430 亿英镑的总支出中，最大的两项支出分别是社会保障支出（占 31. 2%）、卫生与健康支出（占 19. 0%），这两项约占总支出的 1/2，这反映了英国中

① 资料来源："Budget 2015"（HM treasury），March 2015. https：//www. gov. uk/government/Budget 2015.

央支出的公共服务性质。如果将其他支出视作中央的行政管理支出，则行政管理支出也仅为6.2%。

表2-15 英国中央预算的功能分类（2015年） 单位：10亿英镑

功 能	支 出
1. 教育	99
2. 卫生与健康	141
3. 住房与环境	28
4. 社会保障	232
5. 交通	29
6. 国防	45
7. 债务	35
8. 秩序与安全	34
9. 工农业和就业	24
10. 社会服务	30
11. 其他	46
总计	743

资料来源："Budget 2015"，March 2015. https：//www. gov. uk/government/Budget2015.

四、日本的混合型复式预算

第二次世界大战后制定的日本《公共财政法》规定，中央政府预算采取3种形式：一般会计预算、特别会计预算、政府关联机构预算。由于这三种预算形式并存，日本中央预算显然属于复式预算；但日本的复式预算又不按经常项目与资本项目分类，这就使日本的复式预算有别于一般的复式预算。事实上，除上述3种预算之外，日本还有财政投融资计划（预算），该计划每年编制并提交日本国会审议，而且其规模和重要性远远超过了特别会计预算和政府关联机构预算，日本国内将其称为（仅次于一般会计预算）"第二预算"。就此而言，日本的复式预算可称为混合型复式预算。

对日本中央4种预算的性质和相互关系，我们用图2.2来描述。一般会计预算是综合性服务预算，是预算的主体，是财政资金的无偿运用；特别会计预算是对多种专项资金服务运用（汇集各种公共公司和基金的预算）进行管理的预算，是一种包含多种专项服务的"专项集合性预算"；政府关联机构预算是对政策性金融服务进行管理的"专项融资性预算"；财政投融资是管理利用市场资金（有部分财政资金和公共基金投入）提供准公共服务（公益性和扶弱性）的预算，是补充一般会计预算服务功能的"市场融资性服务预算"。

图 2.3 中的箭头表示了 4 种预算的关系。一般会计预算向特别会计预算提供转移支付（但特别会计预算还有自己的经营收入，它的收入=转移支付+自营收入，它的服务作用被放大），特别会计预算为一般会计预算服务，执行一般会计预算赋予的各专项服务提供职能。政府关联机构预算接受来自一般会计、特别会计、财政投融资的转移支付（也有自营收入，并放大服务作用），具体执行政策性融资支持职能。财政投融资计划也接受来自特别会计预算的转移支付（它自己的市场筹资收入更大，显著放大服务作用），为公共公司、国立事业单位、地方政府、政策性金融机构的服务供应活动创造一个宽广的资金平台。

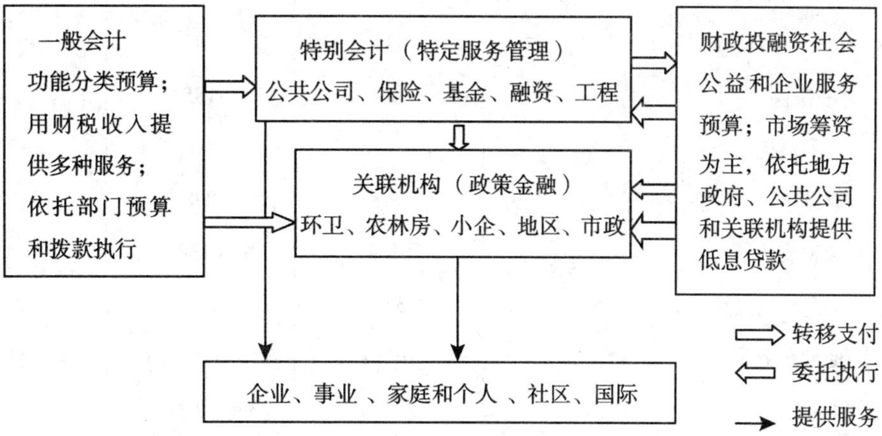

图 2.3 日本中央 4 种预算的作用和关系

日本中央预算的这一模式并不是事先规划好的，而是在战后经济恢复时期国家财政困难的情况下，美国占领军当局为充分利用美国援助和促使日本经济复兴而创建了一系列专门性的政府金融机构和公共公司，为加强对这些金融机构和公司的管理而设立了特别会计。受此启发，1953 年，鉴于财政投入有限而市场资金又未被利用的情况，日本政府建立了财政投融（计划）机制并纳入预算框架。由此形成了这种独特的复式预算体系。在以下部分，我们主要分析日本中央预算的这 4 种形式。

（一）一般会计预算

日本的一般会计预算是一种支出按功能（任务）、收入按来源排列的收支估计，主要反映日本中央财政的收入、支出、平衡和债务状况，以及日本政府的政策倾向。一般会计预算是日本中央预算体系的主体，具有全局统领的性质，不过，它并不足以反映政府提供公共服务活动的全貌——其他专项性预算完全可能放大公共服务活动，故需要这些预算来补充才能全面揭示。

一般会计预算的重点是反映税收和国债收入运用于公共服务提供、满足中央政府履行职能需要的情况。表 2-16 是日本中央政府 2015 年度一般会计预算的主表。

表 2-16　　日本中央一般会计预算主表（2015 年）　　单位：10 亿日元

	2014	2015（比重%）	比上年变化（%）
支出：一般支出	72612	72891（75.7）	0.4
社会保障	30526	31529（32.7）	3.3
教育与科学	5433	5361（5.1）	-1.3
国防	4884	4980（5.2）	2.0
公共工程	5968	5971（6.2）	0.0
海外经济援助	509	506	-0.7
退伍军人年金	444	393	-11.5
中小企业	185	185	0.0
食品供应	1050	1041	-0.9
能源	946	898	-6.8
杂项支出	6152	6138	-0.2
紧急储备	350	350	0.0
地方税分配	16142	15535（16.1）	-3.8
国债本息	23270	23450（24.3）	0.7
总计	95882	96342（100）	0.47
收入：税收收入	50001	54525（59.6）	9.0
国债收入	41250	36863	-10.6
其他	4631	4954	6.9
总计	95882	96342（100）	0.4

资料来源：日本财务省，http：//www. mof. go. jp/budget/fy2015/01. pdf.

由表可见，2015 年度日本中央预算支出比 2014 年度略微增加，而消费税改革预计使税收增长 9%，使国债发行减少 10.6%，这离日本政府的财政健全化目标更近了一步。不过，日本的赤字问题仍十分严重，一般财政收入仅占 60%，40%的公共支出要由国债来支持。

2015 年度日本中央预算的主要支出项目是：社会保障（32.7%）、偿付国债（24.3%）、对地方转移支付（16.1%），再就是国防、科学和教育等。如将杂项支出视做行政支出，这个比例约为 6.4%。

表 2-17 是 2015 年度日本的税收预算。由表可见，占第一位的（31.4%）是消费税（增收最多）；其次是个人所得税，占税收总额的 30.1%；第三位是公司税，占 20.1%。

表 2-17　　日本一般会计预算的税收预算表（2015 年）　　单位：亿日元

税目	2014 年度预算额		2015 年度预算额	年度预算增减额	
	初预算（A）	修正后（B）	（C）	相对初预算额（C-A）	相对修正后预算额（C-B）
源泉所得税	122620	131450	137010	14390	5560
申报所得税	25280	26720	27410	2130	690
（所得税计）	（147900）	（158170）	（164420）	（16520）	（6250）
法人税	100180	105130	109900	9720	4770
继承税	15450	17480	17610	2160	130
消费税	153390	153390	171120	17730	17730
酒税	13410	13410	13080	Δ330	Δ330
烟税	9220	9220	9060	Δ160	Δ160
汽油税	25450	25450	24660	Δ790	Δ790
石油税	100	100	100	0	0
航空燃料税	530	530	510	Δ20	Δ20
石油煤炭税	6130	6130	6280	150	150
电力开发税	3270	3270	3230	Δ40	Δ40
汽车重量税	3870	3870	3740	Δ130	Δ130
关税	10450	10450	11170	720	720
吨税	100	100	100	0	0
印花税	10560	10560	10270	Δ290	Δ290
一般会计分计	500010	517260	545250	45240	27990

资料来源：日本财务省，http：//www. mof. go. jp/budget/fy2015/01. pdf.

表 2-18 是 2015 年度日本一般会计预算的部门分类表。2000 年以来，因日本政府各部合并，目前仅有 11 个省（部），故表中的独立预算单位共 17 个。

表 2-18　　日本一般会计预算的部门分类（2015 年）　　单位：亿日元

部门	2014 年度预算额（当初）（A）	2015 年度预算额（B）	增减额（B-A）	增减率
				%
皇室费	61	61	Δ0	Δ0. 5
国会	1375	1386	11	0. 8
法院	3111	3131	20	0. 7
会计检察院	170	171	1	0. 5
内阁及内阁办公室	25424	26114	690	2. 7
警察厅	3213	3216	3	0. 1
总务省	169127	163428	Δ5700	Δ3. 4
（地方交付税交付金等）	（161424）	（155357）	（Δ6067）	（Δ3. 8）

续表

部门	2014 年度预算额（当初）（A）	2015 年度预算额（B）	增减额（B-A）	增减率
法务省	7299	7375	76	1.0
外务省	6661	6854	194	2.9
财务省	19732	18565	Δ1167	Δ5.9
文部科学省	53536	53378	Δ158	Δ0.3
卫生、劳动省	290454	299146	8693	3.0
农林水产省	21555	21356	Δ199	Δ0.9
经济产业省	9807	9220	Δ587	Δ6.0
国土交通省	59215	59247	32	0.1
环境省	3043	2962	Δ81	Δ2.7
防卫省	48838	49801	964	2.0
储备基金	3500	3500	—	—
小计	726121	728912	2791	0.4
国债费	232702	234507	1805	0.8
合计	958823	963420	4596	0.5

资料来源：日本财务省，http：//www.mof.go.jp/budget/fy2015/01.pdf.

（二）特别会计预算

日本的特别会计预算是为管理一些特别服务项目、基金、公共企事业所编制的专项预算。2007 年，日本通过《特别会计法》，决定逐步合并、废除特别会计。因此 2015 年度中央预算仅包括 13 个特别会计（近 8 年来特别会计数合并、减少了将近 2/3），按领域可分为 5 大类，即：企业特别会计、管理特别会计、保险特别会计、投融资特别会计、基金特别会计，各类别的主要作用和功能见表 2-19。

表 2-19　　**日本特别会计预算的主要类型（2015 年）**

类型	个数	功　能	例子
企业特别会计	2	管理政府企业。政府企业可分为（1）营利类；（2）非营利类	（1）造币局，邮政服务；（2）道路和港口建设
管理特别会计	2	商业管理和供应、需求调节	粮食供应
保险特别会计	3	特殊保险、再保险和社会保险：（1）私人难以管理；（2）私人保险不足	国民年金基金
投融资特别会计	1	管理公共资源使用，以改善基础设施，提高经济效率	产业投资
基金特别会计	3	加强特别收入和支出的管理	国家债券基金、地方税转移等

资料来源：日本财务省，http：//www.mof.go.jp/budget/fy2015/01.pdf.

表2-20是2015年度日本劳动就业保险特别会计预算。由表可见，特别会计预算的结构与一般会计预算完全相同，主要是收入和支出。应特别注意到，劳动就业保险特别会计的预算收入除了来自一般会计预算的转移支付以外，主要是保险费收入，还有自己的经营收入等；而预算支出则包括与劳动就业保险相关的各种服务支出，表中仅给出了主要的14个大类的服务，未给出大类下的具体服务支出（达百种之多），预算支出表显得非常详尽。

表2-20　**劳动就业特别会计预算（2015年）**　单位：亿日元

	收入		支出	
	2015	2014	2015	2014
保险费收入	24494	24377		
一般会计预算转移支付	1523	1659		
经营收入	93	97		
上年转入	⋮	⋮		
其他收入	226	290		
合计	25525	26219		
中小企业退职共济事业费			62	66
职业介绍所经费			596	627
地区就业创新费			1425	1702
老龄雇佣促进费			1602	1653
失业保险支付			17159	17561
新职业开发费			26	2
技能提高费			41	41
男女平等雇佣解决费			86	101
劳动就业政策研究费			18	19
劳资关系促进费			4	4
劳动争端解决费			9	9
⋮				
人员及经营业务费			951	961
设备设施费			24	29
预备费			650	710
合计			25525	26219

资料来源：日本财务省，http：//www. mof. go. jp/budget/fy2015/01. pdf.

（三）政府关联机构预算

政府关联机构是指根据特殊法建立的非政府机构，如日本开发银行、日本进出口银行以及各种专业性的金融公库等。这些机构由日本政府提供资本，但实行商业化管理和经营，并且要求它们同私人公司一样提高经营效率。由于这些机构的经营活动与政府政策的贯彻实施密切相关，故其预算也必须由国会审议批准。日本中央政府的关联机构都是在第二次世界大战后陆续建立的（见表 2-21）。近年来政府金融机构也面临发展挑战并已开始整合。

表 2-21 日本政府的关联机构（金融机构）

机　构	建立日期	目　的
公共金融公司		
国民生活金融公司	1999	做商业贷款，限于环境、卫生领域
政府住房贷款公司	1960	为住房建设提供贷款
农林渔业金融公司	1953	为农、林、渔业发展提供贷款
日本小企业金融公司	1963	向小企业提供贷款
日本市政企业金融公司	1957	向地方公共企业提供资金
冲绳发展金融公司	1972	向冲绳开发提供资金
日本中小企业信用保险部	1999	向小企业提供信贷和担保
特殊银行		
日本国际合作银行	1950	进、出口贷款，发展中国家援助
日本开发银行	1951	地区发展长期信贷支持

资料来源：日本财务省，http：//www. mof. go. jp/budget/fy2015/01. pdf.

政府关联机构的预算结构与特别会计预算相同，主要是收入和支出估计。2015 年度政府关联机构的预算支出规模为 2. 1 万亿日元，其中，仅日本国际合作银行的支出预算就达 9098 亿日元。政府关联机构的预算收入除了来自一般会计预算、特别会计预算、财政投融资计划的转移支付外，还有自己的经营收入。

（四）财政投融资计划（预算）

日本从 1953 年开始编制财政投融资计划（Fiscal Investment and Loan Program，FILP），目的是利用非财政资金进行投资和融资，提供社会基础设施和支持地区发展、城市建设、中小企业发展、社区建设和住房改善。近年来 FILP 的经营目标转向居民、企业（支持工业竞争和创新、中小企业海外发展）、地区（就业和城乡社区发展、城市更新）。

FILP 有 2 个基本功能：提供公共服务、优化资源配置；吸收市场资金支持地区和产业与企业发展、稳定经济。FILP 有 3 个经营特点：①融资：提供长期、固定利息贷款，提供短期、低息贷款；②产业投资；③融资担保。FILP 有 3 个作用：减少国民的税收负担；提供贷款支持、促进生产和建设单位提高经营效率；促使贷款者承担使用成本。

FILP 作为市场性的专项融资预算，主要目的是将从市场筹资来的资金（发行专项 FILP 债券所提供的财政贷款通常占财政投融资资金的 80%以上）以及一些政府基金的投资做最好的运用，因此，其融资支持的具体方向和领域经常根据政策和社会经济发展形势调整。财政投融资计划由日本财务省在各部门提交的财政投融资计划要求的基础上，根据内阁预算编制方针和政策进行审核、权衡后制订。从表 2-22 可见，2015 年度投融资计划的支出达 14 万多亿日元，主要投向 5 个领域，其中又主要是地区和地方发展。

表 2-22　　财政投融资计划的支出（2015 年）　　单位：10 亿日元

	FY2014 (Initial Plan)	FY2015 (Intial Plan)
1. Support for regional revitalization	6864. 2	6348. 8
Japan Finance Corporation	5136. 5	4761. 0
Development Bank of Japan Inc.	650. 0	715. 0
The Okinawa Development Finance Corporation	85. 0	70. 7
The Shoko Chukin Bank, Ltd.	13. 5	26. 0
Urban Renaissance Agency	556. 1	472. 0
Japan Railway Construction, Transport and Technology Agency	55. 7	55. 9
Regional Economy Vitalization Corporation of Japan	—	7. 0
2. Support for overseas investments and loans, etc.	1536. 9	1360. 7
Japan Bank for International Cooperation	831. 0	750. 0
Japan International Cooperation Agency	482. 0	430. 6
Japan Oil, Gas and Metals National Corporation	84. 4	72. 9
Japan Overseas Infrastructure Investment Corporation for Transport & Urban Development	109. 5	71. 2
Overseas Communications and Broadcasting Projects Supporting Corporation (tentative name)	—	20. 0
3. Education, welfare and medical services	1421. 6	1381. 8
Japan Student Services Organization	859. 6	779. 7
Welfare And Medical Service Agency (WAM)	398. 6	460. 8
4. Local governments	4083. 0	3989. 0
Local governments	3453. 0	3269. 0
5. Others	2274. 3	1541. 2
FILP Plan	16180. 0	14621. 5

资料来源：日本财务省，http：//www. mof. go. jp/budget/fy2015/01. pdf.

随着日本经济形势的发展，近年来 FILP 的改革和发展前景受到关注。2001 年 FILP 进行改革，投融资规模逐步收缩（见图 2. 4）。2008 年，日本政府讨论了“未来 FILP 的性质”。2014 年，日本政府综合了以往的讨论，初步提出了“介于公共部门和私人部门之间”的性质定位和 6 个重点领域方向。看来，有关 FILP 改革和发展的讨论还会持续。

（五）中长期经济与财政计划

日本在 1970 年度开始编制并向国会提交 5 年的中期财政计划，最初目的是揭示年度预算的中期财政意义或影响。此后，日本内阁感到指导预算编制更重要，于是改为在预算编制前或初期（最迟 8 月）召开内阁“经济与财政咨询会议”，讨论、审定《中长期经济与财政计划》，作为预算编制的指导框架。与 2015 年度预算相关的《中长期经济与财政计划》是在 2014 年 1 月 20 日的日本内阁“经济与财政咨询会议”上决定的。为完整了解，该计划的主要图表（分别见图 2. 5 和图 2. 6、表 2-23、表 2-24）复制于此。从图表可见，日本中长期财政计划的中期是指 2015—2017 年，长期是指 2015—2023 年。该计划主

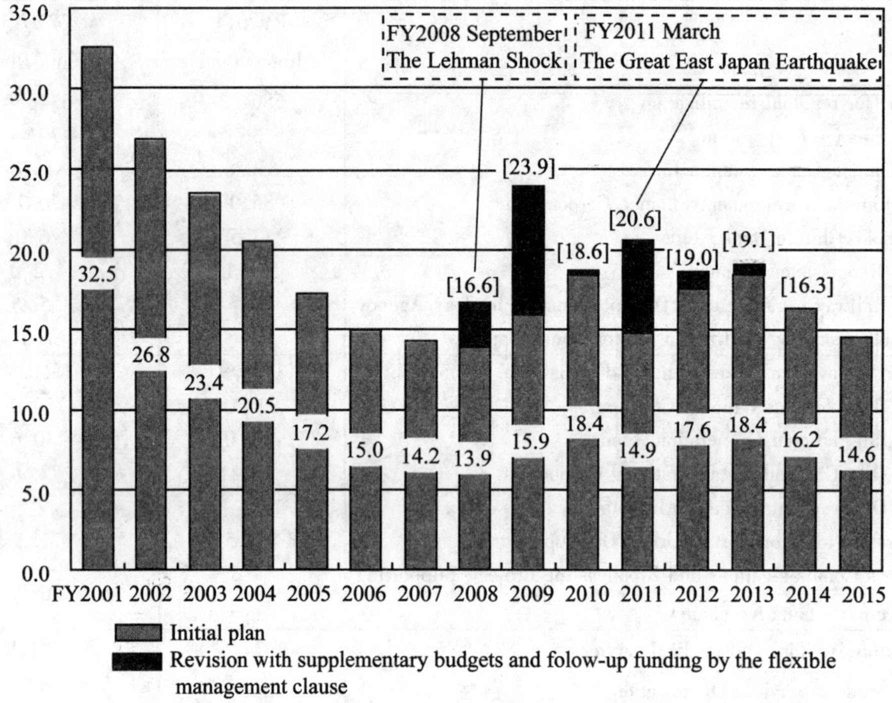

图 2.4 投融资计划的规模（万亿日元）

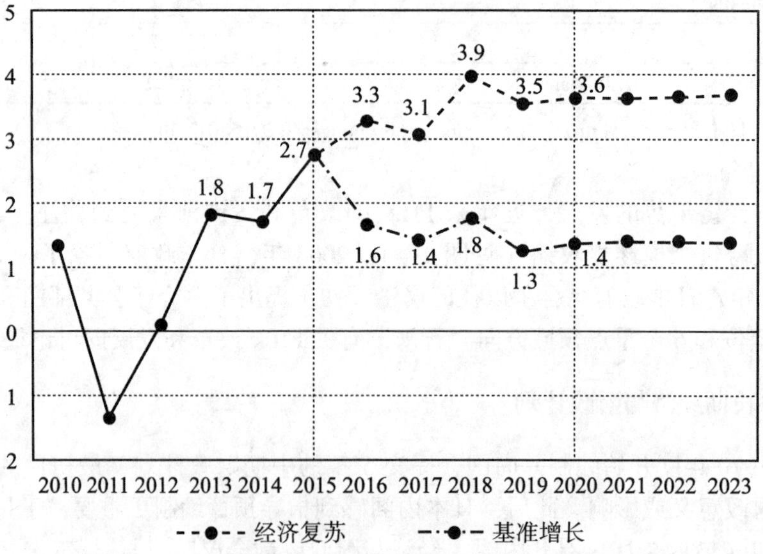

图 2.5 日本中长期计划中的两种经济趋势（增长率%）

要假设 2 种情况：①强增长，中长期经济增长率 3%~4%；②弱增长，中长期经济增长率 1%~2%，由此估计财政发展状况，拟定年度预算目标和中长期目标。

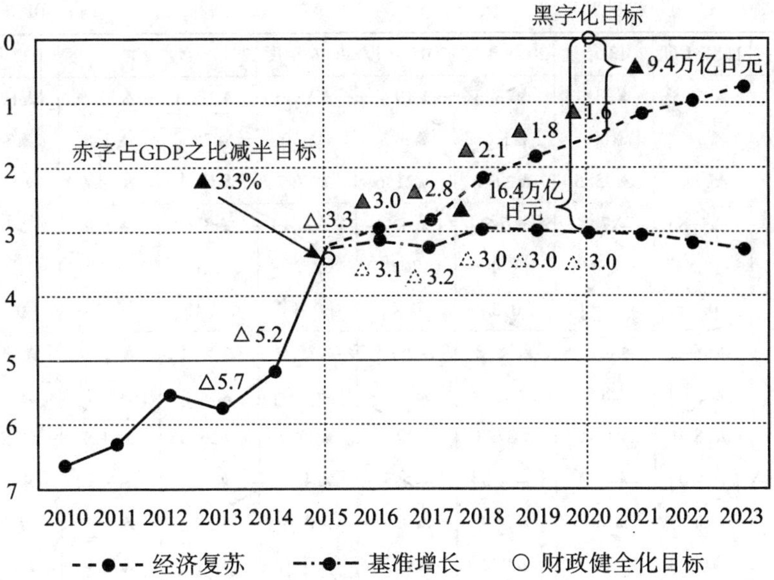

图 2.6　日本中长期计划中的财政趋势（赤字率%）及目标

表 2-23　　**日本中长期财政计划（2015—2017 年、2023 年，强增长时）**

（占 GDP 的比重）万亿日元

	2012 年度	2013 年度	2014 年度	2015 年度	2016 年度	2017 年度	2020 年度	2022 年度	2023 年度
基础的财政收支	▲29. 3	▲33. 1	▲28. 3	▲18. 3	▲13. 1	▲12. 5	▲11. 5	▲9. 0	▲8. 4
（占 GDP 之比）	[▲6. 2]	[▲6. 8]	[▲5. 7]	[▲3. 5]	[▲2. 4]	[▲2. 3]	[▲1. 9]	[▲1. 4]	[▲1. 2]
中央	▲31. 9	▲35. 5	▲29. 7	▲20. 7	▲16. 0	▲15. 7	▲15. 3	▲14. 6	▲13. 9
（占 GDP 之比）	[▲6. 8]	[▲7. 3]	[▲5. 9]	[▲4. 0]	[▲3. 0]	[▲2. 8]	[▲2. 5]	[▲2. 2]	[▲2. 0]
地方	2. 6	2. 3	1. 4	2. 4	2. 9	3. 2	3. 7	5. 6	5. 5
（占 GDP 之比）	[0. 6]	[0. 5]	[0. 3]	[0. 5]	[0. 5]	[0. 6	[0. 6]	[0. 8]	[0. 8]
财政收支	▲38. 0	▲42. 1	▲38. 2	▲28. 8	▲24. 1	▲25. 2	▲33. 2	▲37. 5	▲40. 8
（占 GDP 之比）	[▲8. 0]	[▲8. 7]	[▲7. 6]	[▲5. 6]	[▲4. 5]	[▲4. 5]	[▲5. 4]	[▲5. 7]	[▲5. 9]
中央	▲38. 0	▲42. 0	▲37. 3	▲28. 4	▲24. 1	▲25. 2	▲32. 2	▲37. 8	▲40. 6
（占 GDP 之比）	[▲8. 0]	[▲8. 7]	[▲7. 5]	[▲5. 5]	[▲4. 5]	[▲4. 5]	[▲5. 2]	[▲5. 7]	[▲5. 9]
地方	▲0. 1	▲0. 1	▲0. 9	▲0. 4	▲0. 0	0. 0	▲1. 0	0. 4	▲0. 2
（占 GDP 之比）	[▲0. 0]	[▲0. 0]	[▲0. 2]	[▲0. 1]	[▲0. 0]	[0. 0]	[▲0. 2]	[0. 1]	[▲0. 0]
公债余额	897. 2	943. 3	971. 1	997. 0	1020. 2	1052. 1	1150. 9	1229. 3	1273. 3
（占 GDP 之比）	[189. 8]	[194. 8]	[194. 0]	[192. 7]	[190. 0]	[189. 5]	[186. 6]	[185. 4]	[185. 1]

资料来源：日本内阁，http：//www5. cao. go. jp/keizai-shimon/kaigi/minutes/2014/0120/shiryo_01. pdf.

表 2-24 日本中长期财政计划（2015—2017、2023 年，弱增长时）

（参考ケース） （占 GDP 的比重）万亿日元

	2012 年度	2013 年度	2014 年度	2015 年度	2016 年度	2017 年度	2020 年度	2022 年度	2023 年度
基础财政收支	▲29. 3	▲33. 1	▲28. 3	▲19. 4	▲15. 6	▲16. 0	▲17. 0	▲17. 2	▲17. 8
（占 GDP 之比）	[▲6. 2]	[▲6. 8]	[▲5. 7]	[▲3. 8]	[▲3. 0]	[▲3. 0]	[▲3. 0]	[▲3. 0]	[▲3. 0]
中央	▲31. 9	▲35. 5	▲29. 7	▲21. 6	▲17. 7	▲18. 1	▲18. 9	▲18. 8	▲18. 8
（占 GDP 之比）	[▲6. 8]	[▲7. 3]	[▲5. 9]	[▲4. 2]	[▲3. 4]	[▲3. 4]	[▲3. 4]	[▲3. 2]	[▲3. 2]
地方	2. 6	2. 3	1. 4	2. 3	2. 2	2. 1	1. 9	1. 6	1. 0
（占 GDP 之比）	[0. 6]	[0. 5]	[0. 3]	[0. 4]	[0. 4]	[0. 4]	[0. 3]	[0. 3]	[0. 2]
财政收支	▲38. 0	▲42. 1	▲38. 2	▲29. 4	▲25. 9	▲27. 1	▲33. 9	▲38. 0	▲41. 1
（占 GDP 之比）	[▲8. 0]	[▲8. 7]	[▲7. 6]	[▲5. 8]	[▲5. 0]	[▲5. 1]	[▲6. 1]	[▲6. 6]	[▲7. 0]
中央	▲38. 0	▲42. 0	▲37. 3	▲29. 0	▲25. 2	▲26. 3	▲31. 7	▲35. 2	▲37. 4
（占 GDP 之比）	[▲8. 0]	[▲8. 7]	[▲7. 5]	[▲5. 7]	[▲4. 8]	[▲5. 0]	[▲5. 7]	[▲6. 1]	[▲6. 3]
地方	▲0. 1	▲0. 1	▲0. 9	▲0. 4	▲0. 6	0. 9	▲2. 3	2. 7	▲3. 7
（占 GDP 之比）	[▲0. 0]	[▲0. 0]	[▲0. 2]	[▲0. 1]	[▲0. 1]	[0. 2]	[▲0. 4]	[▲0. 5]	[▲0. 6]
公债余额	897. 2	943. 3	971. 1	997. 4	1022. 0	1055. 4	1155. 5	1232. 7	1275. 8
（占 GDP 之比）	[189. 8]	[194. 8]	[194. 0]	[195. 4]	[196. 0]	[199. 1]	[206. 8]	[212. 9]	[216. 4]

资料来源：日本内阁，http：//www5. cao. go. jp/keizai-shimon/kaigi/minutes/2014/0120/shiryo_01. pdf.

五、印度的复式预算

印度是一个发展中国家，从独立后就实行复式预算，按经济性质编制经常预算和资本预算。印度财政年度为每年 4 月 1 日至下年 3 月 31 日。每年 9 月，印度内阁提出编制下一年度预算的原则要求，10 月份财政部根据内阁的要求和本年度预算执行情况向各部下达意向性支出上限，各部开始预算编制并通过财政部派驻本部的财政顾问与财政部保持联系。11 月财政部汇总各部门的预算，与各部进行协商、确定预算草案。次年 1 月提交内阁讨论后，送总统审定。2 月份提交联邦议会审议（先由人民院审议，再将决议案交联邦院审议；两院只能削减支出），2 月底形成法案并向社会公布。印度联邦预算管理的现行法律依据是 2005 年修订的《一般财政规则》（第三章为预算模式和实施）。

印度联邦预算的复式预算有自己的特点，例如，它区分为计划支出（由计划委员会控制，其预算由国会投票决定）和非计划支出（法定支出）；而且经常支出不是按人员支出、实物购置等分类，而是根据服务功能或作用来分类等。

（一）中期财政计划

印度联邦预算编制的基础是中期（3 年）财政计划，见表 2-25。中期财政计划制订的前提是中期宏观经济展望。印度的中期财政计划主要通过表格反映，主要内容是财政赤字率（占 GDP 的比例）目标。第二次世界大战结束以来，由于经济建设规模庞大，国防费用等支出剧增，资金严重不足，印度联邦政府的财政预算从 1950 年开始就一直保持一定的赤字规模，以刺激经济发展。在 2015 年度（2015—2016 年）的财政预算中，财政赤字率达到 3.9%，而前期计划的目标是 3%，因此，印度政府期望在 2017 年度能够达到 3% 这个目标。

表 2-25　　**2015—2017 年印度的中期财政计划（%）**

	Revised Estimates 2014—2015	Budget Estimates 2015—2016	Targets for	
			2016—2017	2017—2018
1. Effective Revenue Deficit	1.8	2.0	1.5	0.0
2. Revenue Deficit	2.9	2.8	2.4	2.0
3. Fiscal Deficit	4.1	3.9	3.5	3.0
4. Gross Tax Revenue	9.9	10.3	10.5	10.7
5. Total Outstanding Liabilities at the end of the year	46.8	46.1	44.7	42.8

资料来源：印度财政部，http：//indiabudget. nic. in/ub2015-16/frbm/frbm2. pdf.

（二）重视管理和控制的复式预算

印度《宪法》和《一般财政规则》都明确规定，支出按其资金来源的收入账户（经常和资本收入账户）划分——此即复式预算；支出也按宪法规定的是否需要国会投票决定来划分——此即计划支出和非计划支出。表 2-26 是印度联邦复式预算的基本结构：预算收入分为两大类，经常收入和资本收入；预算支出也分为两大类，非计划支出和计划支出，这两类支出下又分为经常收入支持的、资本收入所支持的支出。表 2-27 是印度复式预算支出的细目表，从表中可以看到非计划支出和计划支出的具体服务项目，哪些由经常账户支持，哪些由资本账户支持。

表 2-26　　**印度联邦的复式预算（2015 年）**　　单位：亿卢比

	2013—2014 Actuals	2014—2015 Budget Estimates	2014—2015 Revised Estimates	2015—2016 Budget Estimates
1. Revenue Receipts	1014724	1189763	1126294	1141575
2. Tax Revenue（net to centre）	815854	977258	908463	919842
3. Non-Tax Revenue	198870	212505	217831	221733
4. Capital Receipts（5+6+7）$	544723	605129	554864	635902
5. Recoveries of Loans	12497	10527	10886	10753
6. Other Receipts	29368	63425	31350	69500
7. Borrowings and other liabilities *	502858	531177	512628	555649
8. Total Receipts（1+4）$	1559447	1794892	1681158	1777477

续表

	2013—2014 Actuals	2014—2015 Budget Estimates	2014—2015 Revised Estimates	2015—2016 Budget Estimates
9. Non-Plan Expenditure	1106120	1219892	1213224	1312200
10. On Revenue Account of which	1019040	1114609	1121897	1206027
11. Interest Payments	374254	427011	411354	456145
12. On Capital Account	87080	105283	91327	106173
13. Plan Expenditure	453327	575000	467934	465277
14. On Revenue Account	352732	453503	366883	330020
15. On Capital Account	100595	121497	101051	135257
16. Total Expenditure (9+13)	1559447	1794892	1681158	1777477
17. Revenue Expenditure (10+14)	1371772	1568111	1488780	1536047
18. Of Which, Grants for creation of Capital Assets	129418	168104	131898	110551
19. Capital Expenditure (12+15)	187675	226781	192378	241430
20. Revenue Deficit (17-1)	357048(3.1)	378348(2.9)	362486(2.9)	394472(2.8)
21. Effective Revenue Deficit (20-18)	227630(2.0)	210244(1.6)	230588(1.8)	283921(2.0)
22. Fiscal Deficit {16-(1+5+6)}	502858(4.4)	531177(4.1)	512628(4.1)	555649(3.9)
23. Primary Deficit (22-11)	128604(1.1)	104166(0.8)	101274(0.8)	99504(0.7)

资料来源：http：//indiabudget. nic. in/ub2015-16/bag/bag2. pdf.

由表可见，2015 年度印度联邦预算总支出（收入）为 1777477 亿卢比，经常收入只占 64. 2%，非计划支出（法定）占 73. 8%。经常收入与经常支出之差是净赤字 283921 亿卢比（约为经常收入的 I/4），而财政预算赤字（经常收入加非债务收入减去总预算支出）为 555649 亿卢比（约为经常收入的 1/2）。从表 2-27 可见，在 2015 年度非计划支出中，经常支出中最大的项目是国债利息支付（占非计划的经常支出总额的 1/3 强）；其次是食品、油、气等基本品的消费补贴。另外可见，目前印度联邦预算的资本支出比重比较低，2015 年度的资本支出仅占联邦预算总支出的 7. 6%。

表 2-27 **印度联邦的复式预算（支出，2015 年）** 单位：亿卢比

	2013—2014 Actuals	2014—2015 Budget Estimates	2014—2015 Revised Estimates	2015—2016 Budget Estimates
1. NON-PLAN EXPENDITURE				
A. Revenue Expenditure				
1. Interest Payments and Prepayment Premium	374254	427011	411354	456145
2. Defence Services	124374	134412	140405	152139

续表

	2013—2014 Actuals	2014—2015 Budget Estimates	2014—2015 Revised Estimates	2015—2016 Budget Estimates
3. Subsidies	254632	260658	266692	243811
4. Grants to State and U.T.Governments	60551	69936	80258	108552
5. Pensions	74896	81983	81705	88521
6. Police	42095	46390	48112	51791
7. Assistance to States from National Disaster Response Fund(NDRF)	4650	5050	5120	5690
8. Other General Services (Organs of State, tax collection, external affairs etc.)	23761	26401	25804	30936
9. Social Services (Education, Health, Broadcasting etc.)	25572	25324	25601	29143
10. Economic Services (Agriculture, Industry, Power, Transport, Communications, Science & Technology, etc.)	24976	26797	27106	28984
11. Postal Deficit	5339	6908	6378	6665
12. Expenditure of Union Territories without Legislature	4577	4468	4626	4998
13. Amountmet from National Disaster Response Fund (NDRF)	-4650	-5050	-5120	-5690
14. Grants to Foreign Governments	4013	4321	3856	4342
Total Revenue Non-Plan Expenditure	1019040	1114609	1121897	1206027
B. Capital Expenditure				
1. Defence Services	79125	94588	81965	94588
2. Non-Plan Capital Outlay	7430	10039	7771	10582
3. Loans to Public Enterprises	432	653	853	954
4. Loans to State and U.T. Governments	80	83	80	79
5. Loans to Foreign Governments	156	158	—	158
6. Others	-143	-238	658	-188
Total Capital Non-Plan Expenditure	87080	105283	91327	106173
Total Non-Plan Expenditure	1106120	1219892	1213224	1312200
2. PLAN EXPENDITURE				
A. Revenue Expenditure				

续表

	2013—2014 Actuals	2014—2015 Budget Estimates	2014—2015 Revised Estimates	2015—2016 Budget Estimates
1. Central Plan	252224	128867	102046	139660
2. Central Assistance for State & Union Territory Plans	100508	324636	264838	190359
State Plans	96579	318712	259794	184208
Union Territory Plans	3929	5924	5044	6151
Total Revenue Plan Expenditure	352732	453503	366884	330019
B. Capital Expenditure				
1. Central Plan	88254	107724	87720	120833
2. Central Assistance for State & Union Territory Plans	12341	13773	13330	14425
State Plans	11022	12052	11930	12535
Union Territory Plans	1319	1721	1400	1890
Total Capital Plan Expenditure	100595	121497	101050	135258
Total-Plan Expenditure	453327	575000	467934	465277
Total Budget Support for Central Plan	340479	236592	189766	260493
Total Central Assistance for State & UT Plans	112849	338408	278168	204784
TOTAL EXPENDITURE DEBT SERVICING	1559447	1794892	1681158	1777477
1. Repayment of debt **	162976	216290	200955	225574
2. Total Interest Payments	374254	427011	411354	456145
3. Total Debt Servicing (1+2)	537231	643301	612309	681719
4. Revenue Receipts	1014724	1189763	1126294	1141575
5. Percentage of 2 to 4	36. 88%	35.89%	36.52%	39.96%

资料来源：http://indiabudget. nic. in/ub2015-16/bag/bag2. pdf.

(三)印度联邦预算的功能分类

印度将联邦政府的功能或任务分为 4 大类，即：一般服务、社会服务、经济服务、转移支付(对各邦)。从表 2-28 可见，2015 年度一般服务支出占 45. 9%、社会服务占 3. 9%、经济服务占 32. 7%、转移支付占 16. 9%。

这表明，目前印度联邦财政的社会服务供应水平还比较低，甚至还不能称为公共财政。因为居民所需的教育、医疗卫生、家庭基本服务(供水、住房等)、社会保障、劳动就业、福利救济等，都属于社会服务范畴。一般政府管理占比较高(45. 9%)，不过，除去利息支出和国防支出以后，狭义的政府管理只占 10. 5%。因此，只能说，目前印度联邦预算支出的结构安排不适当，经济服务支出的比重过高，国债利息负担太重，对地方的转移支付比重也比较大。近年来，印度联邦政府已经注意到抑制不合理的支出、降低债务负担的问题，但何时能将大部分财政收入用于社会服务方面还很难估计。

表 2-28 **印度联邦预算的功能分类(经常支出,2015 年)** 单位:亿卢比

	Actual 2013—2014	Budget 2014—2015	Revised 2014—2015	Budget 2015—2016
A. GENERAL SERVICES	678742.70	757553.37	750804.12	822618.82
(a) Organs of State	5044.48	5641.84	5528.01	7719.32
Parliament/State/Union Territory Legislatures	794.76	881.49	854.43	935.99
President, Vice President/Governor, Administrator of Union Territories	42.26	42.06	46.55	51.55
Council of Ministers	369.36	434.37	457.25	415.68
Administration of Justice	395.07	580.72	480.78	683.65
Elections	711.47	594.63	606.58	2218.40
Audit	2731.56	3108.57	3082.42	3414.05
(b) Tax Collection	8464.00	10408.21	9815.97	11287.78
Collection of Taxes on Income and Expenditure	3596.27	4290.36	4130.98	4857.97
Collection of Taxes on Wealth, Securities Transaction Tax and Other Taxes	91.04	108.57	104.49	120.82
Customs	2142.06	2540.26	2566.84	2859.41
Union Excise Duties	2634.63	3469.02	3013.66	3449.58
(c) Other Fiscal Services	112.84	245.21	253.26	477.52
Currency, Coinage and Mint	0.50	—	—	—
Other Fiscal Services	112.34	245.21	253.26	477.52
(d) Interest Payment and Servicing of Debt	395199.59	449882.66	430778.53	476089.17
Appropriation for Reduction Or Avoidance of Debt	687.48	1000.00	1000.00	1000.00
Interest payments	394512.11	448882.66	429778.53	475089.17
(e) Administrative Services	52479.96	57190.83	59014.90	63803.28
Public Service Commission	269.89	277.93	313.93	327.85
Secretariat-General Services	2597.86	2905.16	3007.41	3564.27
Police	42994.76	46778.74	48319.53	52019.43
Jails	0.81	5.00	1.50	2.90
Supplies and Disposals	96.91	114.08	153.36	122.77

续表

	Actual 2013—2014	Budget 2014—2015	Revised 2014—2015	Budget 2015—2016
Stationery and Printing	63.55	78.90	49.56	57.76
Public Works	1444.04	1488.92	1516.46	1599.45
External Affairs	4450.30	4806.42	4962.10	5307.32
Vigilance	—	22.35	22.35	34.86
Other Administrative Services	561.84	713.33	668.70	766.67
(f) Pensions and Miscellaneous General Services	87551.62	94533.60	97055.50	104621.94
Pensions and other Retirement Benefits	74896.19	82982.55	82704.55	89521.26
Miscellaneous General Services	12655.43	11551.05	14350.95	15100.68
(g) Defence Services	129890.21	139651.02	148357.95	158619.81
Defence Services-Army	87750.54	95292.82	100969.29	106995.83
Defence Services-Navy	13472.26	14175.79	14535.79	16125.64
Defence Services-Air Force	20160.27	21206.84	23185.86	24300.09
Defence Services-Ordnance Factories	2810.82	2935.90	3307.34	4563.16
Defence Services-Research and Development	5696.32	6039.67	6359.67	6635.09
B. SOCIAL SERVICES	131471.07	64191.52	57817.91	71506.63
General Education	55842.94	19001.25	17571.95	19885.20
Technical Education	8626.94	9103.37	8261.52	8995.02
Sports and Youth Services	931.89	1293.20	889.06	1215.96
Art and Culture	1930.01	2174.86	1932.18	1894.69
Medical and Public Health	10784.61	9182.33	8670.82	10852.65
Family Welfare	11070.39	849.92	998.11	654.10
Water Supply and Sanitation	11937.22	231.00	158.26	231.00
Housing	13801.65	1444.83	891.54	1404.96
Urban Development	431.22	800.02	732.13	563.29
Information and Publicity	585.50	631.34	586.30	481.65
Broadcasting	2140.00	2421.58	2383.22	2869.55
Welfare of Scheduled Castes, Scheduled Tribes, Other Backward Classes and Minorities	591.69	2361.35	1586.61	3427.66
Labour and Employment	3922.72	3829.36	3353.05	5156.78
Social Security and Welfare	2999.18	4598.67	3593.72	6387.69

续表

	Actual 2013—2014	Budget 2014—2015	Revised 2014—2015	Budget 2015—2016
Nutrition	99.39	33.70	20.45	34.00
Relief on account of Natural Calamities	5294.65	5538.77	5610.64	6666.76
Other Social Services	80.36	127.78	83.38	81.23
Secretariat-Social Services	400.71	568.19	494.97	704.44
C. ECONOMIC SERVICES	558551.98	591745.36	574773.15	586374.84
(a) Agriculture and Allied Activities	158961.69	173073.69	178051.98	187856.42
Crop Husbandry	51087.65	41681.23	36791.42	39868.86
Soil and Water Conservation	18.59	20.77	20.07	20.83
Animal Husbandry	519.99	474.73	419.14	330.39
Dairy Development	829.39	889.98	773.06	1029.93
Fisheries	210.96	250.41	219.60	320.52
Forestry and Wild Life	643.55	475.23	409.37	372.97
Plantations	610.52	495.26	532.70	514.72
Food Storage and Warehousing	93349.85	115842.52	123421.33	125444.31
Agricultural Research and Education	4726.27	5777.58	4589.87	5943.89
Agricultural Financial Institutions	6081.13	6312.01	9788.72	13067.01
Co-operation	87.34	100.40	88.99	99.92
Other Agricultural programmes	796.45	753.57	997.71	843.07
(b) Rural Development	38683.81	3080.07	1884.51	3129.75
Special programmes for Rural Development	4292.68	1408.60	795.82	1107.70
Rural Employment	32992.83	636.00	536.00	986.00
Land Reforms	112.07	25.90	1.13	20.00
Other Rural Development Programmes	1286.23	1009.57	551.56	1016.05
(c) Special Areas Programmes	4035.87	33171.56	25909.55	25029.42
North Eastern Areas	98.87	29221.56	21959.55	21079.42
MPs Local Area Development Scheme	3937.00	3950.00	3950.00	3950.00
(d) Irrigation and Flood Control	846.20	1788.17	1209.80	1164.04
Major Irrigation	—	—	—	100.00
Major and Medium Irrigation	432.59	1121.48	743.06	572.28
Minor Irrigation	212.68	468.37	309.98	306.66

续表

	Actual 2013—2014	Budget 2014—2015	Revised 2014—2015	Budget 2015—2016
Flood Control and Drainage	200.93	198.32	156.76	185.10
(e) Energy	95257.62	80393.71	73573.54	44937.01
Power	7436.98	11021.82	7812.15	9523.14
Petroleum	85395.91	63486.04	60288.71	30067.49
Coal and Lignite	528.83	490.60	449.66	532.70
New and Renewable Energy	1895.90	5395.25	5023.02	4813.68
(f) Industry and Minerals	40940.41	52021.17	52087.86	53215.98
Village and Small Industries	4010.29	4691.28	3615.15	4197.06
Industries	34892.87	45186.22	46260.69	46301.50
Non-Ferrous Mining and Metallurgical Industries	674.90	955.38	792.38	1053.97
Other Industries	568.14	224.24	238.24	285.42
Other Outlays on Industries and Minerals	794.21	964.05	1181.40	1378.03
(g) Transport	173160.53	192918.35	191698.88	215241.38
Expenditure as per Railway Budget	143213.88	164374.30	163450.13	188556.71
Ports and Light Houses	643.09	664.17	650.58	693.77
Shipping	70.54	233.82	98.54	261.95
Civil Aviation	875.63	836.37	867.97	808.58
Roads and Bridges	23840.04	21672.31	21636.37	19034.86
Road Transport	133.05	150.00	150.00	150.00
Inland Water Transport	314.18	225.09	116.27	250.03
Other Transport Services	4070.12	4762.29	4729.02	5485.48
(h) Communications	18656.68	21159.09	20379.88	22388.83
Postal Services	16203.52	17443.12	17836.20	18828.27
Satellite Systems	150.86	252.06	193.08	238.50
Other Communication Services	2302.30	3463.91	2350.60	3322.06
(i) Science Technology and Environment	15462.20	19315.96	17345.26	20138.48
Atomic Energy Research	4107.76	4418.63	4283.30	4790.10
Space Research	2556.48	3304.80	3170.66	3655.89
Oceanographic Research	485.35	614.75	507.65	709.00
Other Scientific Research	7227.90	8849.72	7775.52	9361.75

续表

	Actual 2013—2014	Budget 2014—2015	Revised 2014—2015	Budget 2015—2016
Ecology and Environment	1084.71	2128.06	1608.13	1621.74
(j) General Economic Services	12546.97	14823.59	12631.89	13273.53
Secretariat-Economic Services	2635.47	2960.29	2915.42	2543.92
Tourism	625.94	1304.56	592.96	1141.77
Foreign Trade and Export Promotion	3526.38	3980.24	3885.35	4141.53
Census Surveys and Statistics	2466.28	3041.63	2320.21	2870.83
Meteorology	394.74	524.57	463.36	636.41
Civil Supplies	95.81	104.11	89.82	96.96
General Financial and Trading Institutions	1325.00	1660.00	1360.00	875.00
International Financial Institutions	4.19	97.32	527.39	470.92
Other General Economic Services	1473.16	1150.87	477.38	496.19
D. GRANTS-IN-AID AND CONTRIBUTIONS	199404.42	374421.38	329242.13	303908.99
Grants-in-aid to State Governments	191641.69	363579.38	320051.21	293544.85
Grants-in-aid to Union Territory Governments	2476.95	4529.67	3871.46	4027.12
Technical and Economic Cooperation with Other Countries	5285.78	6312.33	5319.46	6337.02
Aid Materials and Equipment	—	—	—	—
Disbursements of Union Territories without Legislature	6926.40	7484.28	7172.22	8152.37
TOTAL-REVENUE DISBURSEMENTS	1575096.57	1795395.91	1719809.53	1792561.65

资料来源：http://indiabudget. nic. in/ub2015-16/bag/bag2. pdf.

最后要提到，印度联邦预算也按部门分类，但由于印度联邦政府现有 54 个部，鉴于篇幅所限，此处未列出部门分类表。

六、俄罗斯的规划与结果导向预算

1991 年苏联解体后，俄罗斯联邦共和国成立。随着经济市场化转轨，俄罗斯对预算制度进行改革，规范了预算层级，建立了预算联邦制，改革了预算模式。俄罗斯财政年度为公历年制：1 月 1 日到 12 月 31 日。每年预算编制从 1 月或 2 月份开始（最迟不晚于下一财政年度开始前 10 个月）。根据 2000 年俄罗斯《预算法典》（第 5 章第 28 条），俄罗斯的预算编制管理遵循 6 项原则：统一（3 级预算独立但规则一致），完整（所有收支），平衡（预算赤字规模最小），效率（实效与节约），公开（预算和决算向社会公布），可靠（依据可靠预测、客观估计）原则①。俄罗斯联邦预算编制由联邦财政部负责。预算案一般在 8 月 26 日前提交俄国家杜马（议会下院）审议，通过后再提交联邦委员会（上院）审议，最后由俄联邦总统批准后成为联邦法律。

俄罗斯的预算改革经历了 3 个阶段。一是 1991—1996 年的转变和初步建立预算联邦制的阶段，由原来集中性的国家预算分离成为三级（联邦、联邦主体和地方）预算。二是 1997—2000 年的制度探索阶段，主要表现为对预算编制进行科学安排的尝试和立法，出台了一系列财税和预算的规定和法律。三是 2001 年以来的实施、建设、进一步改革和调整阶段，并开始形成自己的预算模式，其中具有代表性的改革是俄罗斯联邦 2004 年要求各部门提交有关本部门目标和结果的报告；2008 年开始编制 3 年的滚动预算（2008—2010 年俄罗斯联邦预算），根据中期经济规划、考虑国家战略发展方向和财政稳定目标进行编制。目前俄罗斯正向规划和结果导向的预算制度迈进。

（一）中期财政平衡计划

俄罗斯联邦中期经济计划是指以国家中长期发展为目标、依据重点方向确定的发展战略规划，它是俄罗斯联邦中期（3 年）财政计划（预算）制订的基础、前提和指导。中期财政预算（计划）的编制过程为：对宏观经济趋势进行分析预测、确定中期经济发展计划方案；在此基础上对预算收入、预算平衡和债务进行预测；确定中期财政平衡框架、预算支出限额和中期支出优先方向；确定各支出部门中期内各年度的支出需求和各年度支出预算。

俄“经济发展与贸易部”的“宏观经济预测机构”负责对宏观经济趋势进行分析预测。俄联邦“预算委员会”（财政部、经济发展与贸易部等主要部长为成员，俄总理为主席）负责制订中期经济计划方案（包括经济假设，一般有保守的、稳定的、乐观的假设）、中期财政平衡计划和联邦中期预算的起草。俄罗斯 2015 年预算的中期财政平衡计划见图 2. 7。

由图可见，由于俄罗斯经济下滑，故采取短期刺激和稳定经济增长，中期实现总体财政大体平衡和联邦非石油基本赤字率下降到 7%的财政战略。

表 2-29 是俄中期财政计划的概况。由表可见，根据中期计划，在 2015—2016 年度，俄罗斯统一财政（三级财政总体）和联邦财政都将在 2014 年的基础上进一步增加支出，促使经济回升，然后再减少财政支出，实现财政总体基本平衡，使联邦财政赤字率逐步下降。

---

① 2010 年修订的《预算法典》添加了预算资金管理原则：专用（预算资金专款专用）原则、隶属原则（预算资金只能在本部门内使用）和统一账户（预算资金流入和流出要经统一的账户管理）原则。

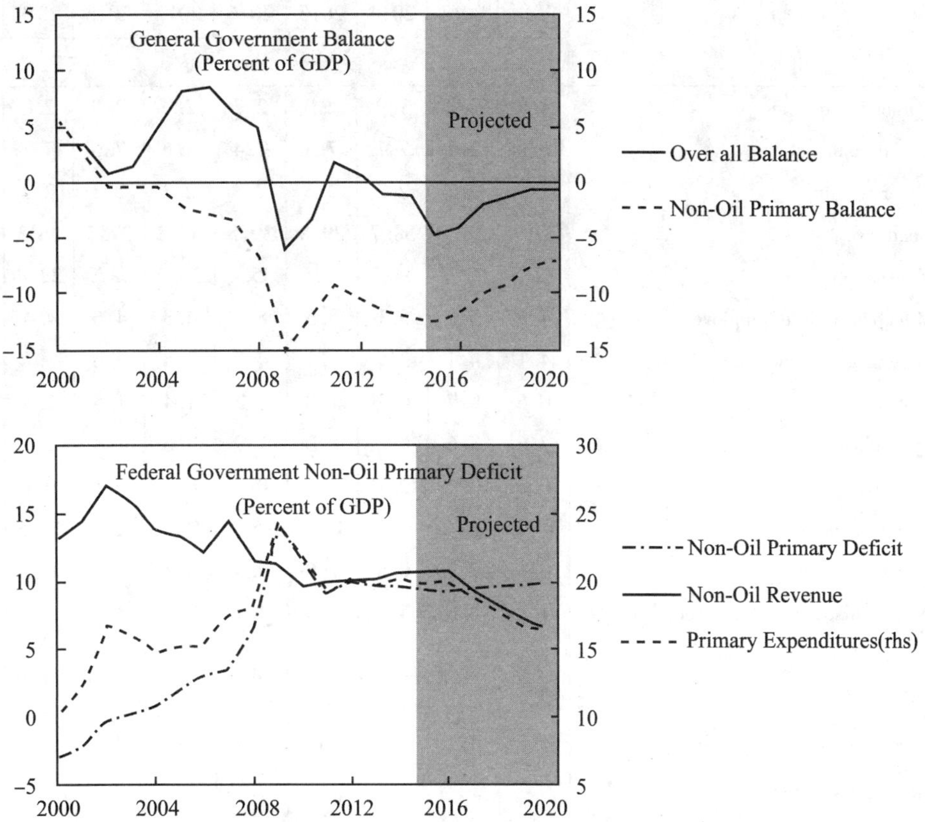

图 2.7　2015—2020 年俄罗斯统一财政和联邦财政的中期平衡计划（%）

表 2-29　　**2015—2020 年俄罗斯中期财政平衡计划（%）**

	2012	2013	2014	2015	2016	2017	2018	2019	2020
	Proj.								
General government									
Revenue	37.7	36.9	37.5	35.0	35.3	36.1	36.1	35.7	35.4
o/w Oil revenue	11.3	10.7	11.4	8.5	8.8	9.1	8.7	8.2	7.6
o/w Nonoil revenue	26.4	26.3	26.1	26.4	26.5	27.0	27.4	27.5	27.8
Taxes	28.5	27.7	28.2	25.1	25.5	26.2	26.2	25.8	25.5
Corporate profit tax	3.8	3.1	3.3	3.4	3.5	3.5	3.6	3.7	3.8
Personal income tax	3.6	3.8	3.8	3.7	3.8	4.0	4.1	4.1	4.1
VAT	5.7	5.3	5.5	5.4	5.5	5.7	5.8	5.9	6.1
Excises	1.3	1.5	1.5	1.4	1.4	1.5	1.5	1.5	1.5
Custom tariffs	8.0	7.6	7.7	4.7	4.1	3.7	3.5	3.3	3.1
Resource extraction tax	4.2	4.3	4.5	4.5	5.2	5.8	5.7	5.4	5.0

续表

	2012	2013	2014	2015	2016	2017	2018	2019	2020
					Proj.				
Other tax revenue	1.9	2.0	1.9	2.0	2.2	2.0	2.0	2.0	2.0
Social contributions	6.6	7.1	7.1	7.3	7.4	7.6	7.6	7.7	7.6
Other revenue	2.5	2.2	2.2	2.6	2.3	2.3	2.3	2.2	2.2
Expenditure	37.3	38.2	38.7	39.8	39.5	38.2	37.5	36.3	36.1
Expense	32.5	33.7	34.2	35.5	35.4	34.3	33.9	32.8	32.7
Compensation of employees	4.9	5.2	5.1	5.3	5.1	4.8	4.6	4.4	4.4
Use of goods and services	4.1	4.1	3.9	4.1	4.0	3.8	3.6	3.4	3.4
Interest	0.6	0.7	0.7	1.0	1.2	1.4	1.5	1.5	1.6
Subsidies	7.6	7.6	9.2	8.0	7.9	7.6	7.4	7.1	7.1
Grants	0.1	0.1	0.1	0.1	0.1	0.1	0.1	0.1	0.1
Social benefits	13.1	14.2	13.9	14.6	15.7	15.6	15.5	15.5	15.4
Other expense	0.8	0.9	0.3	1.6	0.8	0.4	0.4	0.0	0.2
Net acquisition of nonfinancial assets	4.8	4.6	4.5	4.3	4.1	3.9	3.7	3.5	3.3
Net lending (+)/borrowing (−) (overall balance)	0.4	−1.3	−1.2	−4.8	−4.2	−2.2	−1.4	−0.6	−0.6
Non-oil primary structural balance	−10.8	−11.8	−11.0	−11.4	−11.8	−9.9	−8.9	−7.5	−7.0
Federal government									
Revenue	20.7	19.7	20.3	17.6	17.4	17.9	17.7	17.2	16.9
o/w Oil revenue	10.5	10.0	10.6	7.9	8.0	8.3	8.1	7.5	7.0
o/w Nonoil revenue	10.2	9.7	9.7	9.6	9.4	9.5	9.6	9.7	9.9
Expenditure	20.7	20.2	20.8	20.9	21.4	20.0	19.2	17.8	17.6
Expense	18.0	17.4	17.9	18.0	35.4	34.3	33.9	32.8	32.7
Net acquisition of nonfinancial assets	2.8	2.7	2.8	2.8	2.7	2.5	2.3	2.1	2.0
Net lending (+)/borrowing (−) (overall balance)	−0.1	−0.5	−0.5	−3.3	−3.9	−2.1	−1.5	−0.6	−0.8
Non-oil primary structural balance	−10.4	−10.2	−9.4	−10.5	−11.1	−9.4	−8.5	−7.1	−6.7
Memorandum items:	−10.2	−11.3	−11.9	−12.3	−11.8	−9.8	−8.7	−7.2	−6.7
General government nonoil primary balance	−10.8	−12.0	−12.6	−13.3	−13.0	−11.2	−10.2	−8.8	−8.3
General government nonoil overall balance	−10.3	−10.1	−10.7	−10.7	−11.3	−9.5	−8.6	−7.1	−6.7
Federal government nonoil primary balance	−10.6	−10.5	−11.0	−11.3	−12.0	−10.4	−9.6	−8.2	−7.7

续表

	2012	2013	2014	2015	2016	2017	2018	2019	2020
					Proj.				
Federal government nonoil overall balance	112.0	108.8	98.9	61.5	67.2	70.0	72.5	74.1	75.0
World oil Price (U.S. dollars per barrel) 2/									
Urals prices (U.S. dollars per barrel)	110.3	107.6	109.0	60.1	65.8	68.6	71.1	72.7	73.6
Oil funds 3/	7.4	8.7	13.1	8.9	6.8	6.1	5.1	5.1	5.0
Reserve Fund	3.0	4.3	6.9	3.1	1.2	1.1	0.5	0.9	1.0
NWF	4.3	4.4	6.1	5.8	5.6	5.0	4.6	4.2	4.0
General government debt	12.7	14.0	17.8	18.8	20.2	21.4	21.6	22.0	22.2
GDP (billions of rubles)	62176	66190	71406	74045	80715	86480	91961	96758	102292

资料来源：俄联邦财政部，http://www.imf.org/external/pubs/ft/scr/2015/cr15211.pdf.

（二）联邦中期预算（3年滚动）

俄罗斯联邦预算从2008年起采取多年度（3年）预算的方式（即预算年度+此后2个计划年度），期望通过联邦的中期预算来促使各部门和各联邦主体（州、市、边疆区等）制订中期的社会经济发展计划和中期的财政收支和绩效计划，使俄罗斯统一财政逐步转向发展规划和绩效结果导向的财政预算制度轨道。

表2-30是俄罗斯联邦2013年度预算总表，为简化起见，未给出数额，只列出了与GDP的比例。

表2-30 **2013年俄罗斯联邦预算总表（%）**

	Actual indicators					Budget law indicators		
	2008	2009	2010	2011	2012	2013	2014	2015
Revenue	22.5	18.9	18.4	20.8	21.0	19.3	19.0	18.8
Including oil and gas	10.6	7.7	8.5	10.2	10.5	8.9	8.5	8.3
Expenditures	18.3	24.9	22.4	20.0	21.1	20.1	19.2	18.8
Deficit (-) / Surplus (+)	+4.1	-6.0	-4.0	+0.8	-0.06	-0.8	-0.2	0.0
Non-oil deficit	-6.4	-13.7	-12.5	-9.4	-10.6	-9.7	-8.7	-8.3

资料来源：GIFEP，http://www.iep.ru/files/RePEc/gai/ppaper/149Sokolov.pdf.

根据俄罗斯《预算法典》，预算应反映联邦财政的基本特征，如：预算收入总额、支出总额、赤字。其中，预算收入按来源分类，并列示次类。预算支出按功能划分为类、款、项、目并分别按目的、部门和经济性质划分。见表 2-31 和表 2-32。

表 2-31 **俄罗斯联邦预算支出（2013 年，功能分类，%）**

Budget line	Actual indicators			Budget law indicators		
	2010	2011	2012	2013	2014	2015
TOTAL	22.4	20.0	21.1	20.1	19.2	18.8
Federal issues *	1.5	1.3	1.3	1.4	1.2	1.1
National defense	2.8	2.7	3.0	3.2	3.4	3.7
National defense and law enforcement	2.4	2.2	3.0	3.1	2.9	2.6
National Economy	2.7	3.2	3.2	2.6	2.4	2.1
Housing and public utilities	0.5	0.5	0.4	0.2	0.2	0.1
Environmental protection	0.0	0.03	0.03	0.04	0.04	0.03
Education	1.0	1.0	1.0	0.9	0.8	0.7
Culture，cinematography * *	0.2	0.1	0.1	0.1	0.1	0.1
Healthcare * * *	0.8	0.9	1.0	0.8	0.6	0.4
Social policy * * * *	0.8	5.6	6.3	6.0	5.6	5.5
Physical training and sports		0.08	0.07	0.1	0.04	0.04
Mass media		0.1	0.1	0.1	0.1	0.06
Public and municipal debt servicing	0.4	0.5	0.5	0.6	0.6	0.6
Intergovernmental transfers	9.2	1.2	1.0	1.0	0.8	0.7
Tentatively approved	–	–	–	–	0.5	0.9

* in 2010 regardless public debt servicing.

** in 2010 with regard expenditures for mass media.

*** in 2010 with regard to physical training and sports.

**** In 2011 further on this budget lines includes targeted intergovernmental transfers，including those to extrabudgetary funds.

资料来源：GIFEP，http：//www.iep.ru/files/RePEc/gai/ppaper/149Sokolov.pdf.

表 2-32 **俄罗斯联邦预算收入（2013 年，税收分类，%）**

	Actual indicators			Budget law indicators		
	2010	2011	2012	2013	2014	2015
Corporate income tax	0.6	0.6	0.6	0.6	0.6	0.6
VAT，total：	5.5	6.0	5.7	6.3	6.4	6.5
domestic production	2.9	3.2	3.0	3.2	3.2	3.2
imports	2.6	2.7	2.7	3.1	3.2	3.3
Excise duties，total：	0.6	0.5	0.6	0.7	0.9	1.0

续表

	Actual indicators			Budget law indicators		
	2010	2011	2012	2013	2014	2015
domestic production	0. 5	0. 4	0. 5	0. 6	0. 8	0. 9
imports	0. 1	0. 1	0. 1	0. 1	0. 1	0. 1
MET	3. 0	3. 8	4. 0	3. 6	3. 4	3. 3
Customs duties, total:	6. 8	8. 2	8. 0	7. 4	6. 8	6. 7
Imports	1. 2	1. 4	1. 4	1. 4	1. 4	1. 4
Exports	5. 6	6. 8	6. 6	6. 0	5. 4	5. 3
The share of the above taxes and duties in the revenue of the federal budget, %	89. 6	91. 4	90. 0	89. 4	92. 3	93. 3

资料来源：GIFEP, http: //www. iep. ru/files/RePEc/gai/ppaper/149Sokolov. pdf.

由表 2-31 和表 2-32 可见，俄罗斯联邦财政的主要支出方向是：社会保障、国防、法律秩序、经济发展（空间、采矿、道路等）、联邦事务（边缘和不稳定联邦主体的财政支持）。俄罗斯联邦财政收入的主要来源是：关税、矿产开采税（MET）、增值税、国内商品税等。

俄罗斯联邦财政预算强调按经济性质进行支出分类，这种分类与目的分类合二为一，包括工资和薪金、服务购买、债务支出、转移支付、社会保障、资产营运和其他支出，而不按经常项目支出和资本投资支出分类。如果将资产营运支出作为资本支出，所占的比重也不超过 20%。另外，俄罗斯联邦财预算支出也按部门分类，此处从略。

（三）联邦发展规划预算

由于实行中期经济发展计划或规划引导，俄罗斯联邦还编制了“规划预算”，如俄罗斯联邦的专项规划预算、联邦投资规划预算和部门专项规划预算。近年来已经编制且规模最大的是教育、医疗、住房和农业四大发展规划项目，还有“基础设施建设”、“培养未来一代”、“生命安全和环境保护”、“科学创新”和“均衡地区发展”等专项规划预算。2012 年，俄罗斯联邦预算支出的 96. 4%用于国家规划项目，只有 3. 6%用于维持检察总署、审计署、中央选举委员会、国家杜马和联邦会议、总统办公厅、法院和其他国家机关的正常运行。表 2-33 是 2013 年度俄罗斯联邦的专项规划预算支出表。

表 2-33 **俄罗斯联邦 FSPP（联邦规划项目）预算支出（2013 年）** 单位：10 亿卢布

	2012	2013	2014	2015	2015 年较 2012 年增减变化(%)
FEPP funding	1027. 9	1011. 7	918. 4	932. 6	-24. 3
Funding by FSPP sections					
1. High-tech development	279. 3	324. 7	301. 0	314. 1	-6. 2

续表

	2012	2013	2014	2015	2015 年较 2012 年增减变化(%)
2. Housing facilities	58.6	41.9	40.9	41.1	-41.5
3. Transport infrastructure	353.5	353.2	362.6	366.5	-13.5
4. Far East	67.9	53.9	14.0	0	-100.0
5. Rural areas development	20.4	16.1	16.2	17.8	-27.2
6. Social infrastructure	112.1	93.8	57.1	66.7	-50.4
7. Security	99.9	105.2	84.4	83.4	-30.4
8. Regional development	40.1	21.9	13.4	12.1	-74.8
9. Public institutions development	4.3	4.1	4.1	4.4	-14.6

资料来源：GIFEP，http：//www.iep.ru/files/RePEc/gai/ppaper/149Sokolov.pdf.

第五节 公共预算的编制方法

公共预算的编制方法是指政府各部门（机构）每个年度编制预算的技术和方法。预算编制与宏观经济展望和中期社会经济发展计划的编制不同，预算收支等数字的确定不仅需要推测和估计，更需要利用可靠的数据，采用一些与预算要求相适应的技术和方法来计算。

一、计划项目预算方法

计划项目预算（Planning programming budgeting，PPB）是由计划、项目、预算这三个部分或步骤所组成的一种预算编制的方法体系。它最早由兰德公司研究、开发。1961年美国国防部将其引入、用于编制国防部的预算方案。1965 年，美国总统约翰逊要求联邦政府各部门和机构全面推广、运用这一方法，他认为 PPB 是一个“非常革命的新体系，它可能以最低的服务成本将美好生活带给每一个美国人”。

一般来看，同传统的分项预算（分项列出年度的人员工资、办公品购置等各种各样的政府开支）和增量预算（在上年的基础上增加或减少一个百分比）相比，PPB 可以明确表明各政府部门编制预算的目的和依据，例如：各项支出对社会公众有何作用而不是为了政府的自身需要？为什么是这些支出和数额而不是别的？这些预算支出是否有科学依据？

政府部门运用 PPB 的第一个步骤是：制订本部门履行职能、提供公共服务的中期计划（3~5 年），包括部门的计划目标、服务项目、项目的措施和方法。第二个步骤是：比较各服务项目的成本和收益，选择最适宜的服务项目，确定服务计划和项目。第三个步骤是：根据预算的结构模式要求编制多年度的预算（申请）方案。从意义看，第一步就是政府各部门将预算编制与本部门的服务责任（包括做什么事情、具体如何做）联系起来，使预算成为贴着现金标签的服务计划，使议会和公众明白预算支出主要用来做些什么；第二步就是使部门自己以及议会和居民公众清楚，完成这些服务项目要花多少钱，这笔钱相对本部门以往的开支相对私人同类项目的开支或者从这些项目的成本收益率来看都是必要的、有效的；第三步就是各部门遵守预算编制的基本要求和规则，将根据计划、项目、成本所做的预算支出用规定的预算格式来表示，并将预算文件连同 PPB 材料一起上交。运用计划项目预算方法就是根据以上三个步骤来编制预算，参见图 2. 8。

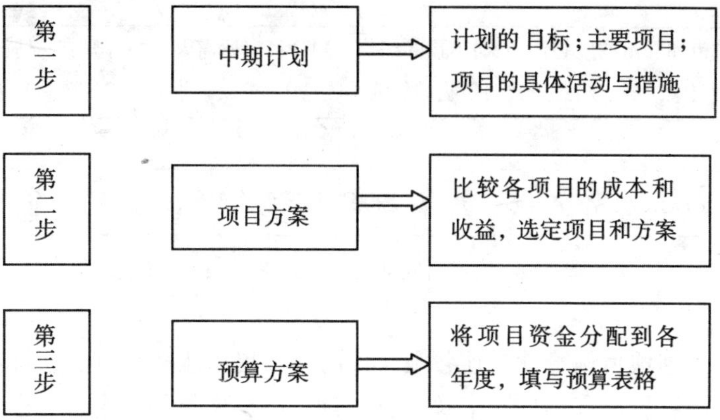

图 2. 8　计划项目预算图示

图 2. 9 是一个城市的治安部门运用 PPP 编制预算的示例。假定针对城市盗窃案多发的问题，某城市的公共安全部门在年度预算编制时制订了一个“城市家居安全”服务计划，目标是：在 3 年内将城市的入户盗窃案发生率降到最近十年来的最低水平。城市安全部门初步拟定的备选服务项目有 4 个：（1）在警局设立“家居安全中心”，配备新的巡逻车，加强专项巡逻和打击；（2）在一些多发地域设立新的警察局，加强监控和重点巡察；（3）设立社区安全教育项目，使居民改进门锁系统、报警系统和照明系统；（4）加强对毒品的管制和强制戒毒工作，因为大多数盗窃案是吸毒人员作案。这就是预算编制的第一步：做中期计划。

第二步：确定项目和方案。由于预算限额，显然这 4 个项目不可能全部都进入预算，为此应分析每个项目与盗窃案发生率的稳定关系（根据本市以往经验和相邻城市的经验），并进行成本—收益分析和各项目的成本收益率比较，然后确定“城市家居安全”的服务项目数及具体的活动方案和成本支出。

第三步：编制预算方案。根据各项目的特点和跨年度逐步投入、建设和实施的情况，将各项目在各年度的成本支出加总，得到“城市家居安全”项目各年度的预算支出额并填入部门预算表。

计划项目预算的基本意图是使各部门摒弃粗糙的、渐进主义的预算习惯，建立服务计划指导、以项目活动和效率分析为基础的现代预算模式。同时，促进各部门加强公共服务供应，如：通过运用 PPB 使各部门对服务供应做长期的计划和分析，使服务目标和项目活动紧密联系并考虑服务的成本和效率，使部门实现服务供应目标的路径和机制具体化。

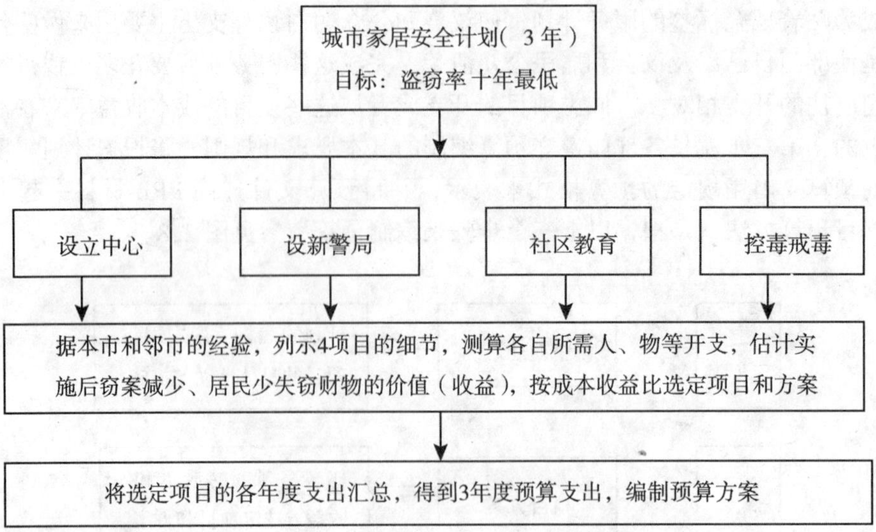

图 2.9 城市治安部门的计划项目预算过程

简单地说，运用计划项目预算就是让各政府部门自己提出服务计划、目标和项目方案，自己比较和说明不同项目和方案的成本及效益，自己选择项目和方案，自己为服务供应安排资金支持。

从美国联邦政府各部门和一些州、城市运用 PPB 的实践来看，PPB 的优点主要有 4 个方面：（1）克服预算的短视性和盲目性，集中于明确的长期服务项目的规划和实施；（2）提供有关部门和机构的目标和项目信息，揭示各种项目的作用和联系；（3）根据成本和收益关系合理配置资金，避免财政资金的滥用和浪费；（4）要求部门思考、决定服务供应的具体路径和方法，使部门服务按既定的计划有序进行。也许正是因为这些，美国联邦政府在 1971 年终止计划项目预算的运用后，美国国防部仍继续采用计划项目预算方法。美国一些州和城市目前仍在运用计划项目预算。

PPB 的问题是：（1）部门的中期计划目标往往过于宽泛，服务项目与中期计划目标的联系不紧密；（2）数量关系和成本收益分析这些技术问题，往往使政府部门在实际运用中面对许多困难；（3）如果没有适当的考核和目标达成的检查机制，计划项目预算仍然会流于形式；（4）需要大量的资料、数据和专门人员，预算编制成本高，费神、费时、费力。这也就要求运用 PPB 必须满足一定的条件，如：要有合格的专门分析人员，包括建立一个专门的预算编制小组；要有一定的资料、数据积累和信息库的支持；要建立有关政府绩效的检查和评估机制。

二、零基预算方法

零基预算法（Zero-base budgeting，ZBB）指以零为基础编制预算的方法。该方法的特点是，它不考虑以往项目活动的情况，不以历史数据为基础进行增、减调整编制预算，而是每年对所有项目进行审查，评估这些项目对发展目标的意义和作用，并进行成本—效率分析，重新排列各项目的优先次序，据此来决定预算资金的分配。

1962年，美国农业部最先尝试了零基预算方法。美国农业部对它的解释是："所有的计划将从头到尾地受到检查……事实上，那些已经实施的项目，将不能证明有必要继续存在。也不存在由有关法令确立的项目必然要适当配置资金的理由，因为它们是迎合当时所发生的问题的，在今天已不具有优先权，故必须根据现时状况进行评估。"不过，美国农业部的试验并不成功。1970年，德州仪器公司的零基预算却意外地获得成功。于是，许多企业、一些州和城市先后运用零基预算法，如佐治亚州和新泽西州等。但美国联邦政府并未采用，而是运用"目标预算"方法（见专栏2.3）。1976年，曾担任佐治亚州长的吉米·卡特当选美国总统，1977年由于他极力倡导，美国联邦政府各部门开始运用零基预算法。

专栏2.3　**目标预算（TBB）**

1973年美国总统尼克松为建立管理程序、改变联邦政府的工作方向，开始实行目标预算。目标预算又称封闭预算，它的基本含义是建立目标和限制条件，要求政府各部门在目标内确定优先次序、自主决策，提出预算。

目标预算的重点是改善政府管理，重视行为、结果而不是成本费用。通过这一过程使部门的上层和下层管理者一起确定共同的目标，按照所期望得到的结果确定每个人的主要工作和责任范围，并运用这些指标来指导行为和评价每一成员的工作成绩。预算编制以此为基础。

目标预算的实际做法是，部门负责人向各机构负责人布置下一财政年度需要处理的主要问题及解决问题的总方针，再由机构负责人传达给下层管理者，据此制定具体目标，并在机构内部进行讨论，然后送交部门负责人。部门负责人挑选出一些由部一级进行控制的主要目标，组织一些人员进行修正改进后，作为部门活动的管理目标和预算编制的依据。

美国联邦管理与预算局认为，政府的总体目标就是各部门目标的总和。选定目标时应按现有的方法和资源来考虑，各种规划目标必须在长期目标、阶段性目标和12~18个月的短期目标中加以规定。这样，各个部门和下属机构与单位就确立了活动规划及管理目标，从而自觉控制预算并对完成或者拖延目标负责。在20世纪70年代中期，联邦管理与预算局内有30名管理人员负责控制目标预算的执行。1977年，随着总统的更替，联邦政府不再实行目标预算。

由上述可见，零基预算方法至少有三个基本特点：（1）零基预算不以存在的项目为基础，预算的基础是零（当前），是当前公共服务的现实需要；（2）零基预算对当前需要的项目也不是一视同仁，它强调成本和效率，强调优先顺序和资金配置重点；（3）基层单位和普通员工都参与预算，参加对本单位服务项目的审查，决定项目留存，但是，最后的决策权和选择权在部门高层。

从20世纪70年代末美国联邦各部门运用零基预算以及美国一些州与地方运用零基预算的实践来看，虽然没有完全一致的做法，但零基预算的大体步骤是：（1）确定"决策单位"。即确定参与编制预算的基层单位，一般是要直接提供服务的基层科室。政府各部门首先要提出部门的总目标，然后要求"决策单位"和更高层的"决策单位"从本单位的角度思考并确定能为总目标实现作贡献的项目及其活动方案。（2）准备"决策包"。即各"决策单位"根据职能和项目作用对本单位的服务项目进行审查、决定留存、提出新项目，并进行成本效率分析。通常情况是：首先按重要性区分必要项目、需要项目（有一定重要性）、创新提高（有助于服务水平提高）项目；然后对这三类项目按不同的投入水平（通常也按低于当前投入水平、保持当前水平、高于当前水平三种情况）估计它们的活动方案及其产出水平，再根据成本效率比来排列活动方案的优先顺序，完成本单位的“决策包”（一揽子项目分析文件）。（3）上级排序、组合和部门决策。“决策单位”将“决策包”提交上一级“决策单位”，上级决策单位再从本级角度出发排列优先次序并将其组合进本级的“决策包”，然后再提交到部门，由部门评估排序后产生部门预算方案。图 2.10 是零基预算的核心部分——“决策包”准备过程的示意图。

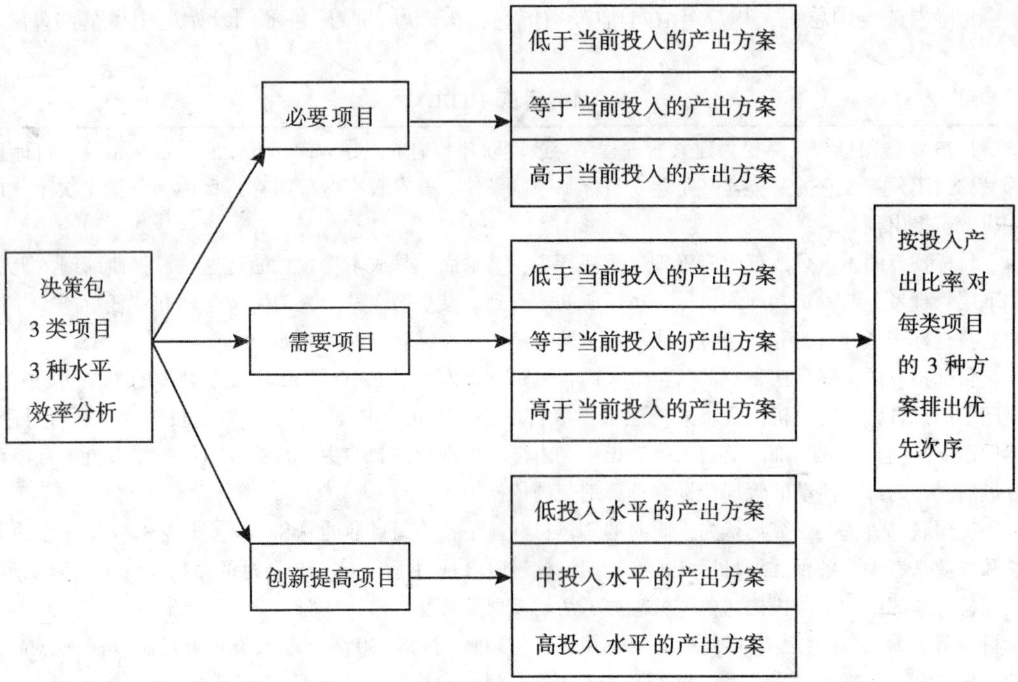

图 2.10 零基预算的“决策包”准备过程

零基预算法的关键是重要性判断和效率分析，前者决定基层服务单位的“零基”选择（项目的选择），后者决定各类项目的活动方案的优先顺序（项目活动方案的选择）。根据美国联邦政府和州、地方的经验，在有些情况下，部门可能并不全看项目活动方案的效率高低，而是运用“截止点”规则：既可能对效率低于某个比例的项目活动方案一律淘汰，也可能对资金投入高于某个水平的项目活动方案一律淘汰。

零基预算的优点是：（1）它采取“自下而上”的预算编制路线（计划项目预算主要由部门的上层来思考、决定，由计划目标到项目、活动的选择也是“自上而下”的），使基层单位广泛参与、预算配置与服务提供者高度统一，也是一种“民主性”的、“重视基层”的、防止预算“官僚化”的预算方法；（2）它鼓励部门内（各基层单位之间）和部门间进行“预算竞争”，因为如果一个基层单位的服务项目和活动方案比另一个基层单位更优，它就可能得到更多的资金，对于部门间的交叉性服务项目也是如此，这将促进基层单位和各部门积极、主动地做好预算；（3）它可以消除过时、陈旧的项目支出，抑制预算支出不断扩张，建立低增长或不增长的预算。因为这些，零基预算在许多国家受到重视；它也因此获得更广泛的含义：从“零”开始；从基层单位做起；获得一个“截止点”（以上或以下）的支出权。

零基预算运用中容易出现的主要问题是：（1）它产生大量的“决策包”，导致预算编制和检查排序的工作量巨大；（2）由于无法逐一进行评估排序，各级领导只得依赖主观判断、也就无法阻止决策者做出有利于自己的选策，而如果完全凭借领导者的意志，那么复杂、繁琐的成本效率分析就变得毫无意义；（3）各部门缺乏合格的技术分析人员，许多政府部门也对运用零基预算方法缺乏热情。从20世纪70年代末美国联邦政府实施零基预算的情况看，成效并不明显。1981年里根当选美国总统后，联邦预算不再运用零基预算法。不过，美国一些州和城市目前仍在运用零基预算方法。

三、绩效预算方法

绩效预算（Performance budgeting，PB）是以政府提供公共服务的绩效计划为基础、以实现绩效目标为中心的一种预算编制方法。

绩效预算也是第二次世界大战后美国联邦政府最先尝试的一种预算改革方法。1949年，美国第一届行政部门组织委员会——胡佛委员会建议将编制预算与政府活动的绩效联系起来，并为编制预算提供资料和数据如测算政府和公共部门的单位成本、完全成本及工作量等。1950年，美国国会通过《预算与会计程序法案》，联邦政府于是进行预算改革，开始编制绩效预算（由于各种原因，后来又放弃了绩效预算）。随后，菲律宾于1954年，英国、瑞典等于50年代末和60年代初尝试了绩效预算。

20世纪80年代后，英、美等西方发达国家推行政府绩效管理，绩效预算方法再次受到重视。1993年，美国国会通过《政府绩效预算与结果法案》（下称《绩效法案》），决定开始新的绩效预算改革。

（一）绩效预算的原则

鉴于早期绩效预算改革中存在的问题，美国联邦政府在开展新的绩效预算改革时吸收了以往改革以及一些州和地方实行绩效预算的经验，确立了一些原则，包括：

（1）战略计划和绩效目标原则。美国联邦政府部门和独立预算单位在编制预算前，首先制定涵盖5年以上的工作计划——确定部门总任务和战略总目标、用于实现战略目标的核心项目及其目标，说明实现的方法、技术、资源及影响因素。战略目标和项目目标都是未来可以测评的长期绩效指标，这些指标应表明部门长期服务的社会结果（Societal Outcome），又称长期绩效措施或结果目标。战略计划将政府职能与预算编制结合起来，可以使各部门明确服务职责和目标，据此确立服务项目和各年度的活动方案，这也是对早期绩效预算无长期计划和结果目标、仅强调短期产出绩效的一种改进。根据战略计划来编制年度预算也使多年度预算有了坚实的基础。

（2）自主、灵活与协作原则。新绩效预算要求各部门对绩效结果负责，强调在预算执行中的部门的自主性与灵活性。从逻辑上看，既然各部门以达到绩效目标为准则，那么预算执行就不应受制于各种资金使用规定的约束，而应根据情况自主、灵活地配置资源。

自主、灵活执行原则有助于解决政府部门的经营僵化、依赖性和官僚化问题。为减少国会与政府部门在这一原则上的分歧，《绩效法案》要求各部门主动与国会协商、合作制订战略计划和开发绩效目标。这样既可以使国会熟悉部门的预算过程，保证计划目标的合理性，也有利于预算的审议过程和对绩效结果的监督。早期预算改革未能成功的原因之一，就是部门找不到合适的绩效指标，国会也不熟悉绩效预算的过程，以致在进行预算审议和立法时议员们面对一大堆数据无所适从。

（3）绩效报告原则。新绩效预算改革建立了年度绩效报告制度，即在财政年度结束后，政府各部门和9个独立预算单位向总统和国会提交“年度绩效报告”。报告内容包括：达到绩效目标的情况；未达到目标的原因；今后的改进措施；本部门最近4个财政年度的实际绩效数据等。建立年度绩效报告制度的实质是督促各部门进行绩效检查和评估，促使各部门加强成本统计和生产率分析，提供预算所需的数据与信息。年度绩效报告将逐步取代传统的部门结算报告，在总结预算执行状况时将重点放在绩效结果方面。早期绩效预算改革缺乏一个重要条件，那就是各部门缺乏与项目成本和效率有关的历史数据和记录，也没有建立部门绩效报告制度。

（4）项目评估原则。除了常规的预算审计之外，新绩效预算改革还要求美国预算与管理办公室（OMB）根据项目评估等级工具（PART）对各部门的核心服务项目进行评估，判断项目设计是否符合绩效导向要求、已实施项目是否达到目标。PART包括24个问题，主要从4个方面对项目进行审查评估：项目的意义和目的是否明确（20分）；项目的绩效目标是否合理（10分）；项目的管理是否有效（20分）；项目是否达到目标（50分）。若项目评估得分过低，部门必须对项目进行修改；若项目长期不能达标，预算申请将不被批准，相关机构和人员将被自然淘汰。

（二）绩效预算编制方法

根据美国预算与管理办公室（OMB）发布的《预算指导》来看，美国联邦政府要求各部门和独立预算单位按下列步骤和方法来编制绩效预算。

（1）根据战略计划制订年度绩效计划。年度绩效计划是根据战略计划中的主要项目分类制定的具有明确绩效指标的年度计划。年度绩效计划主要包括：年度项目活动及绩效目标，年度绩效目标是项目活动的年度产出（Direct Output）指标，通常用工作量和其他直接成果来表示，又称年度绩效措施。由于一个项目通常由多个年度的具体活动构成，因此，年度产出目标的设计应与项目目标和部门总目标密切联系。

例如，假设美国住房与城市发展部的基本任务是改善居民的住房条件，其战略目标是：5年以后，使70%的美国人拥有自己满意的住房。该部可以设计6个项目来实现这一目标，如：住房投资合作项目、老年人住房项目、伤残人住房项目、租赁住房建设支持项目、土著人居住区资助项目、优惠购房项目。其中，优惠购房项目的目标为：在5个财政年度内，使居住条件最差、需要优惠购房的家庭数（低于本地人均收入的50%，居住在单元间的家庭）减少到350万户。因资金管理状况与低收入家庭的购房状况密切相关，故确定该项目在今后5个年度的具体任务是：逐年减少低效率机构负责的优惠购房项目的比例，各年度的目标是：在预算年度（BY）减少为30%，BY+1年度减少为25%……

（2）根据绩效目标金字塔逐层进行资源分派。美国OMB的《预算指导》指出："绩效预算的组织类似一个目标金字塔，最上层是战略目标……在这一框架内，各部门应按绩效目标的层次来分派资源，资源应按完全成本计算。"战略目标是部门预算的出发点，各个项目目标为实现战略目标服务，各年度产出目标又为各个项目目标服务。年度预算就是在战略目标指导下，按各项目在各年度的产出目标和要求进行资源配置的过程。

美国联邦预算运用绩效预算的步骤和方法可用图2.11表示。

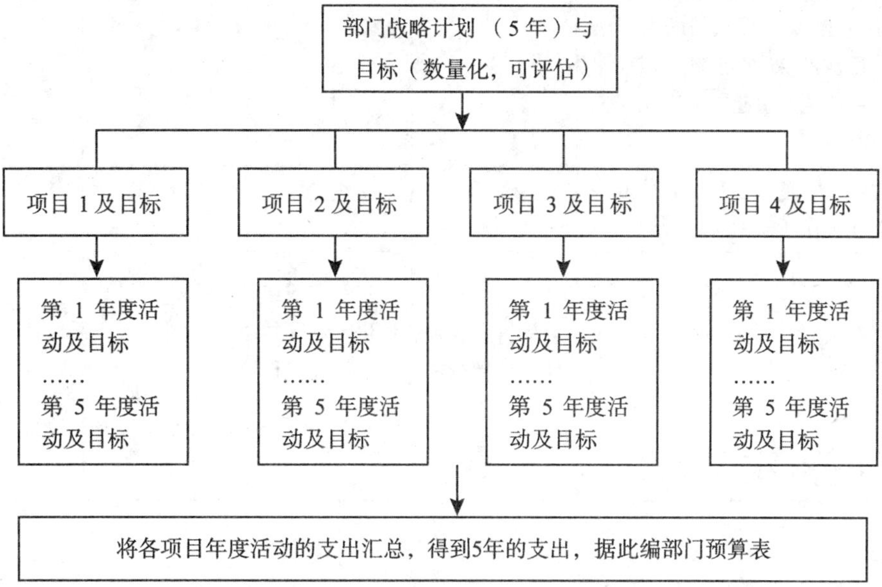

图2.11　美国绩效预算的步骤和方法

表2-35是根据美国航空航天署（NASA）空间发展局的"海王号气象卫星发射"项目假设的资源配置和年度预算表。表中，项目的总资源是根据项目的总目标来估计的。项目的各年度资源是根据项目的总资源、按项目在各年度的具体任务和目标，并考虑以往完成同类任务所需的人工和设备资产及效率（以历史记录为依据）、估计采用现行方案和新技术对生产率提高等情况所决定的。项目各年度的预算支出是根据各年度的资源需求量和相关规定计算的，在美国联邦政府各部门的预算中，人员费用主要根据各类人员（外籍、行政、薪酬）的国家工资规定并考虑雇用成本指数和本地的工资率高低情况来估计；资本预算主要根据资产的单位成本，并考虑价格指数的变化情况来估算。部门预算则按项目分类、按资源（人员、资产）分类和按基金账户分类来分别列表。

由表2-34可见，跨度为4年的卫星发射项目（NASA战略计划中的核心项目）的绩效目标（项目目标）是：卫星发射运行（产出目标）+减少飓风灾害损失50%（社会效果目标）；每个年度的绩效目标主要由项目的年度活动决定，故可用工作任务指标来表示——这也是可以检查和评估的。每个年度所需的人力和物力资源可以根据以往的经验、并考虑效率提高情况来估计，各年度的预算支出就是将各年度所需的人力、物力资源用美元来表示。

表 2-34 **NASA 卫星发射项目的资源配置和年度预算**

	预算年度 BY	BY+1	BY+2	BY+3
项目任务：减少生命与财产损失				
项目目标：到第 4 年底，“1 号海王卫星”投入运行，飓风登陆前 24 小时预报的登陆准确范围由目前的 100 英里缩小到 15 英里，预报的飓风强度误差由目前的 25 毫巴缩小到 3 毫巴以内——使飓风引起的灾害比当前年减少 50%				
项目资源：1 号海王卫星、1 号推力火箭建造和工作所需的各种资源				
年度绩效目标	卫星：完成设计和基础投资	卫星：完成组件生产和评估 火箭：完成设计和投资	卫星：完成装配、试验并接收 火箭：完成生产和评估	卫星：完成发射，投入经营 火箭：完成试验，并用来发射卫星
年度资源和资金预算（百万美元）	—	—	—	—

（三）绩效预算的运用问题

同计划项目预算、零基预算相比，绩效预算的特点是明显的（参见表 2-35）。绩效预算方法也可能是目前最科学的预算编制方法。从美国开展绩效预算的实践看，其效果也是良好的。例如，到 2000 年，美国联邦支出占 GDP 的比重下降到 19%，达到自 1970 年以来的最低水平；联邦工作人员减少 36. 5 万人，政府雇员占总就业人数的比例下降到 1933 年以来的最低水平，联邦行政支出占总支出的比例下降到 1%以下；联邦财政从 1998 年起连续 3 年出现盈余，扭转了“结构性”赤字状况。新绩效预算改革支持了 20 世纪 90 年代美国新经济的发展。实行绩效预算的意义在于：

表 2-35 **绩效预算、计划项目预算和零基预算的特征**

	绩效预算	计划项目预算	零基预算
1. 预算组织	按部门	按职责功能	按决策单位
2. 目标特性	部门特定目标	将职责目标与国家目标相联系	决策单位服务目标
3. 预算结构	战略目标、项目长期目标和年度目标、各年度的项目活动及成本	选择项目、制订项目计划、各年度的项目资源成本	服务目标、决策包、评估排序、层层选择

续表

	绩效预算	计划项目预算	零基预算
4. 预算分析	应用定量技术评估，更强调支出与绩效结果的联系	应用定量技术和对各类选择进行评估	应用定量技术，更强调货币的绩效与增长之间的联系，根据资源水平不同和优先权排列决策
5. 预算制定	自上而下	自上而下	自下而上
6. 时间水准	多年度	多年度	多年度，但在整个预算中的作用不明确
7. 预算评估	对绩效从数量上测度	强调形成信息体系，目标不够精确	强调绩效及其度量
8. 配置效益	取决于精细的目标和计划	部门间的项目竞争	部门内的决策竞争

第一，推动政府改革和财政健全发展。实行绩效预算可以促使政府部门明确自己的职能和责任，制订切实可行的中期服务战略和服务供应计划，开发新的服务项目，从而加强公共品和公共服务的供应，努力提高服务提供效率并控制支出扩张，进而支持经济增长、社会进步和实现财政的健全化发展。实行绩效预算还可以推动政府和公共部门改革，因为不合理、无绩效的预算申请不会得到批准，而没有预算支出授权或财政经费的支持，政府部门就会关门、相关人员就会下岗。所以，实行绩效预算近似于政府和公共部门的结构调整、人员编制和岗位设置的改革，是推动政府和公共部门改革的有效措施。

第二，推动公共财政的建设和发展。绩效预算改革可以使财政预算走向科学化、规范化、透明化、反映公共需要，避免简单、粗糙和形式化，使国家财政真正成为国家治理的支柱，成为提供公共服务和优化资源配置、调节收入分配、稳定经济发展的重要工具。因为绩效预算要求政府部门的每一项支出都符合公共受益原则和绩效标准，都要有充分的依据和切实可行的使用路径和措施，都要以有利于社会和公众的服务项目、活动和人力、物力资源需求为基础，都要有科学的测算和决策机制来支持。这些可以在很大程度上保证国家财政活动的公共性方向。

当然，绩效预算作为一种预算编制方法，由于它的以上作用和技术特性，并不是国会通过一项法案、国家领导人一倡导就可以实施的。从美国的经验来看，从开始准备、部分试行到全面运用实施前后用了 6 年。实行绩效预算需要解决 8 个方面的问题。

（1）政府内部和公共部门的阻碍和拖延问题。由于涉及绩效评估和政府改革，加上绩效预算类似部门自己给自己找约束，绩效预算会遇到部门的抗拒。

（2）部门职能划分和绩效目标合理设置问题。

（3）绩效报告和评估、处罚制度的建设问题。

（4）可用的项目数据、资料的收集整理问题。

（5）培训合格的绩效分析人员及小组问题。

（6）绩效预算耗时和预算编制时间的协调问题。

(7) 绩效预算评估与常规预算监督的关系问题。

(8) 建立统一的绩效预算编制规范和指导问题。

四、资源预算方法

资源预算（Resource budgeting，RB）方法的基本含义是：在公共预算编制中，对各个政府部门提供服务的成本估计（不是以所需资金来估计，按资金估计是目前各国的普遍做法）按其所需的全部资源耗费（除了资金，还要加上人与物的使用折耗成本）来计算。推行资源预算法是最近20年来英国、澳大利亚和新西兰等国进行预算改革、提高公共支出效率的重要内容。

（一）资源预算法的主要特点

资源预算是一个相对较新的概念。长期以来，估计政府部门日常活动的费用开支是通过经常预算支出来反映的，而经常预算支出又是以年度现金需求为基础的，如人员经费和物质开支等。这些现金支出就是政府各部门提供公共服务的成本，对经常开支的控制自然就是现金预算支出的管理了。而事实上，政府部门提供公共物品和公共服务的全部成本不仅包括这些现金成本，还包括固定资产使用时的价值耗损、部门借款所支付的利息成本和政府职员的未来退休金支付等这些非直接支出的耗费（支付）。所谓资源预算，就是对政府部门提供公共服务支出的全部成本进行估计，计算所耗费的全部资源的预算方法。

例如，将资源预算方法用于经常项目支出时，除了要计入经常支出（直接资金支出），还要加上相关的成本支出。以英国目前的规定为例，这些成本支出包括：

(1) 各部门资产的价值损耗。如折旧、部门借款的应付利息成本，以及对员工未来退休费用的补偿支付等。这些非现金成本是提供公共服务时所消耗的人力和物力资源。

(2) 各部门对私人机构的资助和补贴。如对私立大学的赠款、对私人服务机构的捐助等。这部分以往划作资本预算，现在作为经常支出是因为它在公共收支平衡表上不产生新资产。

(3) 各部门在预算年度内耗费的库存商品。

(4) 公共服务公司和企业的亏损和其他资源耗费。

简而言之，对经常支出一般有：

资源预算下的经常支出=原经常预算支出+资产使用损耗
+借贷资本的成本
+对私人部门的资助和赠与
+库存商品耗费
+公共企业和机构的亏损等

显然，由于运用资源预算方法要加上现金支出成本和（以往未考虑）其他资源成本，一般来说资源预算下的经常支出要比原来经常预算支出额大。

而与经常项目相反，将资源预算方法用于资本预算支出时，由于将资本投资（资金）的附带成本（如资本的利息、折旧等）剥离出来（作为资源预算的经常支出），故资源预算下的资本支出额要比原来资本预算支出额小。即：

资源预算下的资本支出=原资本预算支出 −资产折旧和利息等=纯资本投资支出

(二) 运用资源预算法的优点

英国、澳大利亚、新西兰等国为什么要运用资源预算法，或者说运用资源预算方法有何作用或优点？从这些国家进行资源预算改革的法案和学术界的研究来看，其作用主要有以下 3 个方面。

1. 全面、客观地反映公共服务成本

运用资源预算法必然要求改革公共支出的账户管理，以资源账户取代原有的经常支出账户或现金账户。资源账户应记录部门在一个年度内耗费的全部现金和非现金资源，尤其是要记录部门拥有资产的成本，这样，部门提供公共服务的成本会得到全面、客观的反映。由此使社会公众和国会可以对公共支出有更清晰、更全面、更透明地了解，从而加强对政府服务供应和公共财政运行的监督。

2. 客观揭示公共投资的规模和效率

运用资源预算法可以科学地区分实际公共投资支出与经常支出的规模和比例，可以使政府的财政政策目标比较容易地通过预算分类支出管理来实现。这是因为在资源预算模式下，资本预算支出就是用于实际投资的支出估计数，是已经剔除了原本属于经常性支出(耗费) 的净投资支出，是真实投资规模的客观反映；实际资本支出的效率高低也可由此估计。这将有利于提高财政政策的社会信心和国会审议、批准的几率。

3. 促使各部门降低成本、提高效率

在资源预算方法下，由于经常项目支出或资源耗费的规模比较大，各部门可以看到日常运作的真实耗费情况，这会促使各部门积极管理和运用营运性资产，减少人员和负债，降低成本，提高效率。就英国的情况来看，为了控制经常性支出扩张，除了按年度支出和跨年支出对经常支出实行不同的审查、评估以外，还要求各部门签订“公共服务协议”(包括部门提供公共服务应达到的目标、业绩标准等) 和“部门投资战略”（包括中期投资的目标、规模、资本形成的质量、现有的资本存量和具体项目等），这些措施也使部门不能随意扩大经常支出或将资本支出用于经常项目。

第六节　公共预算的管理

一、美国的预算管理

美国联邦预算管理具有独特性，反映在独立的预算行政组织机构、强大的预算审议立法体系和总统的最后决定权、部门的优先权方面。

(一) 编制管理

在美国，管理和预算办公室（OMB）是总统领导下的特设的专门性预算编制管理机构。OMB 有 540 个职员，它的主要职能是：（1）协助总统准备和组织预算，发布预算指导，审核和控制部门预算；（2）对预算问题进行研究，为提高行政部门和政府机构的服务效率提供建议；(3) 制订预算工作计划、日程和预算要求及标准；(4) 监督预算的执行。同其他国家不同，OMB是联邦预算的直接组织者，它独立于财政部、承担着许多国家财政部组织和管理预算编制的责任。独设这一专职机构的目的在于“将真正商业化的管理模式引入政府最高层”，使预算不受政府部门（如财政部）的利益影响而又在总统的领导之下。

OMB对预算的管理主要表现在，第一，根据总统的财政政策重点，为年度预算和5年财政预算制定“预算编制指导”文件（形式和内容要求等），为各部门的预算水平确立基本框架；第二，对各政府部门提交的预算方案，OMB进行分析和审查，举行部门听证会，就有关问题同相关部门讨论和协商，与总统和白宫政策办公室进行研究，并与财政部和经济顾问委员会联合进行收入概算，完成联邦预算（草案）文件；第三，预算执行中，OMB根据各部门提交的详细支出计划书（按季度）审批拨款，并控制所有项目资金的转移和转账清算。

（二）立法管理

美国立法机构对预算的立法管理与其他联邦制国家相比，在修正、制定预算方面有更大的权力。在美国，最后的预算法案往往与最初由行政部门提出的预算有重大区别。

形成当前美国立法管理体系和过程的法律基础是美国1974年7月通过的《国会预算和扣押控制法案》。这一法案是第二次世界大战后最重要的国会预算改革法案。这一法案的主要结果是加强了国会对预算的控制力。根据1974年的法案，国会参与预算方面的主要改革包括：(1) 建立众议院和参议院预算委员会。众议院预算委员会设45位成员，参议院预算委员会设20位成员。两院预算委员会的职责是对政府服务现状进行估计，从而审议和修正总统代表行政提出的预算草案。它们在审议总统提交的预算草案后应各自向众议院和参议院报告并推荐预算的总体水平和相应的立法计划；然后两个预算委员会达成一致性预算决议方案（必要时建立协调委员会），这个决议方案作出详细的收入和支出决定（包括目标、支出上限和收入下限，以及预算赤字或盈余、政府债务等）。(2) 改革两院的拨款委员会和财政委员会分别审议支出和收入的程序，提高了预算委员会的地位。通过一致性决议后，两院预算委员会将税收和收入问题交给众议院筹资委员会和参议院财政委员会处理；两院预算委员会将预算支出按功能分类，并将这些支出的具体审议决定权交给两院的拨款委员会（各60和30位成员），让它们研究和提出具体的拨款议案，两院的拨款委员会主要依靠所属的13个专门小组（次级委员会）提出研究和建议，但不能突破预算决议中规定的支出上限。通常由众议院拨款委员会在审议研究后起草拨款法案，由众议院筹资委员会起草税收法案，并在众议院通过后转给参议院。若两院意见不一，可设协调委员会协商更改，直到两院都通过。税收及拨款法案送交总统签字后便成为正式法案。(3) 设立国会预算办公室（CBO）。CBO是从属于国会两院的非党派专业预算机构（有230个职员），它的主要职责是在进行经济趋势分析的基础上，为国会提供可供选择的预算收支水平、税收水平；并运用4类方法估算税收和支出政策在5年内的成本、比较分析可供选择的项目和政策方案。CBO每年3月1日前，就预算问题向参、众两院提供一份包括以上各方面内容的研究报告，帮助国会审议和设计一致性的预算决议，发挥预算决策支持作用。

美国参、众两院对预算进行立法管理的主要作用体现在三个方面：（1）审议、修改预算方案，通过一致性预算决议。这个决议主要为预算授权、税收和支出法案提供方向性指导。（2）通过拨款法案和税收法案。（3）通过相关的预算立法，如授权法案和调整法案等。预算授权（Budget authority）与预算支出额和支出项目的责任相关，政府部门有项目支出权或部门预算被批准主要表现为是否获得了国会的预算授权。在年度预算中，国会对一些项目按永久性法律提供预算授权，而对联邦政府的自主性支出则通过严格的审议程序、以拨款法案方式提供授权。从年度预算的总授权支出看，属于政府自主性支出并由拨款法案提供的授权支出往往不到一半。

美国预算立法管理中的一个特殊现象是，围绕预算授权、税收和支出问题，国会中不同党派（共和党和民主党）的议员之间争论不休、两院之间观点分歧，且国会与总统（政府）之间意见不统一，以致预算经常被拖延。美国国会中的党派之争是预算拖延的基本原因，另一个重要原因是美国各党派的领导者并不能控制本党成员，不能保证本党的议员支持本党领导者的决策和立场，而需要领导者去反复劝说，就像劝说其他党派的议员一样。

（三）执行管理

美国预算执行管理主要由 OMB 和政府各部门负责。（1）支出计划与审计。预算拨款前，各部门应向 OMB 提交详细的支出计划和拨款申请。OMB 和审计部门将拨款申请与部门预算对照，确认支出授权和相应的资金后才进行拨款。（2）年中审查。在财政年度的中期，OMB 负责审查各部门的预算执行状况，并在每年 7 月份发布中期审查报告——这个报告包括经济趋势及其影响分析；OMB 还负责向国会集中提出各部门所提出的补充拨款要求。（3）税收与现金管理。预算收入和现金管理由财政部负责。税收管理的主要任务是确定课税对象，征收税款和有选择性地进行纳税审计，美国国内税务局（IRS）具体负责税收的征收和管理。美国预算资金的支付和收入实行银行存款制，联邦政府资金存放在联邦储备体系内，现金支付凭政府签发的支票等提取，财政部的财务管理局具体管理现金业务；常见的支付方式是电子资金转账、信用证和支票付款。（4）采购管理。联邦预算执行中有相当大一部分工作是采购设备。政府各部门都设立专门的机构负责集中采购。采购的主要过程是招标、签约、进货验收。联邦计算机采购网络在其中发挥重要作用。（5）监督管理。在美国，预算执行监督管理除了 OMB 的中期审查之外，还有其他监督方式，如立法机构（国会）的监督。立法机构的监督主要有立法调查。如果立法机构认为某一部门在预算执行中有非法行为，可以通过提出提案、安排专项调查和举行公开听证会等方式来审查该部门的行为。另外，联邦政府也在各部门内部建立了经常性的监督机制，如在部门设置监察长和财务长职位。监察长由总统任命，职责是实施定期的经常性审计并调查可能存在的欺诈、浪费和滥用政府资源的行为；近年来，联邦政府还在各部门内设置了财务长职位，以加强定期的会计监督和绩效审核。

（四）决算管理

在预算执行的最后阶段，政府各部门需要对预算执行状况编制决算报告，并接受外部审计。部门的决算报告是在内部审计的基础上作出的。外部审计是由部门外的独立小组完成的。预算执行审计的基本功能是确认会计系统的正确操作，判定责任授权、政策方向和内部管理的合法性，发现存在的浪费、管理不善和效率问题，美国的外部审计有两种情况：(1) 立法部门的审计。美国会计总署（GAO）有一项涉及广泛的调查议程，可以对政府项目的全部细节进行检查。会计总署向国会负责。(2) 联合型的单一审计。1996 年美国国会修订了 1984 年的《单一审计法案》，规定在年度内接受联邦资金达 30 万美元以上的州、地方政府和非营利组织，必须接受单一审计（对会计系统及联邦资金处理方式问题的审计）。审计人员来自联邦资金管理部门、总会计署，也包括受聘的美国 6 大会计事务所。外部独立审计通常给出结论和审计报告，国会根据审计报告举行听证会，批准决算报告。

二、德国的预算管理

在德国的预算管理过程中，政府和议会都承担重要角色。政府在预算编制和执行管理中发挥主要作用，议会在审批和决算中发挥主要作用。

（一）编制管理

德国联邦预算编制的组织和协调者是联邦财政部。财政部根据政府的预算意图制订预算编制方案，下达预算通知和指导，对部门预算进行审查，最后拟定联邦预算草案。联邦审计院负责对政府各部门的预算和联邦预算草案进行审计。

（二）审批管理

德国联邦议院对联邦预算的审批管理与英国议会审批管理的过程大体相似。不同的是，联邦参议院和众议院在审批预算上的权限相同，另外，联邦议会除了可以拒绝预算草案之外，还可以对预算支出提出削减和增加等修改建议。

（三）执行管理

联邦预算的执行由财政部和其他各个部（门）负责，联邦财政部负责预算收入和支出的总体管理，各部门负责本部门的预算收支管理。德国预算执行中的一个重要特点是：各部门都设立有专职的预算执行长，各部门的下属机构设立预算执行专员；部门的预算执行长和下属机构的预算执行专员形成专门的执行管理系统，具体负责本部门和本单位的预算实施工作。此外，政府各部门内还设有专职审计员，担负内部审计监督的任务。

（四）决算管理

在预算执行的最后阶段，财政部和各部门都要提交决算报告。联邦决算管理的主要内容是审计监督，由联邦审计院和议会的审计委员会具体负责。

联邦审计院是独立的财政监督机构，它向联邦议会负责，但并不接受议会的领导。它的主要任务是审查联邦政府和机构的会计账户的规范性和可靠性；对决算报告进行独立审计并作出报告，提交给议会的预算委员会，作为议会批准决算报告的依据。

联邦议会的审计委员会是一种专业委员会，通常由议会预算委员会的成员组成。它主要负责对决算报告进行审议，并参考联邦审计院的审计报告，对预算执行情况作出结论，向议会提出决议草案。它是议会进行决算监督的专门机构。

三、英国的预算管理

英国的预算管理是以政府与国会为双重主体的管理，政府和国会都在预算管理中发挥重要作用。

（一）编制管理

英国的预算编制由财政部负责，财政部内设专门性的预算机构（局）具体负责预算编制工作，财政部提出政府的收入和支出预算计划，设计预算框架和会计账户。一般来说，英国财政部在预算中的管理侧重于收入方面，它决定与支出相匹配的预算收入规模和税收调整计划。在英国，财政的含义更多地是指收入。在支出预算方面，财政部的管理主要是一种战略性的控制，因为国会通过的财政原则设定了在一个经济周期内的经常项目盈余、公共部门净借款和公共部门净债务比率等主要目标；而且，由各部门向国会要求支出授权，由部门制订 3 年的支出计划（包括 3 年内的资金配置、支出的产出目标和指标等），所以，部门管理在预算编制中占有重要地位，财政部在支出预算方面通常只对部门给出宽泛的规定和某些要求，在部门预算的基础上汇编政府支出预算。

在英国的预算编制中，部门联合管理也占有重要地位。除各部门负责本部门的中期支出计划编制之外，公共支出监督管理委员会和中期评估委员会都是由政府各主要支出部门的官员组成的、负责估计公共支出作用和分析经济趋势的专门委员会，实际上是部门联合管理的形式。

同时，议会也更多地参与预算编制管理。一是预算编制所依据的财政原则要由议会批准；二是财政部在预算编制中所依据的收入、支出数据，经济趋势报告和预算草案本身等，都要经国家审计办公室（National audit office）审计，国家审计办公室是向议会负责的独立机构，其任务是进行外部审计监督（包括预算和决算审计），通常该机构的负责人也是下院的主要领导人。

（二）审批管理

预算审批是立法机构——议会对预算活动进行管理的主要方式。英国议会对政府预算的审批管理权集中在下议院，若下议院认为预算基本不符合财政原则时可以做出拒绝的决议，也可以做出接受、但必须进行修改的决议。英国上议院也可以对下议院根据预算审议所提出的财政法案表示异议，但并不影响下议院的决定——根据 1911 年的《议会法》，对下议院通过的法案，上议院没有否决权，若上议院在一个月内拒绝通过，下议院可将预算法案直接送交英王签署后成为正式法案。

英国下院的预算审批一般要经过三次讨论。第一次是一读后关于预算决议的讨论；第二次是二读后关于预算法案的辩论，以决定预算法案的主要原则；第三次是下院常务委员会的讨论。对于收入，下议院可以修改但不能拒绝；对于支出，下议院可以削减、也可以拒绝，但不能增加。

（三）执行管理

英国预算执行管理包括支出管理、收入管理和拨款管理。从管理机构来看，支出由财政部负责管理，财政部设主会计长具体负责拨款；收入由关税局和国内税务局负责；英格兰银行代理出纳；国家审计办公室和审计长负责审计监督。收入和支出管理的核心是严格执行预算，确保总额不被突破和方向、期限、范围规范。拨款管理要求一种授权拨款不能与另一种授权拨款相互进行拨转，一种授权拨款只能在两个项目之间拨转。年终支出剩余可以结转到下一年度。

英国预算执行管理中的一个重要特点是：建立部门会计长，负责制定审计标准和程序，安排和组织各部门内的审计监督工作。各部门会计长对议会的审计委员会负责，会计长的主要任务是调查、审计部门的资产和公共支出的执行状况与效率。相应地，英国财政部内设财政账户长，负责财政账户和会计事务，包括任命各部门的会计长。会计长既对各部部长负责，又对议会负责，他有义务回答议会提出的有关部门支出的各种询问。

（四）决算管理

预算年度结束后，政府各部门要对本部门的各项收支、财产、往来款项等进行年终清理，在清理的基础上结算各类收支账户，然后编制决算报告书、连同决算附件报送财政部。各部门每年还须提出公共支出报告，向议会和公众报告部门公共支出的状况，部门报告由财政部汇编成《公共支出白皮书》于每年春天出版。

财政部负责审查各部门和各预算执行单位的决算报告，并汇编成国家决算。决算报告由财政大臣审查并签章后，报送下议院和国家审计办公室。

国家审计办公室负责对国家决算报告进行全面的审查和估价。审计完毕后，国家审计办公室将审计结果通知财政大臣，并做出审计报告、呈送下议院。

议会下议院的审计委员会对财政大臣提交的决算报告进行审查并做出报告，提交下议院全体会议审议批准。下议院审议时，先由财政大臣做决算报告，向议会说明收入的来源、支出的用途以及经验和教训等；再由国家审计办公室审计长报告对决算报告的审计情况与结论；然后，议员们对决算报告和审计情况提出疑问或质询，财政大臣和审计长应当作出解答。在质询和辩论之后，议会表决通过决算报告。

四、日本的预算管理

日本的预算管理以政府管理为主体，国会的管理只具有象征性意义。日本的政府管理体现在内阁、财务省（财政部）的预算决策和组织实施的各方面。国会管理主要是审议、批准或通过决议，而不需立法。另外，同英国相似，日本国会的管理权主要在下议院。

（一）编制管理

日本中央财政预算的决策权属于内阁，对预算的方针和框架由内阁集体决定。但实际决策权在财务省，其中，财务省的“财政理事会”起重要作用。根据 1947 年制定的《公共财政法》，在财务省内部设立财政理事会（25名成员），专门调查和研究国家预算的关键问题，讨论会计账户的设置和会计体系等。财政理事会成员由财务省长官任命，任期两年，成员由学者和具有专业知识与管理经验的人士组成。财政理事会研究预算制度改革和改善管理问题，提出年度预算的方针政策，为财务省制定预算框架和编制预算指导提供建议，推荐有关措施和方法。财务省的另一个机构是税收委员会，它是财务省制定税收政策的专门性参谋机构。

财务省负责组织政府预算的编制和协调工作。它发布预算指导，组织各政府部门和有关机构根据内阁批准的方针和政策准备本部门的预算要求。在各个部门预算的基础上，由财务省所属的预算局起草政府预算草案，负责与各部门沟通、协商和调整，准备全部预算文件，并安排各部门准备其他预算文件。财务省预算局是政府预算编制工作的直接组织者和管理者。

（二）审批管理

日本国会负责预算审批管理。日本国会的审批管理也从众议院的审议开始，众议院预算委员会首先对预算草案进行审查，然后召开听证会，财务省长官和各部门长官陈述预算的政策思想和功能、回答议员们的质询，最后由众议院全体大会投票表决。随后进行修改并将众议院通过的预算草案送交参议院审议。参议院预算委员会审查后，参议院全体大会投票表决，若投票通过，则完成审批过程。若参议院表决未获通过时，参、众两院成立协调委员会进行协调，如国会在接受预算草案后的30天内不能达成一致，则众议院的批准就代表国会的批准。在预算审批管理上，众议院具有决定权。另外，日本国会在审批中可对预算支出规模进行压缩，但不能增加支出，这也与英国相似。显然，日本国会的预算管理与美国和德国国会的审批管理不同。

（三）执行管理

预算批准后，日本财务省和各部门与机构负责组织执行。预算执行一般分为两个阶段：一是签约阶段，二是拨款阶段。在签约阶段，各个部门、执行机构要同财务省签订接受支付要求的责任合同，必须作出一个的详细的支出计划（整个财政年度的支出进程表）交由财务省长官审定批准，还须在每个季度提交一个主要项目的支出计划、由财务省长官根据国家财政、收入情况和金融市场条件来批准。在拨款阶段，通常由财务省长官提出一个支付计划给日本银行，日本银行根据支付计划和财务省签发的支票具体负责向各部门支付，财务省设专职长官负责签发支票。

日本的财政基金又称国家财政基金，所有财政基金都作为政府存款存放在日本银行。日本的财政基金按性质可分为5类：（1）一般账户基金；（2）特别账户基金；（3）平衡基金；（4）政府金融货币存款；（5）补充账户平衡基金。一般账户基金和特别账户基金是预算执行基金，随预算执行状况而增加和减少。平衡基金由各种其他基金如财政贷款、外汇等组成。政府金融货币存款是一种商业基金，它按相应的法律运作。补充账户平衡基金是调节政府短期债券的货币账户。在预算执行中，日本的财政基金一般保持在一个适当的水平上，以避免它对政府支付产生负面影响。当财政基金出现一定剩余时，就借出一部分用于特别账户支出；当财政基金出现暂时困难时，就实施增补，甚至发行短期债务。

预算执行的另一种情况是编制临时预算和补充预算。当内阁估计在4月1日前不能通过预算时，通常做一个临时预算提交到国会，为新年度的部分时间准备必要的支出。此外，当正式预算已通过，而又出现额外的法定支出时，或由于其他原因需要修正时，内阁就可能做一个补充预算。

（四）决算管理

在财政年度结束后的7月末，每个政府部门和执行机构都要向财务省提交一个实际支出的书面报告和账户情况的陈述。财务省根据各部门的账户报告作出年度决算总报告，由内阁审查后在11月底送交审计委员会审计。审计委员会审计后，将决算总报告以及做出的审计报告，返回到内阁。在1月份前后，内阁将决算报告提交给国会两院审查（由国会两院的决算委员会负责具体审查）。若决算中出现剩余，则剩余将用于特别支出，如国债还本付息和偿付借款等。

本章小结

公共预算的原则在各国和各个时期不尽相同。目前，各国普遍、长期坚持的原则有：完整性、真实性和公开性原则。一些国家近年来提出了一些新的原则，主要有效率原则、负责任原则和公平原则等。公共预算原则的变化集中反映了各国根据经济与财政状况，在经济目标与财政目标之间谋求协调和寻求统一的努力。

公共预算的主要模式主要包括：美国的统一预算模式、英国和德国的复式预算模式、日本的一般会计预算、特别预算和投融资计划预算这类综合模式。美国的统一预算模式强调完整地反映所有政府的收支（预算内和预算外）；德国和英国的复式预算强调政府投资对经济稳定的作用，并控制经常预算的规模；日本的综合模式既强调政府投融资和预算的完整性、又强调对一些收支项目和政府关联机构的经营控制。此外，主要国家在预算编制上的共同点是按功能（作用）分类和按部门分类。在预算方法和技术上，英国和美国正在积极探索绩效预算和资源预算。

公共预算的程序在各国大体相同，即政府编制和国会审批这两个主要阶段。差别在于：美国国会的审批是对预算编制的重要参与；而其他国家的国会审批则是一种单纯的监督、评议和调整活动。美国政府预算的周期比其他国家长，有时甚至超过18个月，这不仅是因为其预算编制过程和方法复杂，更重要的是因为政府与国会在预算问题方面的争议和分歧所产生的拖延。美国公共预算管理的主要特点是，预算编制由独立的预算与管理办公室负责和组织，国会也设立预算办公室作为国会审议和政策制定的专职机构，国会的作用已渗透到预算的各个阶段。西欧和日本的预算编制、预算执行和决算管理都由财政部负责，国会只是通过预算审批和决算审议等实施监督管理。

复习思考题

1. 现有预算理论主要是从哪些角度来阐述预算指导原则的？它们对确立预算制度和预算政策有何影响？

2. 周期预算平衡论的影响很大，但为什么地方预算更倾向于健全财政论？

3. 不同类型的国家为什么采取相同的预算结构模式（如复式预算）？一国选择某种预算模式主要基于哪些考虑？

4. 统一预算、复式预算、混合型复式预算、规划和结果导向的预算各有何特征、优点和不足？

5. 为什么不同类型的国家都制订中期财政计划、编制多年度预算？

6. 在预算中设置自主性、法定性支出和 DEL、AME 有什么意义？

7. 预算编制为什么力求系统和详细？为什么要按功能、性质和部门等分类？

8. PPB、ZBB、PB、RB 这些预算方法各有何特点？

9. 地方基层预算大都由居民参与决定，有必要像中央（联邦）预算那样编制吗？

10. 目前我国中央预算采取的复式预算和零基预算有何特点？应如何完善？

第三章 公共支出制度

公共支出是一国政府用于提供公共品和公共服务的支出，公共支出的数额反映一国公共财政或公共经济的规模，公共支出的结构比重反映一国公共财政的服务供应格局与政策倾向。公共支出制度就是有关公共支出的规模和结构安排的制度规范。本章主要阐述公共支出的理论和主要国家的公共支出制度，尤其是这些国家在社会保障、农业和农村发展等重要支出领域的制度及调整情况。

第一节 公共支出制度概述

一、公共支出分类

公共支出是各级政府履行自己的职能，运用公共财政资金提供公共品和公共服务的开支或花费。公共支出是满足社会需要的公共财政支出，也就是各级政府向社会提供公共物品和公共服务所支付的资金成本。公共预算支出则是政府为提供公共品和公共服务所做的开支计划，在预算立法的国家，公共预算支出基本上反映了公共支出的实际规模和结构。

公共支出制度是有关公共支出的制度规范，如公共预算原则和关于预算支出规模和增长的规定，有关各种公共服务支出的专项法律和规定，如社会保障法规、农业和农村发展支持制度、基础教育或义务教育财政支持制度等。

公共支出制度与公共支出的分类相关。为了统计分析和管理的需要，各国通常从不同角度对公共支出进行分类。目前最常用的有以下三种分类。

（一）按性质分类

公共支出按性质分为购买性和转移性支出，主要反映公共支出的配置和分配性质与倾向。

1. 购买性支出（Purchases payments）

购买性支出是政府购买商品和劳务的开支，它反映政府进行市场购买、参与市场配置的状况。由于政府的市场购买会扩大和增加市场需求，影响供求平衡，因此，购买性支出具有刺激社会生产、引导产业结构变化和稳定市场经济运行的特性，集中体现了公共财政优化社会资源配置和稳定经济运行的作用或功能。购买性支出的结果是政府和公共部门拥有的资源所有权增加，即占有的社会资源增加，如果比重过高（意味着私人部门拥有的资源比重过低），就可能抑制市场发展或导致市场活力不足、政府支配市场的状况。因此，购买性支出一般不应过大，增加购买性支出主要是在经济衰退时期。

2. 转移性支出（Transfer payments）

转移性支出是政府根据一定规则向一些家庭和个人、企业、社会组织提供补助的支出，如社会保障支付、失业保险支付、贫困家庭救济，对民间福利团体、公司企业的补贴和对外援助、对国际组织的捐赠等。转移性支出是公共财政发挥公平分配职能的重要表现，对缓和社会的收入分配矛盾和促进社会稳定发展有重要作用。因为它通过补贴一部分居民和企业、团体，可以改善社会分配，使一些产业、行业和企业加快成长，从而创造一种相对稳定的社会平衡。转移性支出的比重高是发达市场经济国家公共支出的一般特点。

（二）按经济分类

公共支出按经济分为经常性和投资性支出，主要反映公共支出的经济目的（平衡或增长）。

1. 经常性支出（Current expenditure）

经常性支出是指用于政府日常运作、提供公共服务的开支，包括商品和劳务（如雇员的工薪）、对家庭个人和组织的转移支出等。虽然它受到控制，但因社保福利和健康需求的增长又总会膨胀；考虑到它将行政与社保支出相混，这种分类或改革或不被重视。

2. 投资性支出（Capital expenditure）

投资性支出是政府进行公共工程项目（主要是基础设施和重要科技项目）投资、形成社会资产的支出。投资支出显然会增加社会资产，有利于生产、就业和经济增长，故受到许多国家的重视，但随着经济发展水平提高，这种投资支出的比重将会减小。

（三）按功能分类

公共支出按功能分类，主要反映公共财政资源在政府各职能（部门）间的配置情况。这种分类随着公众问责制（支出绩效和服务责任）的兴起，日益受到重视。公共支出按功能至少分为 5 大类，如国防、社会文教、经济建设、国债利息、行政管理支出，根据需要可细分为 10~30 种，国际货币基金组织推荐的功能分类为 14 种（见表 3-1），发达国家的分类一般在 10~20 种。

表 3-1 国际货币基金组织建议的公共支出分类

经济分类	功能分类
1. 经常性支出	1. 一般公共服务
（1）商品与服务支出	2. 警察与安全
①薪金	3. 国防
②雇员摊缴（退休金）	4. 教育
③其他商品与服务	5. 健康
（2）利息	6. 社会保障和福利
（3）经常性转移支付	7. 住房、供水和社区
	8. 文化和娱乐

续表

经济分类	功能分类
2. 资本性支出	9. 燃油和电力
(1) 现存的和新的固定资产的购置	10. 农业、林业、渔业和牧业
(2) 存货购买	11. 采矿业、加工、建筑业
(3) 土地和无形资产购买	12. 交通、运输与通信
(4) 资本转让	13. 其他经济服务
3. 净贷款	14. 其他支出
(1) 贷款	(1) 公债利息
(2) 偿还贷款	(2) 政府间转移
(3) 其他	

资料来源：萨尔瓦托雷·斯基亚沃-坎波等. 公共支出管理. 张通，译校. 北京：中国财政经济出版社，2001.

二、公共支出理论

要对公共支出的规模和结构进行适当安排和科学管理，首先应明确公共支出变化的原因、机制和趋势特点。公共支出理论就是有关这些问题的系统分析和总结，它们对于建立完善的公共支出制度有重要的指导意义。

（一）瓦格纳定律：增长拉动论

19世纪后期（1883年、1892年），德国经济学家阿道夫·瓦格纳运用实证研究方法分析了西方主要国家公共支出增长的情况，他发现随着收入持续增长，公共支出的领域和比重会不断扩大①。瓦格纳认为，随着经济发展和经济活动日益复杂，政府的参与范围不断扩大（主要提到了行政管理、法律保护和教育），这些导致了公共支出数额和比重的增加。

在瓦格纳看来，工业革命开始以后由于经济发展和市场活动增加，人们因为收入、生产和交易发展而形成了更多的联系，利益矛盾和纠纷也增加了，这在客观上产生了对公共物品和社会服务（包括制定制度和规则，主持公平正义，提供识字和计算的教育等）的需求，于是推动了公共支出的增长（由于收入水平提高，人们也愿意增加税收）。不过，瓦格纳并没有指出公共支出增加是指公共支出占经济的比重增加，还是比经济增长的增度更快。因此，第二次世界大战后国际学术界在检验这条规则时，采取了至少3种假定的变化形式，即在人均收入从低到高的过程中：（1）公共支出比产出增长的速度更快；（2）

① Adolph Wagner. Finanzwissenschaft. 3d ed. Leipzig, Winter, 1883; Grundlegung der politischen Oekonomie. 3d ed. Leipzig, Winter, 1892-1894: 892-906.

公共支出占 GDP 的比重不断提高；（3）公共部门的活动范围扩大转化为公共支出的增加速率超过人均产出的增长率。实证检验表明，这 3 种情况都存在，但没有一种情况更突出。

瓦格纳定律的意义在于，它告诉我们，随着经济发展，社会的服务需求会不断扩大，正是公共服务需求拉动了公共支出增长；公共支出的结构变化依赖不同时期公共服务的需求结构，那些矛盾和问题较多的地方，也就是需要加公共支出、需要政府帮助解决的地方。瓦格纳定律为政府制定公共支出政策提供了一个判断标准：就是看公众和各服务部门的要求与反映；看问题比较集中、矛盾比较突出的地方，针对突出问题相应增加公共支出、进而估计总支出的增长，再依据财政健全论和经济趋势分析（及其税收增长情况）来决定公共支出的规模和分布结构。

（二）马斯格雷夫：分配、技术、人口推动论

理查德·马斯格雷夫在《比较财政分析》① 一书中提出，除了经济增长因素（如瓦格纳定律）以外，公共支出的增长也取决于社会分配、人口和技术及社会观念等因素。

马斯格雷夫认为，随着经济增长和城市化发展，市场（根据不同要素的贡献）分配可能会更加不公平；人们对于社会保险（如养老和失业）的需求也会增加，这些问题会在客观上推动公共福利和救济补贴等转移性支出的增长。

人口增长和技术发展也是不可忽视的因素。技术革新所创造的新型产品会显著地推动一些公共支出的增长，例如，汽车工业技术的发展和汽车的广泛使用导致了各国在公共道路交通（如高速公路建设）支出上的持续增长，而国防和空间技术的发展则导致各国在军费和空间开发项目上的大量投入。人口增长和老龄化的作用在于，它一方面使住房、用水等基本生活服务的供应紧张，另一方面也要求学校教育、医疗卫生、社会照顾和个人服务等社会福利服务支出相应增长。

社会的福利观念、民主意识、战争和灾害等重大事件也是重要因素。社会福利观念流行一方面使人们对社会福利服务产生强烈要求，另一方面也使政治家们改变治理理念，重视和加强公共福利支出。社会民主意识加强改变了政治结构，政治民主化和代议制政府对社会分配和转移支付施加了更大的压力，同时也为税收的增长提供了可能。而社会对于控制战争和灾害、创造和平安宁环境的需求则为公共支出超正常增长提供了条件。这些都很难用经济增长因素来解释。

马斯格雷夫的分配、技术、人口拉动理论的意义在于，它告诉我们，当今各国社会保障与福利服务，道路交通和基本生活设施服务、医疗卫生和教育服务、预防战争和灾害服务等公共支出快速增长的背后，是市场机制缺陷、人口增长、技术发展和社会意识的变化，这些都是非经济的重要推动因素。

（三）部门推动论：预算极大化模型

20 世纪 60 年代后，以詹姆斯·布坎南为代表的美国公共选择学派将非市场决策分析

---

① 理查德·马斯格雷夫．比较财政分析．上海：上海三联书店，1996。英文原文可见：Fiscal Systems，Yale University，1969。

和经济学分析与政治学相结合，假设政府也是“经济人”，对政府决策和公共支出行为进行分析，提出了一些令人惊异的结论。其中，尼斯坎宁（1973）提出的预算极大化模型明确指出，那些参与预算决策的官僚机构（部门）为追求自身效用最大化，完全可能成为公共支出膨胀的重要原因。

该模型假定一个政府部门的效用 X 是预算支出 Q 的函数，即：

$$X=f(Q) \quad X'>0 \tag{1}$$

假设公共品的社会收益函数是二次式的，即：

$$\mathrm{TB}=aQ-bQ^2 \quad a、b>0 \tag{2}$$

公共品的社会供应成本为：

$$\mathrm{TC}=cQ+dQ^2 \quad c、d>0 \tag{3}$$

将（2）、（3）式求导得到公共品的边际收益和边际成本：

$$\mathrm{MB}=a-2bQ$$

$$\mathrm{MC}=c+2dQ \tag{4}$$

当 TB＝TC 时，解得均衡支出：

$$Q_1=(a-c)/(b+d) \tag{5}$$

当 MB＝TC 时，解得最优支出：

$$Q_2=(a-c)/2(b+d) \tag{6}$$

政府部门为实现自身效用极大化，必然选择 Q_1（$Q_1>Q_2$）作为预算支出，而不会选择最优支出 Q_2。尼斯坎宁认为，这就是公共支出不断膨胀而效率低下的原因，这种情况也称为 X 效率或政府配置无效①。

预算极大化模型将公共支出的扩张（并非真正用于公共服务）归因于政府部门，对于解释那些法制化薄弱、预算制度不完善的国家的财政支出增长有一定说服力。这一模型的意义在于，它告诉人们：必须建立完善的公共财政制度和预算约束制度，否则，无论是经济增长因素还是社会分配和技术与人口因素论都不能解释公共支出不断膨胀而实际公共服务供应长期不足和低效率的状况。

（四）政府工薪推动论：鲍莫尔模型

1967 年，为研究城市的经济与财政发展问题，鲍莫尔建立了一个关于城市发展的两部门模型。该模型假设城市的这两个部门，一个是运用新技术、生产率不断提高的私人制造业部门，另一个是主要依靠人力资源、劳动生产率较低的政府公共部门。

假定私人部门的工资水平随生产率提高，公共部门的工资水平低而且保持稳定，那么，由于私人部门高工资的引力，公共部门就会出现人员减少、公共服务供应萎缩的局面。为了改变这种状况，城市城府可能采取提高公共部门工资水平、向私人制造业部门看齐的措施。因为只有这样，才可能吸引人们到公共部门就业、参与公共服务提供。不过，这样一来，随着城市公共部门就业人员的增长和工资水平提高，公共支出也就有一个较大

① W. A. Niskanen. Bureaucracy: Servant or Master. The Institute of Economic Affairs, 1973.

的跃升①。该模型并没有说公共服务供应的范围和质量也会增加和提高，但可能包含这一内容。

按照鲍莫尔模型的思路，公共部门扩大和公共支出增长总是伴随着私人部门生产率水平提高、收入提高而不断演进的，其基本原理就是公、私部门的收入差距不能太大，两部门的发展必须协调和平衡。鲍莫尔模型的意义在于，它告诉人们：公共支出增加是因为政府部门工薪水平提高直接推动的，根本上是由产业结构的发展所导致的。

（五）公共品最优供应理论：萨缪尔逊模型

20世纪50年代初期，美国著名经济学家保罗·萨缪尔逊发表《公共支出的纯理论》一文，提出了一个分析公共品最优供给的理论模型和条件。他的设问是，假如一个社会生产、供应两种产品：私人品和公共品，我们何时知道公共品的供应（与私人品一起构成最优配置）达到了帕累托最优状态？

萨缪尔逊运用一般均衡方法导出了结论（条件）。在最简单的2人社会、2种产品的情况下，这个最优条件就是：$MC_G = P_G{}^A + P_G{}^B$，即：公共品供应1单位增加的边际成本等于2个人获得的边际收益之和。通俗地说，就是公共品供应（支出水平）恰好满足这2个人各自的消费（对私人品和公共品）需要，使这2个人的社会福利函数达到极大。

上述条件的本质含义是：公共品供应是社会的资源配置最优和社会福利最大化不可或缺的条件，随着市场供应的商品增加，公共服务的供应必须相应增加，直到某个适当的水平为止。这也就意味着，公共支出的增长其实是社会对公共服务的需求所决定的，判断公共支出是否合适，关键还是要看公众的感受和满意度。萨缪尔逊模型是一种概括和抽象，它主要从公共服务的需求拉动来解释公共支出增长的根本原因，这与瓦格纳和马斯格雷夫的理论含义是相同的。

上述理论从公共服务的供应和需求两方面对公共支出增长进行解释，很难估计何者为主要力量。总体来看，公共支出的增长状况依赖社会需求的表现形式、反映形式和强弱程度，也取决于政府对社会需求的回应情况、对自身利益的考虑、对服务供应的态度和主动性。要明确各国、各地公共支出增长的具体原因显然要依赖实证分析。

第二节　主要国家的公共支出模式

一、发达国家公共支出的基本特点

正如马斯格雷夫的“分配、技术和人口推动论”所指出的，第二次世界大战后，随着经济增长和城市化发展、人口和技术的发展以及社会观念意识的变化，发达市场经济国家的公共支出比重普遍因为社会福利需求和公平分配的压力而不断提高，社会保障福利支出和医疗卫生支出带动了整体公共支出水平的提升。总体来看，战后以来发达国家公共支

---

① Baumol, William. Macroeconomics of Unbalanced Growth: The Anatomy of Urban Crisis. *American Economic Review*, 1967, 57 (3).

出的发展具有以下 3 大特点。

(一) 公共支出的规模大、比重高

第二次世界大战结束后，随着 20 世纪 50 年代的经济加速，发达市场经济国家的公共支出也随之快速增长，公共支出比重不断提高。例如，OECD 国家的公共支出占 GDP 的平均比重从 1960 年的 29%持续上升到 1995 年的 48%（其中，1970 年是 31.6%，1980 年是 39%，1990 年为 46.3%），然后转向缓慢回调，2000 年以来保持在 40%以上（2003 年 45.4%，2013 年为 41.9%），见图 3.1。

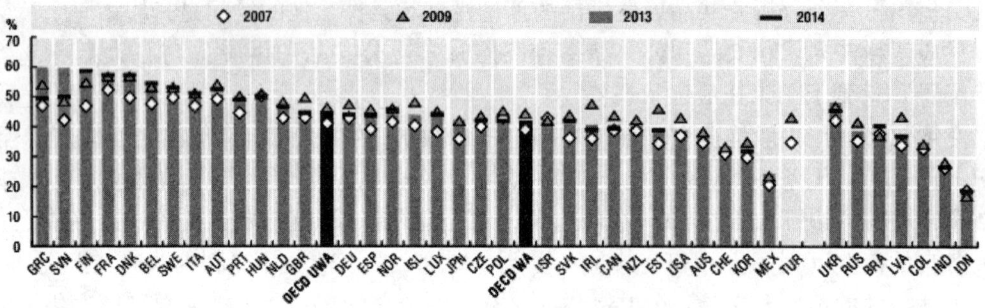

图 3.1 OECD 国家公共支出占 GDP 的比重

资料来源：OECD（2015），http：//www.oecd-ilibrary.org/governance/government-at-a-glance-2015.

由图可见，2013 年 OECD 国家中公共支出比重较高的是希腊（60.1%）、斯洛文尼亚（59.7%）、芬兰（57.8%），较低的是美国（38.7%）、韩国（31.8%）和墨西哥（24.4%）。

另外，俄罗斯、乌克兰等转轨国家和巴西的公共支出比重也接近和超过了 40%，而印度的比重不足 30%，印度尼西亚还不到 20%。

(二) 社会保障和医疗卫生支出占主导

发达国家的公共支出主要用于社会保护（指对于老幼病残的生活保障、贫困家庭、失业、住房、反对社会排斥的支出）和医疗卫生服务（包括医院治疗、门诊、药品、器械、设施、公共卫生等）。由表 3-2 可见，在 2013 年 OECD 国家公共支出中，社会保护支出的比重平均达 32.4%，医疗卫生支出的比重平均达 17.7%，这两项占总支出的 1/2。其中，社会保护支出比重超过 40%的主要是北欧和西欧国家如丹麦、芬兰、瑞典、卢森堡、法国、德国、意大利、奥地利，另外就是日本。

在 OECD 国家公共支出中，一般公共服务支出（外交、行政、立法、财税、基础研究、公债、政府间转移支付）、教育支出（各类教育和培训）、经济支出（包括交通、通信、农林渔业、工矿业）也占有一定比重。

表 3-2 **2013 年 OECD 国家按功能分类的公共支出结构（%）**

	General public services	Defence	Public order and safety	Economic affairs	Environmental protection	Housing and community amenities	Health	Recreation, culture and religion	Education	Social protection
Australia	12.9	3.9	4.7	11.1	2.9	1.7	18.8	2.2	14.4	27.7
Austria	14.2	1.2	2.6	11.1	1.0	0.7	15.6	1.9	9.8	41.9
Belgium	15.5	1.7	3.4	12.2	1.8	0.6	14.6	2.4	11.8	36.1
Czech Republic	11.1	1.8	4.2	14.3	2.5	2.0	17.4	2.7	12.3	31.7
Denmark	13.6	2.3	1.6	6.3	0.7	0.5	15.3	3.2	12.3	43.9
Estonia	10.3	4.7	4.9	12.5	1.7	1.4	13.0	5.4	15.4	30.7
Finland	14.4	2.6	2.4	8.2	0.4	0.7	14.5	2.5	11.2	43.1
France	11.9	3.1	2.9	8.7	1.8	2.4	14.2	2.6	9.6	42.9
Germany	14.3	2.4	3.5	7.5	1.3	0.9	15.8	1.9	9.7	42.6
Greece	16.3	3.6	3.1	25.5	1.4	0.5	8.6	1.1	7.6	32.4
Hungary	20.9	1.0	4.2	13.7	1.8	1.6	10.4	3.7	9.5	33.3
Iceland	19.2	0.0	3.1	10.4	1.3	2.4	16.3	6.9	16.9	23.6
Ireland	16.5	1.0	3.9	7.5	1.6	1.6	17.4	1.8	10.2	38.6
Israel	13.5	14.4	3.9	6.8	1.5	1.1	12.2	3.7	16.3	26.6
Italy	17.5	2.3	3.8	8.2	1.8	1.4	14.1	1.4	8.0	41.3
Japan	10.6	2.1	3.1	10.3	2.8	1.8	17.5	0.9	8.5	42.4
Korea	17.1	7.8	4.0	16.8	2.4	3.0	12.1	2.2	16.3	18.4
Luxembourg	11.5	0.8	2.3	9.5	2.6	1.6	11.9	2.6	12.7	44.4
Netherlands	11.0	2.5	4.2	8.2	3.2	1.1	17.7	3.4	11.8	36.7
Norway	9.7	3.1	2.3	10.6	1.9	1.6	17.0	3.1	11.1	39.7
Poland	13.5	3.9	5.3	9.6	1.8	1.7	10.9	2.5	12.5	38.3
Portugal	17.9	2.1	4.4	6.7	0.8	1.4	13.3	2.0	13.5	37.8
Slovak Republic	13.4	3.1	8.0	7.9	2.2	1.7	18.3	3.1	12.2	30.1
Slovenia	11.3	1.6	3.6	24.2	1.2	1.2	11.6	3.0	10.9	31.4
Spain	15.5	2.1	4.5	10.0	1.9	1.0	13.6	2.6	9.1	39.7
Sweden	14.6	2.8	2.6	8.1	0.6	1.4	13.1	2.0	12.4	42.3
Switzerland	11.7	3.0	4.9	12.3	2.2	0.6	6.5	2.5	17.8	38.6
United Kingdom	12.5	5.0	4.8	6.8	1.8	1.5	16.7	1.7	12.0	37.2

续表

	General public services	Defence	Public order and safety	Economic affairs	Environmental protection	Housing and community amenities	Health	Recreation, culture and religion	Education	Social protection
United States	14.3	9.8	5.6	9.2	0.0	1.5	22.3	0.7	16.0	20.7
OECD WA	13.8	5.5	4.4	9.5	1.2	1.5	17.7	1.5	12.5	32.4
OECD UWA	14.0	3.3	3.9	10.8	1.7	1.4	14.5	2.6	12.1	35.7
Latvia	13.2	2.4	5.2	13.0	1.8	3.3	10.0	4.2	15.7	31.2

资料来源：OECD（2015），http：//www.oecd-ilibrary.org/governance/government-at-a-glance-2015.

注：表中缺加拿大、墨西哥、智利、新西兰、土耳其的数据。

（三）再分配性质的转移支出比重高

与社会保护（障）和福利补贴支出增长相关，发达市场经济国家公共支出中再分配性质的转移性支出的比重高。表3-3表明，2013年OECD国家的社会福利和雇员补偿这两项转移性支出的平均比例为62.7%。从国家来看，德国这两项转移性支出占总支出的比重为71%，荷兰为68%。另外，转轨国家俄罗斯的这两项转移性支出的比重也达到57.7%。

二、美国、英国、俄罗斯的公共支出模式

在发达国家中，美国、英国的公共支出模式具有代表性。美国是发达国家中公共支出比重较低的国家（38.7%），英国是西欧大国中支出较高的国家（45.5%）。在转轨国家中，俄罗斯的公共支出比重较高（与美国相当）。

（一）美国：社保、医疗、国防和教育4大支出驱动

第二次世界大战结束以来，美国公共支出与GDP增长基本保持同步和平稳态势，其比重一直在35%上下波动（见图3.2）。与欧洲主要国家相比，美国公共支出的比重一般要低10个百分点左右。美国公共支出发展可以概括为：社保、医疗、国防和教育4大力量驱动的模式。

社会保障支出从20世纪60年代初开始快速增加，在20世纪70年代末80年代初成为美国公共支出的主要方向，与国防支出不相上下，90年代后与教育支出并驾齐驱，最近几年又与医疗健康支出位居前列。目前社会保障支出（养老保险、福利救济）约占美国（3级政府）年度公共支出的20%左右，见图3.3。

医疗健康支出从1960年起开始稳定增加，在1995年前后进入美国公共支出的主要行列。然后继续稳步增加，在2010年前后进入第一大支出方阵，成为拉动美国公共支出的主要新生力量。目前医疗卫生支出约占美国年度公共支出的22%左右，见图3.4。

表 3-3　　**2013 年 OECD 国家按性质分类的公共支出结构（%）**

	Intermediate consumption			Compensation of employees			Subsidies			Property income (inel. interest)			Scocial benefits			Other current expenditures			Capital expenditures		
	2013	2014	Change 2007—2013	2013	2014	Change 2007—2013	2013	2014	Change 2007—2013	2013	2014	Change 2007—2013	2013	2014	Change 2007—2013	2013	2014	Change 2007—2013	2013	2014	Change 2007—2013
Austria	12. 8	12. 4	0. 7	20. 9	20. 2	-0. 3	2. 8	2. 8	-0. 3	4. 9	4. 5	-1. 5	45. 2	44. 6	2. 5	6. 5	6. 2	0. 7	7. 0	9. 3	-1. 9
Belgium	7. 3	7. 3	-0. 3	22. 9	23. 0	-1. 0	5. 4	5. 3	0. 7	5. 7	5. 7	-2. 3	46. 2	46. 5	1. 4	5. 0	4. 8	0. 5	7. 6	7. 4	0. 9
Canada	23. 3	23. 6	1. 2	29. 8	30. 1	0. 3	2. 9	2. 8	0. 1	8. 0	7. 9	-2. 5	22. 9	23. 2	0. 8	2. 9	2. 9	0. 1	10. 2	9. 5	0. 1
Czech Republic	12. 1	11. 7	-1. 8	17. 2	17. 0	-0. 4	6. 4	6. 5	2. 3	3. 2	3. 2	0. 5	45. 5	44. 8	3. 4	5. 2	5. 0	0. 8	10. 5	11. 8	-4. 9
Denmark	16. 5	16. 5	0. 4	29. 4	29. 5	-1. 5	3. 8	3. 9	0. 0	3. 0	2. 7	-0. 2	33. 9	33. 8	0. 9	6. 3	6. 2	-0. 3	6. 9	7. 4	0. 8
Estonia	17. 0	17. 3	0. 2	27. 6	28. 5	0. 2	1. 9	1. 1	-0. 6	0. 4	0. 3	-0. 1	32. 2	32. 6	3. 8	5. 2	4. 7	0. 5	15. 7	15. 4	-3. 8
Finland	20. 1	20. 1	1. 1	25. 0	24. 4	-1. 9	2. 3	2. 3	-0. 3	2. 2	2. 2	-0. 8	37. 6	38. 4	2. 2	5. 2	5. 1	0. 1	7. 6	7. 6	-0. 3
France	9. 1	8. 9	0. 2	22. 6	22. 7	-1. 1	3. 0	3. 9	0. 4	4. 0	3. 8	-1. 0	45. 1	45. 5	1. 5	7. 0	6. 8	0. 5	9. 1	8. 5	-0. 4
Germany	10. 6	10. 6	1. 6	17. 5	17. 6	0. 3	2. 0	2. 1	-0. 3	4. 5	4. 0	-1. 7	53. 5	54. 3	-0. 7	5. 0	4. 9	1. 0	6. 9	6. 6	-0. 2
Greece	7. 6	9. 0	-6. 5	20. 0	24. 3	-3. 2	2. 0	2. 1	1. 8	6. 6	7. 9	-3. 1	35. 0	42. 8	-1. 7	2. 9	3. 9	-0. 8	25. 9	10. 1	13. 5
Hungary	15. 0	15. 7	2. 4	20. 4	21. 1	-2. 5	2. 7	2. 6	-0. 1	9. 2	8. 2	1. 1	34. 5	32. 0	-1. 5	6. 7	7. 1	1. 2	11. 6	13. 3	-0. 7
Iceland	25. 5	—	0. 0	32. 3	—	-2. 7	3. 9	—	-0. 3	11. 4	—	5. 3	16. 0	—	2. 4	4. 3	—	-0. 1	6. 5	—	0. 8
Ireland	11. 5	12. 0	-2. 2	26. 2	25. 7	-1. 9	2. 3	2. 4	-0. 2	10. 8	10. 4	8. 0	40. 2	39. 4	7. 4	4. 0	3. 5	-0. 4	4. 9	6. 5	-10. 6
Israel	24. 9	—	-0. 4	25. 3	—	0. 8	2. 0	—	0. 2	9. 7	—	-3. 0	17. 3	—	0. 8	12. 1	—	0. 4	8. 6	—	1. 2
Italy	11. 0	10. 9	0. 6	20. 1	19. 8	-1. 7	3. 3	3. 5	0. 9	9. 5	9. 1	-0. 7	44. 3	45. 0	3. 5	4. 7	4. 5	0. 0	7. 1	7. 1	-2. 6
Japan	10. 1	—	-0. 3	14. 1	—	-3. 1	1. 5	—	0. 0	5. 1	—	-0. 4	53. 9	—	3. 4	3. 5	—	0. 2	11. 8	—	0. 2
Korea	14. 2	13. 7	-0. 4	21. 0	21. 1	-2. 1	0. 9	0. 9	-0. 3	5. 6	5. 5	-1. 0	25. 6	26. 8	4. 6	12. 3	12. 7	2. 3	20. 5	19. 3	-3. 1
Luxembourg	8. 6	8. 4	0. 6	18. 9	19. 1	-0. 4	3. 9	4. 3	-0. 5	1. 0	0. 8	0. 3	48. 4	48. 3	1. 1	8. 2	8. 3	0. 9	11. 0	10. 8	-2. 1
Mexico	12. 2	—	0. 0	37. 6	—	-1. 4	4. 5	—	0. 7	7. 3	—	-0. 4	9. 3	—	1. 7	11. 1	—	2. 6	18. 1	—	-3. 3
Nether Lands	13. 9	13. 5	-0. 7	19. 8	19. 7	-0. 4	2. 6	2. 5	-0. 4	3. 3	3. 1	-1. 4	48. 2	47. 9	4. 6	4. 3	4. 9	-0. 5	8. 0	8. 4	-1. 2

续表

	Intermediate consumption			Compensation of employees			Subsidies			Property income (inel. interest)			Scocial benefits			Other current expenditures			Capital expenditures		
	2013	2014	Change 2007—2013	2013	2014	Change 2007—2013	2013	2014	Change 2007—2013	2013	2014	Change 2007—2013	2013	2014	Change 2007—2013	2013	2014	Change 2007—2013	2013	2014	Change 2007—2013
New Zealand	16.0	—	-0.2	23.5	—	-0.2	0.9	—	0.1	4.4	—	0.2	36.9	—	0.7	6.8	—	0.3	11.4	—	-0.9
Norway	13.6	13.5	0.2	30.9	30.5	1.8	4.3	4.2	0.1	1.5	1.4	-4.7	34.6	34.5	1.4	5.3	5.7	0.4	9.9	10.3	0.7
Poland	13.9	14.4	0.0	24.4	24.4	0.2	1.6	1.4	-0.6	5.9	4.7	0.8	38.5	38.9	1.5	5.5	5.2	-0.1	10.1	11.0	-1.9
Portugal	11.5	12.0	-0.7	24.8	24.2	-4.6	1.2	1.4	-0.5	9.8	10.1	3.2	40.7	40.2	4.4	5.9	5.5	0.4	6.1	6.6	-2.1
Slovak Republic	12.7	13.0	-0.8	20.6	20.9	0.7	2.6	2.3	-0.6	4.6	4.6	0.8	46.1	45.7	1.4	4.5	4.0	-0.1	8.8	9.4	-1.5
Slovenia	11.4	13.4	-1.8	21.0	23.2	-3.6	1.8	1.7	-1.9	4.2	6.5	1.3	32.2	37.0	-5.8	4.7	4.3	-0.2	24.7	13.8	11.9
Spain	12.0	12.0	-0.9	24.6	24.8	-0.9	2.2	2.4	-0.6	7.4	7.5	3.3	42.7	43.1	7.1	4.0	3.8	-0.1	7.0	6.5	-8.1
Sweden	15.9	16.0	0.3	23.7	23.9	-1.1	3.1	3.3	0.3	1.8	1.7	-1.7	33.4	33.0	0.7	13.1	13.1	1.1	8.9	9.0	0.4
Switzerland	12.9	—	0.3	22.3		0.0	10.3	—	-0.6	1.9	—	-1.7	33.5	—	-0.4	6.6	—	1.7	12.5	—	0.6
United Kingdom	25.3	25.5	0.1	21.4	21.4	-3.4	1.2	1.3	-0.3	6.3	6.2	1.2	32.2	32.3	3.3	6.2	5.7	-0.3	7.4	7.7	-0.6
United States	17.5	—	-0.8	25.8	—	-1.4	0.9	—	-0.1	9.3	—	-0.4	36.8	—	4.9	0.7	—	-0.1	8.9	—	-2.1
OECD WA	**14.8**	—	**-0.3**	**22.9**	—	**-1.4**	**2.0**	—	**0.0**	**6.9**	—	**-0.5**	**39.8**	—	**3.1**	**4.0**	—	**0.3**	**9.6**	—	**-1.3**
OECD UWA	**14.4**	—	**-0.2**	**23.6**	—	**-1.2**	**2.9**	—	**0.0**	**5.6**	—	**-0.1**	**36.9**	—	**2.0**	**6.0**	—	**0.4**	**10.7**	—	**-0.9**
Colombia	15.0	—	-0.9	22.3	—	-0.4	0.4	—	0.1	7.3	—	-3.5	33.2	—	2.0	10.9	—	1.0	10.9	—	1.7
Latvia	17.0	16.8	1.0	25.5	25.4	-3.9	1.6	1.8	-0.6	4.0	3.7	3.0	31.2	30.0	8.3	7.5	9.4	-1.9	13.2	12.8	-5.9
Russia	20.6	—	-0.7	28.1	—	3.4	1.5	—	-0.5	1.6	—	0.3	29.6	—	5.5	5.9	—	-0.5	12.7	—	-7.4

资料来源：OECD（2015），http：//www.oecd-ilibrary.org/governance/government-at-a-glance-2015.

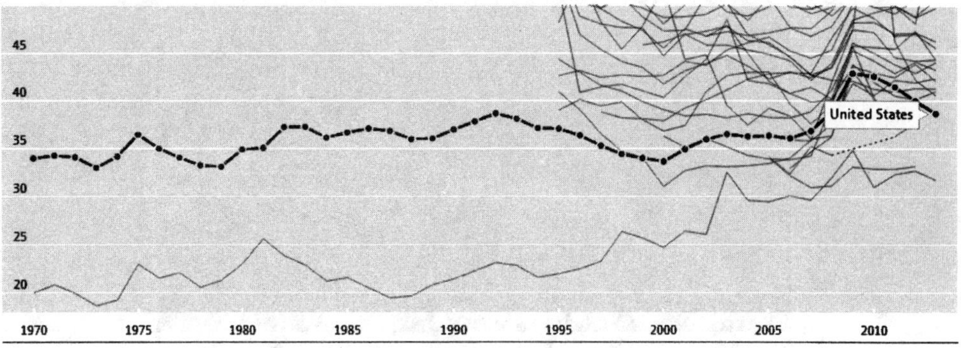

图 3.2 1970—2013 年美国公共支出占 GDP 的比重（%）

注：公共支出包括各级政府支出和社会保障支出。

资料来源：https：//data. oecd. org/gga/general-government-spending. htm#indicator-chart.

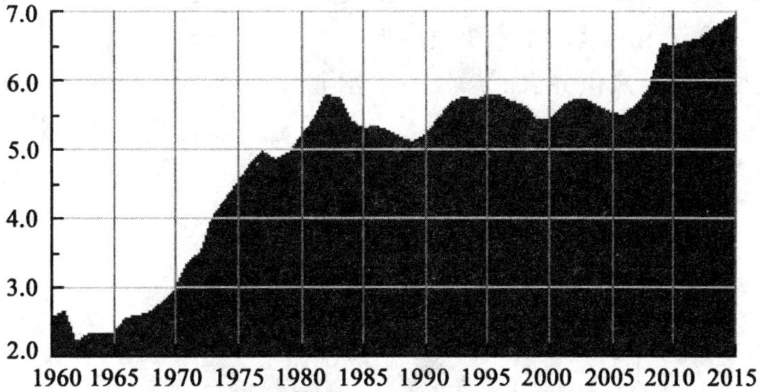

图 3.3 1960—2015 年美国社会保障支出占 GDP 的比重（%）

资料来源：http：//www. usgovernmentspending. com/spending_chart_1960_2015.

国防支出在 20 世纪 60 年代是美国公共支出的绝对主导，70 年代后一直处于波动、下降状态，目前处于第 4 大支出的位置（占年度总支出的 13%左右），比教育支出比重略低。

教育支出从 1950 年起开始快速增加，1970 年后进入主要支出方阵，此后一直处于第 3 或第 4 的位置，目前处于第 3 大支出状态（占年度总支出的 15%左右）。

可以说，社保、医疗、国防和教育这 4 大支出决定美国公共支出的走向，其中社保和医疗支出变动的影响更大。从服务支出分工来看，国防支出由联邦负责；社保和医疗支出主要由联邦负责、州主要分担、地方参与；教育支出由州和地方负担，以地方为主。

（二）英国：社保福利主导、医疗和教育两翼拉动

英国是公共支出比重较高的主要发达国家，也是西欧福利国家的重要代表之一。英国

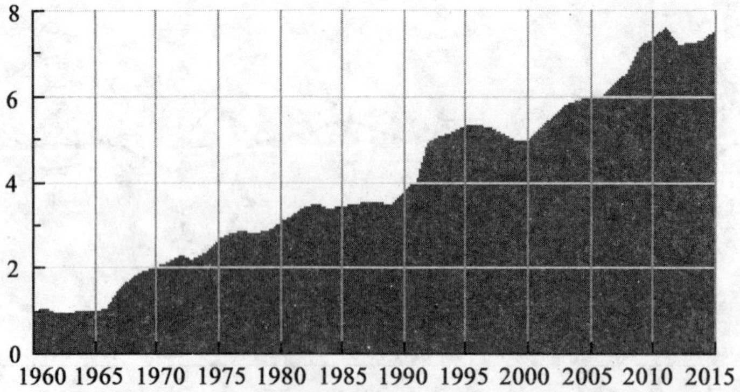

图 3.4 1960—2015 年美国医疗健康支出占 GDP 的比重（%）

资料来源：http：//www. usgovernmentspending. com/spending_chart_1960_2015.

公共支出的主要特征是：社会保障和福利支出的比重大，是推动和支撑英国高水平支出的主要力量；医疗健康支出需求近年来快速增加；教育支出长期处于重要地位。

英国公共支出在第二次世界大战爆发后急剧上升，战争结束后由于“福利国家建设”仍保持了高水平。1970—1980 年英国公共支出比重进一步提高，然后逐步下调，2010 年以来又回升到较高水平，见图 3.5。

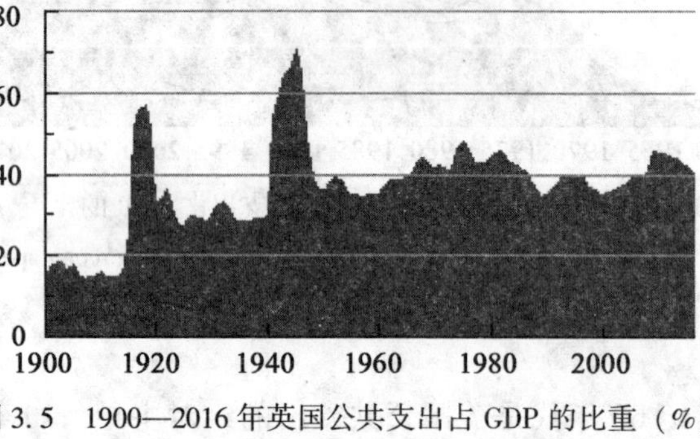

图 3.5 1900—2016 年英国公共支出占 GDP 的比重（%）

资料来源：英国财政部，公共支出统计分析，http：//www. ukpublicspending. co. uk/past_spending.

英国公共支出发展的主要力量是社会保险和社会福利支出需求。第二次世界大战结束以后，从 20 世纪 60 年代起，社会保障支出（年金与福利）就成为英国公共支出的主体，由于社会保障支出随经济发展水平提高而提高，其他公共支出的增长速度受到约束。1995 年前后，英国经济活力增强，社会保障支出又迈上一个新台阶。最近几年来，英国社会保障支出在总支出的比重进一步提高到 35%左右，处于绝对第一大支出的地位，见图 3.6。

英国公共支出发展的重要推动力来自医疗卫生和健康需求。由图 3.7 可见，英国医疗健康支出从战后开始一直稳步增加（这与美国的情况相似），在 2000 年后加速增长。目前占英国每年公共支出的 18%左右。它也将是今后英国公共支出增长的关键力量。

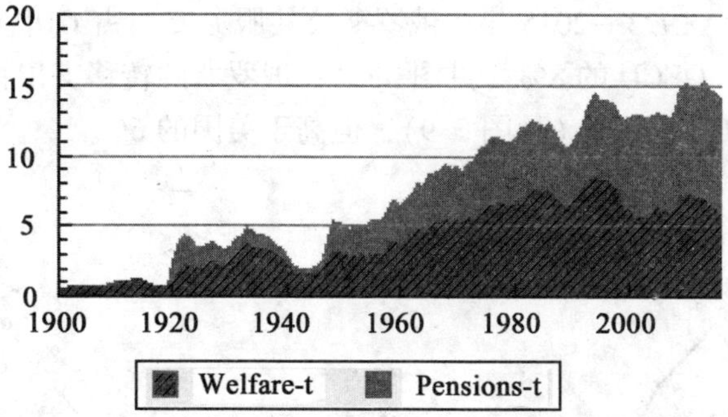

图 3.6　1900—2016 年英国社会保障支出占 GDP 的比重（%）

资料来源：英国财政部公共支出统计分析，http：//www. ukpublicspending. co. uk/past_spending.

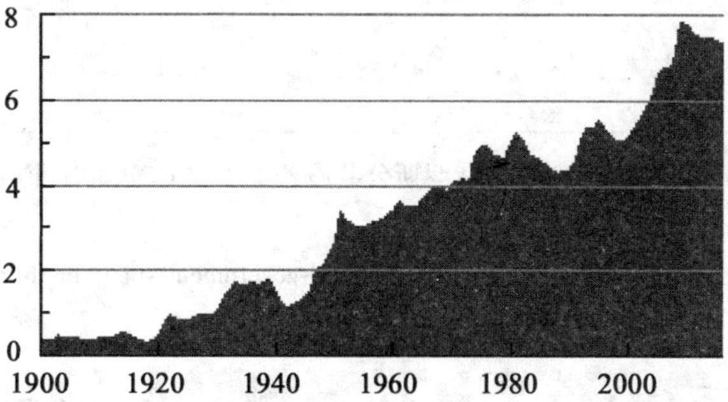

图 3.7　1900—2016 年英国医疗健康支出占 GDP 的比重（%）

资料来源：英国财政部公共支出统计分析，http：//www. ukpublicspending. co. uk/past_spending.

英国教育支出从 20 世纪 60 年代起就一直是公共支出的主要方向。但其比重从 1970 年初开始下降，直到 2000 年前后才转为较快回升。最近几年又有所回调，目前占英国每年公共支出的 12%左右。

这 3 种主要支出也是英国中央和地方政府的主要责任。社会保险（占 20%左右）和医疗健康支出是中央的主要支出，社会福利和教育支出由中央和地方分担（各负担 1/2 左右）。

（三）俄罗斯：经济与社保换位、转移支出比重较高

俄罗斯经济转型后，各级政府的公共支出大幅衰减。到 1995 年前后，俄罗斯公共支出下降到 GDP 的 45%左右。此后继续缓慢下降，目前为 37.4%左右。

俄罗斯公共支出的一个鲜明特点是经济支出与社保福利换位，医疗卫生、国防和教育、住房等社会发展支出不断增长。2000 年前后是一个转折点。2000 年以后，传统的经济支出在年度支出中降到 20%以下，社保福利支出提高到 20%以上，医疗卫生和国防支出快速增加。2013 年，社会支出在总支出中占 58%（其中，社保福利支出占 29.6%），经济支出占 12.9%，医疗卫生支出占 8.5%，国防支出占 8.3%。

如果与美国和OECD相比，只考虑公共服务提供（不包括政府费用）支出和对家庭个人的转移支付情况：1993—2013年，俄罗斯公共服务支出占GDP的比重平均为10%左右，高于美国的9%、OECD的8%（见图3.8）；俄罗斯的转移支出占GDP的比重平均为8%左右，略低于OECD的9%（见图3.9），但高于美国的6%。

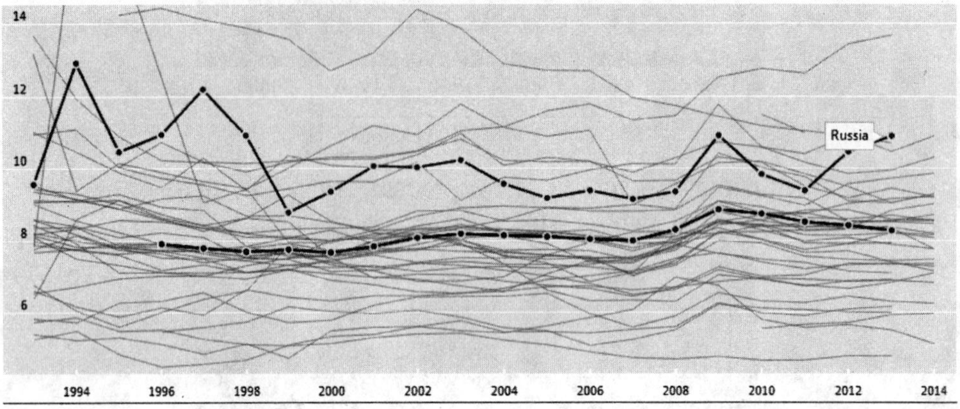

图3.8 1993—2013年俄罗斯公共服务支出占GDP的比重（%）

注：图中另一条线是OECD平均值线。

资料来源：https：//data. oecd. org/gga/general-government-spending. htm#indicator-chart.

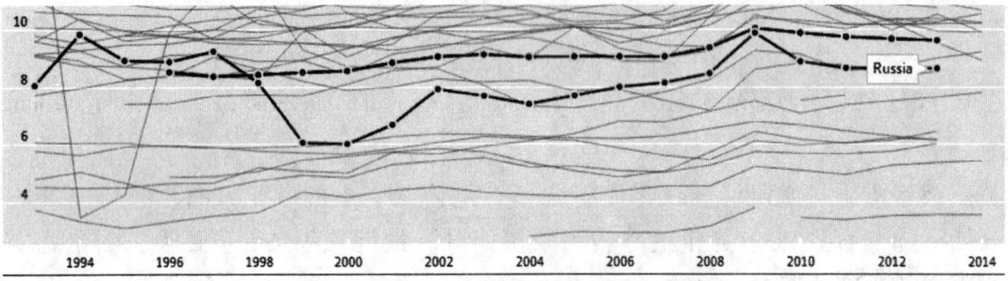

图3.9 1993—2013年俄罗斯转移支出占GDP的比重（%）

注：图中另一条线是OECD平均值线。

资料来源：https：//data. oecd. org/gga/general-government-spending. htm#indicator-chart.

第三节 社会保障支出制度

社会保障支出是公共支出的重要内容。社会保障制度是现代国家向生活和生存困难的社会成员提供资金和物质帮助，保障其生存权利，维持其基本生活标准的制度体系（包括养老和病残、失业、医疗健康、护理和救济等）。社会保障制度是公共财政支出制度的重要组成部分，具有重要的分配调节和社会稳定功能，是抵御市场风险的有效的安全机制。目前，世界上存在三种典型的社会保障模式。

一、社会保险（公共契约）模式：德国模式

德国是最早建立社会保障体制度的国家。19 世纪 80 年代德国就建立了财政支持的疾病保险、事故与伤残保险、养老保险体系。例如，1889 年德国《残疾与老年人保险法》规定：保险资金由雇主、雇员按工资比例共同分担，国家对每份保险每年补贴 50 马克；保险金由各地区、各保险机构确定。此后 100 多年来，德国社会保障制度经历了两次世界大战和战后的重建与改革，并不断完善，成功地“保障”了德国的社会经济发展。目前，世界上许多国家采用德国模式（包括俄罗斯和东欧转轨国家）。

德国社会保障模式的基本特点是：（1）强制性、社会性的保险融资方式，多样化、分散化（分行业和地区及职业）、自治性（公益性自治性的保险组织）的保险供给方式，故称“社会保险”模式。（2）保险的购买方（公众）和供应方（保险机构）之间是契约关系，并与公共融资（统一缴费和财政支持）相结合，故又称“公共契约模式”。（3）保险购买低标准，保险供给高标准，保险服务依据社会福利概念设计，故也称“社会福利供应”模式。

德国“社会保险”模式的优点是：第一，实行国家、雇主与雇员三方共同负担费用的方式，可以充分动员社会各方面的资源，建立稳固的社会保障和福利制度；第二，实行国家、家庭和个人、企业和保险机构共同参与、各负其责的方式，可以避免由一方负责可能产生的制度风险；第三，分行业和领域、分地区和职业来组建保险基金会提供服务，可以满足不同人群的保险偏好，也可以使各种保险基金会根据特性进行专业化管理；第四，让各保险基金会实行自治管理（行业雇员和雇主代表组成董事会）和自主经营，可以减轻政府管理负担，并鼓励竞争和促进保险服务业的发展；第五，实行“现收现付”方式，可以避免存储大量资金或大量保险资金冲击市场的风险，并弘扬代际供养、社会互助的良好风尚①。

当然，各种社会保险组织不能孤立运作，必须相互协调与合作，政府也应对其经营状况和风险进行经常检查和评估。为此，德国建立了行业性、地区性、全国性的保险基金会联合会（保险联盟），并建立了联邦社会保险局负责监管的制度。另外，还实行由医疗保险组织统一代收各种保险费，然后再划转给养老保险和其他保险组织的方法。

德国社会保障制度包括社会保险、社会福利和社会救助制度。社会保险制度是其核心，它包括社会养老保险、医疗保险、失业保险、工伤事故保险、护理保险制度。

（一）养老保险制度

德国的社会养老保险系统由“法定养老保险项目”（Statutory Pension Scheme，SPS）、“公务员养老保险项目”（ Civil Servants Pension Scheme，CSPS）和“特殊行业养老保险

---

① 参见萨缪尔逊和菲尔德斯坦对“现收现付”的经济学分析。Samuelson，P. An exact consumption loan model of interest with or without the social contrivance of money. *Journal of Political Economy*，1958：66；A. J. Auerbach，M. Feldstein. *Handbook of Public Economics*. Amsterdam：Elsevier Science Publisher B. V.，2002.

项目”（PPS）所组成。SPS 是根据保险法设立的、面向一般雇员和雇主的养老保险项目（自由职业者可志愿加入），该项目由德国“养老保险联盟”经营，由分布于各地的州立社会保险机构经办。CSPS 是面向公务员（政府职员、法官、教师和军官）的养老保险项目，但公务员并不每月缴费（公务员工资的低水平安排等同于缴费），而且 CSPS 也没有像 SPS 那样进行过退休金的改革和调整（降低），CSPS 由德国内政部直接管理。PPS 是面向矿工、铁路、海员和农民的特定项目，例如农民养老保险项目由专门的农民保险机构管理，财政对农民的缴费给予补贴，对农民养老金支付给予更多投入。目前 SPS 覆盖了约 85%的就业人口，CSPS 覆盖了大约 6%的就业人口，PPS 覆盖了大约 9%的就业人口。

2001 年以来，由于养老金支付的压力，德国进行了养老保险制度改革。其中，一个重要措施是（通过税收优惠等方式）鼓励公司企业建立“职业年金计划”（组建年金保险协会，PSV），鼓励员工建立“个人退休投资计划”（商业保险，PIP）。德国将这两种计划作为 SPS（第一支柱）的重要补充，又称养老保险项目的第二支柱和第三支柱。

德国养老保险体系的结构见图 3. 10。

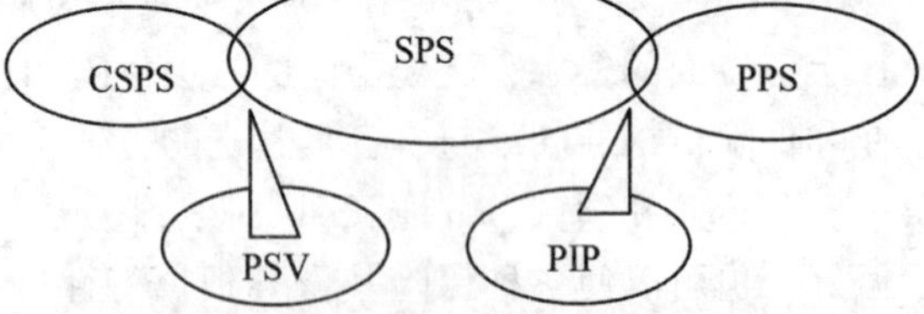

图 3. 10 德国养老保险体系的结构

SPS 作为德国社会保险体系的主体，是一种社会组织承办、财政支持、政府监管、就业者广泛参加的保险项目。根据德国法律，年收入水平低于全国平均水平 1. 8 倍的脑力劳动者和独立劳动者必须参加法定养老保险；体力劳动者，无论其收入的高低，都必须参加法定保险（政府职员、法官、教师和军官除外）。

SPS 的主要特点是：(1) 保险费用共担。企业员工的保险缴费由企业或雇主代缴、雇员和雇主分担（双方各担负一半），20 世纪 90 年代以来缴费率一直为员工工资额的 19%左右；保险缴费不足以支付养老金发放的部分由财政补助，90 年代以来德国财政每年的补助约占 SPS 支出的 20%~30%。(2) 资金“现收现付”。1957 年以来，SPS 的资金营运实行“现收现付”模式，即当期收取的保险费用于当期的养老金发放，一般不存储大量资金或进行大规模投资。(3) 保证生活标准。1957 年，德国决定养老金制度用于保证劳动者退休后其生活标准的延续（不至于降低），而不仅仅是维持基本生活，因此，确定 65 岁退休后每月领取养老金的标准为退休前净收入的 70%（有 45 年工龄和缴费经历，最高可达 75%）。(4) 保险机构自治。承办 SPS 的机构是公法人和社会组织（非政府机构），实行自治管理，即设立代表大会（代表由参保的雇员和雇主选举产生）和董事会（董事由代表大会选举产生），决定保险机构的重大事项；董事会提名总经理、副总经理人选，代表大会通过。(5) 政府监督管理。联邦劳动与社会事务部负责政策管理，联邦社会保险局和各州保险监督局监管、检查保险机构执行法律和政策的情况。

德国SPS在1972年、1992年、2001年、2007年进行过4次较大的调整和改革。1972年废除了65岁的退休规定，允许在60~65岁退休。1992年对养老金实行指数化调整，并对提前退休的养老金适当减少。2001年做了一次较大的改革，决定：①从2002年起，养老金采用较复杂的公式计算，综合考虑领取者的家庭、缴费年限、提早退休情况等做适当扣减；②建立补充性的年金基金，即第二、第三支柱；③稳定缴费率，下调养老金标准，2020年前养老保险缴费率保持在20%以下，2030年以前保持在22%以下，养老金发放标准从目前的70%（退休前月平均净收入）逐步下调，到2030年降至67%，以减少支付差额（见图3.11）。2007年决定推迟退休年龄，从目前的65岁逐步推迟，到2030年为67岁。

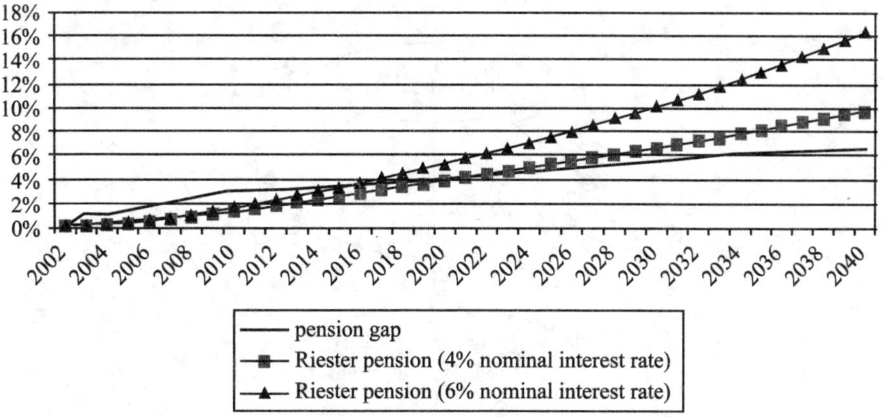

图3.11　2001年改革对弥补养老金差额的作用

资料来源：http：//www.rand.org/content/dam/rand/www/external/ pdf.

德国现行“法定养老保险项目”的主要规定或特征可归纳如表3-4所示。

表3-4　**德国法定养老保险制度的现行主要规定（2015年）**

月缴费率	18.7%（雇员工资额）	雇员9.35%、雇主9.35%，限额：西部6050欧元、东部5200欧元
月养老金	70%（退休前月净入）	计算公式：$P=\sum e_i/\ e_{iN}p\ k\ z$，$k$为类型系数，$z$为基准额
退休年龄	65岁	若提前退休，领取时每月乘折扣系数
资金营运	现收现付模式	收支差额由财政补贴

（二）医疗保险制度

德国的法定医疗保险最初用来向低收入者提供医疗保险，目前扩大到几乎所有就业者，覆盖了约92%的就业人口（只有大约8%的高收入就业者选择了私人医疗保险）。德国的法定医疗保险项目（Statutory Health Insurance，SHI）是由法定医疗保险基金（SHIF）所支持的，那些法定医疗保险基金（公司或组织）就是法定医疗保险项目的核心。

德国的法定医疗保险基金组织可分为8类，如AOK（普通地方医疗公司）、BKK（企业医疗保险公司）、LKK（农业医疗保险公司）、矿工医疗保险协会、海员医疗保险公司、手工业医疗保险公司等，这8类基金公司包括分布在各州的134家法定医疗保险公司。这些法定医疗保险公司作为法定医疗保险的经办者，一方面向就业者提供法定医疗保险服务；另一方面与符合条件的医院、诊所、非营利的社会福利机构签订合同，使它们为就业者及其家属（受抚养者）提供法定的医疗卫生服务。德国的法定医疗保险基金组织全部为公法人、社会自治组织，这些法定医疗保险基金组织又组成"法定医疗保险基金全国协会"，该协会又和"德国医院联盟"、"全国法定医疗保险医生协会"组成德国公共卫生系统的"联邦联合委员会"（公共卫生行业管理组织），由此形成德国的社会型法定医疗保险和医疗服务体系（见图3.12）。

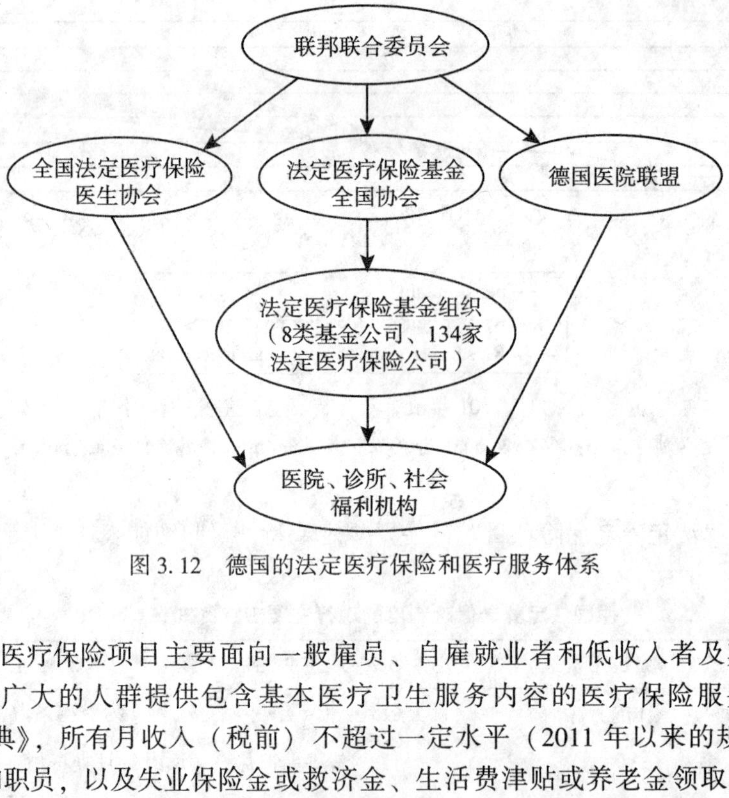

图3.12 德国的法定医疗保险和医疗服务体系

德国法定医疗保险项目主要面向一般雇员、自雇就业者和低收入者及其家属或抚养者，为社会最广大的人群提供包含基本医疗卫生服务内容的医疗保险服务。根据德国《社会保障法典》，所有月收入（税前）不超过一定水平（2011年以来的规定是4350欧元）的工人和职员，以及失业保险金或救济金、生活费津贴或养老金领取者、在残疾人工厂或慈善机构工作的残疾人和参加康复措施者、没有参加家庭保险的大学生、独立经营的艺术工作者、新闻工作者都必须参加法定医疗保险；高收入者可自愿参加；年收入低于一定水平者（如低于标准收入的1/7）可随家庭成员参保；无工作的家属和子女可作为家庭成员免费参加保险。

矿工、农民等可参加法定的专项医疗保险。例如，1972年建立的农民医疗保险项目面向农民及其家庭成员，并可按照自己的经济能力选择保险等级和缴费。联邦财政为农民医疗保险项目提供更大援助。

法定医疗保险项目的主要特点是：（1）保险费用共担。保险缴费不考虑个人的健康情况，由联邦卫生部根据经济、充分、必要和有客观意义的原则，按照一个可以包括基本医疗服务各方面的固定模式确定。2011 年以来，月缴费率统一为 15.5%（个人税前收入），雇员个人承担 8.2%，雇主承担 7.3%。国家财政对法定医疗保险的差额进行补贴。(2) 资金"现收现付"。法定医疗保险的资金营运实行"现收现付"模式，保险公司一般不存储大量资金或进行大规模投资。(3) 保证基本医疗。法定医疗保险项目的医疗服务包括基本的医疗服务，如早期诊断和疾病防治、疾病治疗、康复、病期护理、怀孕期和哺乳待遇、病期工资待遇等。参保者及家属可凭医保卡享受服务，2004 年以来门诊挂号费自理，住院和药费自付 10%。(4) 保险机构自治。承办法定医疗保险的基金和公司机构都是社会自治组织（非政府机构），实行自治管理，它们通过代表大会和（或）董事会对机构运营进行管理。(5) 政府监督管理。除了社会行业组织（如全国协会等）的自治性管理外，德国联邦卫生部、各州卫生部和保险监督局负责审核、监督、检查（保险机构执行法律和政策的情况），联邦卫生部和社会保险局主要监管跨 3 州以上的法定医保公司，各州主要监管跨 3 州以下的法定医保公司。(6) 自由选择投保。2002 年以来，德国规定参保者可以自由选择不同的法定医疗保险公司（以往根据行业、地域等限定对口的保险公司，接受该公司的合同性医疗机构的服务，造成了各保险公司、医疗机构的发展不平衡，居民也不满意）；现在缴费率已统一，允许自由投保可以促进医疗服务的竞争。

德国现行"法定医疗保险项目"（SHI）的主要规定或特征可归纳如表 3-5 所示。

表 3-5　　**德国法定医疗保险制度的现行主要规定（2015 年）**

月缴费率	15.5%（税前收入）	雇员 8.2%，雇主 7.3%，限额：4350 欧元
医疗服务	本人及家属凭卡就医	早期诊断防治、治疗、康复、护理、孕乳期工资不变、病期 6 周后保险公司支付工资的 80%（3 年 78 周），住院药费自付 10%
医保公司	自由选择参保	
资金营运	现收现付模式	收支差额由财政补贴

（三）失业保险

德国失业保险制度始于 1911 年的《职业保险法》，1927 年魏玛共和国时期又制定了全面的《失业保险法》。第二次世界大战后，德国重建失业保险制度，1969 年制定《就业促进法》，在失业保险规定的基础上增加了职业介绍和培训条款。1974 年又制定《失业救济条件》，向那些未参加失业保险的人提供保障。1975 年德国将各种社会保险法规汇总为《社会法典》，成为社会保障制度的法律基础。德国失业保险制度的主要规定是：

1. 保险对象

失业保险是强制性的义务保险，要求公务员、企业主和自雇者以外的所有 65 岁以下的雇员都参加，包括家政人员、学徒工和接受培训的人员，在有些情况下也包括其他群体（如参加职业培训计划的人）。

2. 保险缴费

失业保险的费用由雇员和雇主分担。2014 年后，失业保险费按雇员月工薪收入的

6.5%缴纳，雇主和雇员各负担一半，由雇主代缴。

3. 保险金标准

雇员正当失业时（完全无工作或每周工作 15 小时以下），可领取的失业保险金为失业之前月工薪净收入的 67%（有小孩），单身为 60%。每 2 周发放一次。

4. 领取时间

若缴纳失业保险费达 1 年以上（在最近 2 年内累计缴纳），失业者可领取失业保险金 6 个月；若缴纳失业保险费 2 年以上，失业领取时间可达 1 年。若年失业者所在企业的雇员超过 50 人，并已缴纳保险费达 30 个月以上，领取时间可为 15 个月；若雇员超过 58 人，并已缴纳保险费 48 个月以上，领取时间可为 2 年。

5. 失业救济

如保险金领取期满以后虽然接受了职业培训（培训期间每月发 1100 欧元资助，包括住宿、交通、资料、子女照顾、服装等费用）、接受了介绍但仍未找到工作，可以向地方劳动局申请失业救济金补助。补助金一般为失业前月工资收入的 57%，单身为 53%。

另外，如果由于企业经营问题，雇员在短期内减少工作时间和收入，则由地方劳动局提供短期补贴，标准是收入损失的 67%（有小孩），单身为 60%。最长为 6 个月。

6. 失业保险管理

德国的失业保险由政府负责。联邦“劳动与社会事务部”负责失业保险政策的制定、检查和监督，联邦劳动局及其在州、市镇的“就业中心”负责经办（包括就业咨询和职业介绍、就业指导和培训、保险受理与登记和保险金发放）。州和市镇的劳动部门负责失业救济金和短期补贴。

（四）工伤事故保险

德国工伤事故保险（Statutory occupational accident insurance）主要对受雇者在劳动期间发生意外事故、感染职业病等造成的健康损害进行保护，它提供医疗费用、训练与恢复费用、对本人治疗期间的工薪支付、对被抚养人的现金补偿等。

工伤事故保险涉及的具体利益是：

（1）全部医疗和恢复费用支付；

（2）治疗期间工薪的 80%（当雇主不支付工薪时），最长 78 周；

（3）如果事故和职业病使受雇者工作能力在 26 周内减少 20%以上，将根据能力减损程度和原有的工薪水平支付适当的保险金；

（4）如果存在居家护理的必要，也将支付护理费用补贴；

（5）丧葬费用，大体为可估计的法定养老金收入的 1/7；

（6）如受雇者去世，对其每个子女支付遗养金（按其原年收入的 20%或 30%）直到 18 岁、甚至 27 岁（当他们上学、接受职业训练、做了一年的社会和环境工作志愿者或由于身体原因不能自立时）。

工伤事故保险的保险费率一般为雇员工资的 2.15%，由雇主缴纳。保险费率的高低具体取决于企业的危险级别与事故发生率。

德国法定工伤事故保险的保险机构是：工商职业合作社（协会）、农业职业合作社、公共（联邦、州和市属）职业事故保险公司。工商职业合作社、农业职业合作社负责公司企业和经济部门的工伤事故保险，其余由公共职业事故保险公司负责。

（五）护理保险

德国1994年制定《护理保险法》，1995年正式实施。《护理保险法》规定，所有参加法定医疗保险的人都要参加长期护理保险。1994年以前，对于生活不能自理的人，按照联邦《社会救济法》第68条、第69条的规定提供护理救济。

德国的长期护理保险附加于法定医疗保险，护理保险费率为1.7%，由雇员和雇主分担；退休者的保险费由本人和养老保险机构分担；失业人员的保险费由联邦劳动局支付。

护理保险的目标是从法律和经济上保证护理服务，建立巡回的、家庭的、医院的护理制度。护理服务按内容分为4项：

（1）卫生：洗发、洗澡、洗衣、刷牙、去澡堂；

（2）饮食：吃饭、准备适当的食物；

（3）运动：上床和起床、穿衣、散步、上楼梯；

（4）家政：购物、打扫卫生、整理衣物、调节室温等。

护理服务根据项数、每天的时间、每周的次数分为4个等级，根据期限又分长期、短期、临时护理。医院通常设立护理院长或护理部主任具体管理护理服务，护理人员一般分为4级：护理长、高级护理、注册护理、助理护理。

（六）社会福利和社会救助

1. 住房补贴

在德国，如果一个居民租住一个公寓或一个房间，或通过住房信托拥有一个公寓，或对一个租赁住所拥有长期使用权或永久居住权，或拥有一个属于他人并与他人共住的多单元住宅，就可能获得租金补贴。具体补贴取决于居民的家庭人口、租金支付额、家庭成员每月的总收入。

2. 社会救助

社会救助是保证公民有尊严地生活的重要措施。社会救助的基本原则是使每个居民的生活保持在社会可接受的生活水平以上。在德国，这个生活标准不仅包括健康、食品、住房和衣物，还包括娱乐、进餐馆、读书看报和有电视、电脑等。社会救助方式有：（1）人道帮助，如提供咨询和给予必要的照顾；（2）物资帮助，如提供生活用品和电视、电脑等；（3）现金资助，提供各种补助，为贫困者和失业者缴纳养老保险费和医疗保险费等，例如2015年对一个孩子的生活开支补贴最低是每月234欧元（直到6岁），对一个成人的生活开支补贴是399欧元。社会救助的资金由联邦提供，地方社会部门负责具体事务。

二、国家提供（公共集成）模式：英国模式

英国社会保障制度是根据“贝弗里奇报告”（Beveridge Report，1942）所建立的一种基本保障制度，又称“贝弗里奇保障模式”。

1941年，英国经济学家贝弗里奇受英国财长、战后重建委员会主席阿瑟·格林伍德的委托，对英国社会保险的现状进行调查，并就战后重建社会保障制度提出方案和建议。1942年，贝弗里奇提交了题为《社会保险和相关服务》的著名报告。报告指出，贫困、疾病、愚昧、肮脏和懒惰是影响英国社会进步、经济发展和人民生活的五大障碍，政府要统一管理社会保障，通过社会保障来实现收入再分配，消除发展障碍。为此，应建立完整的社会保险制度，所有人都必须参加保险，实行每人每周按相同费率缴费的制度，对失业、残疾以及退休金等实行统一的待遇标准，以满足人民的基本生活需要（水平不宜过高，要通过社会保险、国民救助和自愿保险三个层次来保障需要）。即社会保障应遵循4个基本原则：全面和普遍原则、公平和标准统一原则、保证基本生活原则、国家负责和政府管理原则。这些建议突破了英国原来失业保险由政府管理，养老和医疗保险由特定社团管理，而且社会保险只限于某些群体的社保构架。英国政府接受了报告建议，1943年3月温斯顿·丘吉尔在一次名为《战争以后》的广播讲话中提出，要建立一个“国家强制的、包括人们生活各个阶段——从摇篮到坟墓——的保险制度”。第二次世界大战结束以后，英国提出建设“福利国家”（Welfare State）概念，1948年建立了一个单一的国民保险缴费制度，设立了国民保险基金（NIF，统一支付各种保险和福利开支）。随后，法国、意大利和北欧的瑞典、挪威、芬兰等国纷纷仿效。

英国社会保障制度的特征是：（1）国家代表需求方（公众）进行社会性融资，同时又作为服务的供应方组织服务供应（政府机构和公立医院），具有公共集成和供求一体化组合的特性，故称“公共集成模式”，相对德国的社会模式又称“国家提供模式”。（2）保障基本生活需要，社会保险的给付水平不高，但社会福利（住房、妇幼、老残孤寡、社区设施、生育、上学、丧葬等津贴和补助等）供给多而全，保障完整，故称为“社会福利模式”。（3）个人、企业和国家共同负担保障费用，但由于缴费统一，不可能太高，所以除了保险缴费之外，国家税收是社会保障制度的重要支撑（占50%以上），故也称“财政分配模式”。（4）开征国民保险特别税，由国家税务机关统一征收，但按养老、医疗等分类组织和提供服务，故也称为“统一融资、分类供应模式”。

英国社会保障制度的三大支柱是：社会保险（国民保险）、医疗服务、住房补贴等社会福利。

（一）国民保险

1. 养老保险

英国国民保险（National Insurance，NI）的主体是国家年金（养老金）计划（State Pension，SI）。1978年以来，国民保险划分为国家基本年金项目（Basic State Pension，BSP）和国家第二年金项目（State Second Pension，S2P）。BSP包括个人养老金、已婚妇女补助、家庭成员（未工作）的抚养补助。S2P是2002年以来对低收入者支付养老金的安排，是一种补充养老金。BSP和S2P覆盖了工作人群。同时，英国还建立了财政支持的企业职业年金保险和商业性的个人年金计划（见图3.13）。

另外，英国还有独立的公务员年金项目（Civil Service Pension，不包括部长、警察、军人和地方官员）。它与BSP的安排相似，差别是个人和雇主的税率分为4个收入段（个

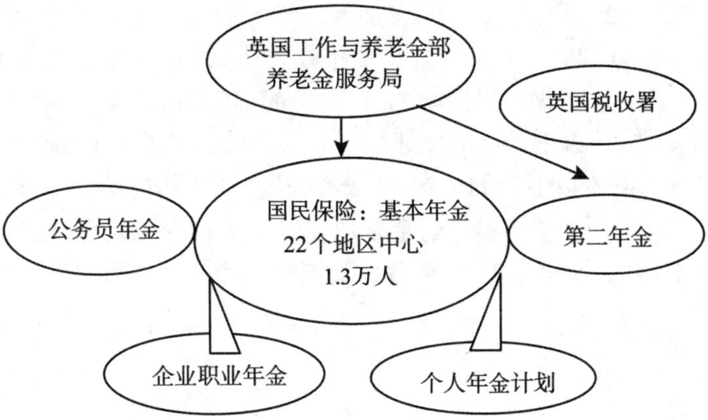

图 3.13　英国国民保险（养老）体系和相关安排

人从 3.5%到 8.85%，雇主从 16.7%到 24.3%），养老金按每年收入的不同比例（如 1/60、1/80、2.3%）来累计。公务员退休领取养老金的年龄与社会相同（但可以提前到 50 岁和 55 岁）。CSP 由英国公务员局直接管理。

英国国家养老保险计划的基本特点是：

（1）保险费由雇员和雇主分担，英国税收与关税署征收。英国社会保险费称国民保险（特别）税（National Insurance Contributions，NIC），是一种用于养老保险和其他各种社会保险和福利支付的专项税收，由雇员和雇主（根据个人工薪收入/周）分担，2014—2015 年税率为 25.8%，雇员承担 12%，雇主承担 13.8%（自雇者为 9%）。NIC 由英国税收与关税署在征收个人所得税时一起征收。

（2）养老金支付标准偏低，但带有明显的福利性质。由于坚持居民普遍参保的原则，故国民保险税不高（1975 年以来雇员的税率从 5.5%增加到 2015 年的 12%），养老金标准自然也不高（保证基本生活）：2015 年标准的基本养老金比缴纳国民保险税的工薪收入起点还少 39£ 。不过，基本养老金计划除给予本人养老金之外，还向无基本养老金的妻子提供约等于基本养老金 60%的补助，向每个孩子提供一定的补助；对 80 岁以上老人每周另加 25 便士。

（3）实行“现收现付”，养老金计划依赖财政支撑。英国国民保险计划的资金营运实行“现收现付”模式，进入国民保险基金的资金主要用于当期的养老金支付。由于国民保险税的收入有限，即使近些年来不断进行改革和调整，控制养老金增长速度过快，国家财政投入仍占每年国家养老金支出的 12%左右。

（4）中央直接管理，英国养老金服务局具体经营。英国国民保险计划由英国“工作与养老金部”管理（2003 年前由原英国社会保障部管理，该部的社会保险办公室具体经营），该部所属的“养老金服务局”负责经营。英国养老金服务局在全国设有 22 个地区中心、500 多个地方服务站，直接经办国民保险业务。2008 年，养老金服务局与伤残服务局、护理服务局合并为“养老金、伤残和护理服务局”，目前该局员工约 1.3 万人。应当提及，英国建立的养老保险第三支柱——企业职业年金项目，借鉴德国经验，采取公法人和基金管理模式（社会自治、政府监管模式）。

BSP 的基本规定（2014 年）是：①参加者：年满 16 岁、已经受雇且年收入达到低收入标准上限（2014 年为 7755£ ）的人员，或年收入达到低收入者标准的自雇就业者。②国民保险税：雇员 12%（年收入超过 41450£ 以上的部分加征 2%），雇主 13.8%；自雇者 9%（年收入超过 41450£ 以上的部分加征 2%）。③基本养老金：115.96£ /周，结婚妇女（补贴）69.5£ /周，80 岁以上者 115.96+0.25£ /周，无工作的子女（补贴）第一个 8£ /周、其他每人 11.35£ /周。④基本养老金领取年龄：男性 65 岁，女性从 2010 年起由 60 岁逐年提高到 2018 年的 65 岁（2019 年后男女同步递增，2020 年为 66 岁，2028 年为 67 岁），见图 3.14。

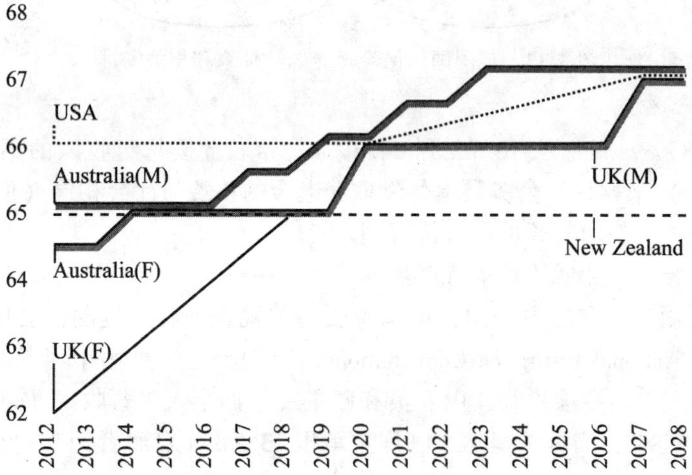

图 3.14 英国、美国、澳大利亚、新西兰的退休年龄安排

S2P 是 BSP 的附加项目。1978 年 4 月 6 日至 2002 年 4 月 6 日，该项目的养老金额与参加者的收入水平关联。2002 年 4 月 6 日以后，S2P 为对低收入者（达到低收入标准的下限但不到上限因此不能缴税参加 BSP 的人，2014—2015 年为 5772£ ）、护理人员（照看 12 岁以下小孩或每周照顾病人超过 20 小时）、长期生病者和残疾人（只要不是失业者或自雇者）提供养老保险的项目。这些人一律（无条件）参加 S2P。该项目以稍低的标准提供养老金并随物价增长，2014 年 S2P 的养老金是 92£ /周。另外，该项目还设置了“协议退出”规定，即如果参加者后来参加了职业年金或个人养老投资计划，就可以通知 S2P 后退出，并因此享受税收优惠。这一规定的目的是让 S2P 项目全力帮助低收入劳动者，更好地发挥国家年金的保障功能。

根据英国工作与养老金部的计划，鉴于目前两个国家养老金项目、养老金标准不统一而且还有 1951 年（女 1953 年）出生前后适用新旧国民保险规定的情况，2016 年英国将进一步改革，建立一种“简化的统一养老保险计划”，例如将国家养老金统一规定为 140£ /周。

英国现行（2014—2015 年）“国民保险（国家养老金）”（NI）制度的主要规定可归

纳如表 3-6 所示。

表 3-6　　英国国民保险的主要特征

保险税率	25. 8%（雇员工资）	雇员 12%、雇主 13. 8%，自雇 9%，年收入 7755£ 以上
基本养老金	标准：115. 96£ /周	未到年龄退休，基本养老金取决于工作和交税的年限
第二养老金	92. 0£ /周	2016 年前退休自动取得 S2P，低收入者数额固定
退休年龄	65（男） 60<女<65	
资金营运	现收现付模式	收支差额由财政补贴

2. 失业津贴

在英国，雇员凡参加并缴纳了国民保险税都可能获得失业保险金（称为求职津贴），不需要另外缴纳失业保险费。

获得失业保险金的具体条件是，在失业登记的前一年中已经缴纳了一定量的国民保险税（2015 年的规定是已缴国民保险税至少等于低收入下限标准的 26 倍）；或者是在前两年中已缴国民保险税至少等于低收入下限标准的 50 倍。

失业保险金每周发放一次，标准是：16～24 岁每周 51. 8 英镑，25 岁以上每周 71. 7 英镑。领取时间最长为 182 天。要求失业者每周参加一次关于寻找新工作的讲座（共 13 周）。

失业保险由全国就业服务与社会福利局及其设在各地的“求职中心”负责。

3. 工伤事故津贴

在英国，工伤事故和职业病补贴覆盖所有工作的雇员，而不论是否缴纳了国民保险税，目的是对因职业病和工伤事故而丧失工作能力的雇员进行补助。

具体标准是：当工伤事故和疾病发生以后 15 周仍然失去工作能力，根据失去工作能力的程度确定支付水平，从每周 32. 22 英镑（失去工作能力的 20%）到每周 161. 6 英镑（100%失去工作能力）。

4. 长期护理服务

在英国，国民保险体系也为居民提供长期护理服务，无论居民是因疾病、事故还是年老而需要照顾。长期护理服务由地方社会事务部门具体负责，包括家庭护理、医院护理、康复和疗养中心护理等，但国民保险体系支持的居家护理只针对家庭财产不超过 23250 英镑的居民，具体护理标准和类型由地方确定。

长期护理服务一是提供护理劳务，不提供现金资助；二是只提供现金资助（生活服务津贴），由自己选择购买个人要求的护理服务。一个护理者每周从事护理服务至少在 35 小时以上才能得到相应的护理服务报酬。

（二）医疗服务：国民健康服务（NHS）

英国的公共医疗服务是国家提供的国民健康服务（National Health Service，NHS），因为个人并不需要另外缴医疗保险费所以没有通常意义上的法定医疗保险，英国主要通过税收提供免费的医疗卫生服务（只有很少一部分资金取自国民保险税）。NHS 包括英国几乎所有的医院、医疗中心、门诊和医生、护理人员，是英国最大的公共部门（2013—2014 年的预算达 1100 亿英镑）。

英国 NHS 始于 1946 年的《国民保险法》和《国民健康服务法》，1948 年正式建立国民健康服务体系（国有化医院 2000 多所）。NHS 基于“贝弗里奇报告”向国民提供普遍的卫生服务的思想，这是英国利用一般税收来提供免费医疗服务的原因。不过，由于最初实施后的财政压力，1952 年决定收取处方费，对牙科和眼科收半费。20 世纪 60—70 年代，英国进行管理改革，努力控制医疗开支。1980 年以来又进行“新公共管理改革”，如实行委托代理，医疗机构市场化，购买与供应分离，力图提高医疗服务效率。2012 年英国通过《健康和社会医疗法》，进行战后以来最大的卫生体制改革：在卫生部下建立“NHS 英格兰”，负责预算分配和医疗服务监管（4 个地区 15 个地方中心，5300 多人）；由“NHS 英格兰”通过委托和选任方式来建立各地方的社会性卫生服务管理机构“临床委托小组（CCG）”（主要由从事实际工作的有经验、有影响的医生、护理人员组成，该组织负责本地域的医疗卫生服务），再由 CCG 考查、选择和委托（合同方式）本地的医院、社区卫生中心和门诊（目前这些地方的卫生服务供应者都已实行自主管理）具体提供医疗卫生服务，见图 3. 15。

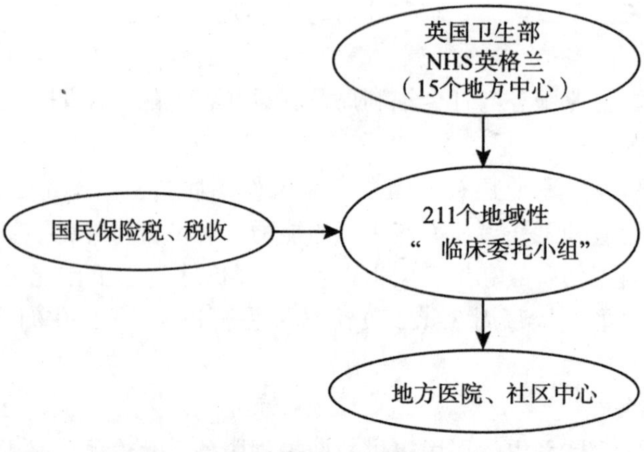

图 3. 15 英国的国民健康服务新体系

英国的国民健康服务具体包括三部分：一是医院与社区中心的治疗服务，二是家庭保健和门诊服务，三是体检、预防和卫生教育。一般做法是，CCG 将医疗服务费用分期付给委托的医院和社区中心（英国卫生部制定医疗服务的范围、内容、质量标准等），居民就近选择医疗服务机构。

（三）社会福利：家庭、孕产和住房补贴等

英国的社会福利有家庭福利、孕产福利、住房补贴等。

1. 家庭福利（儿童福利）

在英国，家中有 16 岁以下的子女或 20 岁以下全日制读书的学生，都可以获得现金补助，并可以得到税收抵免。补助标准是，第 1 个孩子每周 20.30 英镑，其余的孩子每人每周 13.40 英镑。

2. 孕产福利

孕产期雇主工薪支付。英国法律规定，女性雇员在怀孕和生产期内，雇主必须支付一定工薪。时间是 39 周（最早从生产前的 11 周算起），标准是：最初 6 周是平均每周工薪的 90%，以后每周为 136.78 英镑。

国家孕产福利补贴。如果是自雇就业的妇女，或是由于各种原因不能得到雇主支付的女性雇员，可以获得国家提供的孕产补贴（条件是在生产前的 66 周内至少工作了 26 周，并且每周的收入不少于 30 英镑），补贴标准是每周 136.78 英镑（或平均周工资的 90%）、39 周。

孕产期丈夫补贴。女性在孕产期内，其丈夫可以获得相应的补贴（条件是在生产前作为雇员已工作 26 周，并且每周的收入不低于国民保险税低收入标准的下限），其标准与女性相同，时间为 8 周（从女性生产日算起）。

孕产期丈夫附加补贴。如果雇员妻子未满 39 周提前上班，丈夫可以获得附加补贴，标准同前，期限为补满妻子应有的 39 周。

3. 住房补贴

英国地方政府对居民租住公寓或私房提供租金补贴，前提条件是：租金适宜（有适当的家具和设施，但不包括供热）。补贴取决于：所租房间是否有空余的卧室，家庭收入（包括补贴、年金和储蓄）是否超过 6000 英镑，一起居住的人中是否有残疾人。

当前补贴标准是：

租住公寓或公租房，每周补贴为租金的 1/2，如有 1 个空房则减少 14%（租金额）。

租住私房，由地方住房津贴根据卧室数量补贴：1 个卧室补贴 260.64 英镑，2 个卧室补贴 302.33 英镑，3 个卧室补贴 354.46 英镑，4 个卧室补贴 417.02 英镑。

三、强制储蓄（中央公积金）模式：新加坡模式

1955 年，新加坡当局通过立法实行强制储蓄，建立了用于养老、医疗等基本生活保障的中央公积金制度（劳工部下属的中央公积金局管理，公积金局设董事会负责运作），即强制储蓄型的保障制度。政府财政主要负责社会福利和公务员的退休金。

新加坡中央公积金（Central Provident Fund，CPF）制度的主要特点是：有工薪收入的人向中央公积金局按月缴纳个人公积金，公积金缴纳同英国的国民保险税一样，按照个人工薪收入的比例由雇员本人和雇主同等负担，记入个人账户（所有权归个人），退休后按月发放。这是一种储蓄积累式的、自我保障的模式。

（一）中央公积金的账户

个人公积金按用途分为三个账户：普通账户（Ordinary Account），用于购房、人寿保险、投资和子女教育；特别账户（Special Account），用作退休养老和相关的金融产品，

保障养老；医疗账户（Medisave Account），用作医疗费用支付和参加医疗保险。

在55岁时，个人退休账户（Retirement Account）建立，原有其他账户全部并入，在退休账户中保留一笔最低存款（用于养老）后个人提取其余公积金，这笔最低存款在个人达到65岁（退休年龄）后每月按一定数额发放养老金。

（二）中央公积金的缴费

1955年以来，中央公积金的缴费比例不断提高。1955—2014年，缴费比例从10%提高到1985年的50%；1988年开始分年龄段缴费，缴费比例下降；1991年起55岁以下的缴费比例又提高到40%；1999年下降后逐步提高。雇员与雇主缴费比例1986年前相同，1986年起比雇主高1倍多：25%和10%；1988年分段后为24%和12%，目前每月缴费比例见表3-7。

表3-7 **中央公积金缴费比例（2014年1月至今）**

年龄	比例（%）	雇主（%）	雇员（%）
50岁以下	36	16	20
50—55岁	32.5	14	18.5
55—60岁	23.5	10.5	13
60—65岁	14.5	7	7.5
65岁以上	11.5	6.5	5

资料来源：CPF，Annual Report 2014，https：//mycpf. cpf. gov. sg/Assets/common/Documents.

（三）中央公积金模式的优缺点

中央公积金模式显然不同于“现收现付、代际互助和财政支持”的保障模式。它的优点是：有利于增强个人和企业的保障意识与责任，抑制通货膨胀；有利于支持国家建设投资；重要的是不会产生强大的财政压力。

不过，这一模式的缺点也很明显：①储蓄难于保值，受物价变化影响大；②大量储蓄抑制消费，影响经济发展；③投资运用风险大，危害也大（如中央公积金局将大量公积金投资于建房，引起房地产市场过度膨胀）；④缺乏分配调节功能（高低收入者结存的储蓄差异也极大，不断引起社会不满和抗议）；⑤缺乏社会互助共济的功能（如果个人储蓄时间短、收入太低则不能保证养老，公众认为既然是自己管自己，政府又何必充当管家）。目前，采用这一模式的主要有亚洲、非洲和拉美的一些发展中国家。

第四节 农业和农村发展支出制度

农业是国民经济的基础，但农业受自然环境和土地条件的影响大，农业生产的转换性差，农业的品质和价格难以提高，因此农业很难通过自身积累来保持发展。与此相关，农民收入低、农村贫困和落后问题具有普遍性。从欧洲来看，18 世纪 60 年代工业革命开始后，农业人口加速向城市和工业转移劳力，然而农业和农村的发展并没有像刘易斯“二元经济模型”描述的那样，因为现代工业部门的扩张和带动而摆脱发展束缚、实现经济起飞，城市和工业吸走大量资源，城乡差距反而更大。历史证明，在市场机制作用下，城乡二元经济不可能自然而然地走向一元化经济。只有国家和公共财政的支持和分配调节，才可能促使农业和农村随同工业和城市一同前行。问题仅仅是公共财政采取何种支持模式效果更好。

一、发达国家农业和农村发展支持制度

1. 西欧的超国家支持发展模式

西欧国家在 19 世纪就开始支持农业和农村发展。第二次世界大战之后，1958 年随着“欧洲经济共同体”（简称欧共体）的建立，西欧的农业和农村发展也转变为欧共体的超国家支持模式。

西欧是最早开始财政支持农业和农村发展的地区。法国从 19 世纪初开始农村土地改革，废除封建租税制度，通过国家财政支持推广农业技术，改善农业经营条件，引进新的农作物，促进农业生产发展。19 世纪中期后，随着工业化发展，法国加大了财政支持力度，向农民发放经过处理的种子，组织排水工程建设，每年拨出 1000 万法郎专款建设乡村道路，并举办农牧业博览会，发放农业奖金，建立模范农场和农业学校，发展农村合作社和农业协会，鼓励机械化和专业化生产与加工，在农村进行民主选举，推动农业和农村走上了规模化、商品化、民主化发展道路。

德国以普鲁士邦为代表从 1810 年起开展农奴制改革①，逐步废除农村中的封建依附关系，容克地主制和庄园经济开始解体，德国农业沿着赎买、调整、向资本主义农场过渡的道路前进（列宁称为农业发展的“普鲁士道路”）。1850 年后，德国通过国家财政支持在农村建立农业学院和农业学校，建立农业实验站和农业夜校，推广马铃薯和甜菜种植，建立农村银行，建立农民协会和农业合作社，推动了农业和农村发展。

第二次世界大战结束后，1958 年法国、德国等 6 国签订《罗马条约》建立了欧共体，西欧开始了“共同农业政策”（CAP）支持下的农业与农村发展。CAP 的主要内容是：建立农业基金，实行统一的农业价格支持和农业结构改革政策。1963—1968 年，CAP 农业基金支出年均增长 75%。1973—1993 年，CAP 支出平均占欧共体预算支出的 65% 以上（最高年份占 79.3%，最低年份占 51.4%），即欧共体的支出主要是农业支出。

---

① 普鲁士首相施泰因 1807 年 10 月 9 日公布《关于放宽土地占有的条件限制和自由使用地产以及农村居民的人身关系》的法令，规定从 1810 年 11 月 11 日起废除农民对地主的人身依附关系，农民有自由支配财产、自由选择职业和决定婚事的权利，但保留与土地占有相关的封建义务。1811 年 9 月 14 日，继任首相哈登贝格公布《关于调整地主和农民之间关系的敕令》，规定农民可以用出让部分土地给地主的方式将耕作的土地转归自己所有（农民也可用一次付款或以后按期交地租的方法），解除劳役和地租等义务。1848 年资产阶级革命后，1850 年 3 月 2 日，普鲁士政府颁布《调整法》，规定农民向地主赎买土地，即向地主交纳相当于货币地租额 18 倍的款项或者出让相当于赎金的土地给地主。农奴制由此被废除。

1994年《乌拉圭回合》谈判和世界贸易组织（WTO）成立后，根据农业贸易开放和逐步取消农业补贴的趋势，CAP的支出重点转向农业结构调整、农场改造、提前退休、农村就业与训练、农业加工处理、农业环境、农村基础设施建设、绿化与森林、落后地区开发。根据1999年4月欧盟确定的2000 CAP改革议程（Agenda 2000 Reforms of the CAP），1999—2006年CAP投资3950亿欧元，以加速欧盟各国的农业和农村发展。

2005年以来，“共同农业政策”支持继续加强，农业和农村发展支出占欧盟财政总支出的比重由24.1%逐步回升到2013年的48.1%。农业价格支持和农业生产补贴、农业结构调整与现代化、农业技术指导和农民职业培训、贫困地区农业和农村发展是CAP支出的4大重点领域。

2013年底，欧盟农业部长理事会通过新一轮“共同农业政策”改革方案，决定未来7年重点加强农业补贴和市场支持，强化农村发展（6个优先方面：技术创新和转化、提高竞争力、食物链组织、生态系统、资源与低碳、社会包容与减贫）这两大支柱，2014—2020年总投入4083亿欧元（年均583亿欧元），以保证欧盟农业发展和自然资源的可持续性、区域发展的平衡性，使欧盟农村的经济与社会发展再上一个新的台阶。

2. 日本的阶段性支持和地方组织模式

明治维新是日本近代化的起点，也是日本农业和农村政策的起点。明治维新以前，日本处于封建社会后期（历史上称为江户时代或德川幕府时代）。在这一时期，由于幕府和大名①等封建领主分割土地，人民的身份、职业受到严格限制，加上赋税沉重，农业长期处于停滞状态，农民生活困苦。1868年明治维新后，明治政府确立了向西方学习，开展工业化，实现富国强兵的国策，明治政府认为必须废除封建制度对农民的束缚，减轻农民负担，以农业发展来支持工业化。

（1）减税、示范和生产支持政策（1870—1930）。1870年，日本民部省提出：士、农、工、商同受国家保护，士、工、商不纳税，而让农民承担重税是不公平的，“必须减重增轻，使天下民产得以平均”；② 民部省还提出，应承认农民的土地所有权，实行以地价为基础的货币地租。于是，在完成“废藩置县”、“废除等级制度”后，明治政府1872年向土地所有者发放了地契，承认地主和自耕农的土地所有权。1873年7月日本颁布《地税改革条例》，推行地税改革（税率为地价的3%，附加税1/3为村费）。1870年后，明治政府还从欧美大量引进农业机械，在推行“大农场经营方式”失败后1880年后推行“老农化经营方式”：在东京、札幌等地设立农业学校和试验站，将老农的经验技术进行总结和改进后推广。1900年，日本政府推动成立“农协”，通过“农协”向农户提供贷款和补贴。1870—1912年，日本农业投资增长率超过产出增长率，深耕技术、品种改良和化肥运用普及，农业基本走出停滞状态。

1920年后，由于日本侵占朝鲜和我国台湾，大量稻米进入，粮价下跌，加上发生经济危机和关东大地震，日本农业陷入大衰退。于是，日本政府设立“农林水产省”，有计

① 幕府指有封地万石以上的诸侯，如德川幕府就拥有全国土地的1/4；大名指有大量封地的贵族，在日本，幕府以外的土地被分给260多个大名作领地。

② ［日］井上清、铃木正四．日本近现代史．北京：商务印书馆，1972：103.

划地进行政策支持（补贴和贷款），包括稻米价格支持、租佃调解和农村基础设施建设。

第二次世界大战后，日本1946年通过《新宪法》和《农地调整法》，开始农地改革：将离乡地主的土地和在乡地主超过1公顷的土地出售给佃农（价格为年租金的40倍，各村成立由3个地主代表、2个自耕农代表、5个佃农代表组成的改革委员会），建立自耕农体制。1947年颁布《农业协同组合法》，重建"日本农协"，构建了农业和农村发展政策的基础。

（2）粮食自给和保证农民收入的政策（1950—1970）。1949年，日本政府建立新的价格支持和补贴制度。价格支持的目标是保证农村家庭的收入不低于城市家庭的收入，实现粮食自给。农业补贴包括农产品（稻米、蔬菜、肉、奶、大豆）价格补贴，农业机械与设施建设补贴，农业现代化改造贷款利息补贴，农业生产保险补贴等。到1965年，日本已成为工业化国家中农业支持水平最高的国家之一。1961年，日本通过《农业基本法》，确定了农业政策的两大目标：①提高农业生产力，纠正农业和其他产业的差距；②提高从事农业生产人员的收入水平，使之获得与其他行业劳动人员同等的生活水平。① 同年，日本将国民健康保险普及所有农村（由都道府县民生部主管、市町村具体实施）。

在财政支持下，20世纪60年代后期日本稻米达到了自给目标并出现过剩。同时，农村家庭与城市家庭的收入差距明显缩小。1975年后，日本农村家庭的人均收入超过了城市（见表3-8）。

表3-8　　**战后日本城乡家庭的人均收入**　　单位：1000日元

年份	农村	城市	城乡之比（%）	农业产值比重（%）
1955	57	74	77	21.0
1960	78	115	68	
1970	326	358	91	7.4
1975	867	760	114	
1980	1273	1111	115	
1985	1596	1422	112	3.4

资料来源：日本农林水产省《农户经济观察》，Yujiro Hayami，Japanese agriculture under siege，Macmillan Press，1988：93.

（3）以结构调整和村庄建设为中心的"综合农政"（1970—1990）。1969年日本建立稻米双价机制和自愿限产机制。1970年，日本农林省制定农村综合发展政策（称之为"综合农政"），将财政支持的重点放在发展多种经营、提高农村福利和改善村庄设施环境方面。

1970年，日本制定《农业人养老基金法》，建立农民退休养老制度，以此促进农业经营的年轻化和现代化。1970年，日本制定《过疏地域对策特别措施法》，对人口稀少的农

① ［日］关谷俊作．日本的农地制度．金洪云，译．北京：生活·读书·新知三联书店，2004：5.

村（分期选择1000多个市町村）进行包括产业培育、道路交通（包括村道和农道）、公共设施、卫生、娱乐、住房条件、环境改造等在内的综合建设，要求地方政府制定规划和推动实施，建设资金由中央财政补助、农林公库融资和发行地方公债来解决，对参与建设的企业给予课税优惠和融资便利（此后，1987年又出台《村落地域建设法》，要求各地制订建设计划，使村庄具有现代农业生产和良好的居住环境这两大功能；1993年制定《特定农村山区法》，重点对偏远山村进行综合建设；1994年制定《促进农村休闲活动及相关设施建设的法律》，鼓励发展农村休闲、度假、旅游、体验农村生活等服务业）。

1973年，日本出台《农村地区工业引进促进法》，鼓励各地政府制定引进工业和发展其他产业的计划，并给予相应的税收优惠、财政支持和融资便利。

由于农村条件和环境改善，20世纪70年代以来出现了城市居民返回农村居住的现象，农村家庭的比例由1970年的41%增加到1990年的59%，平均每个农村社区的家庭数由81个增加到172个。

1999年，日本国会通过《食物、农业、农村基本法》（取代旧的《农业基本法》），将保证食品安全、农业可持续发展和振兴农村作为新时期农业和农村政策的目标。日本21世纪的“农政”强调用新的管理机制来保障农民收入，发展安全农业和环境农业，强调通过发展农村公共事业（改善生产设施、生活条件和提高社会福利）来振兴农村。

3. 美国的阶段性和联邦机构组织支持模式

美国联邦政府1862年成立农业委员会（农业部前身），开始支持农业和农村发展。南北战争之后，联邦政府对农业病虫害防治、土壤改造、化肥运用和农机推广进行支持，并出版和分发农业信息、资料、报刊，提供生产和销售指导。联邦政府还推动各州成立农业学校和学院，建立农业试验站，修建水库大坝和农业灌溉设施。20世纪初成立了联邦土地银行和中级信贷银行。1929—1933年的大危机后，罗斯福政府实行“新政”，联邦政府建立了休耕补贴、销售合同、减耕选择权和农业价格支持制度，探索了以改善住房、以工代赈、发展电气化和建设大型公共工程（如田纳西河流域工程）为载体的农村综合发展支持模式。第二次世界大战以后，美国联邦政府的农业和农村支持模式进一步发展。

（1）20世纪50年代的贫困县支持政策。战后到20世纪50年代中期，美国农业和农村发展主要靠州和地方支持，农村贫困问题日益严重。1955年，美国农业部农村发展研究小组发表研究报告《农村人力资源发展——低收入农民问题报告》，美国国会通过了《斯密斯—利夫法案》修正案，授权联邦政府建立“农村发展特别项目”，支持贫困县发展农业生产，引进工商业，开发就业机会。美国农业与农村政策正式开始。贫困县支持项目由农业部农村“推广服务”机构（Extension Services，ES，农业知识与技术运用推广站）负责，规定试点县至少有半数以上的农民的现金收入不足2500美元，要求所在州成立“农村发展委员会”（由健康、教育等部门和工商业、小企业协会、农村社区等各方代表组成），制订规划，组织实施①。到1960年，项目支持的贫困县达到230个。

（2）20世纪60年代的大规模反贫困政策。1964年，美国国会通过《经济机会法

---

① 1959年联邦政府成立了“国家农村发展委员会”，由农业、内务、商务、劳动、教育、卫生各部的副部长和小企业局局长，以及经济理事会的代表组成，全面研究农业和农村发展政策问题。

案》，约翰逊政府发起“向贫困开战”计划。具体措施是：①建立“经济机会办公室”（OEO），通过10大项目实施全面反贫困计划；②建立“经济发展管理机构”（EDA），对失业率6%以上、低收入家庭比重大的贫困县进行贷款、补贴来开展基础设施建设，推进发展；③成立“阿巴拉契亚区域委员会”（ARC），实施区域性反贫困计划，它采取增长中心战略，在发展潜力大的地方兴建高速公路和医院、学校、社区设施，以带动发展；④建立“社区行动资助项目”，向落后的州提供专项支付，资助社区学校、资源保护、培训、健康和福利发展；⑤通过“联邦住房管理机构”（FHA）、“退伍军人管理机构”（VA）和农村住房支持机构（FmHA），向农民提供贷款和资助，解决住房问题。大规模的反贫困政策比较全面地改善了农村基础设施与生活环境，20世纪70年农村贫困率由32%下降到15%。1971年美国经济研究服务局的报告指出，60年代有500个农村县人口由流出变为流入，并预言人口流出将逐渐停滞。

（3）20世纪70—80年代的重点支持政策。1970年后，鉴于反贫困运动的成效，联邦支持有所收缩。1973—1976年，在农业部副部长阿尔文的主持下，农业部建立了“农村发展领导学院”，分期（每期120人）培训农村基层领导者和技术骨干；建立农村发展项目计算机数据库，跟踪、诊断、改善农村发展项目的实施；将FmHA作为项目管理总机构，资助农村发展（住房、小企业、社区供水、排污等基础设施）。1977年，卡特政府将农村发展政策集中到三个方面：一是农村社区基本设施（供水和下水道、住房、能源、交通）；二是卫生和教育；三是少数农村地区的整体发展。同时，建立“白宫农村发展联席会议”（包括州和地方政府代表）和联邦多部门“联合小组”，研究和执行农村发展政策。1987年，里根政府出台“农村恢复计划”（6项措施），加强对农村教育和培训、贫困农村发展、农村信息中心、农村就业、基础设施、非农经营和工商业发展的支持。

（4）20世纪90年代的多项目并行推进政策。1993年后，克林顿政府围绕完善农村基础设施和农村社区建设，推出了一系列计划、项目和行动，包括：①特惠区/企业区计划（EZ/EC），对人口少于3万、面积不超过1000平方英里、贫困率超过20%的农村地区支持10年，使其可持续发展。符合条件的农村社区向农业部提交申请和社区发展的战略，联邦财政对每个EZ/ EC提供4000万和300万美元的资助。②社区金融支持项目，联邦“社区发展金融机构”筹集3.82亿美元作为贷款利息，组织各类银行金融机构建设农村社区金融网络，向农村提供信贷、帮助EZ/EC发展。③西北经济调整计划，对西北林区农村实施的结构调整与社区发展计划。④德尔塔计划，由“德尔塔发展委员会”组织对密西西比河下游农村地区实施发展支持，方法是与私人非营利组织签订20万个合同，实施住房改造、交通和通信等基础设建设项目。⑤西南边境计划，由“西南边境部际联合行动小组”负责，对新墨西哥、得克萨斯、亚利桑那州的最贫困地区实施社区发展支持计划，主要采取居住导向型和社区长期发展型两种建设模式。克林顿政府还建立了“全国农村发展理事会”（NRDC）和“社区可持续发展理事会”（CSD）等组织，构建了全国性的联邦与地方、公私机构合作、共同推进的机制。

美国农业和农村发展支出的基本特点是：联邦财政投入为主体，联邦政府机构（区域机构、农业部和其他部门的地方机构）直接组织，州和地方政府以及其他联合组织协助、配合。

二、德国：统一后东部农业和农村发展制度

（一）东部农业市场化改革的目标

1990年10月德国统一后，作为国家政治、经济和社会整合的重要内容，联邦德国政府决定在东部（原民主德国）5个州推行农业改革、重构和发展。其实，早在1990年6月，为保证东部和西部地区的经济融合与协调发展，德国联邦议会就通过了《农业调整法》，制订了东部农业改革和发展的计划。

统一之前，东部农业的基本组织形式是集体农场（占农业土地的80%以上）和国有农场，农业投资和农村基础设施建设严重不足，生产率低下，主要农产品价格是西部的2倍多。根据这一情况，联邦政府确立的对东部农业的支出目标是：（1）支持农村土地和产权私有化改革，以此为基础建立多样化和市场化的农业组织；（2）推进农业技术、结构和规模调整，使其成为现代化和高效率的产业部门；（3）改善农村基础设施和环境，提高农村生活水平。

具体来看，土地和产权改革主要是将集体农场和国有农场的土地及非土地资产归还、出售或出租给私人，将集体和国有农场及国有农业服务企业改组成产权明确的家庭农场、股份合作农场（管理者承担无限责任，其他参与者承担有限责任）和农业股份公司，实现农业产权和组织重构；农业结构调整的关键是扩大生产规模，减少劳力，加速农场技术进步，调整农业布局，发展非传统农业，实现农业生产的现代化改造；农村基础设施和环境改善的核心是建设农村供水、供电、通信和道路系统，建立村庄中心和农村综合体。

最初，联邦政府担心东部农民不接受甚至可能会抵制改革和重构，而实际改革过程却比较顺利。主要原因在于：德国政府通过制订全面系统的改革计划和强有力的财政支持项目（加上欧盟共同农业政策的支持），东部各州政府和相关的专职机构（如负责产权改革的资产托管局等）有效地组织实施，保证了东部农民的收入和农村稳定，使东部广大农民在改革中获得了实惠。

（二）农业和农村发展的支出政策

德国财政对东部农业的支持是以改革、调整和发展项目为基础的，充分发挥了统筹、协调地区与城乡发展的功能。主要政策项目有以下三个方面：

（1）建立农村社会保障体系。作为推进改革的基础和农村稳定的条件，在联邦财政的支持下，东部各州首先在农村建立了以老年退休、失业补偿和转产培训补贴为主要内容的社会保障制度。老年退休项目除保障农场工人正常退休的生活福利之外，特别鼓励年满58岁的男性、55岁的女性提前退休（1994年后又将农民退休年龄提前到55岁和53岁）。失业补偿和转产培训补贴项目对改革中被辞退或自愿退出农场而又未找到工作的青壮年农民，由财政每月给予补贴，同时承担他们参加转行培训的费用以及下岗培训期间子女的生活费用。农民的退休保障和失业补贴与统一前东部农民的收入相当（统一前东部农场男性工人的平均月收入约为722马克）。由于退休和退出农场后农民的收入和生活不受影响，而且规定退出农场的农民仍可保留他们在农场和公司的股份或取得租赁费（他们在

产权私有化中获得的农场土地和资产份额转变为对农场的租赁物)，仅仅到 1994 年，就有 50 多万农民退出农业生产部门，使东部地区全时农业就业人数减少到 30 万左右。农村社会保障体系有效地缓解了农业改革和重组中的就业压力，避免了收入分配冲击。

（2）建立农业调整和发展的收入支持机制。由于统一之后东部农业进入欧盟共同农业政策（CAP）领域，因此东部农产品价格将在原来的基础上大幅回落，东部农场和农业企业面临收入下降甚至严重亏损和倒闭的危机；这也意味着东部农业改革的主要任务就是加速结构调整和现代化改造。为此，从 1991 年起，德国政府推出一项为期 5 年、总额达 174 亿马克的财政预算计划，用于支持东部农业的调整和发展。具体支持项目包括：①调整资助项目，向东部所有农场和农业公司提供赠与资助，补偿其收入损失，对每个家庭农场和合作农场的资助上限为 7 万马克，对每个农业公司的资助可达 10 万马克；②债务重组资助项目，主要对债务负担较重的原集体农场、特别是贫困地区的集体农场提供重点资助，帮助这些农场进行债务重组和结构调整；③启动援助项目，对改制后新建的家庭农场和合作农场提供启动赠与，每个家庭农场可获得 2. 35 万马克的启动资助，每个股份合作农场可获得高达 70 万马克的启动资助。在农业调整支持计划的最后一年（1995 年)，联邦财政对东部农业的转移支付，按农业就业人数计算，平均每人达 14000 马克。其次，联邦政府还与各州建立了“农业结构改善”联合项目，其中包括对农业资产投资（如农民购置建筑设施、机械设备、牲畜等）提供补贴资助和优惠信贷等项目，鼓励农场进行资本更新和技术改造，例如对家庭农场、合作农场和农业公司的投资贷款（利率 1%）可达 40 万、120 万和 315 万马克；由于各种资助和贷款，东部农场从西部和国外购进大批先进的机械和设备，快速向现代化农业转变。此外，欧盟共同农业政策项目也对东部农业调整提供了重要支持，例如 1993 年欧盟农业稳定和储备项目向东部提供的土地休耕补偿费用约为农场租赁土地价格的 4 倍，对农场租赁土地、扩大经营规模形成了一种鼓励。

（3）建立农村综合发展的促进机制。在联邦与州“农业结构改善”联合项目框架内，还包括村庄复兴、工作产生和环境保护等资助项目。“村庄复兴项目”是其中最有代表性的资助项目，它是在 20 世纪 60 年代原联邦德国农村实践的基础上发展起来的一项农村综合发展计划，包括建设村庄中心，改造农村建筑，保护历史文物，改善道路通信等公共设施，发展观光旅游农业和服务型农业，建立农村经济文化共同体等。联邦与州财政对每个村庄复兴项目（为期 5 年）平均投入 100 万马克，约占项目建设支出总额的 80%以上，项目建设中财政一般负担私人住房改造费用的 50%，只有很少一部分费用由地方财政、村和个人承担。到 1995 年，东部地区已有几千个村庄进入村庄复兴计划。工作产生和环境保护项目的重点是结合农场人员和耕地面积的减少来创造就业机会、改善生态环境，如大力发展农村绿色产业和旅游度假业等，东部地区将建立起 5 个大的国家自然公园和 6 个生态储备区。东部农村正在向人口集中化、产业多样化、村庄多功能化、社会经济综合化方向发展。

1994—1997 年，德国财政对东部农业的支持约为东部农业 GDP 的 67%～79%，这尚不包括农村社会保障支出。在财政的大力支持下，仅仅 5 年时间（到 1995 年)，东部家庭农场的平均面积就增加到 157 公顷（合 2355 市亩)，农业人数减少了 75%，农业生产率迅速提高，主要农产品如小麦、大麦和黑麦的每公顷产量已赶上或超过了西部，东部农村经济发生了深刻变化。相对统一后东部地区工业生产下降60%的状况和绝大多数经济转轨国家的农业发展状况，德国的农业财政政策可以说是创造了现阶段农业成功转型和跨越发展的奇迹。

三、波兰：转轨后农业和农村发展制度

（一）农业和农村的市场化改革

1989年底，波兰开始全面市场化改革，随着原有的农业计划管理体制被撤除、农产品市场开放、价格自由化发展，农业和农民经受了巨大的压力和冲击。1992年，波兰政府决定建立农业改革和发展计划，并且建立与市场化发展相适应的农业支持政策。

波兰农业改革和发展计划的主要目标是：（1）市场开放，国有农场私有化；（2）农业结构调整，加速现代化发展；（3）提高农民生活水平，缩小城乡收入差距。由于私人农场（主要是土地面积为1~5公顷的小型农场）在市场化改革前已在农业生产中占据主导地位（占农业土地和产出的80%），国有农场仅占土地和产出的20%，所以，国有农场私有化并不是农业改革和发展的重点，农业现代化和农村发展则被强调。

1992—1996年，波兰农业支出（包括农村社会保障支出）占财政总支出的比重由9.2%提高到11.5%，农业总支出为农业GDP的50%~60%。若不计社会保障支出，财政支农支出占农业GDP的比重约为16%左右，与欧盟17%~18%的比重相当。从成效看，波兰农业发展支出的主要成效是：第一，提高了农民收入水平，相当大部分农村地区的农民生活条件得到改善，城乡收入差距不断缩小，农民人均收入与城市人均收入的比重由1991年的60%提高到1995年的85%；第二，农业生产率在经历下降之后开始回升，农业人均产值增加，农业劳动与每公顷土地的比例不断下降，农业就业人数由1992年的617万人减少到1995年的576万人，1995年农村失业率比城市失业率低1.5个百分点。

（二）农业支出和城乡统筹政策

波兰的农业支出政策主要包括以下4个方面：

（1）产权改革和投资促进政策。由于私人农场的比重已经很高，1992年前只有2个国有农场被出售，为此，波兰政府于1992年1月成立“农业资产代理机构”（APA），负责出售和出租国有农场与国有农业企业的土地和非土地资产，并负责向私人农场从事资产投资、土地转让与资产租赁活动提供优惠信贷，同国家农业银行一起支持、促进农业资产市场发展和农场投资。到1997年，APA出售了国有农场土地的11%，以长期（10~15年）、大面积集中租赁的方式出租了国有农场土地的64%；但APA提供的投资优惠信贷不多，大部分私人农场尚不习惯申请贷款。

（2）农业价格支持政策。为了稳定农产品市场和保证农民收入，波兰政府成立了“农业营销代理机构”（ARR），专门负责农产品价格支持工作。ARR根据小麦和黑麦等主要农产品的生产成本、世界市场价格、财政干预资金预算、农民收入和国家储备情况，制定农产品的最高和最低干预价格，根据市场价格的变化进行干预操作。ARR一般通过三种方式进行干预：一是授权国有谷物仓库购销（包括进出口）；二是发放优惠信贷鼓励

大农户（拥有20公顷以上土地的私人农场）按其要求进行谷物储存和投放；三是直接参与农产品的市场购销。同时，国家财政还对农民购买燃料和主要农业投入品给予价格补贴。仅1997年，波兰价格支持政策的总成本就高达9221万兹罗提（Zloty，波兰货币单位）。

（3）农民收入支持政策。收入支持政策包括农村社会保障政策和税收优惠政策。为了提高农民收入和保证农民生活，波兰政府从1990年起开始建立较为完善的农村社会保障制度。波兰农村社会保障包括养老和工伤保险、医疗及生育保险，1995年农村社会保障已涵盖了200多万农村人口（包括140万农民及其家属）。农民参加社会保障的要求是缴纳一定数量的谷物，如参加养老保险的条件是已缴纳25吨谷物并同意将土地转让给40岁以下的年轻人经营（但允许保留1公顷土地）。农民享受社会保障的福利标准与城市相同，但对社会保障基金的贡献比城市工人少得多（非农业工人的社会保障交费为工薪收入的48%），农村社会保障支付的90%以上由国家财政负担。为了提高农民收入水平，波兰政府还对农民实行税收减让，将农民应缴纳的个人所得税（或公司税）用一种“土地税”来替代，它以农民的土地数为基础，按相当于0.25吨黑麦上一年第4季度收购价格的固定比率纳税，1997年的土地税为每公顷100兹罗提。与缴纳所得税相比，这种土地税具有明显的优惠性质，据估算，1997年这种税收优惠使农民少缴18亿兹罗提。价格支持和收入支持对于增加农民收入起了十分重要的作用。

（4）农村发展和农业结构改善政策。为促进农村发展、改善农业结构和扩大非农就业，波兰政府成立了专门的“农业重构和现代化代理机构”（ARMA），通过提供财政资助、优惠信贷和信贷担保、开展联合投资等方式，促进农村基础设施建设，支持非农产业发展，支持农产品市场建设和农产品出口，促进各农业地区间的经济合作。具体内容是：投资建设农业生产和农村生活设施系统，资助农业加工、服务企业的建立和发展，投资建设和资助各类农业学校、大学、培训中心、咨询中心和农业试验站，投资建设农产品交易市场和销售中心等。ARMA和世界银行农村发展项目、波兰劳动基金项目一起构成了推进农村发展和农业结构调整的三大力量。到1994年，140多万个农村家庭（占农村家庭数的73%）用上了洁净水，有管道煤气系统的农村家庭增加到54.5万个，农村电话由35万部增加到67万部，农村商业网点增加到9.2万个。

从总体来看，波兰的农业和农村发展政策是比较全面的，财政投入和支持的力度也是其他转轨国家所不能相比的。波兰农业支出的基本特点是将财政支持的重点放在社会保障方面，据统计，农村社会保障支出约占农业总支出的70%以上。高水平的社会保障支出以及收入支持、价格支持、投资信贷支持和农村公共品提供的加强，稳定和促进了农村社会经济发展。不过，与德国将重点放在资助农场和农业企业发展方面，农村社会保障支出以不降低农民生活水平为原则的支持模式相比，波兰农业支出模式又有些不足：因为波兰农业劳力的转移相对缓慢（甚至还吸引了一些非农人员进入农业），农场平均土地面积仅由6.3公顷增加为6.7公顷，农业经营规模小的状况没有根本性改变，农业生产率没有显著提高。当然，由于波兰城市工业的吸收力有限，财政力量也有限，波兰也很难采用德国的支持模式。

由上可见，当前主要发达国家和经济转轨国家的农业支出一般是在农业改革和农村发展目标下有计划地展开的，农业支出与确定的改革和发展项目相联系；农业结构调整和现代化、农村社会保障和农村公共品提供、农村社会发展水平的提高是农业支出的基本内容；农业支出的力度在各国呈现加大趋势，通常达到农业 GDP 的 10%以上。

第五节 基础教育支出制度

在发达国家，养老保障、医疗保障和社会福利通常是中央（联邦）和省（州）财政的主要支出项目，而基础教育（中小学实行义务教育）支出一般是地方财政的主要支出。由于国情差异，各国的基础教育管理体制和支出制度并不一致。比较而言，美国和日本的做法有一定代表性。

一、美国的基础教育制度

美国基础教育的管理权属于各州。联邦对基础教育主要是宏观指导和咨询，通过教育部履行 3 大任务：保证平等上学的机会（资助经济困难家庭和少数民族孩子），支持州和地方的 12 年义务教育，对基础教育进行调研、评价，提出建议和发展项目。

1. 基础教育管理

各州对基础教育的管理依据各州宪法。负责基础教育政策管理的是各州的教育委员会（一般 10 名委员），大多数州的教育委员会由州长任命，17 个州由州民选举或推选产生。州的教育委员会的主要职责是：依据州宪法和有关法令决定教育政策（包括制订教育计划、公立学校的教育大纲和质量标准等），对全州教育系统进行监督，任命州公共教育专员（教育厅厅长），批准由教育专员或厅长制定的教育预算，提供教育咨询和向州长、州议会提出建议，负责教师资格政策等。

各州的教育厅是州教育委员会的执行机构，州教育厅厅长（也称教育总监、公共教育专员）是首席执行官员。州教育厅的职责是检查、评价、监督各学区的基础教育情况，解释教育法规，报告教育成就，对各学区的教育委员会和学监（学区教育长）进行评议，准备州教育预算、分配州和联邦下拨的教育经费，协调地方学校间的事务，负责教师资格认定等。

直接管理学校的是各地方的学区。学区（School District）是根据学生入学情况和便于管理而划分的公共教育单位或区域（既有与地方县市区划重合的学区，也有交叉和不重合的学区），学区的领导机构是教育委员会（也称学校董事会，一般由 5~7 人组成，由居民选举产生）。职责是：执行教育法律及州教育厅规定，制订学区教育计划，审批预算和学区教育税（财产税），选聘学区的学监（即教育长，也有些地方由居民选举学监）和各部门人员，任命各公立中小学校长，决定课程、教材、校车、校舍购建和教师聘任，对各学校进行检查和评估。学监是学区的行政首脑，主要任务是考核各学校校长，向学区教委提出选聘建议，制定和执行学区预算，及时了解各校情况和居民意见并报学区教委。

各学区的公立中小学组织教育和教学。学校校长的职责是：制定预算，决定课程设置，考查并向学区教委提出教师选聘人选。中小学教师来自选聘，申请竞聘任职的资格是：4 年本科学习取得学士学位，在教育学院师范专业进修和实习（1~1.5 年）取得教育学学士或硕士学位、通过州组织的资格认定考试并获得州教育厅颁发的“资格证”（有些州要求 5 年内完成 150 小时的培训后重新换证）。

在美国，公立中学占 90%以上，公立小学约占 80%以上。公立中、小学都实行义务教育（学制一般为小学 6 年，初中 2~3 年，高中 3~4 年，大多数州是 12 年制，又称 K-12 教育），即：免学杂费和书本费（学校借给学生教科书，用后归还），并提供免费早餐和 1 美元午餐（视家庭情况可只交 0. 5 美元或 0. 25 美元），小学和初中有校车免费接送（集中站点一般距家 3~5 分钟的路程）。

2. 基础教育经费

在美国，私立学校在 18 世纪已经兴起，主要是地方乡镇对其进行管理，建国后，美国联邦宪法规定“未授予联邦而又不禁止各州行使的权力属于各州”，于是州承担了基础教育的职责并开始支持和管理学校。1789 年，马萨诸塞州通过宪法，规定设立学区独立管理各地学校，建立基础教育的学区体制就是一个标志。

1840 年以后，美国教育的主体还是私人学校，主要是对富人子女的教育。但这时，社会普遍认为公立学校教育可以产生良好的公民、消除社会差异、减少贫穷和犯罪，可以用地方财产税支持公立学校的免费教育。这促使各州创办公立学校，实行义务教育。1852 年，马萨诸塞州通过第一个“义务教育法”，随后各州纷纷仿效（到 1889 年所有州都建立了由财产税支持的公立学校系统，25 个州制定了义务教育法；到 1918 年所有州都实现了小学义务教育）。1900 年以后，公立中学也实行义务教育。第二次世界大战以后，美国全面实行 12 年的中小学义务教育。

19 世纪中期以后，美国基础教育（义务教育）经费主要由地方学区征收的财产税（主要是房地产税，1920 年地方和学区的自有收入占 83%）支持。州的公立教育基金和财产税支持是补充性的（到 1920 年，地方学区的收入中仅有 17%来自州政府）。联邦的支持主要是增地资助，1850 年后在授予西部每个乡镇 36 个小区域（每个小区域 640 英亩）时划定第 16 个区域专做教育之用，后来一些州的镇区被赠与 2 个或 4 个小区域支持基础教育；联邦政府还对部分州赠送了额外的土地（湿地、盐碱地等）。

第二次世界大战后，公立中小学基础教育经费仍然主要由地方学区承担，学区的教育经费主要来源于房地产税。州采取公式化的均等转移支付向学区提供教育经费，一是抽取富裕地区财产税转移到贫困地区的学区，二是州的转移支付主要分配给贫困地区的学区。20 世纪 70 年后期，由于加利福尼亚居民要求控制和降低财产税税率，导致普遍的财产税下降趋势，地方学区的税收来源受到影响，促使州加大转移支付的力度，这样，美国地方学区的收入中来自州的资金在 1978 年第一次超过地方和学区自己的收入（州占 45. 6%，地方占 44. 6%）。此后，州和学区一直处于平均分担基础教育经费的格局，例如 2011 年州的比重为 44. 1%，地方为 43. 4%（其中，财产税占 35%）。联邦对基础教育的资助一直是重点（虽然在基础教育总支出中联邦的转移支付一直保持为 8%左右），2009 年有较大提升（见图 3. 16），2011 年联邦资助在基础教育总支出中的比重提高到 12. 5%。

3. 州与学区的支出制度

美国各州与地方学区分担基础教育经费是通过划分支出责任实现的。基础教育经费主要包括两类：一类是学校的基础设施建设（校舍修建与维修等）开支，这类开支约占

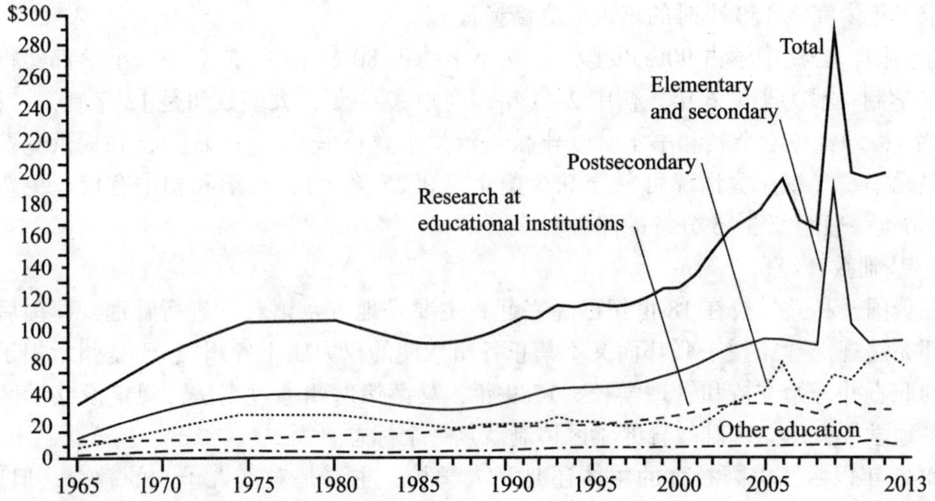

图 3.16 美国联邦教育预算中的基础教育支出（10 亿美元）
资料来源：Digest of Education Statistics 2013（May 2015）

15%左右；另一种是学校日常运作开支（教师和工作人员的工薪、教学设备和仪器、学生早餐和中餐、校车等），这是经费开支的主要方面。美国各州的一般安排是，基础设施建设费用由学区负责（学区全权决定学校的选址和建设等），州财政通过提供贷款、项目拨款（如紧急救助拨款、贫困地区特别拨款等）给予适当资助；日常运作开支由学区根据财产税能力提供，州财政根据州法要求的营运水平或标准，按照各学区投入均等原则拨款。

学区的支出决策依赖本区的财产税，也取决于各学校的预算。在一般情况下，学区只要汇总各中、小学的预算，再根据本学区内财产税（房地产税）的评估价值确定税率就可以决定。如果不存在财产税（税率和税收增幅）限制，地方学区的经费支出基本上由学校教育的成本决定。

州决定基础教育（日常运作）支出主要考虑两个方面。一是满足州法规定，保证中小学的一定营运水平（比如学生人均投入的某一标准），也就是通过拨款使财政能力差的学区都达到某一投入水平，减少学区之间的财政投入差异，体现教育机会的平等化；二是要保证各学区的自主性，让各个学区有充分的收入和支出选择权与决策权。为此，1970年以来，大部分州采用了 1922 年 Updegraff 所提出的均等百分比匹配方法（Equalized Percentage Matching，EPM）。

EPM 方法的思路是：①计算各学区的加权学生人数。加权学生人数是考虑教育服务的平等化，包括：有些学生存在缺陷（需要更多的服务）；农村学生的分散度和城镇学生的密集度；学生的年级层次；教师的经验和受训练差异影响教学质量等，因此通过设定权重可以更真实地反映服务和投入需要，这样，各学区的加权学生数一般会大于实际学生数。②确定对所有学区的每个加权学生的投入水平，即加权学生人均保障水平（投入标准)。例如,某一年保证全州每个加权(中小学)学生人均财政投入为2000美元,这个支出标准由学区和州的财政预算共同来保证。③根据各学区的财产税评估价值,按所有学区中可能的最低财产税率(比如0.001或1/1000),计算每个学区的财产税收入和加权学生人均财产税收入。④用加权人均支出标准(如2000美元)分别减去各学区的加权学生人均财产税收入,所得的数额就是州对各学区加权学生人均的补贴额(即按支出标准应补贴百分之几);如果有些学区得到的是负值(即加权学生人均财产税收入高于支出标准),州就不拨款。

例如,假设有A、B、C、D四个学区,每个学区的加权学生人数如表3-9所示。州确定的人均(每个加权学生)投入标准是2000美元,四个学区中财产税率最低的学区的税率是0.001,按这个税率和各学区的财产税价值求得各学区的财产税收入,然后除以各学区的加权学生人数,得到各学区的人均(每个加权学生)税收即投入(分别为1800、2500、800、1100美元);用2000美元分别减各学区的人均税收,得到州对各学区加权学生人均拨款额200、0、1200、900美元,最后用人均拨款额乘以各学区的加权学生人数,就得到对各学区的拨款总额。

表3-9 **州对学区拨款的EPM方法** 单位:美元

学区	加权学生人数	加权人投标准	税率	学区人均税收	州补人均
A	5500	2000	0.001	1800	200
B	3200	2000	0.001	2500	0
C	8030	2000	0.001	800	1200
D	2400	2000	0.001	1100	900

显然,按这种方法不仅可以保证所有学区达到人均保障投入水平,而且鼓励各学区自行提高投入水平①。当然,有些州采取其他拨款方法(转移支付模式),如人均补助模式(Flat Grant Modal)、基础补助模式(Foundation Modal)等。

二、日本的基础教育制度

日本基础教育的管理权在地方,且主要是在地方的都道府县。第二次世界大战后,日本实行9年制义务教育(基础教育中的小学和初中教育),故都道府县和市町村政府具体承担义务教育的管理责任。中央政府对基础教育和义务教育提供政策规范、财政资助并进行结果监督。

1. 基础教育体制

根据第二次世界大战后日本新《宪法》和现行教育法律(《教育基本法》(2006修

① 州的拨款是在学区预算之外的补助,无论是否得到拨款都不会影响学区决定财产税税率,因为假如某个学区为得到拨款而降低税率,但又不知道其他学区的税率变化,该学区就可能得不偿失;而如果按自己的预算来决定税率,能得即得,不得也无损失。

订)，《地方教育行政法》(2008 修订)，《学校教育法》(2008 修订))，基础教育 (小学到高中) 由地方公共团体 (地方政府) 实行自治管理。

中央政府和文部省的主要职能是：调研并制定基础教育标准；建立学校教育 (内容、课程和标准等) 的基本框架；对基础教育提供补助，保障基本条件 (包括教师培训、教学材料、防震学校)。

都道府县建立教育委员会 (由 5 人组成，政府首脑提名，议会通过，委员互选产生教育长)，具体管理基础教育事务。主要职能是：对中小学教师进行资质和聘任管理；协调地区内的中小学教育；基础教育规划、学校设施、教学大纲、课程内容的管理；教师工资管理。

市町村建立教育委员会 (同都道府县教育委员会) 具体管理中小学事务，主要职责是：负责中小学校的设置和日常运作管理；对学生上学和教师服务进行监督管理。2005 年日本启动“义务教育改革”，包括将教师资格和聘任管理逐步下放到市町村。

最近 30 年来，日本中小学学生人数持续下降 (见图 3. 17)，逃学和在校不良青少年增多，义务教育的质量受到社会质疑，改革和重新设计义务教育制度体系已成为当前日本教育中的重大议题。

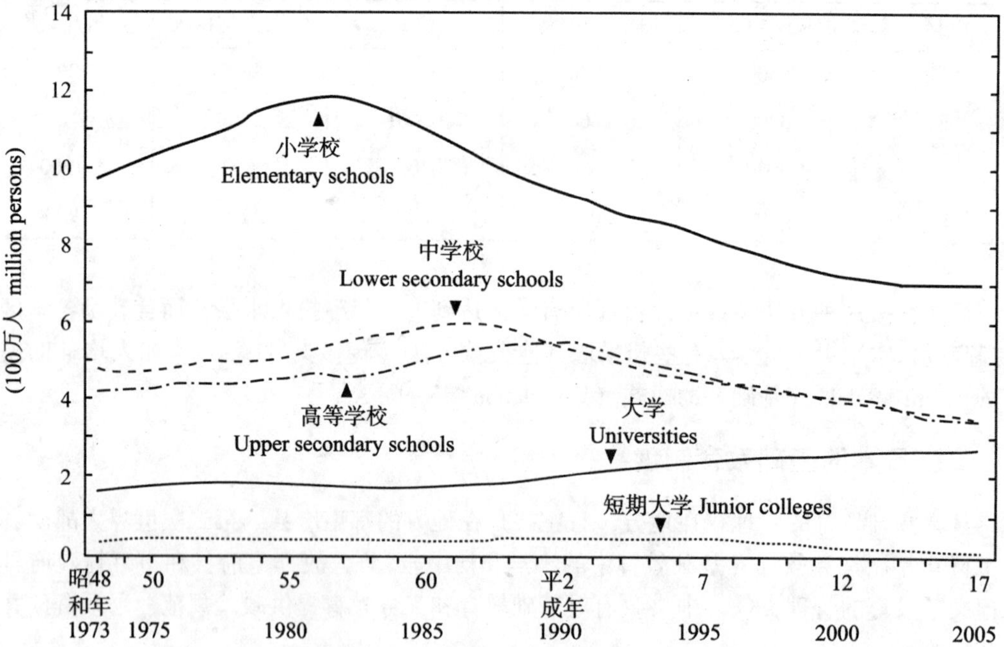

图 3. 17 日本各类学校的学生人数

2. 义务教育支出制度

第二次世界大战后，1946 年新《宪法》规定日本实行义务教育 (Compulsory Education)。1947 年日本《教育基本法》明确规定公立学校承担 9 年制义务教育。同年颁布的《学校教育法》规定，市町村政府必须在辖区内设置小学和初中 (日本目前地方的公立小学占总数的98.8%，公立初中占92.7%)。日本的义务教育是指：所有国民须承担保证使其子女接受教育的义务，从小学（6年）到初中（3年）不收任何学杂费，教科书、午餐和医疗保险实行免费。

日本义务教育经费由中央和地方政府共同负担。早在第二次世界大战前，1940年日本就制定了《义务教育经费国库负担法》和《关于市町村立小学教员工资及赴任旅费负担的规则》，规定市町村立小学教员的工资和赴任费由都道府县负担，其半额由国家负担。战后1952年新《义务教育经费国库负担法》增加了职员工资和教材费的国库负担问题。1970年后将学校营养职员的工资也纳入国库负担。2004年日本中央教育审议会发布《关于义务教育经费现状》的报告，阐述了义务教育经费中央和地方分担的新规定。

中央财政负担：(1) 义务教育阶段学生教科书经费；(2) 义务教育阶段学生全部经费；(3) 公立学校教职员工资、福利保障的1/2（包括校长、教师、职员和营养师）；(4) 公立学校新建或扩建校舍、室内运动场经费的1/2；(5) 公立学校校舍改造经费的1/3；(6) 受灾公立学校校舍建设的2/3；(7) 偏僻地区公立学校公用经费的1/2；(8) 公立学校经济困难学生补助费的1/2。

都道府县财政负担：(1) 公立学校教职员工资、福利保障的1/2；(2) 公立学校校舍危房改造经费的1/3；(3) 公立义务教育学校教职工"偏远地区津贴"；(4) 公立义务教育学校教师的进修费用。

市町村财政负担：(1) 地方公立学校新建或扩建校舍、室内运动场经费的1/2；(2) 公立学校校舍危房改造经费的1/3；(3) 公立学校经济困难学生补助费的1/2；(4) 公立学校的公用经费，包括教学材料（教科书由国家补助）、设备购买和维护、学校运营费用。

从以往的情况看，日本中央政府、都道府县、市町村承担的义务教育经费一般为3∶4∶3。中央财政除直接承担一部分经费外，主要通过转移支付资助都道府县和市町村。根据2005年的改革议程，2007年后取消对地方的转移支付部分，改为增加都道府县的税收。

可见，日本基础教育的管理和投入不同于美国，总体上是一种分责任、分支出的3方共管模式，目前正在转向中央主要负责教育内容、标准和条件保证，都道府县主要负责教育经费和协调与监督，市町村基层政府主要负责中小学日常运作和教师管理的新模式。

本章小结

对公共支出进行分析和管理首先应了解公共支出的基本分类和主要理论，本章介绍了公共支出的3种分类（按性质、经济和功能分类）和5种主要理论（瓦格纳的增长拉动论、马斯格雷夫的分配、技术和人口推动论、鲍莫尔的政府工薪推动论、公共选择学派的部门预算推动论和萨缪尔逊的公共品最优供应理论）。

讨论发达国家的公共支出模式有助于理解当今一些重要的公共支出制度，美国、英国、俄罗斯分别代表了北美、西欧和转轨国家公共支出的特点。社会保障制度作为最重要的公共支出制度，以德国的社会保险、英国的国家提供、新加坡的强制储蓄模式最为典型。农业和农村支出制度则以统一后德国和经济转轨后波兰的实践最为典型。基础教育

(义务教育)支出是地方公共支出的主要内容，美国和日本在这方面的安排有一定代表性。

复习思考题

1. 对公共支出分类有何意义?
2. 现有公共支出理论能否解释中国的公共支出增长?
3. OECD 国家公共支出的主要特点是什么?
4. 美国、英国、俄罗斯的公共支出有何差异?产生这些差异的原因是什么?
5. 德国、英国、新加坡社会保障模式的主要特点是什么?
6. 中国为什么不借鉴德国或英国的社会保障制度?
7. 强制储蓄模式优于“现收现付”社会保障模式吗?
8. 德国和波兰支持农业农村发展的政策各有何特点?
9. 中国的义务教育支出能否借鉴美国州对学区拨款的方法?
10. 日本的义务教育为何采取 3 级分工、共担责任和经费的方式?

第四章　公共收入制度

公共收入制度是一国政府通过征税和收费等方式取得一定比例的国民收入的制度。在公共收入中，税收收入是主体，其他非税收入是补充；在中央、地区和基层政府之间，税收与其他收入的比例可能不同，一般地方基层的非税收入所占比例要高。目前，世界主要国家的公共收入中税收的比例一般在90%以上，其中直接税的比重又往往高于间接税，这种直接税占主体的税收结构是由税收制度所决定的且与各国对税收的性质和作用的认识相关。本章主要论述美国、日本、英国、德国、芬兰、俄罗斯、印度的税收制度及其特点。

第一节　公共收入制度概述

一、公共收入分类

公共收入是指政府依据法律和规定，通过征税和收费等方式所取得的一部分国民收入。公共收入是公共财政的重要组成部分，它和公共支出一起构成公共财政活动的基本内容。因为有了公共收入，政府才能进行再分配、调节和改善社会的收入分配格局；也因为有了公共收入，政府才能提供公共服务、参与资源配置和影响市场供求及调节经济运行。

公共收入制度就是一国政府通过征税和收费等方式取得一定比例的国民收入的制度。公共收入制度的核心是税收制度，其次是公债制度、收费制度等。这里，我们主要讨论主要国家的税收制度安排。

公共收入制度与公共收入的分类相关。根据统计分析和管理的需要，各国常按不同方式对公共收入进行分类，目前主要有以下三种分类。

（一）按性质分类

按收入的性质和来源不同，公共收入可分为公产收入、主权收入、税收收入3大类。这种分类是18世纪中期德国官房学派的代表人物尤士第提出的，在早期运用较多。

（1）公产收入。公产收入是国有财产如土地、矿山、湖泊、建筑、物资设备、企业的经营、出让和出售所取得的收入。

（2）主权收入。主权收入是运用国家主权或权力所取得的收入，如商品专卖收入、战争赔款收入、公债收入、规费收入等。

（3）税收收入。税收收入是政府通过各种征税所取得的收入，如所得税、增值税、消费税、房地产税（财产税）收入等。

（二）按连续性分类

按取得收入的连续性和偶然性，公共收入可分为经常收入和临时收入 2 大类。这种分类有时将临时收入改作资本（项目）收入，同复式预算分类相适应。

（1）经常收入。经常收入是按某些规则经常性、连续性地获得的收入，如税收收入、使用费收入、公产经营收入等。经常收入是公共收入的主体，一般用于经常性支出。

（2）临时收入。临时收入或非经常收入是非连续地获得的收入，如公债收入、罚款收入、长期投资收入等。临时收入是公共收入的补充，主要用于非经常性支出。

（三）按方式分类

按取得收入的方式或形式不同，公共收入可分为税收收入和非税收入 2 大类。这种分类实际上是强调税收收入的主体作用，是目前最常用的一种分类。

（1）税收收入。税收收入是国家运用政治权力，根据税收制度向居民强制征取的各种收入。由于税收设计主要考虑对社会和经济的影响，具有广泛性和全面性，税收规模及其变化反映税制的特点和经济运行状况，故税收收入最受重视。

（2）非税收入。非税收入是现代国家对除税收收入以外的各种收入的总称，包括公产收入、公债收入、收费收入等。一般来说，地方基层的非税收入比重高于中央，因为中央的非税收入主要是国债收入（规模受限），而地方提供的服务由于消费拥挤和特定性往往收费也多。

二、收费制度

收费是政府提供一些特定的公共服务并为补偿其供应成本而向服务消费者收取的费用收入。收费是非税收入的主要方面。相对于税收，收费的特点是有偿性、自愿性和选择性。所谓有偿性，是指费用的收取考虑人们消费服务的受益情况；所谓自愿性，是指收费并不是强制性，而是人们因为消费而自愿缴纳的；所谓选择性，是指人们完全可以选择不消费和不缴费。

政府收费常遇到人们的疑问，那就是：既然政府用税收来提供公共服务，为什么还要向公共服务的消费者另外收取费用？在一般情况下人们消费公共服务确实不应收费，但是也应看到：第一，有些公共服务的消费具有拥挤性（比如车辆过桥、稀有文物古迹和建筑的观赏等），而人们也不是必须消费，此时收费一方面可以减少拥挤和过度消费所产生的损害，保证那些必须消费的人消费，另一方面可以取得弥补损害的成本；第二，有些公共服务不是在正常时间内供应的，或是应人们的请求临时性、额外提供的（比如深夜的紧急消防和出警），考虑到服务提供人员付出了比正常情况下更多的劳动耗费，也可以适当收费以用作补偿；第三，有些公共服务是由地方局部人群消费的（如高速公路对车辆收费，如公共设施的使用），如果用统一的税收来提供，对那些完全不会消费它的居民来说就有失公平，因此会采取消费即付费的方式；第四，有些公共服务本应由政府提供，但由于政府财力不足或其他原因而采取政府招标或 BOT 方式（社会单位自己筹资建设—经营—移交）由私人提供（如高速公路建设），在未移交之前消费者或使用者需付费。当然，这些并不是一定要收费，也就是说收费有一定的理性，也有一定的不合理性，是否收费最终应取决于公众的意见。

在西方国家，收费主要有4种情况：（1）行政、司法部门的规费收入。指行政、司法部门在从事服务提供活动时，对能给个人、团体带来特殊利益的服务收取一定费用；或者是行政、司法部门在对外提供超出日常范围以外的服务，或提供比正常法定服务的要求更高、次数更多的服务时，收取一定费用，如各种注册、登记费、特别警事服务费等。（2）政府主办的公用事业的收费。指国有企业、事业单位的经营性收费，如公有部门提供自来水、煤气、交通、邮政、医疗、教育服务等收取的水费、煤气费、交通费、邮资费、诊费和学费等。但义务教育和对老人、小孩及贫困者提供的医疗服务有例外。（3）公共设施使用费。指政府为补偿公共设施的建筑、维护、保养支出，对公共设施使用者收取的费用，如隧道、桥梁、高速公路等收费。（4）特许费或许可证收费。指政府授予个人或团体某种特殊权力而向受益人收取的费用，如特种娱乐经营、宠物饲养、污染物排放、枪支持有收费，以及矿产、森林、海洋等资源的开发和利用收费，公共景观利用的收费等。

也正是由于收费合理性的不确定特点，所以目前发达国家都建立了严格的收费管理制度。主要包括：

（1）制定法律和规章。出台任何收费项目，都要经过严格的立法或行政审议程序。全国性和中央政府部门的收费项目，一般要经国会审议批准后以法律形式颁布；有些经中央政府批准后，按行政规章形式颁布。地方性收费项目，一般由地方议会审议批准设立，但中央可以对地方公共事业的收费标准进行干预和限制。在收费项目设立过程中，议会和行政部门往往会举行听证会，广泛听取公众和服务对象的意见，与公众和服务对象达成一致。

（2）合理确定收费标准。西方国家确定收费标准，通常依据两个原则，一是高于平均成本原则，二是低于平均成本原则。普遍采用的是低于平均成本原则。其原因是，费用收取应有利于满足居民的最低消费水平需要，体现对低收入者的照顾；同时，还应鼓励公众对某些公共品的消费。至于按高于平均成本收费的情况，这主要是为了降低公共资源的耗费，防止产生拥挤，如对汽车收取较高的牌照费和停车费，以降低私人拥有的汽车数量，减少道路的拥挤程度。

（3）纳入政府预算管理。目前各国普遍把收费项目纳入预算，实行分类管理。对专门用途的收费，设立专门基金，专款专用。如日本、韩国实行的一般会计预算、特别会计预算及基金预算，美国联邦预算中的预算内收入和预算外收入之分。专项收费和支出，全部列入专项基金和支出账户，纳入国家预算管理，实行单独核算和规范管理，有利于杜绝乱收费、滥收费和滥支出。

三、税收制度

相对收费，税收具有普遍、无偿和强制的特性。所谓普遍，是指税收是对广大居民征收的；所谓无偿，是说纳税人缴纳税收与其服务受益多少无直接联系；所谓强制，是指个人缴纳税收是一种义务，不具有选择性。但是，这并不意味着税收是任意的。相反，税收比其他任何公共收入都应更具有规范性、目的性或功能指向性，更要考虑社会经济影响。税收制度就是有关税收（税种、税率、税基、扣除、优免等）的法律和规定。

早在17世纪，英国经济学家威廉·配第就提出税收应坚持“公平、便利、节省”原则。1776年亚当·斯密在《国富论》中提出税收“四原则”，即“公平、效率（适度）、简便、确定”原则。19世纪后期，德国财政学家阿道夫·瓦格纳进一步提出“四项九端原则”，即财政收入原则，包括充分（满足需要）和弹性（适应变化）原则；经济效率（不抑制）原则，包括慎选税源和税种原则；社会公正原则，包括普遍和公平原则；税务行政原则，包括确实、便利和节省原则。现代西方国家主要从税收的作用来考虑税收制度设计，认为税收应坚持公平、效率、稳定这3个基本原则，公平是指政府应无例外或普遍地根据人们的能力收税，效率是说税收应尽量不干扰市场配置、不产生“超额负担”，稳定是指税收应有利于经济稳定运行（包括价格和就业）。这3个原则与资源配置、公平分配、稳定增长3大财政职能一致。

税收有不同的分类，最重要的分类有3种。

按税收负担的归宿情况，税收分为2类：直接税和间接税，前一类税收由纳税人直接承担，如所得税、财产税等；后一类税收易转嫁，如流转中的商品税、劳务税。这种分类主要用来反映一国税制结构的特点以及税制的分配调节和财政收入功能的强弱。

按税收的管理层级和运用主体差异，税收也分为2类：中央（联邦）税和地方税（包括地区和基层税）。这种分类主要反映税收在不同政府层级间的分配比例情况。

按税收的对象和作用性质不同，税收分为5大类：所得税、商品税、财产税、行为税、目的税。这是最基本的一种分类，主要用于分析各种税收在经济运行和收入流动中的设置、作用和影响（美国财政学家马斯格雷夫曾作出收入流动与税种设置图）。此处，我们将3个主要税收种类及其调节作用按国民收入流动过程简述如图4.1所示。

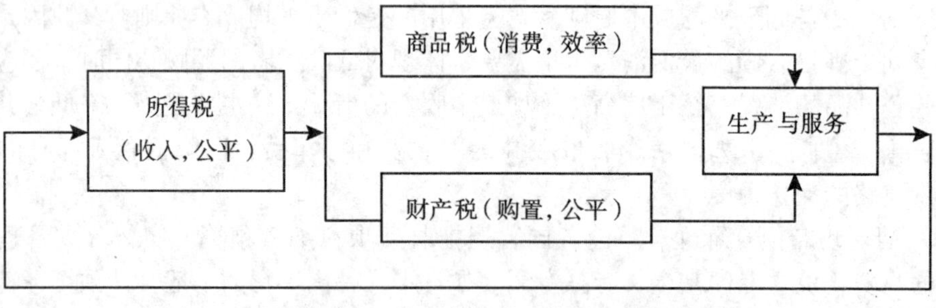

图4.1 3大税种在经济运行和收入流动中的影响与作用

由于所得税（主要指个人所得税，公司所得税有一定的转嫁性）位于收入流动的主线上，它对收入调节、公平分配（坚持公平原则）和社会生产的影响最大；商品税对市场消费产生调节作用，对市场资源配置（落实效率原则）的影响最大；财产税对财产的购置和积累起调节作用，也有利于公平分配。商品税和财产税直接影响社会再生产和收入流。由图4.1可见，处在收入流动主线上、以所得税（直接税）为主的税制模式的公平分配和经济调节的功能较强，而处在收入流动分支线上的商品税（间接税）为主的税制模式对市场消费和生产的直接影响大、但优点是税收负担的可见性弱。这是影响各国选择税制结构模式的重要因素。

表4-1是1965—2012年OECD国家的税制结构表。由表4-1可见，除了社会保险税，个人所得税是最大税种，其次是一般商品税（增值税和销售税），消费税第三，公司税第四，财产税第五。从直接税和间接税的比重看（不考虑社会保险税），直接税占41%，间接税占34%。从比重变化看，消费税下降最多，从最初的第二大税降到第四位；社保税和增值税代表的一般商品税都显著增加，分别从最初的第三、四位上升到第一、三位。

表4-1　**OECD国家的税制结构（占GDP的百分比）**

项目＼年份	1965	1975	1985	1995	2005	2010	2012
全部	100	100	100	100	100	100	100
个人所得税	26	30	30	26	24	24	25
公司所得税	9	8	8	8	10	9	9
工资税	1	1	1	1	1	1	1
社会保险税	18	22	22	25	25	26	26
一般商品税（VAT等）	12	13	16	19	20	20	20
消费税	24	18	16	13	11	11	11
其他税	2	2	2	2	2	2	2
财产税	8	6	5	5	6	5	5

资料来源：OECD，Revenue Statistics 2014.

第二节　税收制度：直接税主体模式

一、美国的税收制度

美国位于北美洲中部，面积963.1万平方公里（包括阿拉斯加和夏威夷群岛），北与加拿大接壤、南靠墨西哥湾、西临太平洋、东濒大西洋，人口3.21亿（2015年）。

美国的历史不长。1492年10月当意大利航海家哥伦布到达美洲时，那里只有印第安人（约3000万）。1607年，一个近百人的英国移民团队在乞沙比克海滩建立了第一个殖民地：詹姆士镇。此后150年，大批欧洲殖民者登陆并定居于沿岸地区，他们多数是英国人，也有法国、德国、荷兰、爱尔兰、意大利人。18世纪中叶，13个英国殖民地逐渐形成，它们在英国主权下组建了政府和议会。1773年，因波士顿茶叶事件，触发反英运动。1775年爆发美国独立战争。1776年7月4日，13个州的代表在费城召开大陆会议，签署著名的《独立宣言》，宣告美国独立（建国）。1783年战争结束，1787年在费城制定《联邦宪法》(1789 年生效)，选举华盛顿担任首任总统。

19 世纪初，美国开始工业化。南北内战后进入全面发展阶段，从 1865 年至 1914 年的近 50 年里，美国从一个农村国家变成了城市化的国家。第一次世界大战爆发后 1917 年美国参战，开始在国际事务中发挥重要作用。第二次世界大战爆发后 1941 年 12 月美国参战，并发挥积极作用。战后，美国成为最重要的发达市场经济国家。2014 年，人均 GDP 为 54644 美元；2011 年服务业就占 GDP 的 79.1%，工业占 19.7%，农业占 1.2%。

美国是一个总统制和联邦制共和国，由 50 个州和华盛顿哥伦比亚特区组成，州下是 78218 个各种地方政府（县、市、乡、镇、村、特别区，2014 年）。

（一）美国税制的历史发展

美国独立后，1787 年在费城制定《联邦宪法》，确立联邦征收关税和货物税，州和地方保持既有税收的格局。1789 年美国联邦开征统一关税以后，直到南北战争爆发，联邦政府的大部分收入来自关税。从 1861 年起，联邦消费税范围扩大（从烟、酒到各种工业品）、税率提高，成为联邦的主体税种。1902 年，消费税占联邦税收的 95%。

20 世纪以前，州和地方的主要税收是财产税。因联邦税收的比重小，故 1900 年以前美国税收的主体是财产税。

1913 年，美国修改《联邦宪法》，联邦开征个人所得税和公司所得税（南北战争前一些州已经开征所得税；1861—1865 南北战争期间，联邦曾临时开征个人所得税，1872 年停征，1895 年开征时因联邦最高法院裁定违宪而搁浅）。由此，美国税制形成新格局：联邦以所得税为主（1927 年所得税已占联邦税收的 64%），州以一般销售税为主，地方以财产税为主。

第二次世界大战结束以后，联邦所得税比重进一步提高（1975 年占 72%）；州除一般销售税外，所得税比重也不断提高；地方除财产税以外（1978 年后财产税扩大受到约束），一般销售税的比重也有所增加。

1986 年 10 月，美国联邦进行了战后最重大的税制改革。一是降低个人所得税税率，简化累进级次，取消一些优惠措施；二是降低公司税税率，减少累进级次，取消一些优惠（如对公司净资本所得、设备投资的减免等）。

1990 年以来，美国各级税收主要围绕所得税、销售税和消费税、财产税进行一些微调，税收结构没有大的变化。

（二）美国现行税制的特点

美国目前有 50 多种税，各州的税收差异很大。税收大体可以分为 5 大类，即：所得税（公司所得税、个人所得税）、商品税（零售销售税、消费税、关税）、财产税、工薪税（社会保险税）、其他税。

美国税收的规模很大，但占 GDP 的比重并不高，战后以来一直保持在 25%左右。图 4.2 中，上面的线是 OECD 国家平均税收比重的曲线。

1. 直接税为主，个人所得税是主体税种

第二次世界大战结束后，美国的直接税一直占主体，其中个人所得税又是主体税种。

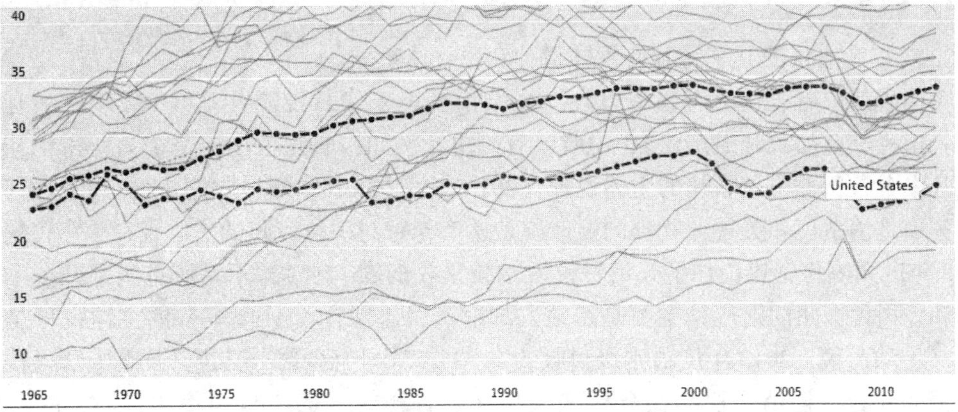

图 4.2 1965—2013 年美国和 OECD 国家税收占 GDP 的比重（%）

2013 年个人所得税占总税收的 38.5%。社保税在 1980 年跃居第二位，2013 年占总税收的 24.4%。商品税一直居第三位，2013 年的比重是 17%。财产税、公司税的比重相当，2013 年分别占总税收的 11%和 9%。见图 4.3 和表 4-2。

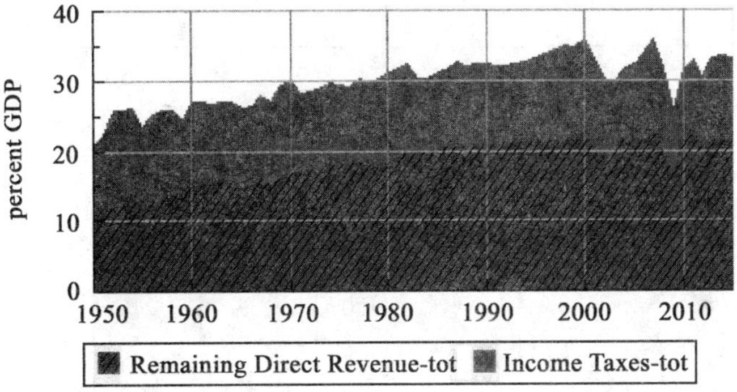

图 4.3 1950—2014 年美国财政收入和个人所得税占 GDP 的比重（1%）

表 4-2　**1965—2013 年美国税收占 GDP 的比重（%）**

项目 \ 年份	1965	1970	1980	1990	2000	2005	2010	2013
全部税收	23.5	25.7	25.5	26.3	28.4	26.0	23.7	25.4
个人所得税	7.7	9.4	9.9	9.7	11.8	9.1	7.8	9.8
公司税	3.8	3.4	2.8	2.4	2.5	3.0	1.9	2.3
社保税	3.1	4.1	5.6	6.6	6.6	6.3	6.1	6.2
财产税	3.7	3.6	2.7	3.0	2.8	2.9	3.1	2.8
商品税	5.3	5.1	4.5	4.6	4.6	4.6	4.3	4.3

资料来源：OECD Data，2015.

2. 三级政府税源共享，各有主体税种和税收体系

美国联邦政府、州政府和地方政府（县市乡镇）实行税源共享（3级政府都有所得税、公司税、商品税和财产税），税收各有侧重。例如，联邦税主要是个人所得税和公司税，其中个人所得税是联邦的主体税种（2013年度占联邦本级税收的73.5%），联邦的商品劳务税是消费税和关税，联邦的财产税是遗产与赠与税；各州的主体税种是零售销售税（2013年度州零售销售税加上州消费税占本级税收的55.5%），不是所有州都开征个人所得税和公司税，州的财产税主要是跨地方的财产税；地方（县市等）的主体税种是房地产税（不动产税，2013年度占本级税收的71.9%），只有少部分县市开征个人所得税和公司税，地方的零售销售税与州分税率共享（在各州统一的销售税率中，地方的税率很低）。在这种安排下，目前美国联邦、州、地方3级的税收分别占总税收（包括社会保障税在内）的比重约为40：20：15（见表4-3）。美国联邦、州和地方的税收自成体系，见表4-4。

表4-3 **美国联邦、州和地方的税收比重（%）**

项目 \ 年份	2010	（各税占本级比重）	2013	（各税占本级比重）
联邦税	42.4		41.5	
个人所得税		60.1		73.5
公司税		19.8		18.5
消费税和关税		6.3		6.8
遗产与赠与税		1.0		1.0
州税	20.4		20.0	
个人所得税		33.4		36.9
公司税		5.5		5.4
消费税和销售税		58.5		55.6
财产税（房地产）		2.4		2.0
地方税	16.4		14.3	
个人所得税		4.3		4.6
公司税		1.3		1.4
销售税		21.2		22.0
财产税（房地产）		73.3		71.9
社保税（基金）	25.8		24.2	

资料来源：根据OECD Data（2015）计算.

表 4-4　　2015 年美国联邦、州、地方三级政府的税收体系

联邦税	州税	市县乡镇特区税
1. 关税	1. 财产税（铁路、木材）	1. 财产税（房地产）
2. 消费税（运动产品、化学物品、核电、烟酒、燃料、卡车、枪支、赌博）	2. 继承与赠与税	2. 销售与使用税（与州分享）
	3. 失业保险税	3. 许可、证照税
	4. 个人所得税（附加税）	4. 经营登记税
3. 社会保险税	5. 公司税（附加税）	5. 旅馆房间税
4. 个人所得税	6. 销售与使用税	6. 特许税
5. 公司税	7. 汽车税	7. 公用事业税
6. 遗产与赠与税	8. 保险公司税	8. 工薪税
	9. 消费税（烟酒、燃油等）	9. 不动产转移税
	10. 环境费等	10. 建筑、防火费等

注：表中州税用加利福尼亚州税代表（各州大同小异），市县乡镇税用加州 San Francisco（市县综合体）的税收代表。

（三）现行主要税种

1. 个人所得税

个人所得税（Personal income tax）是美国的主要税种，是美国联邦政府的主要税收来源。美国联邦、州和地方三级政府都征个人所得税，但以联邦为主，大部分州（7 个州无个人所得税）和少数地方开征的个人所得税大都采取附加税或低税率的方式。

联邦个人所得税的纳税人是美国居民和非居民。美国居民就全球所得纳税，非居民仅就在美国境内的所得纳税。

联邦个人所得税的课税对象是纳税年度内的个人所得。具体包括：工薪、雇员补偿、经营利润、财产利得、股息红利、租金、利息、特许权收入、退休年金收入、社会保险收入。

（1）应税所得

美国联邦个人所得税的一个特点是：实行综合课征（除长期资本所得以外。长期资本所得用比例税率计税，2015 年税率为 15%；超过一定数额的长期资本所得的税率为 20%）。即：将各种应税所得加总后得到总所得，然后进行调节、扣除、宽免后得到应税所得，再用累进税率计算应纳税额。个人所得税的应税所得额的计算如下：

总所得-所得调节=调节总所得（AGI）

调节总所得-扣除-宽免=应税所得（Taxable Income）

所得调节（Adjustments to income），也就是基本扣除。它包括：①个人医疗储蓄账户、个人退休账户的缴费；②自雇者的医保缴费、社保缴税；③搬迁费、学费和学生贷款

利息、教师教学费用、表演艺术者工作费；④国内制造（小企业的产品生产、建筑、软件等）费。这些基本扣除中有些可以全额扣除，有些只能部分（按一定比例或限额）扣除。

列举扣除（Itemizing deductions），也称逐项扣除。包括：①灾害和盗窃损失；②医疗和牙科费用；③州与地方的所得税、销售税、财产税和其他税；④家庭抵押贷款利息；⑤投资利息等。同样，列举扣除中有些可以全额扣除，有些只能部分扣除。纳税人可以选择列举扣除（要有相关的证据），也可以选择标准扣除方法。

标准扣除（Standard deduction）是为了避免纳税人计算逐项扣除的麻烦，按一般家庭和个人每年实际列举扣除的平均值上限所设计的扣除标准。若纳税人估计该数额多于自己的实际应扣除额，可在申报时直接选用而不必逐项计算。2015 年，纳税人和配偶及其抚养成员的标准扣除额是：单人 6300 美元（户主 9260 美元），被抚养人 1050 美元，盲人和 65 岁以上老人则另加 1550 美元。据美国国税局统计，每年绝大部分纳税人选择标准扣除。

个人宽免（Personal exemption）是给予低收入的纳税人和配偶及其抚养成员的免税额（宽免额是每年调整的。从 2013 年起，美国联邦税法增加了“逐步中止”规定，即：当纳税人的调整总所得达到某一数额时宽免额将按比例逐步递减，而在达到某一较高数额时将中止即不给予宽免）。2015 年，每个纳税人和配偶及其所抚养的家庭成员的免税额为 4000 美元。此外，对盲人、65 岁以上老人还有额外宽免额。

2015 年，美国联邦个人所得税的起征点是：单身申报 10150 美元（65 岁以下）或 11700 美元（65 岁以上）；户主申报 13050 美元（65 岁以下）或 14600 美元（65 岁以上）；夫妻联合申报 20300 美元（65 岁以下）或 11700×2 美元（65 岁以上）；夫妻分别申报 3950 美元。由此可见，联邦个人所得税制度鼓励家庭联合申报。

（2）税率和替代性最低税

美国联邦个人所得税实行超额累进税率。图 4. 4 反映了综合个人所得税税率和分离课税的长期资本所得税税率变化情况。表 4-5 是 2015 年度的税率表（包括单身申报、户主申报、夫妇分别申报和联合申报 4 种类型）。

表 4-5 **联邦个人所得税税率表（2015 年）** 单位：美元

税率	单身申报	户主申报	夫妻分别申报	夫妻联合申报
10%	0～9225	0～13150	0～9225	0～18450
15%	～37450	～50200	～37450	～74900
25%	～90750	～129600	～75600	～151200
28%	～189300	～209850	～115225	～230450
33%	～411500	～411500	～205750	～411500
35%	～413200	～439500	～232425	～464850
39. 6%	413200～	439500～	232425～	464850～

资料来源：美国财政部国税局（IRS）网站.

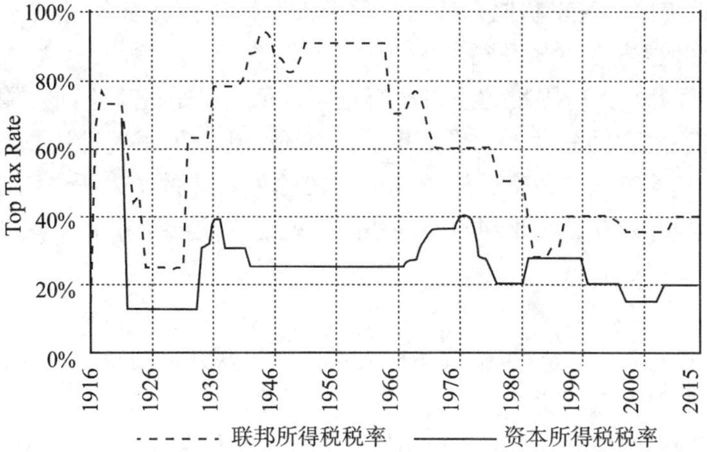

图 4.4　联邦所得税税率和资本所得税税率（1916—2015 年）

替代性最低税收（Alternate minimum tax）。1969 年，美国联邦个人所得税引入所谓“替代性最低税”制度，供那些具有较高收入（要达到规定的收入水平）的个人选择使用，避免他们承担过重的税收负担。该制度规定：高收入者可在调节总所得的基础上减去扣除和宽免后，再减去替代性最低税收的宽免额（宽免额每年调整，也按单身申报、夫妇申报等类型来设置），用特定的比例税率（即不用累进税率）来计算应纳税额。纳税人将如此计算的替代性应纳税额与按常规方法计算的应纳税额相比较，按其中较小的纳税额来交纳税款。

（3）税收抵免

美国联邦个人所得税实行抵免制度（Income tax credit），即直接从应纳税额中减去各种抵免额，然后才是要向美国国税局（IRS）实际缴纳的税额。

联邦个人所得税现行（2015 年）抵免项目包括：①替代性车辆抵免；②替代性燃料充注资产抵免；③孩子和抚养照顾抵免；④老人和残疾人抵免；⑤国外所得税抵免；⑥低收入、有孩子家庭的劳动所得抵免（2015 年 1 个孩子的最大抵免额是 3359 美元，2 个孩子是 5548 美元，3 个以上是 6242 美元）等。

（4）申报缴纳

预扣代缴：凡有固定职业者，工资、薪金所得部分由雇主在支付时实行预扣代缴。

申报预缴：无固定职业者，以及固定职业者除工资、薪金以外的其他所得，均采用按季申报预缴；选择公历年为税收年度时，每季缴纳时间为 4 月 15 日、6 月 15 日、9 月 15 日、次年 1 月 15 日。

年终结算：每个纳税人都必须在 4 月 15 日前填报两份申报表：一份本年度纳税申报表，一份上年度的结算申报表。纳税申报表概算本年度总所得，根据概算所得算出估计应纳税额，并分季交纳；结算申报表是上年度实际所得的申报表，根据实际应纳税额和已经交纳的税款申请结算，补交或要求退税。

（5）州与地方的个人所得税

早在19世纪，美国一些州和地方就开征了个人所得税，目前有43个州有个人所得税，有11个州允许地方开征个人所得税。

大多数州采用联邦个人所得税的应税所得进行计征，只是税率不同（附加税形式）。但各州的个人所得税最高税率（无论采用累进税率还是比例税率）都比联邦要低，一般不超过10%，少数州实行比例税率。部分州（约10个左右）的个人所得税在填报时允许扣除联邦个人所得税，而有一些州却不允许扣除。地方（主要是市和县）的个人所得税多实行比例税率，税率更低。

2. 公司税

美国公司税（Corporate tax）也称公司所得税。除了联邦公司税，大部分州（只有6个州不征公司税）也征收公司税。

美国联邦公司税的纳税人是美国公司和外国公司。根据美国税法，美国公司是根据各州法律成立并向州政府申请注册的公司，不论它设在国内还是国外，也不论其股权是属于美国人还是外国人。外国公司是指根据外国法律成立并向外国政府申请注册的公司。对美国公司，就其全球所得税纳税；对外国公司，就其在美国的所得纳税。

联邦公司税的征税对象为公司各种所得，包括：经营收入、资本利得、股息和利息、租金、特许权使用费、劳务收入和其他收入。

（1）应税所得

联邦公司税的应税所得为公司净所得，即总所得减去各种扣除（公司税没有宽免额）。

公司税的扣除是各种经营费用和损失。具体包括：利息和租金支出；已缴的州和地方税（财产税、所得税等）；经营费；维修费；广告费；亏损（结转）；呆账；雇员工薪与福利；国内制造费；资产折旧；慈善和公益捐赠；灾害保险费等。

（2）累进税率

美国联邦公司税实行累进税率。2005年以来，联邦公司税率增加为8级，税率结构呈现明显的倒“U”形，见表4-6。

表4-6 **美国联邦公司税税率表（2005—2015年）** 单位：万美元

应税所得	税率（%）	应税所得	税率（%）
0~ 5	15	33. 5~1000	34
5~ 7. 5	25	1000~1500	35
7. 5~10	34	1500~1833	38
10~33. 5	39	1833~	35

资料来源：美国财政部国税局（IRS）网站。

另外，与个人所得税一样，公司也可以运用“替代性最低税收”规则纳税。

（3）申报缴纳

联邦公司税法规定，一个公司无论应税所得有多少，都必须填写公司所得税申报表，小公司（收入 50 万美元或资产 50 万美元以下）填写 1120-A 申报表，大公司填写 1120 申报表，S 公司填写 1120S 申报表。在美国，税法意义上的公司与公司法意义上的公司是不同的。在公司法意义上，公司要求具有章程、向有关机构提交文件、领取执照和发行股份。在税法意义上，公司是有一定经营活动水平的经济实体，并具有持续存在、集中管理、有限责任、可自由转移利益等特性。为对公司进行分类和便于纳税，1996 年美国 IRS 制定了所谓“验箱规则”（Check-the-box regulations），规定多于一个股东的实体可以选择作为一个公司或者作为一个合伙关系；具有一个所有者的实体可以选择作为一个公司，也可以选择作为单一所有权关系。单一所有权关系和合伙关系都不是公司所得税的纳税义务人，按个人所得税法纳税；如果一个实体已选择作为公司，还可以选择作为一个 S 公司，同合伙关系一样按个人所得税法纳税，但必须符合以下条件：是国内公司；不超过 75 个股东（仅为个人股东且没有外国居民）；只发售一种股票。

同个人所得税一样，公司可以选择公历年或财政年作为纳税年度。平均年收入超过 500 万美元的大公司不得采用现金收付制，小公司、个人服务公司和农业公司可以选择现金收付制或权责发生制账户。公司必须在纳税年度开始后第 3 个月的第 15 天以前提出预计申报表，并依照申报表在纳税年度内分 4 次（在第 4 个月、第 6 个月、第 9 个月、第 12 个月的第 15 日前）预缴公司税。

纳税年度终了后，公司应就本年度所得税纳税情况填报结算申报表，同时缴纳所欠的公司所得税。如果本年度已经预缴的公司税额超过最后结算应缴纳的公司税，可冲销下年度的应纳税款。联邦公司所得税征收时，对公司在国外已缴纳的所得税实行抵免法；与个人所得税相同，其抵免额以按本国税率计算的所得税应纳税额为限。

（4）州和地方的公司税

目前，美国有 44 个州征公司税，大部分城市也征公司税。州和地方的公司所得税与联邦公司税大体相似，但税率较低。其中，有 31 个州按比例税率征收公司税；税率大多低于 10%，有些州的税率仅为 2%。地方的公司税均按比例税率征收，一般为 1%～9%。对联邦公司税，有 6 个州规定可以扣除。

3. 遗产与赠与税

美国联邦政府 1916 年正式开征遗产税，1932 年正式开征赠与税。1976 年进行改革，将遗产税和赠与税统一起来，合并为遗产与赠与税（Estate tax and gift tax）。

联邦遗产与赠与税的收入比重虽然很小，但它的社会意义重大。美国联邦政府开征遗产税的目的并不是取得收入，而是防止财富在一个家庭的多代人之间长期、大规模地集中；赠与税则是对遗产税的重要补充，因为没有赠与税，人们就会利用赠与来转移财富。故遗产与赠与税具有促进社会财富公平分配的作用。在美国，支持遗产与赠与税的主要理论有三：一是服务支付说，这种理论认为政府对产权实行保护，才有个人财富的积累，而作为对这种保护服务的回报，政府有权分享遗产。二是归还社会论，这种理论认为所有财产都属于社会，一个人在有生之年可以凭借劳动积累财产，但其后代并无充分理由占有全部财产，至少应有部分财产归还给社会。三是劳动和捐赠激励论，该理论认为不经劳动和努力取得财产会扼杀人的天赋与才华，遗产税既会激励后代劳动创造，也会激励富人捐赠和从事社会公益活动。

当然，遗产与赠与税近年来也遇到批评。有人认为应废除该税，理由是：第一，遗产税阻碍储蓄和投资，不利于家庭经营和小企业发展；第二，赠与税影响富人对贫穷亲朋的资助，使社会分配更不公平；第三，假如后代的能力差，遗产转移可以减少代际收入不公平，而遗产税和赠与税会扩大这种代际不公平。也许正是这些原因，近年来美国联邦遗产与赠与税制变动较大、调整频繁。

(1) 税收对象和纳税人

遗产与赠与税的对象是财产所有者生前遗留的全部财产，包括：动产和不动产、有形和无形资产，以及去世前3年转移的财产。

遗产与赠与税的纳税人是遗产管理人或遗嘱执行人。根据美国联邦税法，遗产和赠与财产的估价应在死者死亡时或死后6个月内的其他日期，按市场价格估算价值。遗产的执行人可以选择：死亡日或是在死亡日后6个月内的某个可替代的日期，作为估价日期；替代日期一般是指在死亡日后6个月内的财产分配日、销售日、交易日或其他处置日。遗产执行人应在第一次申报遗产税时选择确定。财产的估价应参照市场价格进行。

(2) 扣除、宽免和税率

联邦遗产税的扣除包括：安葬费用、管理费用、债务支出、偶然损失、慈善捐赠、配偶扣除等。赠与税的扣除包括：配偶转移扣除，每人每年的受赠扣除（2015年为1.4万美元）。

联邦遗产税和赠与税规定统一的宽免额，低于此数额则不缴纳联邦遗产与赠与税。1997年以来，联邦遗产与赠与税的宽免额逐年提高，从当初的60万美元增加到目前（2015年）的到534万美元。

联邦遗产与赠与税曾长期采用统一的超额累进税率，2011年进行改革：将10级累进税率改为单一的比例税率，2013年到目前税率一直保持为40%。

(3) 申报和缴纳

根据联邦税法，遗产税的纳税义务人必须在财产所有人去世后的9个月内向国内税务局申报纳税。如果纳税义务人因故不能按时申报，则应在申报期限内向国内税务局提交延期申请，请求给予6个月的延期。如果遗产管理者在国外，申报纳税期限可以适当延长。

赠与税按年度申报纳税。在赠与人死亡当年，赠与税的申报不得迟于该赠与人的遗产税的申报期限。但如该赠与人不必申报遗产税，或遗产税申报截止日在赠与人死亡次年的4月15日之后，则赠与税的申报应在次年4月15日之前完成。

(4) 州继承税和赠与税

除少数几个州之外，美国大部分州也征收遗产与赠与税。有些州同联邦一样征收遗产税，有些州征收继承税（遗产继承人按所分得的遗产额纳税），少数州既征遗产税又征继承税，征收继承税的州较多。

州遗产与赠与税并不同联邦一致。州遗产与赠与税的主要特点是：①税率略低，例如2015年大部分州税的税率在16%左右，少数州为20%；②宽免略少，例如2015年大部分州的宽免额在300万美元左右，少数州与联邦的宽免额相同；③根据亲疏关系运用不同税率：与遗留财产者的关系越近，税率越低、扣除和宽免额越大，反之亦然。

4. 消费税

消费税（Excise taxes）是以一些特定商品（劳务）的购买和消费为对象的一种税收。在美国，消费税有联邦消费税和州消费税，但以联邦消费税为主体。在联邦所得税开征之前，消费税和关税曾经是美国联邦政府的主要税收。20 世纪 50 年代初消费税还占联邦税收的 19%左右，此后逐步下降，1990 年以来降到了 4%以下，目前仅占 3%左右。

与其他的商品（服务）税不同，美国消费税的一个重要特点是：按商品（服务）的数量征税、税含在价格中，而不是按商品的价格征税、税与价格分离。

（1）联邦消费税（Federal excise taxes）

联邦消费税是针对一些特定的限制性（危害健康、环境和公共设施，耗费资源，影响社会风尚）商品和服务的税收，如烟草税、酒税、燃油税等。联邦消费税的税收范围不宽，属于有限型消费税。目前（2015 年）主要包括以下 12 类。

①酒税。包括：啤酒，$18/ 每桶（31 加仑）或$0.05/每罐（12 盎司）；葡萄酒，根据酒精含量税率为$0.226～$3.40/ 每加仑，或$0.05～$0.67 /每瓶（750ml）；白酒，$13.50/ 每加仑或$2.14 /每瓶（750ml）。

②烟草税。包括：卷烟、香烟、雪茄、烟丝，按每 1000 支、每包（20 支）、每袋（1 盎司）等征税。

③火器税。枪支和弹药，如手枪，税率为 10%；其他，税率为 11%。

④环境税。包括原油泄漏责任税和有损臭氧层的化学物品税（ODS），原油泄漏责任税税率为$0.08/ 每桶；ODS 根据进口、销售、使用等情况按重量确定不同税率。

⑤通信税。包括本地电话服务和电传打字机交换服务税，税率为服务收费的 3%。

⑥航空税。对个人乘飞机旅行（里程在 225 英里的范围内）征收的消费税，税率为机票的 7.5%+路段税。

⑦制造税。对煤炭生产者和捕鱼设备、钓鱼竿、弓箭、轮胎、高油耗汽车、舷外发动机、一些医疗器械的生产商征收，税率按数量或销售价格制定。

⑧重车辆税。对各种重型卡车、牵引车、拖拉机和农用车辆的销售者征收，按销售价格的 12%征收。

⑨客船税。对一些客运船舶征收的乘客运送税，一般按每个乘客多少美元的固定税率征收。

⑩外国保险税。对外国人发行、销售的担赔债券、人身意外伤害保险、疾病和事故保险等征税，税率为 11～44 美分/ $10.1 保险费。

⑪燃油税。对柴油、煤油、汽油和液化天然气的使用所征的税收，例如，汽油税的税率是 $0.184/每加仑，航空汽油为$0.194 每加仑。

⑫重车使用税。对在高速公路上行驶的重量超过 5.5 万磅或行驶里程超过 5000 英里的车辆所征的税收。

联邦消费税按季申报缴纳。

（2）州和地方消费税（State and local excise taxes）

目前美国有 47 个州和地方（县、市等）也征收消费税，通常与联邦平行征收和附加征收。州和地方最普遍的消费税是酒税、烟税、烟酒生产与销售许可税、能源税、燃油税、天然气税、水权税、保险税、环境税。州消费税一般多于地方，但地方还开征一些具有地方服务特点的消费税（如旅馆服务税、娱乐设施税、游戏卡税）。

5. 零售销售与使用税

目前美国有 45 个州征收零售销售与使用税（Sales & use tax），其中 38 个州允许地方政府（县、市、特别区等）也征收零售销售与使用税。零售销售与使用税是对所有零售、租赁和出租的商品（资产）及服务，按其销售价格所征的税收。有些州（31 个州）规定对食品、书刊、衣服、某些药品、农业设备和用品免征零售销售与使用税。

零售销售与使用税一般采取州和地方共同税率的方式，即确定一个州和地方的总税率，州和地方实行分税率共享（例如，总税率为 8%，州按 6%取得税收，县按 1%取得税收，市按 0.3%取得税收）。当然，许多州也规定各地方（市、县、特别区等）有权可以另外增加本地的零售销售与使用税税率。

零售销售与使用税是州的主要财政收入来源。零售销售与使用税采用比例税率，美国各州的零售销售与使用税率通常在 5%~15%左右（2015 年州与地方混合的销售税率最高的是田纳西州 9.45%，其次是阿肯色州 9.26%），各州的税率差异大，同一州的各市、县也不同。零售销售与使用税一般按季节申报缴纳，零售销售者为纳税人。

6. 财产税

财产税（Property taxes，美国一般称为从价税）是对个人和公司法人的不动产（Realty，房地产和其他建筑物）和动产（Personalty，家具、汽车、机器设备、库存品、股票证券、珠宝）按评估价值所征的税。财产税一直是美国地方基层政府（特别是学区和县市镇）的主要收入来源，州一般仅对动产和特定财产（如跨县的私人铁路车辆等）征财产税，联邦政府不征财产税（除了遗产与赠与税）。

（1）财产税的历史

财产税是美国的传统税收。早在 17 世纪 20 年代，英国、法国、德国和荷兰等国的殖民统治者就在南北部各殖民区建立了财产税，最初用于地方教区的事务和儿童教育，按财产类别（分类财产税）和单位与等级对土地、房屋、牲畜、奴隶等征收。实行分类财产税主要有两方面的原因，一是受欧洲财产税的影响，殖民统治者将欧洲模式移植到北美；二是对不同财产（收入能力不同）用不同税率征收显得公平、税收反抗小，如对土地和房屋的税收高于牲畜和奴隶。不过，在当时各殖民地财政收入中财产税并不占主体地位（非税收入如收费、彩票、罚款和捐赠是主体，其次有关税和烟酒税等间接税），财产税和人头税只起补充作用。17 世纪中期后由于北美殖民者之间的争夺加剧，财产税才迅速普及和发展。

美国独立后，原有分类财产税模式依然因循，直到 19 世纪初（1818 年由伊利诺伊州开始），由于大规模的基础设施建设（如运河、铁路、公路和城镇）和政治民主化发展，财产税开始变革，转向范围扩大（包括不动产和动产）、（各州）税率统一、按价计征（参照市场价格进行评估）的综合型财产税或一般财产税。同时建立了一套相关制度，包括：由村、镇、区（城市）居民选举一名估价员进行财产评估，并设立税收委员会处理申诉和进行修正调整；县设立公平委员会进行综合平衡、统一协调（各村镇财产的评估价值差异过大）；州设立税收委员会对各县估价和征收进行监督，州法院负责解释州法和解决税收冲突。各州还规定：县是地方财产税的协调管理单位，财产税主要用于地方公立学校的教育，财产税不包括公共财产、对低价财产和穷人的财产进行豁免。1900 年，一般财产税在美国州和地方财政收入中达到 45%和 70%的高水平。一般财产税兴起和发展的内在原因是它的综合性、平等性、收入能力大的特点，再就是它被用于居民所需要的地方公共事务。

进入 20 世纪后，由于联邦和州开征所得税、遗产税、销售税等新税，也因为财产税与所得税的重复和州与地方县、市、学区等多级征收税负过重问题，以及股票、债券等无形财产增多而无法对其合理估价和公平征税，1920 年后一些州开始放弃财产税。加上 1929—1933 年大萧条后许多企业和家庭无法付税，于是各州纷纷转向所得税和零售销售税，仅征特别财产税（铁路、电力、保险、银行、电话电报、快递公司的财产税）。一般财产税开始主要归地方，并向分类财产税回归（只对土地和房产征税）和降低税率。1940 年，州财产税比重降到 5%（销售税达 36%，所得税提高到 11%），地方财产税也降到 80%。

1950 年各州财产税比重进一步降至 3%左右（此后长期徘徊在这一水平），地方财产税降为 70%左右。70 年代，由于“滞胀”和房价上涨，一些州的居民强烈要求降低财产税。1978 年加利福尼亚州公民投票通过限制财产评估价值和税率的 13 号法案，随后各州效仿（到目前只有 5 个州没有限制性立法），这使财产税的地位进一步下降。90 年代后，由于经济增长和财产价值增加，地方财产税开始回升。2000 年，财产税在州收入中占 2. 0%，在地方收入中占 45%（在地方税收中占 71. 6%）。2011 年，财产税在州税收中占 1. 8%（所得税占 39. 5%，销售税占 48. 4%），在地方税收中占 74. 2%（销售税占 16. 1%）。图 4. 5 反映了美国财产税变化的历史概况（下面的线是 OECD 财产税的平均值曲线）。

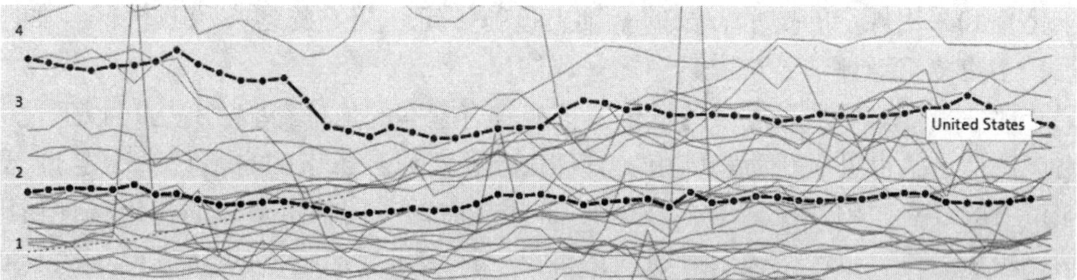

图 4. 5　美国财产税占 GDP 比重的变化（1965—2013 年）

（2）财产税的作用和趋势

从美国财产税的发展历史来看，财产税的基本功能是筹集地方基层的财政收入，保证地方基本公共服务的提供。这是因为财产税的对象是居民和企业财产，它与地方居民和企业的利益直接相关，如果不能明确、合理地规定其地方公共用途，就可能被泛用和滥用，这样无论其税率高低和范围宽窄都会遭到抵制。因此，财产税只能定位于地方基层，用于提供社区治安和卫生环境这些基本公共服务，给纳税人看得见的受益。至于财产税的其他功能（如引导房地产资源合理配置，作为分配调节的补充机制等）都是第二位的。财产税永远是地方财政健康和公共服务供应的基础（它具有稳定、自主、公平、民主、与服务关联的特性）。

美国财产税的历史变化并不意味着其前途渺茫，只是反映了随着经济发展水平的提高，国家税收结构相应变化和调整的一般规律。即当个人、公司所得税和商品税（销售税、消费税等）不断发展时，中央和州（地区）政府将更适宜运用这些税基宽、规模大的税收来提供全国性和区域性公共服务，而与居民直接关联的财产税必然会回归地方，承担为居民社区提供基本服务的职能。此外，随着经济发展水平不断提高，地方的财产也会不断增加，财产税的潜力也会更大，所以，随着地方公共服务水平提高和地方不断完善财产税的评估和管理，财产税的比重也将会提高，作用也将更大。

（3）财产税的基本规定

美国50个州都征财产税，州不征或仅对少数的特定动产征税，所有地方（村、镇、市、特别区、县等）都征不动产税（房地产税），很多地方也征动产税。

①税收对象和纳税人。地方财产税的对象主要是不动产和经营性动产，具体有：土地、房屋（包括公寓和移动住处）、商业建筑、矿山（或开矿权）；家具、办公设施、机器、设备、飞机、船舶、车辆（使用6年以内）、存货。地方财产税的免税范围是：政府公共财产（不包括用于经营获利的财产）、公益财产（如公立学校和医院等，但不包括教会财产）、外国使领馆财产。地方财产税的纳税人是应税财产的所有者。

②计税标准和财产评估。大部分地方规定，财产税的计税标准是本区域内、每年1月1日存在的财产的价值。

财产价值由地方（村、镇、市、特别区、县）的财产评估员根据本州制定的“评估准则”，在比照市场价格（或用实际购买价格或建筑价格；重置成本减折旧；租赁资产收入资本化）和采用规定的技术方法的基础上进行评定。交叠的地方税收辖区（如县和县内的镇）不重复组织评估，仅由其中之一评估。

财产评估员一般要求通过某些资格考核或具有基本的估价经验，地方可以通过选举来决定财产评估员，也可以任命和聘用（具体由州税法或县、市的自治规章决定）；县和较大的城市一般设立“财产税估价办公室”，雇用全时的专门估价员或聘用市场评估机构进行评估，较小的村、镇往往选用兼职的估价员。许多州规定每3~4年进行一次全面的不动产评估（动产每年检查评估），评估后的第2年才根据新评估的价值征税。

地方一般设立“财产评估监察（审查）委员会”，对财产评估情况进行检查和审查。“财产评估监察（审查）委员会”一般由本辖区的并且与政府无关的3位以上的居民（通过选举）组成。该委员会接受居民的申诉（要有书面材料），对质疑财产进行复审、修改、调解和裁决。居民若不服委员会的调解和裁决，可以向法院起诉；有些州规定，居民必须在委员会裁决之后才能向法院上诉。

各州一般要求各县的地方财产税评估具有统一性和均等性，禁止各地方对同类财产运用不同的标准和方法进行评估。在市、镇、村等各自评估的情况下，县应设立“税收公平委员会”或“审计与控制办公室”对县内各地方的财产评估结果进行审查并做均衡性调整。

许多州规定，为了保证评估技术的效率以及公正性与均衡性，各县的公共事业公司的资产（如电厂、铁路等）和工业（制造业）公司的财产应由州有关机构（如州税收公平委员会等）进行评估。

③税率、评估率和限制。地方的财产税税率用财产价值的千分率（X/1000）表示，即“厘计税率”。各地方（市、镇、村、特别区）的财产税税率由各地方政府根据规定的各种公共服务供应的支出预算额，除以本地的财产税计税价值来决定，然后由县加总和调整后得到总税率，实行统一征收、按率分配。各县的财产税总税率不能超过州法规定的水平，即县总税率（村财产税率+县级财产税率）必须小于或等于州限定税率，若最初确定的总税率超过州限定税率则由县进行调整。

大部分州的地方对财产税进行分类并制定不同的适用税率。一般情况是，各地方对家庭财产运用低税率，对商业财产运用高税率，有些地方的经营性财产税的税率高出家庭财产税率5~10倍。

近年来，美国的地方财产税率多在2%左右（当然，在某些年份有些州的税率也接近10%）。例如2015年，各州财产税率最高的是新泽西州（2.38%），其次是艾利诺以斯州（2.32%），最低的是夏威夷州（0.28%）。

在美国，各地方（市、镇、村、特别区）还自行决定评估率，评估率是用于计征地方财产税的百分率。财产税评估价值并不是直接用于计税的基准或计税价值，由于物价逐年上涨而财产价值相对稳定（3~4年评估一次），故用一个可调整的百分率（评估率）来适应通胀变化，以接近实际的财产价值。于是，财产评估价值×评估率（如70%）= 财产税计税价值，财产税计税价值×税率（如3/1000）= 财产税额。

④通知、征收和支付。财产评估并经本地方的“财产评估审查委员会”审查后，应通知财产拥有人或在本地网站上公布，供财产拥有人查询和提出申诉。地方财产税不需纳税人申报，而是由地方的财产税管理机构（如征收办公室）邮寄或直接送达“税收通知单”。纳税人应在通知单上明确规定的时间内支付税款（现金、支票、汇款），许多地方规定一次缴纳或分期缴纳。

⑤豁免与被扣除。美国41个州规定，对所有纳税人的宅基地给予豁免（如2015年加利福尼亚州规定每个纳税人豁免7000美元）。大部分州规定：对低收入者、老人、残疾人、退伍军人的房产税另外给以减免（如加利福尼亚州规定每个退伍军人纳税人另外减免4000美元）；对农业用地、绿化地、企业区的企业财产给予减免。

许多州规定，个人财产税可以全部或部分从州个人所得税应税所得中扣除。根据联邦税法，个人财产税可以全部从联邦个人所得税应税所得中扣除。

⑥用途规定。各州税法一般规定了地方财产税的主要用途。各县、市、村、镇和学区、防火区等税收辖区都在其网站公布本辖区财产税的具体用途，如基础教育、公共交通、基础设施建设、环境卫生服务、市政服务项目等。

从近年来美国地方财产税的分配和用途情况看，用于地方学区（公立学校教育）的平均占60%以上（占学区收入的79%），用于村、镇、市的（社区公共服务）约占30%

(占基层自有收入的35%),用于县的公共服务提供的份额最低。财产税在加利福尼亚州的分配则是:地方学区占45%,县占25%,市占12%,村镇占10%,特别区占8%。

二、日本的税收制度

日本位于亚洲东部、太平洋西北,由本州、四国、九州、北海道四大岛及7200多个小岛组成,面积为37.79万平方公里,人口1.268亿(2015年)。

日本是一个多山的岛国。山地成脊状分布于中央,将国土分割为太平洋一侧和日本海一侧,山地和丘陵占总面积的71%,森林覆盖率达67%,可耕地仅占12%,平原多为冲积平原,规模小(最大的是关东平原)。日本群岛位于亚欧板块和太平洋板块的交界地带,火山和地震活动频繁。

在日本神话中,太阳神的后裔神武天皇在公元前660年建立日本国。公元3世纪中叶,"大和国"征服了日本中部大部地区,其首领称为天皇。8世纪,日本出现最早的史书《古事记》和《日本书纪》,进入有史时代。经过奈良时代(以奈良为都,74年)、平安时代(以平安为都,400年)、镰仓幕府时代(以镰仓为中心的武家政权,149年),直到江户时代(1603—1867年),日本长期处于封建割据、藩镇坐大的状态。1868年开始的明治维新改革使日本走上学习欧美、内改外张,向现代国家转变的道路。1945年战败后,日本进行了全面的政治、经济、社会民主改革。

日本是议会制君主立宪的国家。日本的政治体制实行三权分立:立法权归国会,司法权归法院,行政权归内阁和地方公共团体。第二次世界大战后,日本采取中央集权和地方自治相结合的体制,都道府县和市町村统称为地方自治体,2014年有47个都道府县、1719个市町村。

日本是发达市场经济国家,人均GDP为36285美元(2014年)。工业优势部门有电子电器、汽车、精密机械、造船、钢铁、化工和医药,在手机通信、低耗能环保、机器人、光学、化学、半导体和金属等领域具有世界领先水平。目前日本服务业占GDP的3/4。

(一)日本税制的历史演变

日本现代税制始于明治维新。在德川时代,主要税收是地租、杂物税、营业杂税和劳役税,其中封建地租是主体。明治维新后,日本废藩置县,废除了各种杂税,1873年统一地租,开征证券印花税,1875年设置烟税和酒税,1887年设置个人所得税,1896年设置注册税和营业税,1899年开征公司所得税,1905年设置遗产税等。这一时期,日本税制由以地租为中心的直接税向烟税、酒税、所得税、营业税等多税种的复合税制转变,酒税超过地租成为第一大税(1899年占中央税收的35.5%)。

同时,日本1878年制定地方税规则,规划都、道、府、县税,并建立市、町、村制和税制。

从1912年到1945年,由于对外侵略扩张,日本所得税的比重增加。1920年(大正9年)和1926年(昭和元年),日本扩大公司所得税范围,实行综合型个人所得税,并不断提高税率(1944年个人所得税最高边际税率达到74%)。1937年设物品特别税(1940

年改为物品税）和燃油税。在这一时期所得税和酒税成为主要税收。

第二次世界大战结束后，在美国占领军主持下，日本政府先后邀请美国经济专家对日本经济进行诊治。1949 年 3 月，美国底特律银行总裁约瑟夫·道奇在日本考查后发表“道奇计划”。5 月，以哥伦比亚大学教授卡尔·肖普博士为首的代表团来日考察税制，8 月 26 日提交《日本税制报告书》，提出了税制改革的系统建议（即“肖普劝告”）。1950 年，日本以肖普劝告为蓝本进行税制改革，确立了战后日本税制的基本框架。肖普税制的主要思想是：建立以直接税为中心的公平税制，加强地方财政和地方税体系，见表 4-7。

表 4-7 **肖普税制**

	国税	地方税	
		都道府县税	市町村税
直接税 （所得税、财产税）	个人所得税 法人税 继承税 富裕税（资产税） 固定资产评估税 日本银行券发行税	都道府县民税 机动车税 渔业税 狩猎税 矿区税 事业税	市町村民税 固定财产税 机动车税 货车税 客运税
间接税 （消费税）	酒税 糖税 关税 物品税 燃油税	入场税 娱乐饮食税	电器煤气税 木材交易税 入浴税 广告税
其他税 （流通税）	印花税 通行税 登记税 交易所税	增值税	

资料来源：[日] 金子宏．日本税法．战宪斌，等，译．北京：法律出版社，2004.

1953—1954 年，日本对肖普税制进行调整，一是取消了富裕税、继承税和增值税，主要是因为这三税实施过程复杂；二是将对地方的平衡交付金改为地方交付税，用中央的个人所得税、法人税（公司税）和酒税的固定比例分配给地方，更便于操作。此后直到 1987 年，税制一直保持稳定。

1987 年，日本对税制进行了战后最重大的改革。背景是：自 1955 年开始高速增长以来个人所得税比重不断提高（1980 年直接税的比重已超过 70%），而 1975 年后经济增速已明显减缓，同时 1986 年美国大幅降低所得税已对发达国家产生了重要影响。日本税制改革的主要内容是：①简化并降低个人所得税，将税率结构由 15 档减为 5 档，最高税率由 70%降为 50%并将法人所得税率由 42%降低为 40%（1990 年再降为 37.5%）。②降低遗产税与赠与税税率。将遗产税与赠与税的最高税率由 75%降低至 20%。③废除物品税、砂糖消费税、入场税、通行税、电器煤气税和木材交易税，建立一般消费税即税率为 3%的增值税。改革提高了间接税比重，但直接税仍占主体地位。

1990 年以来，由于经济停滞，个人所得税和公司税不断减少，为了刺激经济日本连续增加财政支出和国债发行，最终促使日本进一步开展税制改革，以增加收入。提高一般消费税（增值税）税率，增加其比重成为改革的主要方向（同时也逐步提高个人所得税和遗产税率）。1997 年一般消费税率提高到 5%，消费税总体比重上升到 10%。2014 年一般消费税税率提高到 8%，消费税总体比重上升到 30%（超过了个人所得税，也超过了公司税比重，2017 年 4 月 1 日起一般消费税税率将进一步提高到 10%）。

（二）日本现行税制的特点

日本现行税制如表 4-8 所示。国税（中央税）22 种，分为直接税与间接税两大类。地方税包括都道府县税和市町村税，其中道府县税 18 种、市町村税 13 种。

表 4-8 日本现行税制

		国税	地方税	
			都道府县税	市町村税
直接税	所得税	个人所得税	县民税（个人、法人）	市町村民税（个人、法人）
		法人税	事业税（个人、法人）	事业所税
		地方法人税	地方法人特别税	
		地方特殊法人税	事业所税	
		振兴特别所得税		
	财产税	遗产和赠与税	固定财产税	固定财产税（房地、折旧）
		登记牌照税	都市规划税	都市规划税
		印花税	特别土地保有税	特别土地保有税
			矿产税	小汽车税
			车辆税（3 轮以上）	矿产税
			汽车购置税	
			不动产取得税	
间接税	消费税	增值税（一般消费税）	增值税（地方消费税）	
		酒税	县烟草税（批发）	入浴税
		烟草税（生产）	高尔夫球场使用税	市町村烟税
		烟草特别税	燃油税	水利地益税

续表

	国税	地方税	
		都道府县税	市町村税
	汽油税	狩猎税	共同设施税
	地方汽油税	旅馆税	宅地开发税
	石油汽油税		
	汽车重量税		
	航空燃油税		
	石油及煤炭税		
	电源开发促进税		
	关税		
	吨税		
	特别吨税		

资料来源：日本财务省《税制概要》，东京都主税局及市町村年报，2015.

1. 直接税占主体地位

1950 年随着肖普税制的建立，日本直接税比重稳步上升，1990 年后开始下降。日本税收占 GDP 的比重也在 1990 年下降（见图 4. 6），其中，3 大税收中个人所得税和法人税的比重呈现先降、后稳状态，只有消费税（包括增值税和特定消费税）的比重不断上升。

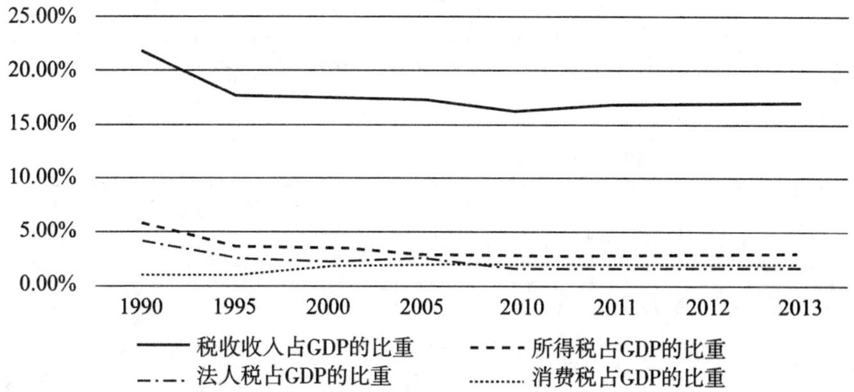

图 4. 6 日本税收和主要税收占 GDP 的比重（1990—2013 年）

表 4-9 是日本 2015 年度预算（中央和地方）中的税收安排，由表可见，直接税（所得课税和财产课税）比重为 65. 3%，间接税比重为 34. 7%。直接税在中央、都县、市町村都占主体地位，在中央是个人所得税和法人税，在都县是民税和事业税，在市町村是民税和财产税。

表 4-9 日本现行税收的结构（2015 年预算）

税类	税收占比（%）	税种	税收占比（%）
所得课税	51.3	所得税、个人住民税、个人事业税等	30.2
		法人税、法人住民税、法人事业税等	21.1
财产课税	14	固定资产税	9.1
		继承与赠与税	1.8
		城市规划税	1.3
		其他资产课税等	1.8
消费课税	34.7	一般消费税	17.7
		地方一般消费税	4.7
		汽油税	2.6
		酒税	1.4
		其他消费税	8.3

数据来源：据日本财务省网站数据计算。

2. 国税高、村税次、县税低

表 4-10 是日本中央税与地方税的比重。从表中可以看出，1950 年以来日本中央税占总税收的比重呈下降态势，2011 年以来中央税稳定在 57%左右。在地方税中，1975 年后市町村的税收比重一直高于都道府县税，这种情况在发达国家中并不多见。表 4-11、4-12 是日本都道府县和市町村的主要税收及其占本级税收的比重情况。从表中可见，民税在都道府县和市町村都占重要地位，而财产税在市町村也占重要地位。

表 4-10 1950—2013 年日本中央税和地方税的比重（%）

年份	中央税收比例	地方税收比例		
		合计	都道府县税	市町村税
1950	75.2	24.8	—	—
1965	67.9	32.1	16.2	15.9
1975	64.0	36.0	17.1	18.9
1985	62.7	37.3	16.3	21.0
1995	62.0	38.0	15.7	22.3
1998	61.1	38.9	17.6	21.3
2000	59.7	40.3	17.7	22.6
2005	60.0	40.0	17.5	22.5
2010	56.0	44.0	18.0	26.0

续表

年份	中央税收比例	地方税收比例		
		合计	都道府县税	市町村税
2011	57.0	43.0	16.3	27.7
2012	57.2	42.8	—	—
2013	57.6	42.4	—	—

数据来源：日本统计年鉴。

表 4-11 **都道府县主要税收及其比重（2011 年）** 单位：10 亿日元

	税收收入	在本级税收收入中的比重（%）
本级税收总额	11180	—
道府县民税	4419	40.15
事业税	1833	16.40
地方消费税	1791	16.02
汽车税	1486	13.29
轻油起运税	889	7.95
其他税种	762	6.82

资料来源：日本统计年鉴。

表 4-12 **市町村主要税收及其比重（2011 年）** 单位：10 亿日元

	税收收入	在本级税收收入中的比重（%）
本级税收总额	18436	—
市町村民税	8207	44.52
固定资产税	7830	42.47
市町村烟税	889	4.82
法定目的税	1313	7.12
其他税种	197	1.07

资料来源：日本统计年鉴。

（三）现行主要税种

1. 个人所得税

日本个人所得税的纳税人为居民和非居民个人。居民指在日本国内拥有住所、居住期间满 1 年以上的个人，非居民指在日本国内没有住所、居住期间不满 1 年的个人。居民就来源于国内外的所得纳税，非居民就来源于日本境内的所得纳税。

（1）征税对象

个人所得税的对象包括 10 类所得：①利息所得；②红利所得；③不动产所得；④经营所得；⑤工薪所得；⑥转让所得；⑦偶然所得；⑧山林所得；⑨退休所得；⑩其他所得。

（2）应税所得

个人所得税实行综合计征（红利、土地和股份转让所得、退休所得另外课税）。在计算各项所得的应税所得额时，先对每项所得进行成本费用扣除，然后将每项净所得进行加总得到总净所得，再减去一般扣除额后便为总应税所得额（退休所得的扣除标准是，工作 20 年以下每年扣除 40 万日元，工作 20 年以上每年扣除 70 万日元，退休所得减去扣除额后再乘 1/2，即为应税所得）。

（3）一般扣除

一般扣除是与纳税人相关的生活照顾扣除，包括：①纳税人基本扣除、配偶扣除、抚养扣除，这些扣除是考虑维持纳税人及其家庭的最低生活费用或生存保障，2015 年这 3 项扣除都是每人 38 万日元。②残疾扣除、老年扣除、鳏寡扣除，这是考虑到他们需要更多费用，2015 年这 3 项扣除为每人 27 万日元。③医疗费扣除，2015 年最高限额为 200 万日元。④社会保险费扣除、小企业互助费扣除、生命保险费扣除，按实际支出扣除。⑤损失扣除，计算公式为（灾害损失金额+关联支出金额）-年收入金额×10%，或为灾害关联支出金额-5 万日元，以其中较多者作为扣除标准。⑥捐款扣除，计算公式为特定捐赠合计金额-5000 日元，或（年收入金额×40%）-5000 日元，以其中较少者作为扣除标准。

（4）税率

个人所得税实行超额累进税率。2006 年为了增加收入，日本增加了 2 档税率（共 6 档），并提高了税率。2015 年增加为 7 档，各档边际税率见表 4-13。

表 4-13　**个人所得税税率表（2015 年）**

个人所得税		个人住民税	
应税所得（万日元）	税率（%）	课税所得	税率（%）
~195	5	一律	10
195~330	10		
330~695	20		
695~900	23		
900~1800	33		
1800~4000	40		
4000~	45		

数据来源：日本财务省官方网站，http：//www. mof. go. jp/about_mof/bills/189diet/st270217g. htm.

但红利、土地转让所得、股份转让所得实行比例税率；退休所得运用累进税率，但不包括在综合计征中，是另外计算的。即：

综合计征：$\sum$（各项所得 − 各项成本）− $\sum$ 各种一般扣除 = 综合应税所得

综合应税所得 × 累进税率 = 综合所得的税额

分离计征：（退休所得 − 按工龄计算的扣除额）× 1/2 = 退休应税所得

退休应税所得 × 累进税率 = 退休所得的税额

（红利、土地、股份所得 − 各自扣除额）× 比例税率 = 所得税额

2. 法人税（公司税）

（1）纳税人

日本的公司所得税称法人税。根据日本税法，法人分为 5 类：普通法人（各类公司），公共法人（公团、基金、事业团、公库），公益法人（非营利组织）、协同组合（互助协会）、社团（非法人资格的组织）。

国内法人就其在国内外所得缴纳法人税，外国法人就其在日本国内的所得纳税。总部设在日本境内的为国内法人，总部设在日本境外的为外国法人。

（2）征税对象

法人税的征税对象是法人在经营年度内获取的所得（收入）。日本将所得分为 11 类：经营和资产运用所得、提供劳务所得、不动产租赁所得、存款利息所得、股息所得、贷款利息所得、资产转让所得、广告所得、人寿保险基金所得、从隐名工会等组织分得的所得、中小企业风险准备金。

（3）应税所得

法人税的应税所得为年度内的净所得，即利润减去经营费用和各种扣除后的余额。

（4）费用扣除

①经营费用，如生产销售成本和一般管理费用；

②人员成本，如雇员报酬、规定范围内的公司负责人和董事报酬；

③资产折旧，固定资产（不包括土地）可选择余额递减法和直线法折旧；

④亏损结转，经营亏损可以向后 5 年结转（从此后 5 年的利润中抵扣）；

⑤准备资金，坏账准备金、返销品准备金可以抵扣（有数额限制规定）；

⑥留存利润，在留存比例和限额规定范围内的法人利润留存可以扣除；

⑦股息扣除，持股多于 25%且半年以上的股息可扣除（低于 25%股息克扣 20%）；

⑧捐赠扣除，对科教文卫和社会福利事业的捐赠可扣除，慈善捐赠按比例扣除；

⑨特许权费，向外国分支机构支付的特许权使用费可扣除，但要符合公平规定。

但是，已缴纳的各种税费，没有凭证和发票、不能提供收款人姓名和住址等信息资料的支出不能扣除。

（5）税率

目前日本一般法人适用基本税率 23.9%。一般法人中在年度末资本额低于 1 亿日元的中小企业适用减免税率 19%。而年所得额低于 800 万日元的中小企业，适用特别优惠税率 15%。

表 4-14 日本法人税税率表（2015 年）

法　　人	税率（%）
一般法人 （注册资本 5 亿日元以上）	基本税率 23.9
中小企业 （年末资本 1 亿日元以下）	减免税率 19
中小企业（年所得 800 万日元以下），以及公益法人、协同组合、社团	特惠税率 15

数据来源：日本财务省网站。

图 4.7 是最近 30 多年来日本法人税率的变动情况。由图可见，自 1987 年以来，日本法人税的税率不断下降，基本税率从最高时的 43.3%降至目前的最低水平 23.9%。

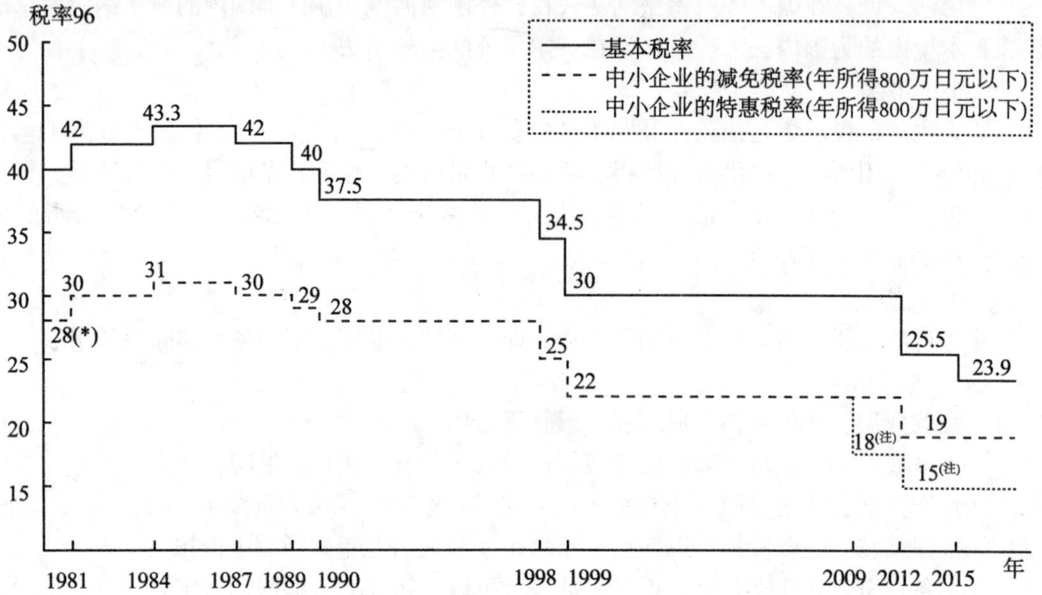

图 4.7 日本法人税的税率变迁（1981—2015 年）

注：对年所得 800 万日元以下的中小企业给予特别优惠税率（时间为 2012. 4. 1—2017. 3. 31）。

3. 一般消费税（增值税）

日本在 1987 年重新开征增值税的主要原因是：大规模降低所得税需要新的税收来补充，而增值税的课征面广、税收潜力大；同时，国民最终消费中服务支出已接近 50%，仅用传统的消费税（对少数商品课征）有失公平。因此，日本在借鉴欧洲经验的基础上对增值税制度进行了改进，并称为消费税（对众多商品和劳务征收的一般消费税）。其特点是：

(1) 对象广泛

日本增值税的课税对象包括：商品（包括食品）生产和销售、资产（有形和无形资产）的转让和租赁、服务或劳务提供、进口商品。免征增值税的商品和服务是：出口商品和服务。不属于增值税范围内的是：土地转让和租赁、住宅租赁、金融与保险、教育、医疗、社会福利服务。

（2）依据账簿

日本增值税计征也采用税额扣减法，即：应税销售额×税率-进项税额=增值税额。但计征并不依据增值税发票，而是依据纳税人的账簿和付款通知。

（3）比例扣减

日本对应税销售额不足5000万日元的大量中小企业实行简易计征，即进项税额直接用销售额的一定比例来替代。2015年规定的比例是：批发业90%，零售业80%，制造业70%，服务业50%，房地产业40%，其他行业60%（应税销售额低于1000万日元的纳税人免纳增值税）。

（4）税率单一

日本增值税采用单一税率，而不是像许多国家那样采用不同税率（如基本税率、低税率和优惠税率，见表4-15），而且税率较低。2015年，日本增值税税率为8%（中央6.3%，地方1.7%）①。

表4-15 **2015年欧盟各国增值税税率（%）**

Member States	Code	Super Reduced Rate	Reduced Rate	Standard Rate	Parking Rate
Belgium	BE	—	6/12	21	12
Bulgaria	BG	—	9	20	—
Czech Republic	CZ	—	10/15	21	—
Denmark	DK	—	—	25	—
Germany	DE	—	7	19	—
Estonia	EE	—	9	20	—
Greece	EL	—	6，5/13	23	—
Spain	ES	4	10	21	—
France	FR	2，1	5，5/10	20	—
Croatia	HR	—	5/13	25	0
Ireland	IE	4，8	9/13，5	23	13，5
Italy	IT	4	10	22	—
Cyprus	CY	—	5/9	19	—
Latvia	LV	—	12	21	—

① 根据改革方案，从2017年4月1日起，日本增值税税率将提高到10%（中央7.8%、地方2.8%）。

续表

Member States	Code	Super Reduced Rate	Reduced Rate	Standard Rate	Parking Rate
Lithuania	LT	—	5/9	21	—
Luxembourg	LU	3	8	17	14
Hungary	HU	—	5/18	27	—
Malta	MT	—	5/7	18	—
Netherlands	NL	—	6	21	—
Austria	AT	—	10	20	12
Poland	PL	—	5/8	23	—
Portugal	PT	—	6/13	23	13
Romania	RO		5/9	24	—
Slovenia	SI	—	9，5	22	—
Slovakia	SK	—	10	20	—
Finland	FI	—	10/14	24	—
Sweden	SE	—	6/12	25	—
United Kingdom	UK	—	5	20	—

资料来源：European Commission.

（5）分次缴纳

法人在纳税年度结束后的2个月内申报，个人在年度结束的3月底以前申报。税额在48万日元以下的纳税人可1次缴纳；48万~400万日元的纳税人按前一年税额的1/2缴纳1次；400万~4800万日元的纳税人按季度缴纳3次，每次按前一年税额的1/4缴纳；4800万日元以上的纳税人按月缴纳11次，每次按前一年税额的1/12缴纳。

4. 继承税和赠与税

（1）继承税

日本的遗产税是继承税，由遗产继承人缴纳。在日本国内有住所的个人就取得的全部财产纳税（包括在日本国内无住所但有国籍、在国外居住不满5年者）；无日本国籍或在国外居住超过5年者，仅对在日本国内取得的财产征税。

继承税的征税对象是继承人取得的财产，包括可以估算为现金、具有经济价值的有形和无形资产（如特许权、著作权、矿业权、渔业权等，以及私法和公法上的各种债权）。继承税不包括：皇室成员的继承财产；墓地、神龛、佛坛；用于宗教、慈善、学术或公益的继承财产。

日本继承税实行8级超额累进税率，现行税率见表4-16A。

表 4-16A 日本遗产税税率表（2015 年）

应税额（万日元）	税率（%）
~1000	10
1000~3000	15
3000~5000	20
5000~10000	30
10000~20000	40
20000~30000	45
30000~60000	50
60000~	55

数据来源：日本财务省网站。

（2）赠与税

赠与税的纳税人是接受赠与财产的个人。接受赠与财产的个人的纳税范围同继承税的情况。赠与税的对象是获赠的财产，但不包括：来自法人的赠与财产；抚养人之间用于生活和教育的互赠财产；子女无偿租用父母所有的土地建造的房屋。

日本赠与税实行 8 级超额累进税率，现行税率如表 4-16B 所示。

表 4-16B 日本赠与税税率表（2015 年）

税率（%）	财产额（万日元）	
	直系亲属	其他个人
10	~200	~200
15	200~400	200~300
20	400~600	300~400
30	600~1000	400~600
40	1000~1500	600~1000
45	1500~3000	1000~1500
50	3000~4500	1500~3000
55	4500~	3000~

数据来源：日本财务省网站。

5. 地方居民税

（1）都道府县居民税

日本地方的居民税（所得税）包括都道府县居民税和市町村居民税。居民税按纳税人（在都道府县和市町村有住所、有事务所的个人和法人）不同分为个人居民税和法人居民税。

都道府县（市町村与之相同）居民税由 2 部分组成：均摊税部分和所得税部分。

①个人居民税。个人居民税的所得税部分，其税基是上一年个人所得税的总所得、退休所得、山林所得额，在扣除经营费用、灾害损失和一般扣除（与纳税人等相关的生活费用）以后，得到一个总的应税所得，然后乘以比例税率（2015 年都道府县个人居民税的标准税率为 4%，具体税率由各都道府县在规定的变动范围内确定）就是个人居民税的所得税额。

个人居民税的均摊税部分，按定额税率（2015 年日本“地方税法”规定的标准税率是 1000 日元，具体税率由各都道府县在规定的变动范围内确定）征收。一般来看，都道府县的均摊税率低，市町村均摊税率高。

②法人居民税。法人居民税的所得税部分，其税基是上一年个人所得税的总所得额，在扣除经营费用、损失和捐赠以后，得到一个总的应税所得，然后乘以比例税率（2015 年都道府县法人居民税的标准税率是 3.2%，具体税率由各都道府县在规定的变动范围内确定，但不能超过 4.2%）就得到法人居民税的所得税额。

法人居民税的均摊税部分，按定额税率征收。2015 年，日本“地方税法”规定的标准税率是 2 万日元（资本金 1000 万以下的法人、公共法人、公益法人、社团法人）；5 万日元（资本金 1000 万~1 亿日元的法人）；13 万日元（资本金 1 亿~10 亿日元的法人）；54 万日元（资本金 10 亿~50 亿日元的法人）；80 万日元（资本金 50 亿日元以上的法人）。具体税率由各都道府县在规定的变动范围内确定（可在 8%以内增减）。

都道府县居民税（市町村同）按历年制征收，由市町村统一征收。

（2）市町村居民税

市町村居民税安排与上述都道府县居民税基本相同。此处主要说明税率差异。

①个人居民税。2015 年市町村的个人居民税的所得税部分，标准比例税率为 6%。

2015 年市町村的个人居民税的分摊税部分，标准定额税率为 3000 日元。

②法人居民税。2015 年市町村的法人居民税的所得税部分，标准比例税率为 9.7%（具体税率不能超过 12.1%）。

2015 年市町村的法人居民税的均摊税部分，标准定额税率是：5 万日元（资本金 1000 万以下的法人、公共法人、公益法人、社团法人）；12 万日元（资本金 1000 万日元以下、雇员 50 人以上的法人）；13 万日元（资本金 1000 万~1 亿日元、雇员 50 人以下的法人），15 万日元（资本金 1000 万~1 亿日元、雇员 50 人以上的法人）；16 万日元（资本金 1 亿~10 亿日元、雇员 50 人以下的法人），40 万日元（资本金 1 亿~10 亿日元、雇员 50 人以上的法人）；41 万日元（资本金 10 亿日元以上、雇员 50 人以下的法人）；175 万日元（资本金 10 亿~50 亿日元、雇员 50 人以上的法人）；300 万日元（资本金 50 亿日元以上、雇员 50 人以上的法人）。

6. 固定资产税

固定资产税是以固定资产的价值为课税标准的一种地方财产税。它是日本基层地方政府市町村的主要税源之一（占市町村税收的 40%左右）。固定资产税主要由市町村征收，只有大额固定资产税才由都道府县征收。

（1）课税对象

固定资产税的课税对象是各种固定资产，包括土地、房屋和折旧财产等。土地是具有各种使用目的的土地（不包括土地之上的树木和其他自然附着物）；房屋包括所有用途的建筑物；折旧资产是土地和房屋之外的用于经营的固定资产。

（2）免税资产

固定资产税的免税对象是：皇室、国家和地方公共团体（地方政府）的固定资产；文化遗产；各种合作社、共济组织所有和使用的事务所、仓库等；宗教寺院及寺院内的设施和土地；公立医院、学校、社会福利等公益法人的固定资产；社会公共设施（国家和地方政府出租给他人使用的固定资产，应缴纳支付金）。

（3）纳税人

固定资产税的纳税人是固定资产的所有者（个人和法人），也是在土地登记簿、建筑物登记簿及课税资产总账上的登记者。当土地和建筑物为多人所共有时，共有者共同承担纳税义务。

（4）资产评估

固定资产税的课税基础是每年1月1日在固定资产课税账簿上登记的固定资产价值。原则上，市町村对固定资产中的土地、房屋价值每3年进行一次评估。评估年份称为基准年度，该年度决定的价格称为基准价格，之后的第2、3年不再进行评估，只需根据资产变动情况进行调整。

固定资产评估的依据和程序规定“固定资产评估基准”由日本内务部大臣负责制定。市町村的资产评估员（有专门知识和技术的、专职的、特殊公务员，由议会通过、市町村长选任；必要时可设1名助理评估员）负责提交资产评估报告（评估员每年至少对所有固定资产进行1次实地调查），市町村长根据评估员的资产评估报告在每年2月末决定固定资产价值并登记在市町村固定资产总账上。

市町村长每年4月向所在的都道府县知事提交报告（有关固定资产价值决定的专门报告），若都道府县知事（各县设有“固定资产评估审议会”作为知事的咨询机构）认为存在不符合“评估基准”之处，可劝告市町村长改正（40天内完成）；都道府县知事一般在1个月内汇总所有市町村的报告，向内务大臣提交本县固定资产总报告；如内务大臣认为某个市町村有不妥之处，则通过都道府县知事劝告该市町村进行修改并汇报改正情况。

每年3月1日—3月20日市町村的固定资产总账开放，固定资产所有者和有关人员可以现场查阅和询问。不服者可以在3月31日前向市町村“资产评估审查委员会”（3人以上，具体人数由市町村条例规定，任期为3年；具体人员由议会通过、市町村长选任）提交申诉书，“资产评估审查委员会”在1个月内必须做出审查决定。

（5）起征点

固定资产税有起征点。当纳税人在一个市町村拥有的土地、房屋以及折旧资产的固定资产税额未达一定金额时一般不征税。2015年“地方税法”规定的起征点是：土地价值在30万日元以上；房屋价值在20万日元以上；折旧资产价值在150万日元以上。

（6）税率

固定资产税的税率由市町村政府根据“地方税法”规定的基本税率来决定（大额固定资产的税率由都道府县决定），实行综合计征。2015年综合课征的标准税率（比例）为1.4%，当纳税人的固定资产税额超过市町村的标准税额的2/3时，可以按1.7%以上的税率征收。

(7) 纳税

固定资产税的纳税年度为公历年度。固定资产税每年按4次缴纳，缴纳期为4月、7月、12月及次年2月中旬。

第三节 税收制度：直接税与间接税并立

一、英国的税收制度

英国（全称大不列颠及北爱尔兰联合王国，The United Kingdom of Great Britain and Northern Ireland）位于欧洲西北部，由英格兰、苏格兰、威尔士和北爱尔兰4个区域组成，面积24.41万平方公里，人口6451万（2014年）。

英国历史悠久。公元前700年以后，西欧西部的克尔特人移入不列颠群岛，其中一支称为不列吞人（“不列颠”名称的缘由）。公元43年罗马帝国入侵，不列颠成为行省，直到409年。5世纪初，德国北部和丹麦南部的盎格鲁—撒克逊人以及莱茵河下游的日耳曼部落侵入不列颠。盎格鲁人（Angels）将其称为“盎格兰”，后演变为England（英格兰）。7世纪初，不列颠人形成7个封建区域（原氏族组织解体，出现了村社和贵族、大土地占有者、依附农和奴隶）。8世纪末—11世纪初，丹麦人多次入侵。9世纪后北部的盎格鲁人建立了苏格兰，10世纪后南部的盎格鲁人大部分区域形成了英格兰，一部分建立了威尔士。

1066年法国诺曼底公爵威廉率军占领伦敦，加冕为英王威廉一世，开始建立强大王权。1215年6月英王约翰与封建主妥协、签署《大宪章》。1337—1453年英、法为领土和王位争夺进行了长达116年的战争，英格兰失去在法国的领地。战后英国走上中央集权道路，转往海外发展，毛织业兴起。1536年英格兰与威尔士合并。1603年苏格兰国王继承英国王位，建立斯图亚特王朝，1641年英国开始资产阶级革命，1688年爆发“光荣革命”，建立君主立宪制，1707与苏格兰合并。1760年后英国开始工业革命。1801年合并爱尔兰，英国的正式名称成为“大不列颠及爱尔兰联合王国”。1870年后，英国丧失工业垄断地位，与德国展开竞争。

第二次世界大战后，英国努力建设福利国家，加强西欧经济合作。1979年后英国实行私有化，经济发展加快。生物制药、航空和国防是英国最具竞争力的行业，服务业（金融保险、零售、旅游和商业服务等）是支柱产业，2014年服务业产值占GDP的3/4。2015年人均GDP为44118美元（估计）。

英国是一个君主立宪国家。除了中央政府，其余都是地方自治政府（2层）：郡（区、市）和镇（堂区），2012年地方郡级政府为326个。1997年后建立的英格兰、苏格兰、威尔士、北爱尔兰4个地区议会主要是区域性立法机构。

（一）英国税制的历史沿革

12 世纪以前，英国处于封建割据状态，国王和贵族靠自有领地过活。12 世纪以后，随着王权加强，领地制逐渐转变为税收制（国王特权收入如王室森林、采购、补助金、特别补助金、封地继承金等，仍然占主体），主要税收是动产税、关税、教会税等。

17 世纪资产阶级革命以后，英国废除国王特权，除了土地税、关税、教会税，还建立了济贫税、消费税（货物税）、炉灶税、人头税、许可税（酒等经营）、窗户税、印花税、房屋税、财产税，并在 1799 年首创个人所得税（1802 停征，1803—1815 年又开征，1842 年为正式税收）。17—18 世纪，英国税收以间接税为主。

19 世纪后，由于所得税（1909 年实行累进制）和财产税增加，英国直接税的比重上升。第一次世界大战后的 1922 年，英国所得税已占全部税收的 45%。第二次世界大战使得所得税进一步增加。

第二次世界大战结束后到 20 世纪 50 年代初，英国降低所得税，形成了所得税和关税与商品税并立（各占 40%左右）的格局。20 世纪 60 年代中期后，英国进行第一轮税制调整：一是引入资本利得税；二是引入雇用税；三是建立新的公司税，这些导致了直接税的增加。1970 年后，由于积极准备加入欧洲经济共同体，英国开始第二轮税制改革：一是废除雇用税和购置税，1973 年开征增值税（最初的税率为 10%）；二是将个人所得税和附加所得税合并为统一的个人所得税，实行综合计征（1973 年）；三是开征资本转移税，包括家庭财产的转移（1974 年）；四是开征土地开发税，根据开发中增加的价值按比例计征（1976 年）；五是开征石油收入税（PRT），按 45%对北海石油利润征税。到 1978—1979 年，英国直接税的比重持续提高到 50. 4%。

英国现行税制结构始于 20 世纪 80 年代的第三轮税制改革。1979 年 5 月撒切尔上台后，认为原有税制体系影响经济发展，挫伤工作积极性，于是在进行政府和公共部门改革的同时，开始新的税制改革。主要内容是：（1）降低个人所得税，将最高边际税率从 83%降到 60%，标准税率由 33%降到 30%，随后又降到 25%，同时提高了国民保险税雇员的缴纳份额（参见图 4. 8）；（2）提高石油收入税，1979—1985 年 PRT 快速增加；（3）改革地方税，1985 年开征“人头税”（Poll Tax，对所有成年人征收），并征收统一商业税，取代原来的地方财产税。

1990 年以后，英国进一步进行税制改革。一是鉴于地方居民的反对，用地方“市政税”（Council Tax，1991）取代“人头税”；二是调整个人所得税税率安排，采用较低的、宽长的低税率和基本税率，降低所得税，同时降低了公司税税率；三是提高增值税税率和比重，1995 年将 VAT 基本税率由 12. 5%提高到 17. 5%。1996 年，英国所得税的比重降到 34%，直接税与间接税的比重又一次处于并立状态。

2000 年以来，英国税制主要是微调。基本政策是：降低所得税、国民保险税，例如 2010—2015 年税收改革的主要内容是降低雇主的国民保险税税率，增加个人所得税的免税额（支持中低收入者）；另外就是开征了一系列对能源使用的环境税或碳税（根据燃料和使用者的类型设定每吨 CO_2 的税收价格，如 2001 年开征的“气候变化税”）。

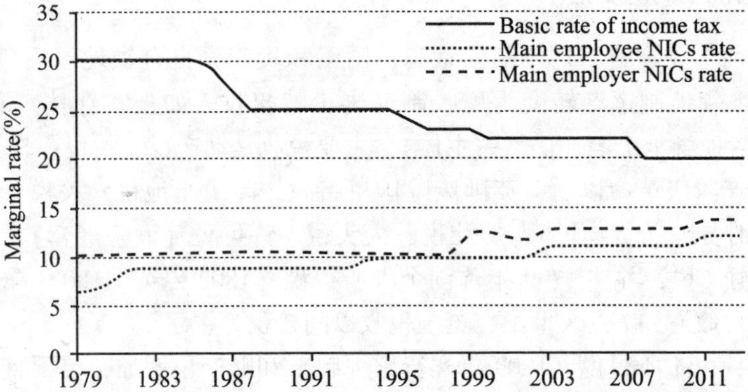

图 4.8 英国个人所得税的基本税率和国民保险税税率（1979—2013 年）

(二) 英国税制的基本特点

1. 直接税和间接税并立

英国将税收分为直接税、间接税、国民保险税（社会保障税）3 大类。直接税包括个人所得税、公司所得税、资本利得税、资本转移税等，其余的为间接税（包括增值税、消费税等）。英国税收占 GDP 的比重 1980 年以来接近 30%（略低于 OECD 国家的平均水平），参见图 4.9。从图中可见，1950—2015 年（2015 年数据是预算数据），英国的直接税和间接税大体上保持了均衡发展态势。2014—2015 财政年度，英国直接税及收费占财政总收入的 41.1%（费为 7%），间接税占财政总收入的 42.4%，国民保险税占 17%。

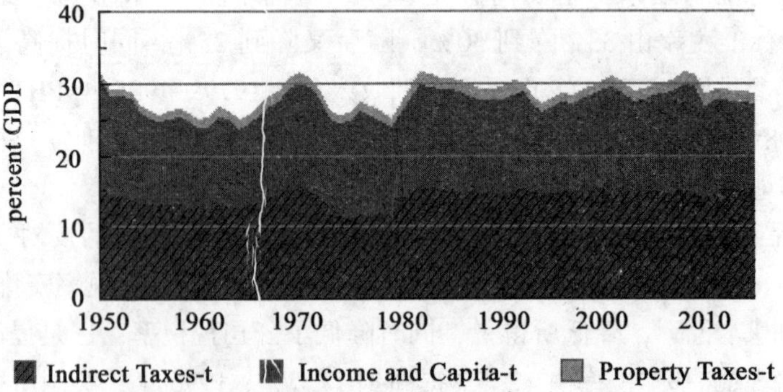

图 4.9 英国直接税和间接税占 GDP 的比重（1950—2015 年）

2. 个人所得税和中央税占主导

在英国税收中，个人所得税是主体税种。1990—2013 年度，个人所得税占全部税收的 27%左右（见表 4-17）。除了国民保险税，在一般税收中增值税是第二大税种，目前占总税收的18%左右。第三是公司所得税，目前约占6%左右，最近20多年来公司所得税比重一直处于下降之势。

表4-17 英国的税收结构（%）

年份	1990	2000	2008	2013	2019
个人所得税	25.7	28.0	28.6	27.2	29.4
国民保险税	17.3	16.8	19.5	18.6	19.1
增值税	15.6	16.8	15.6	18.4	17.6
公司税	11.0	9.8	7.9	6.3	5.9
车辆及燃油税	6.2	8.2	5.9	5.9	4.9
资本税	2.7	3.3	4.5	2.9	5.0
消费税	5.5	4.1	3.5	3.9	3.6
石油税	1.3	0.7	1.4	1.2	0.5
统一商业率	6.0	4.6	4.2	4.8	4.5
市政税（地方税）	5.1	3.9	4.5	4.7	4.2
其他税	3.7	3.7	4.4	5.9	5.3

资料来源：Paul Johnson，Tax without design：recent developments in UK tax policy，2014.

注：资本税包括资本利得税、印花税、遗产税；消费税包括烟、酒、博彩、赛马税；市政税即居民房产税；统一商业率即营业房财税。2019年的数据是估计数。

英国税收的一个重要特点是，中央税的税种多、比重很高，地方税的税种少、比重低。英国是单一制国家，虽然实行财政分权体制，但在中央和地方的税种与收入中中央占绝对主导地位，而且不设中央和地方共享税。地方税中主要是市政税（个人房产税），统一商业税（营业房产税）的收入虽然给地方，但它由中央管理（收入给地方并不是直接留在地方，而是考虑调节各地的贫富差距、实行统一分配）。目前，英国中央税与地方税之比约为90：10。

（三）英国的主要税收

1. 个人所得税（Income tax）

（1）对象和纳税人

个人所得税的纳税人是英国居民和非居民。居民是在英国有永久性住所或在英国居住满183天的个人，居民按国内外的所得纳税，非居民按在英国的所得纳税。

课税对象是：就业收入和津贴、自营收入、年金收入、租金（出租房屋超过4250英镑，2015年）、信托收入、股份红利、存款和年金债券利息。免税的收入有：个人储蓄账户收入、国民储蓄证券收入、国家彩票收入、国家福利收入。

(2) 应税所得

应税所得即纳税基础，它等于各种应税收入的总和减去宽免、减免和扣除之后的净所得额。

个人宽免（Allowance）包括：①每个纳税人的标准宽免 10600 英镑[①]；②盲人宽免；③77 岁以上老人宽免；④结婚 10 年以上的夫妻宽免。

个税减免（Reliefs）和扣除（Deduction）包括：①私人年金保险费的税率减免；②慈善捐赠减免；③抚养减免（负担前妻或抚养孩子费用的 10%）；④国外就业时的一定收入的扣除。

个税豁免（Exemption）扣除：自营者支付给雇员的工薪（有一定数额限制）。

(3) 累进税率

英国现行的个人所得税实行 3 级累进税率（见表 4-18）。2014—2015 年度，应税所得在 31785 英镑以下的适用基本税率 20%，应税所得在 31785～150000 英镑之间的适用高税率为 40%，应税所得在 150000 英镑以上的税率为 45%。

表 4-18　　**英国个人所得税税率和宽免（2015—2016 年）**

所得额（英镑）	税率（%）	宽免额（英镑）
～31785	基本税率　20	77 岁以上老人 27700；盲人 2290；
31786～150000	高税率　40	77 岁上老人夫妇 3220；75 岁上孤老 8355；
150000～	附加税率　45	2005 年前结婚的夫妻 27700

数据来源：英国财政法，*Finance Act* 2015.

(4) 申报和缴纳

英国个人所得税（除工薪、年金和储蓄以外的收入）实行自估申报（Self assessment tax return）和缴纳制度。每年 1 月 31 日前必须在线做年终申报（上年的个税可以延长 20 个工作日）。纳税人在线提交申报表后 72 小时将收到“英国收入与关税局”发送的网上税单。

纳税人每年 2 次缴纳个人所得税，第一次是本年 1 月 31 前（按上年税额的 1/2），第二次是 7 月 31 日前（按上年税额的 1/2）。

2. 公司所得税

(1) 对象和纳税人

英国公司税（Corporation tax）的对象是经营利润、投资利润、财产销售利润的价值。公司税的纳税人是有限公司、在英国有分支或办公室的外国公司、俱乐部或非公司的协会

① 2014—2015 年，英国的家庭贫困线是：单身 9620 英镑/年；夫妻（无孩子）14456 英镑/年；夫妻及 2 个孩子 20124 英镑/年。可见，标准扣除的设计大体上以略高于单身贫困线为基准。

和社团。

(2) 应税所得

公司应税所得额是总利润减去法定扣除、宽免和减免之后的余额。

法定扣除包括本年度公司的经营成本费用（如办公费、交通费、工装费、雇员工薪、保险费和银行贷款利息、供热和用电费、广告和营销费、原材料费等，但不包括顾客招待费用)，以及以往年度的经营亏损等。

宽免是本年度允许的资本支出的部分或全部扣除，包括：①资本购置支出，包括机器、设备、经营车辆；②其他资本支出，包括研究开发、专利、智能技术、在贫困地区开业的资产。

减免包括本年度一些费用的适量扣除（有些费用从总利润中扣除，有些费用从应税额中扣除)：①研究开发支出费用；②专利发明支出费用；③文化、娱乐产品制作费用；④向非公司转型；⑤灾害捐助；⑥慈善捐赠。

(3) 单一税率

2015 年 4 月 1 日起，英国公司税率改为单一税率：20%（此前，按小公司和大公司分别运用 20%和 21%的税率)。石油开采公司运用特定税率：小公司（利润少于 30 万英镑以下）税率为 19%，大公司为 31%。

(4) 申报和缴纳

英国公司税实行自估申报和缴纳制度。所有公司都必须在会计年度（财政年度）结束后的 12 个月提出申报（ Tax Return)；必须在会计年度结束后的 9 个月内缴纳税款，其中应税所得在 150 万英镑以上的大公司应按季度分 4 次（如 7 月 14 日、10 月 14 日、1 月 14 日、4 月 14 日）等额（每次 1/4）缴纳。

3. 增值税

英国 1973 年加入欧共体，根据《罗马条约》第 99 条关于欧洲经济共同体各成员国的商品课税制度应该保持基本协调的要求，英国改革了商品税制度，1973 年 4 月 1 日开征增值税，废除购买税和就业税，增值税逐步成为商品税的主体税种。

(1) 对象和纳税人

英国增值税的税收对象是除免征商品和服务以外的所有商品和服务。免征（Exempt from VAT）商品和服务有：保险服务、金融服务、学校和大学的教育与培训、出租和销售商业性土地和建筑、教会集资、对社团或协会的赞助、体育和运动、彩票销售和赌博、公益文化服务、公共组织收集艺术品和文物、合格机构和人员的医疗和健康服务、公共邮政服务。

增值税的纳税人是在英国境内提供商品劳务、从欧盟其他成员国获得商品、从欧盟以外进口商品的个人、合伙企业、公司、社团或俱乐部组织。

(2) 税率

英国最初设 0 税率和标准税率 10%，1974 年设置 0、低税率 8%、标准税率 25%，1997 年设置 0、5%、17. 5%。2011 年至今见表 4-19。

表 4-19 **英国增值税税率表（2015 年）**

商品和服务	税率（%）
除以下两类以外的其余商品和服务	标准税率 20
宗教和家用电、气、燃料，民用储能和用电、用气设施，空宅装修	低税率 5
食品、饮料（不包括软饮料、矿物水、运动饮料、冰淇淋、酒）、水、饲料、植物和种子，宗教物品和建筑、盲人和残疾人用器、儿童衣鞋、书刊、报纸、出版物、劳动保护用品、客运交通工具	零税率 0

资料来源：HM Revenue and Customs，Rates and allowances.

（3）税额计算

英国增值税的计征采用发票扣减法，根据增值税发票计算应纳税额。步骤是：①计算销项税（或产出税）。根据纳税人的商品销售和劳务供应情况，计算当期的计税基础（商品和劳务的销售价值），然后乘以适用税率，得出当期销项税额（Output Tax）。②计算进项税（或投入税）。根据纳税人当期已支付的增值税税额，计算当期可抵扣的进项税额（Input Tax）。③计算增值税税额。将当期的销项税减去进项税，得出当期应交纳的增值税税额。而如果销项税小于进项税，即为税务当局应退还给纳税人的税额。

（4）申报和缴纳

在英国，从 2000 年 4 月 1 日起，凡年销售额达到一定数额（2015 年为 82000 英镑）的纳税人必须通过网络向英国税务和关税局增值税管理中心（HMRC）登记，未达到年销售额标准的纳税人可以自愿登记。登记后，HMRC 将会寄送一个登记证（包括号码、第一次申报和缴纳的时间、有效登记日期）。从有效登记日期起，登记人必须履行的义务是：正确登记 VAT 数量、提交申报表、缴纳税款、保存 VAT 记录和账本。

在英国，VAT 纳税人通常每 3 个月在线向 HMRC 提交一次申报表，主要内容是：这一时期纳税人总的销售和购买额；应纳 VAT 的数额；能得到的返回数额。

VAT 申报表上都有明确的最后交纳日期，纳税人必须在最后交纳日之前支付税款。当然，纳税人可以选择缴纳方式，但必须确信税款能到达 HMRC 的银行账户。

4. 消费税

英国消费税（Excise duties）的特点是种类少、范围窄。目前仅包括烟草税、酒税、燃油税、车辆税 4 类。

（1）烟草税（Tobacco duties）

英国烟草税对国内生产的香烟和进口烟征收。烟草税的税目是：香烟、雪茄和散装烟，计税标准是按数量和零售价格。根据欧盟的统一规定，烟草税的税率（按数量和按价格的总体）至少应达到其零售价格的 57%。据欧盟 2015 年初的统计，英国烟草税的最小税率约为 78%（占零售价格的比重），是目前欧盟成员国中最高的。

（2）酒税（Alcohol duties）

英国酒税的税目包括啤酒、葡萄酒、果酒、烈酒 4 类。酒税根据酒精度含量高低设置固定税率。根据欧盟理事会关于各类酒的最小税率规定，目前英国 4 类酒税的税率如表 4-

20 所示。

表 4-20 英国酒税税率表（2015 年）

	类别	英镑（每百升，纯酒精）
啤酒	普通啤酒	18. 37
	高度啤酒（超过 7. 5%）	5. 48
	低度啤酒（1. 2%~2. 8%）	8. 10
果酒	苹果酒和梨酒（1. 2%~7. 5%）	38. 87
	苹果酒和梨酒（7. 5%~8. 5%）	58. 75
	汽苹果酒和梨酒（1. 2%~5. 5%）	38. 87
	汽苹果酒和梨酒（5. 5%~8. 5%）	264. 61
葡萄酒	葡萄酒（1. 2%~4%）	84. 21
	葡萄酒（4%~5. 5%）	115. 80
	葡萄酒（5. 5%~15%）	273. 31
	葡萄酒（15%~22%）	364. 37
	汽葡萄酒（5. 5%~8. 5%）	264. 61
	汽葡萄酒（8. 5%~15%）	350. 07
烈酒		27. 66（每升）

资料来源：HM Revenue and Customs.

（3）燃油税（Fuel excise duty）

英国燃油消费税对所有的车用碳氢燃料（包括石油、柴油、液态汽）征收。根据英国中央预算计划，2012—2016 年，石油、柴油的税率为 58 便士/升，液态汽为 31. 6 便士/公斤，天然气为 24. 7 便士/公斤。

（4）车辆税（Vehicle excise duty）

英国车辆税对拥有各类机动车的个人、公司、组织征收，通过每年更换一次机动车许可证方式缴纳。

英国在 2009 年对车辆税进行改革，将其作为环境税（Environmental tax）征收，根据机动车 CO_2 的排放量（g/km）将税率由原来的 7 档增加为 13 档，每年通过年度预算进行调整和公布。2015 年的标准税率为：从 20 英镑（101~110 g/km）到 505 英镑（255 g/km 以上）。

5. 财产税

英国财产税（Property tax）包括遗产税、资本利得税、市政税、统一商业税（营业房产税）、地方房产税（家庭房产税）。

（1）遗产税（Inheritance tax）

英国遗产税是对当事人死亡时遗留的财产净值（即遗产总额减去债务、减免、豁免给配偶的部分，财产净值应超过一定数额或门槛：2009. 4—2016. 4 规定为 32. 5 万英镑）所征收的财产税。英国是世界上最早开征遗产税的国家，早在 1694 年就征收“遗嘱税”。现代遗产税始于 1894 年，1914 年设置数额门槛后一直沿用到 1975 年，当年遗产税改为“资本转移税”。1986 年英国通过新法案，又改为“遗产税”沿用至今。

遗产税由遗嘱执行人或遗产管理人缴纳，纳税期限为当事人死亡后的 6 个月以内。

遗产税的税率（2000—2015 年）为单一比例税率 40%（其中，留给教会的财产适用减少的税率 36%）。英国曾实行 7 级、4 级超额累进税率，1988 年起改为单一比例税率。

（2）资本利得税（Capital gain tax）

英国从 1965 年开征资本利得税。英国资本利得税是对销售（处置）个人财产所实现的增益（不完全是货币利益，比如赠送财产给别人作为礼物或交换获得相应非货币回报）的征税。所谓销售的个人财产主要指：经营资产、公司股票和信托股份、除汽车以外的价值在 6000 英镑以上的所有物、已出租或已作为经营用途的主要住房（不包括非商用的个人主要住房）。

资本利得税每年规定“门槛”或宽免额（Annual exemption amount），目前为 1. 11 万英镑。即，只有超过 1. 11 万英镑（2015. 4. 6-2016. 4. 5）的资本利得才交税。

资本利得税的免税情况是：①给予配偶的资产（但若不在一起生活则应纳税，或在一起生活但给配偶的资产用来出售时则应纳税）；②赠予教会的财产。

资本利得税可以扣除：当纳税人存在资产损失时，可以申报并从总利得中扣除。

资本利得税的税率自 2011 以来实行两档：18%、28%。如纳税人其他的总所得较低时，资本利得税的税率用 18%；较高时用 28%。

（3）市政税（Council tax ）

市政税是英国唯一的地方税，也是 1993 年 4 月（取代原社区人头税）开征的国内居民的个人住房财产税，用于支持地方的公共服务（如学校、图书馆、街灯、垃圾收集、休闲场所、博物馆和音乐厅等、青年关心和老年人照顾等）。

目前英国政府将英格兰、苏格兰、威尔士划为 326 个可以征收市政税的地方区域。在英国大部分地方有 2 层政府：郡，区、自治市和城市，郡政府一般负责计划、教育、交通、防火与治安、社会照顾、图书馆、废物管理、贸易标准，区和市负责计划实施、垃圾收集、循环再造、住房、市政税征管。在区和市政府下通常还有基层社会组织，如农村的教区、社区、镇，它们负责社区中心、公共汽车亭、事务分配（居民）、娱乐场和设施，也可以就卫生、涂写、张贴、养狗伤人等进行罚款。市政税的基本规则是：

①纳税人：年满 18 岁的住房所有者或租用住宅、寓所的居民。

②课税对象：居住房屋包括楼房、平房、公寓、出租房、活动房等 8 类。

③计税依据：由英国“税收与关税局”的执行机构“估价办公室”（Valuation Office Agency，VOA）评估的住房价值。VOA 在全国设有 69 个地方办公室（3600 多名职员），负责评估居民住房和商业房产的价值，决定地方住房的豁免额率、公正的租金数额、市政

税等级。

④税率：VOA 根据住房价值（以市场价值为基础）的高低，将英格兰、苏格兰、威尔士 3 大区域内的房产分为从 A 到 H 或 I 的 8 个或 9 个等级，各地议会根据地方开支的需要决定每个等级的房产的年度固定税率。表 4-21 是英国格拉斯哥的市政税税率。

表 4-21 英国格拉斯哥的市政税税率表（2015—2016 年）

Band	Value of the property in April 1991	Council Tax levied	Multiplier to band D (see page 8)	Number of properties (see note 1)
A	Up to £27000	£808. 67	6/9	69281
B	£27001 to £35000	£943. 44	7/9	78377
C	£35001 to £45000	£1078.22	8/9	6454
D	£45001 to £58000	£1213.00	9/9	39798
E	£58001 to £80000	£1284.56	11/9	28048
F	£80001 to £106000	£1752.11	13/9	12446
G	£106001 to £212000	£2021.67	15/9	6070
H	Over £212000	£2426.00	18/9	662
				299224

资料来源：http：//www. glasgow. gov. uk/CHttpHandler. ashx.

⑤豁免和减免：市政税可以完全豁免：未成年人（18 岁以下）的住房，全日制学生的住房，严重精神病人的住房，一家三口且不为经济利益工作的非英国居民的住房，无人居住房且正在改造或拥有者长期住院治疗或未装修和未销售。折扣减免：只有一个成年人的住房减免（25%），低收入者的住房减免（可全免），无劳动能力者的住房减免（可全免），符合条件的纳税人应向地方政府提出申请。

⑥申报和缴纳：市政税由本地税务机关寄送税收通知单，如果纳税人认为存在错误或需要减免，可以查看本地政府网站，与 VOA 和税务机关联系。税款可以在 10 个月内分期支付，若存在纳税困难，经申请后可在 12 个月内付清。

（4）统一商业税（Uniform business rate）

统一商业税即营业房产税，是对非家庭的经营房产（如公司的办公室、商店、仓库、工厂等）所征的税。它在 1990 年由地方税改为中央税（税收收入的大部分仍分配到地方政府）。营业房产税不包括：农业建筑和土地；渔场；残疾人福利和训练建筑及教会车间（在苏格兰，这类房产不免税，但可以获得减免）。

营业房产税的纳税人是其所有人。营业房产税以 VOA 评估确定的房产价值为税基，房产价值一般每 5 年评估一次。营业房产税实行全国统一税率（英国财政部每年规定），用一个比例乘数（多少便士/英镑）来表示。目前（2015—2016 年）英格兰的营业房产税的标准税率为49.3/英镑（即49.3%，小企业是48.0%），威尔士的标准税率为48.2/英镑（即48.2%）。

营业房产税的减免包括：小企业减免（课税房产价值少于0.6万英镑时全免，价值在0.6万~1.2万英镑时逐步递减）；农业区域减免（在农村人口不足3000人的地方经营，考虑房产价值大小，可减免50%~100%）；教会减免（最大可减免80%）；企业区减免（在政府建立的企业发展区内经营，最多可以得到5年的全免）；零售业减免（如从事零售经营且房产价值在5万英镑以下，减免可达1000英镑）。

营业房产税由地方税务机关在每年2月或3月寄送纳税通知单给纳税人，纳税人应当在1年内分12次付清税款。

6. 环境税

根据英国政府的定义，环境税（Environmental tax）是与政府的环境目标相联系、鼓励积极的环境行为、污染越大税负越重的税收。英国的环境税包括以下4种：

（1）气候变化税

英国在2001年度开征气候变化税，对工农商业和公共服务部门（非家庭）使用的电力、煤炭、天然气和液化气征收。纳税人是商用和公共服务用电力、煤炭、天然气和液化气的生产者、供应者和消费者。气候变化税最初用来使英国在2010年达到二氧化碳排放量减少20%的计划目标，之后成为英国重要的环境税。英国气候变化税税率见表4-22。

表4-22 **英国气候变化税税率表（2015年）**

提供能源的类别	单位	税率（英镑）	优惠税率降幅（%）
电力	kwh	0.00554	10
天然气	kwh	0.00193	35
液态气	公斤	0.01240	35
煤炭等	公斤	0.01512	35

资料来源：HM Revenue and Customs.

注：税率降低幅度是参加了“气候变化协议”的公司的优惠税率。

英国税收与关税局一般在每个季度寄送“气候变化税申报表”，公司和部门（纳税人）填好并由公司主管签名后返回，按季度缴纳。小企业（每年气候变化税少于2000英镑）填写简化的“气候变化税申报表”，可一次缴纳。

（2）碳价支持率（Carbon price support rates）

英国气候变化税不对发电厂和热能供应站征收。为了促进发电厂和热能供应站采用低碳技术来发电和供能，英国2013年开征“碳价支持率”（碳价税），对发电厂和热能供应站使用的天然气、液态气、煤和固体燃料征收。英国碳价税税率见表4-23。

表 4-23 **英国碳价税税率表（2015 年）**

能源类别	单位	2015 税率（英镑）	2014 税率（英镑）
天然气	kwh	0.00334	0.00175
液态气	公斤	0.05307	0.02822
煤炭等	千兆焦耳	1.56860	0.81906

资料来源：HM Revenue and Customs.

（3）土地填充税（Landfill tax）

英国土地填充税于 1996 年开征，是一种对在土地上填埋废物和垃圾所征的税收。纳税人是政府许可的专门在一块场地上经营填埋废旧业务的个人和企业。土地填充税根据所填废料的污染性设置 2 种税率，2015 年的税率是：污染性小的废料的填充税率为 2.6 英镑/吨；其他废料的填充税率为 82.6 英镑/吨。

（4）聚集税（Aggregates levy）

英国聚集税于 2002 年开征，是一种对岩石、沙地、砂砾进行商业挖掘和开采所征的税收。征税目的是控制商业挖掘和开采，以免对自然环境产生影响或改变。纳税人是进行挖掘和开采的个人和企业。有少数挖掘（如建筑目的挖掘）不征收聚集税。2015 年聚集税的税率是：2 英镑/吨。

二、德国的税收制度

德国（The Federal Republic of Germany，德语 Bundesrepublik Deutschland）位于欧洲中部，东邻波兰、捷克，南接奥地利、瑞士，西界荷兰、比利时、卢森堡、法国，北接丹麦，濒临北海和波罗的海。面积 35.7 万平方公里，人口 8108 万（2014 年）。

德国地势北低南高，北部平原，平均海拔不到 100 米；中部山地，由东西走向的高地构成；西南部是莱茵河谷地区，主要是山地和高山牧场；东南部是巴伐利亚高原和阿尔卑斯山区。主要河流有莱茵河、易北河、威悉河、奥得河、多瑙河。德国是联邦议会共和制国家，有 16 个州（各州有宪法、议会和政府）。

德国在公元 10 世纪形成早期封建国家。843 年德意志从法兰克帝国分离，962 年建立神圣罗马帝国，13 世纪中期走向封建割据，1806 年神圣罗马帝国终结，1815 年根据维也纳会议组成德意志邦联，1871 年建立统一的德意志帝国。德国是两次世界大战（1914—1918 年，1939—1945 年）的发起者和战败国。第二次世界大战后，德国分裂为德意志联邦共和国（1948 年 6 月）和德意志民主共和国（1948 年 10 月）。1989 年 11 月 9 日“柏林墙”被拆除，1990 年 10 月 3 日民主德国加入联邦德国，德国重新统一。

德国是欧盟核心成员国、世界第四大经济体，汽车、医疗、电子、机械、化工、材料工业均处于领先地位。2000 年以来德国产业结构加速调整，2013 年服务业占 GDP 的 71%，工业和农业分别占 28%和 1%。2015 年人均 GDP 为 41267 美元（估计）。

（一）德国税制的历史演变

19 世纪以前德国税收制度是以农村和土地为基础的。19 世纪后，以普鲁士邦为代表，德国进行重大改革，农业和工业发展加快，间接税的比重提高。1808年，德国在普法战争中失败，为筹措赔款开征了个人所得税，但由于地主和新兴资产阶级反对，不久即停征。在国家不统一、邦国林立的情况下，1870年前德国主要通过关税同盟形成国内市场，开始工业化发展。

1870年德国赢得法德战争的胜利，建立了统一的德意志帝国。在工业化全面展开的过程中，德国关税、国内产品税与销售税等间接税的比重进一步提高。1883年后，德国逐步建立社会保障制度，开始收取社会保险费（最早的社会保障税）。1891年正式颁布《所得税法》和《财产税法》，1925年德国建立综合个人所得税制度，开始向以所得税为主体的现代税收制度转变。

第二次世界大战后，在美国占领军的主持下，德国（原联邦德国）制定了新宪法《基本法》，对税收制度进行了改革。从1950年起，德国进一步调整税制，连续降低个人所得税、公司所得税和消费税税率，为经济高速增长创造了条件。1955年，德国将属于州税的个人所得税和公司税改革为联邦与州共享税（联邦分享1/3），并建立了州际财政均衡机制；1956年，又将属于州税的营业税和房地产税划做乡镇的固定税收，建立了德国财政分权体制的框架。1969年，随着经济减速，德国进行“财政大改革”，将1968年开征的增值税作为联邦与州二级共享税，将个人所得税、公司税和乡镇营业税改为三级共享税，建立了德国特有的“分税+共享”的税制模式。此后，德国社会经济和税制进入稳定发展阶段。

进入20世纪90年代后，随着德国再次统一和为了促进东、西部的快速融合，德国1991年开征团结统一税，建立了向东部提供财政资助的“统一基金”；1995年调整了一般转移支付。1998年将增值税的分享扩大到市镇，进一步加强了“分税+共享”模式。1999年开征了生态税。这些有力地保证了德国社会经济的一体化发展，也为欧洲的一体化发展做出了贡献。

2000年，德国推出“历史上影响最深远的减税计划”，从2001年起逐步降低个人所得税和公司税。2001—2005年，个人所得税的基本税率从25.9%降到15%，最高边际税率从53%降到42%，同时增加个人所得税的宽免额，增加对子女、住房购置的减免；公司税的税率由40%降到25%（对非股份公司，其贸易税按标准化形式从所得税的应税所得中扣除），并调整亏损处理方法；调整增值税制度，以适应欧盟对成员国增值税制度的统一要求。2008年，德国公司税的税率降到15%。

最近几年，德国上下就减少所得税的复杂性、将税收负担从劳动转向财产与消费（包括降低VTA税率而增加财产税、支持低收入家庭、减少扭曲）、加强绿色税收，保证财政运行的稳定性与可持续性问题进行了广泛讨论，确立了“增长、公平、环境友好”的财政目标和建立“绿色、公平、简便”的税制体系的税收改革目标。

总体来看，最近20年来德国税收制度改革、发展的主要趋势是：减轻税负、减少扭曲，使税制更具“中性”；调整税制结构，增加环境税和财产税，控制个人所得税。

（二）德国税制的基本特点

1. 直接税与间接税并立

德国目前有 39 种税，税收占 GDP 的比重一直高于欧盟国家平均水平，2013 年为 36. 4%（见图 4. 10）。德国的主要税种（若不计社会保障税）是个人所得税和增值税，2013 年这两种税分别占总税收的 25%和 20%左右（见图 4. 11），公司税和财产税的比重较小，其收入比重都在 5%以下。

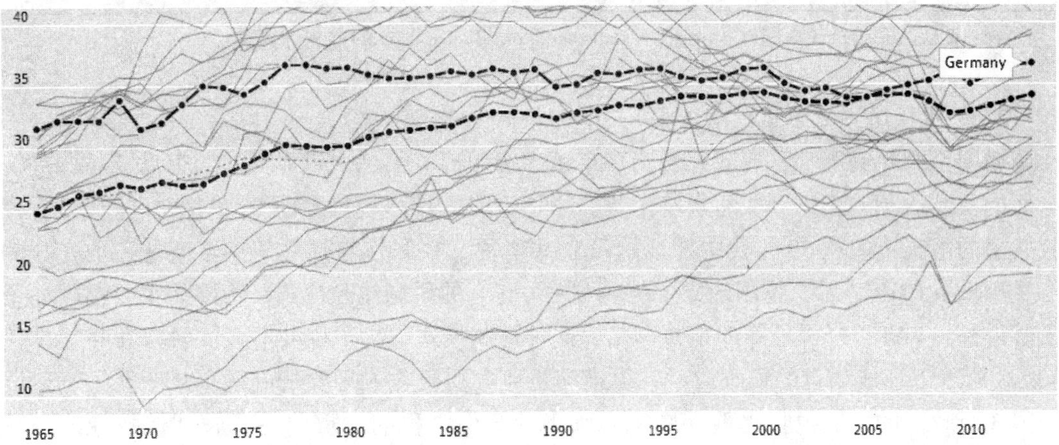

图 4. 10　德国税收占 GDP 的比重（1965—2013 年）

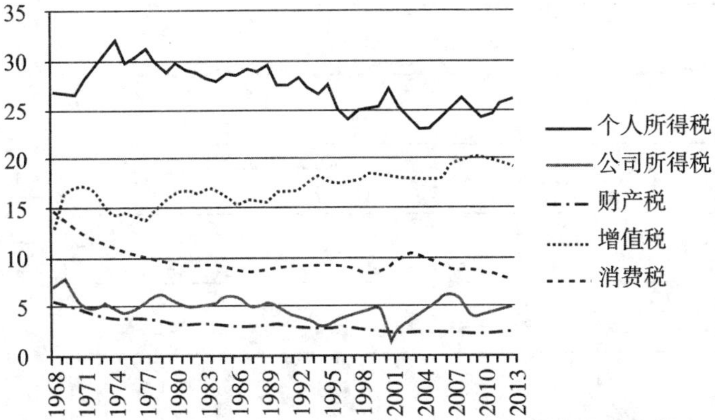

图 4. 11　德国主要税种占税收总额的比重曲线（1968—2013 年）

数据来源：根据 OECD 网站，http：//stats. oecd. org/Index. aspx 的数据计算。

德国通常将一般税收（不包括社会保障税）分为直接税和间接税 2 大类。直接税包括个人所得税、公司所得税、财产税、营业税等，间接税包括增值税、关税、消费税等。1990 年以来，德国税制发展的基本特点是：降低直接税（特别是个人所得税）的比重，提高间接税（主要是增值税）的比重，直接税与间接税基本上保持并驾齐驱的格局（见表 4-24）。这也是西欧发达市场经济国家的税制一般特点之一（还有社会保障税比重高等特点）。

表 4-24 德国直接税与间接税的收入比重（%）

项目 \ 年份	1995	2000	2005	2010	2013
直接税	54.1	53.6	51.4	51.2	54.6
间接税	45.9	46.4	48.6	48.8	45.4

资料来源：根据 OECD 网站，http：//stats. oecd. org/Index. aspx 的数据计算。

2. 联邦、州、市镇实行“分税+共享”模式

德国是联邦制国家，有联邦、州和市镇 3 级政府。第二次世界大战结束后，德国进行全面的税制改革，考虑到战后经济困难，不适宜设立许多税种，而 20 世纪 20 年代就有税收共享的情况，故从 50 年代中期开始设立共享税，在联邦与州之间共享某些税收。1969 年“财政大改革”后，德国确立了“分税+共享”的税制体系模式。德国的主要税收如个人所得税、VAT、公司税等都是共享税。这种税制模式解决了税种不多，联邦和州与市镇 3 级政府难以形成各自的税收体系，很难满足地方财政收入需要的问题。从图 4. 12 可见，德国 3 级政府的一般税收比重（图中未画出社会保障税的比重曲线）长期保持稳定，联邦、州、市镇的一般税收比重大体是：52 ∶ 35 ∶ 13。

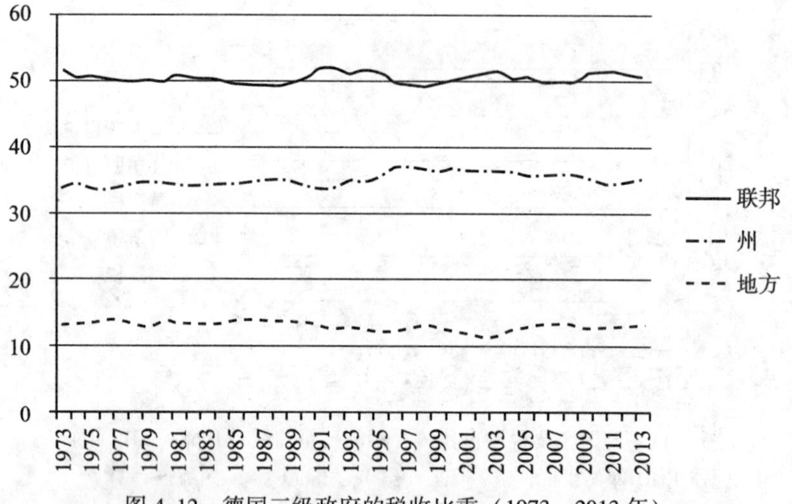

图 4. 12 德国三级政府的税收比重（1973—2013 年）

数据来源：根据 OECD 网站，http：//stats. oecd. org/Index. aspx 的数据计算。

德国联邦、州、市镇的税种（按收入归属）和共享税划分见表 4-25。目前，联邦税 13 种，州税 6 种，乡镇（市）税 7 种，联邦、州、乡镇的共享税 6 种。另外，有 5 种税（农业特别税、关税、出口税、牛奶特别税、糖生产税）属于欧盟，1 种税（教会税）属于教会。

表 4-25　　德国三级政府的税收和共享税（2013—2015 年）

联邦税（13 种）	州税（6 种）	乡镇税（7 种）
1. 团结统一税 2. 消费税（果酒、白酒、汽酒、酒精饮料、咖啡、烟草税） 3. 环境税（燃油/能源、电力、汽车、核燃料、航空税） 4. 保险税	1. 房地产转让税 2. 继承与赠与税 3. 消防税 4. 啤酒税 5. 游戏赌场税 6. 博彩及彩票税	1. 第二房产税 2. 企业房地产税 3. 证照税 4. 饮料税 5. 娱乐税 6. 养狗税 7. 渔猎税
共享税	共享税	共享税
1. 个人所得税 42.5%	1. 个人所得税 42.5%	1. 个人所得税 15%
2. 公司税 50%	2. 公司税 50%	—
3. 增值税（销售税）55%	3. 增值税 43%	2. 增值税 2%
4. 营业税（贸易税）4.4%	4. 营业税 15.6%	3. 营业税 80%
5. 工薪税（社保税）	5. 工资税	4. 工资税
6. 资本所得税	6. 资本所得税	—

资料来源：德国联邦财政部，http://www.bundesfinanzministerium.de/Content/EN/Standardartikel/Press.

（三）德国现行主要税种

1. 个人所得税

（1）课税对象和纳税人

德国个人所得税（Income tax）的课税对象包括 7 类所得：农业和林业所得、经营所得、自雇所得、工薪所得、资产所得、租金和租赁所得、其他（如养老保险所得和交易所得等）。

德国个人所得税的纳税义务人包括居民和非居民，居民就在全球范围内的收入纳税，非居民仅就在德国所取得的收入纳税。

（2）应税所得

德国的个人所得税也是分类综合所得税，但不同于美国。德国和许多欧洲国家一样，计算应税所得时先计算每类收入的净额（Y_i-C_i，即各类所得减去各自的成本费用或损失，当然这些可扣除的费用或损失是有限制的），然后将各类净收入相加后得到总净所得（若总净所得为负值，则它可以结转到以后年度的总净所得中扣除），再减去基本扣除（B）和特别扣除（S）就得到应税所得（I）。即：

$$\sum (Y_i - C_i) - B - S = I$$

纳税人的基本扣除 B：2015 年是 8354 欧元（只有应税所得超过该数额才纳税，该数额即起征点）。若纳税人是 64 岁以上的老人可另外扣除 1900 欧元；若纳税人是单身，但抚养孩子可另外扣除 1308 欧元。

纳税人的特别扣除 S：包括学费、培训费、社会保险税（例如法定养老保险税可扣除75%以上，单报最高为2万欧元，联合申报最高为4万欧元）和其他保险费、社会公益捐款（可达总净所得的20%）、政党捐助（可扣除50%，也有限额）、每个孩子的教育费用、家中残疾人扣除、家里有无劳动能力的亲戚或其他人共同生活的扣除、每个14岁以下或25岁以下不能自理孩子的照顾费（扣除2/3）、离婚和分居的赡养费扣除（最多13805欧元）。

（3）累进税率

德国个人所得税以往采用连续的超额累进税率，从2013年起改为3级超额累进税率（见表4-26）。

表4-26　**德国个人所得税税率表（2015年）**

单身申报		夫妇联合申报	
年应税所得（欧元）	税率（%）	年应税所得（欧元）	税率（%）
~52881	14	~52881×2	14
52882~250730	42	52882×2~250730×2	42
250731~	45	250731×2~	45

资料来源：德国财政部，http：//www.bundesfinanzministerium.de/Content/EN/Standardartikel/Press.

（4）申报与缴纳

在德国，仅有工薪所得的人不需申报和缴纳个人所得税，雇员的个人所得税由雇主每月代扣代缴。自雇者每季度缴纳，并在每年5月底以前申报。

（5）教会税

在德国，教区（教会社区）被看做是地方公共团体组织。个人所得税的纳税人若是教会成员（正式登记注册的教徒），则按个人所得税的应税所得缴纳教会税。教会税采用比例税率，由各地教区确定，2015年的教会税率为8%~9%。教会税由雇主代扣代交给财政（税务）局，再由财政局转给教区。教会税本质上是个人所得税的地方附加税。

（6）统一税

德国的统一税（团结附加税）是个人所得税（及公司所得税）的联邦附加税。个人所得税的纳税人若应税所得超过972欧元（联合申报×2，2015年）就应缴纳团结附加税，统一税的税率为5.5%（比例税率，2015年）。统一税是联邦政府的税收。

2. 公司税

（1）纳税人和课税对象

德国公司税（Corporation tax）的纳税人包括居民公司和非居民公司。居民公司是在德国登记注册或总部设在德国的公司，它应就全球范围内的收入纳税；非居民公司仅就在德国的收入纳税。德国公司所得税的课税对象为经营利润（所得）。

（2）应税所得

公司税的应税所得等于总利润减去经营之后的余额。

经营扣除包括公司的各种经营费用。具体有：①雇员和管理者的正常报酬；②贷款和其他债务的利息，但有限制；③特许权使用费；④研究与开发成本；⑤对非营利组织的捐款，有最高额度；⑥经营损失超过 51 万欧元可以向以后年度结转；⑦固定资产折旧一般采用直线法或余额递减法。

(3) 比例税率

德国公司税税率采用比例税率。2000 年以来，德国公司税税率不断降低。2008 年到目前（2015 年），公司税税率一直为 15%。

(4) 统一税

同个人所得税一样，缴纳公司税的公司同时应交纳 5.5%的统一税。

3. 增值税

在德国，增值税称为销售税（Umsatzsteuer），是销售者在进口商品、出售商品和提供服务后按其增值额应缴纳的税。德国 1968 年开征增值税。

增值税是典型的商品流转税。增值税伴随每一个生产和销售环节，主要目的是对最终消费征税。例如，假设增值税税率为 19%，A 将价值 119 欧元（含税）的商品出售给 B，其中 19 欧元是要缴给政府的；由于销售者总是要获利的，故含在商品价格中（或连带的）的税 VAT 最终由消费者承担。

增值税的主要优点是：①对所有的生产和销售者都按其增值计税，体现税收的公平（不歧视）原则和效率（不扭曲市场机制的作用）原则，具有“中性”税收的特点。这是增值税在法国出现后，德国和欧盟各国以及其他很多国家都采用它作为主要商品税（取代传统的流转税）的基本原因。但是应注意，VAT 作为商品税并不具有公平分配的功能，因为一方面销售者总是会将增值税的税收负担转嫁给消费者；另一方面消费者中的富人和穷人承担的增值税负担完全可能相反（如果穷人主要购买的食品、衣物等基本生活品与富人喜欢的商品和服务的增值税税率相同，逆向的收入分配调节问题就会很明显），正因这一点，所以增值税的税率设计就很重要，这也是德国等国将增值税税率设为基本税率、低税率（优惠税率）的原因。②通过对众多的商品和服务征税（税收范围广泛、环节多），可以在减少扭曲的情况下大规模地取得充裕的税收，满足政府财政收入的需要（相关的问题是居民税负增加，商品价格上涨，也会影响社会消费与生产增长）。

增值税按增值额或计税基础的大小不同可以分为 3 种类型：①生产型，生产型增值税是以销售收入额减去外购的商品与劳务（不包括购进的固定资产）后的余额作为计税基础的增值税。即：增值额 = 销售收入总额 - 外购中间产品及劳务的支出（不含固定资产）= 折旧+工资薪金+租金+利息+利润，相当于国民生产总值（故称生产型），以此计算的增值税额较大，税收也多。②收入型，收入型增值税是以销售额减去外购商品、劳务和折旧后的余额作为计税基础的增值税，即：增值额 = 销售收入 - 外购中间产品、劳务支出和资产折旧 = 工资薪金+租金+利息+利润，增值额相当于国民收入（故称收入型），比生产型增值额小。③消费型，消费型增值税是以销售收入额减去其外购商品、劳务和固定资产后的余额作为计税基础的增值税，即：增值额 = 销售收入 - 外购中间产品、劳务和资本品的支出 = 消费额，增值额等于社会消费额（故称消费型），增值额最小——从尽量减小税负，减少对生产和消费的不利影响来看，消费型增值税比前两种更合适，这也是目前德国、欧盟及许多国家广泛运用消费型增值税的原因。

德国增值税的特点是：

（1）征税范围广

德国对在德国境内提供的商品与劳务和从欧盟以外进口的商品征收增值税。免征增值税的服务有：医疗保健、教育和培训、文化服务（博物馆、音乐厅、剧院等）、社会保险、银行信贷、房地产销售和租赁、对需要帮助的人提供的服务、青少年福利中心、政府认定的志愿福利组织等。纳税人是应税商品与劳务的提供者和进口人。

（2）采用 3 种税率

德国增值税现行（2015 年）的基本税率是：19%，适用大部分商品和劳务；低税率 7%，适用于粮食品、公共交通、书报杂志、艺术服务、食宿服务；特别税率 5.5%（对农民）和 10.7%（对林业人员）。在目前实行增值税的国家中，德国的基本税率属于中等偏高的水平（见表 4-27）。

表 4-27 **2015 年 30 个国家的所得税、社保税、增值税税率（%）**

国别	公司所得税	个人所得税	社保税（雇主）	社保税（雇员）	增值税
阿根廷	35	9~35	27	17	21
奥地利	25	21~50	21.83	18.2	20
比利时	34	25~50	40.58	13.07	21
巴西	34	7.5~27.5	37.3	11	25
中国	25	3~45	30	11	17
丹麦	23.5	38~65	0	DKK900	25
芬兰	20	6.5~31.75	19.47	9.14	24
法国	33.33	5.5~41	50	20	20
德国	30~33	14~45	19.7	20.6	19
希腊	26	0~42	28	16.5	23
墨西哥	30	0~30	7	2	16
挪威	27	28~49	14.1	7.8	25
匈牙利	19	16	28.5	18.5	27
印度	30~40	10~30	12	12	15
印度尼西亚	25	5~30	3.7	2	10
意大利	27.5	23~43	30	10	22
日本	25.5	5~50	15.45	14.64	8
波兰	19	18/32	22.14	13.70	23
葡萄牙	21	14.5~48	23.75	11	23
罗马尼亚	16	16	28.45	16.5	24
俄罗斯	20	13	30	0	18
新加坡	17	3.5~20	16	20	7

续表

国别	公司所得税	个人所得税	社保税（雇主）	社保税（雇员）	增值税
斯洛伐克	22	19/25	34.8	13.4	20
西班牙	28	24.75~52	29.9	6.35	21
泰国	20	5~37	5	5	7
土耳其	20	15~35	27	15	18
英国	20	0~45	13.8	12	20
乌克兰	18	15/17	49.7	3.6	17
美国	15~35	0~39.6	7.65	5.65	—
越南	22	5~35	21	9	10

资料来源：www.worldwide-tax.com.

注：表中增值税是最高税率；税率不包括地方税率。

（3）采用发票扣税法

德国增值税的计征采用发票扣税法，即：纳税额=销项税额-同期进项税额。

增值税的确定采用权责发生制。申报纳税可以采取按月申报纳税（一般纳税人）、按季度和按年度申报纳税（中小纳税人）等方式，但年销售额少于5万欧元的中小企业并不要求缴纳增值税。

4. 消费税

德国的消费税属于中间型，包括：烟草税（纸烟、雪茄等）、酒税（白酒、啤酒、葡萄酒等）、咖啡税、能源税（汽油、柴油、煤炭等）、核燃料税、电力税。

5. 遗产继承及赠与税

德国在1923年开征遗产和赠与税，现行遗产继承及赠与税是州的主要税收。遗产继承及赠与税对遗产继承者和财产接受人征收，计税基础是遗产及赠与财产的市场价值。

现行适用税率为7级累进税率（见表4-28），并按配偶和直系亲属、非直系亲属、其他人分成3类继承人。1类继承人包括：配偶、父子、祖孙等关系，税率较低；2类包括：兄弟、姐妹、侄子、外甥、继父母、岳父母、女婿儿媳、离婚夫妻等，税率略低；3类为其他各种人，税率较高。各类纳税人的固定扣除是1.03万欧元，作为各种费用成本的扣除。对每一类纳税人又规定不同的免税额，从2万欧元到50万欧元不等。

表4-28　**德国遗产继承及赠与税税率（2015年）**

应税财产额（万欧元）	税率（%）		
	1类	2类	3类
~7.5	7	15	30
7.5~30	11	20	30
30~60	15	25	30
60~600	19	30	30

续表

应税财产额（万欧元）	税率（%）		
	1类	2类	3类
600~1300	23	35	50
1300~2600	27	40	50
2600~	30	43	50

资料来源：德国财政部，http：//www. bundesfinanzministerium. de/Content/EN/Standardartikel/Press.

6. 营业税（贸易税）

在德国，地方政府对个人和公司的经营利润的征税称为营业税或贸易税（Trade tax）。地方营业税不考虑个人和公司的生产经营环境，因此不同于所得税和公司税；但个人和合伙企业允许有2.45万欧元的扣免优惠。地方营业税的税率由各地方政府决定，目前基本税率是3.5%。

营业税是地方乡镇和市的主要税收，是地方提供本地公共服务的重要收入来源。虽然联邦、州参与部分共享，但它们的共享比例低。

7. 企业房地税（经营财产税）

德国的企业房地产税对非个人的房地产（即企业和公司的房地产或不动产）征收，计税基础是企业房地产的当前评估价值。企业房地产税是地方乡镇政府的重要税收，一般对公共部门、福利机构、教会的房地产免税。

企业房地产税分为2类，一类是对农业和林业企业的房地产税，目前税率全国统一为0.6%；另一类是所有其他企业的房地产税，税率由地方政府在法律规定的框架内决定，目前东部和西部相差较大，西部的企业房地产税一般在0.26%~0.35%，东部的企业房地产税一般在0.5%~1.0%。

8. 第二住房税

德国地方政府对居民的第二住房（住处）按年租金量征税，而不论居民是拥有，还是租住住房。第二住房税的税率由地方政府确定。

三、芬兰的税收制度

芬兰共和国位于西欧北部，面积33.8万平方公里，人口550万（2014年），北与挪威和瑞典接壤，东与俄罗斯为邻，南临芬兰湾，西濒波罗的海湾，水域面积占10%，有“千湖之国”之称。

芬兰最早的居民为拉普人，以后芬兰人迁入，建立了芬兰大公国。12世纪后半期被瑞典统治。1809年俄瑞战争后并入俄国成为大公国。1917年12月芬兰宣布独立。

芬兰是发达市场经济国家（2014年人均GDP37559欧元）、欧盟成员。芬兰的主要特点是：公正清廉，2012年“透明国际”公布的全球腐败指数报告表明，芬兰是当今最清廉的国家（排名第一）；服务良好，芬兰政府提供的社会保障、教育和医疗卫生等公共服务具有高标准、高水平的特点。

芬兰实行一院“议会”民主制，议会是国家最高权力机构，议会代表以直接选举方式产生。芬兰实行内阁制，国家权力主要由内阁行使，内阁总理由议会选举产生。芬兰有两级政府：中央和市镇政府。1997 年前芬兰中央政府下有 12 个省，1997 年后减为 6 个省，2010 年撤省设立 19 个行政区域（由基层市镇派代表组成区域委员会）作为市镇合作论坛组织（负责区域的经济和教育发展规划，同时中央也在各区设立就业与经济发展中心，管理劳动就业和农林渔业及企业事务）。芬兰地方政府目前（2015 年）包括 317 个自治市、镇（大部分市镇不足 6000 居民）。

第二次世界大战后，芬兰依托森林工业和金属工业走上强国之路。20 世纪 90 年代以来，芬兰通过结构调整（向知识技术密集型产业发展）保持了经济与福利增长。芬兰森林资源丰富，木材加工、造纸和林业机械处于领先水平；商业、旅游、金融、通信和公共服务业发达，对外贸易占 GDP 的 1/3；芬兰在交通、建筑、环保及再生能源技术方面居于世界前列。

（一）芬兰的税制结构

1. 税收比重高，直接税与间接税并立

芬兰税收的比重较高（2013 年税收占 GDP 的 44%），代表了北欧国家税收的一般情况。芬兰的主要税种是个人所得税、增值税、社会保障缴款（特别税）、公司税、继承与赠与税等。芬兰在 20 世纪 70 年代中期开始降低个人所得税（1976 年直接税的比重为 43%），增加商品税和社会保障税。

2013 年，芬兰税收中直接税（所得、利润、资本利得税）占 34. 74%，特殊商品和劳务税占 33. 12%，社会保障缴款占 28. 93%，三者合计占税收总额的 96. 79%。具体来看，个人所得税（最大税种）占税收的 29. 3%，社会保障缴款占 28. 9%，增值税占 21. 3%，特殊商品与劳务税（消费税）占 10. 8%，财产税占 2. 9%。这表明目前芬兰的直接税与间接税的比重相当，芬兰税制是直接税与间接税并立的双主体结构。参见图 4. 13，表 4-29。

表 4-29　**芬兰的税收结构（1975—2013 年）**　单位：百万欧元

年份	税收总额	直接税	比重（%）	社会保障缴款	比重（%）	间接税	比重（%）
1975	6589	2850	43. 2	1347	20. 4	2101	31. 9
1980	11894	4653	39. 1	2776	23. 3	4202	35. 3
1985	22812	9304	40. 8	5005	21. 9	7726	33. 8
1990	39050	15323	39. 2	10011	25. 6	12709	32. 5
1995	43853	15851	36. 1	13517	30. 8	13419	30. 6
2000	62435	26910	43. 1	15756	25. 2	18090	28. 9
2005	69230	26459	38. 2	18879	27. 2	21782	31. 4
2010	76315	27104	35. 5	22648	29. 7	24256	31. 7
2013	88589	30780	34. 7	25632	28. 9	29344	33. 1

资料来源：芬兰财政部网站。

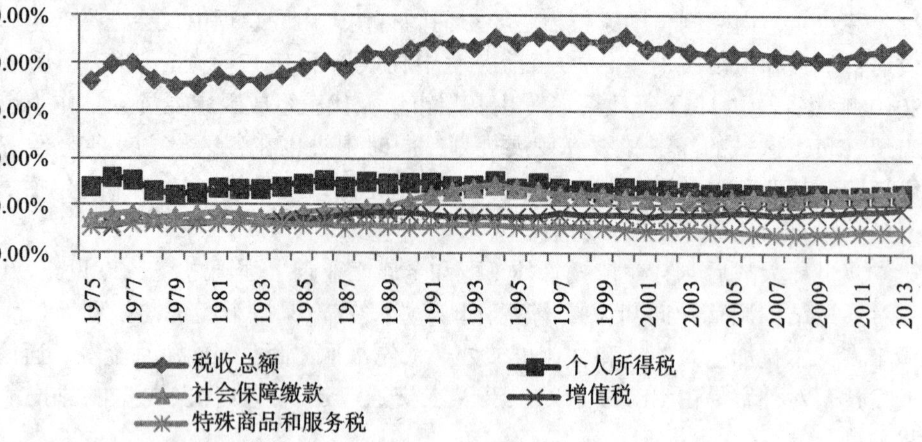

图 4.13 芬兰的税收和主要税种占 GDP 的比重（1975—2013 年）

2. 重视环境税，地方税以个人所得税为主体

芬兰两级政府目前共有 34 种税（不包括欧盟税如关税和教会税，参见表 4-30）。中央与地方市镇划分税种（只有公司税为共享税），中央税 28 种（1 种共享税），地方税 7 种（1 种共享税）。1975—2013 年，芬兰中央税比重逐步下降，由 56%降为 47%；地方税的比重保持稳定，一直在 23%左右（约为中央税收的 1/2）；社会保障缴款的比重增加，由 20%增加到 29%，见图 4.14。

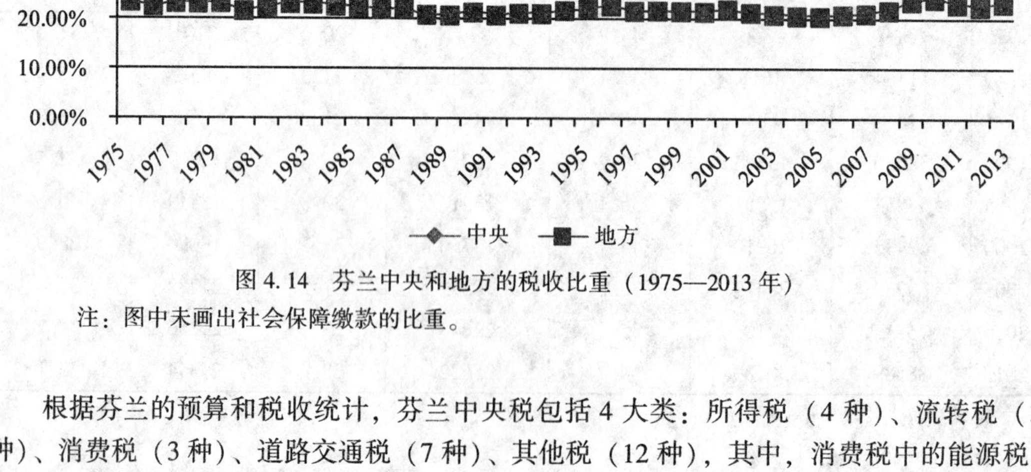

图 4.14 芬兰中央和地方的税收比重（1975—2013 年）

注：图中未画出社会保障缴款的比重。

根据芬兰的预算和税收统计，芬兰中央税包括 4 大类：所得税（4 种）、流转税（3 种）、消费税（3 种）、道路交通税（7 种）、其他税（12 种），其中，消费税中的能源税、

大部分道路交通税以及废料税、石油废油税、石油损害税都是芬兰环境税的重要组成部分。

芬兰市镇税有7种，其中最重要的是按比例税率征收的个人所得税（各地税率平均在18%左右），该税一直是市镇税的支柱，长期占市镇税总额的90%以上；其次是房地产税，约占市镇税总额的5%。芬兰的地方税收以个人所得税为主体是其重要特色，也代表了北欧5国（芬兰、瑞典、挪威、丹麦、冰岛）地方税的一般特点。

表4-30 **芬兰的中央和地方税（2015年）**

中央税			市镇税
所得税	1. 个人所得税（累进税）		1. 市镇所得税（比例税）
	2. 公司税（共享，69.72%）		2. 房地产税
	3. 继承与赠与税		3. 荣誉称号税
	4. 社会保障缴款		4. 养狗税
流转税	5. 增值税		5. 邮寄税
	6. 保险税		6. 森林管理税
	7. 药品税		7. 公司税（共享，28.06%）
消费税	8. 烟草税		
	9. 酒税（包括酒精饮料）		
	10. 能源税（电力、煤、燃料、天然气、松油、石油）		
交通税	11. 重车辆税		
	12. 汽车购置税		
	13. 柴油税		
	14. 轨道税		
	15. 汽车税（国外登记）		
	16. 航道税		
	17. 吨税		
其他税	18. 交易税（财产、证券）	24. 废料税	
	19. 彩票税	25. 石油废油税	
	20. 彩票公司超额利润税	26. 石油损害税	
	21. 海员福利与救援税	27. 防火税	
	22. 狩猎税	28. 保险税	
	23. 渔税	29. 赌博税	

资料来源：芬兰财政部，http：//vm.fi/en/ministry.

注：公司税的教区分享比例为2.22%。

（二）芬兰现行主要税种

1. 个人所得税

（1）征税对象和纳税人

芬兰个人所得税的对象是个人的劳动所得和资本所得。劳动所得包括工资和薪金、经营收入、社会保障收入、奖金（不包括重大的国际和国家艺术奖）等；资本所得包括资本利得、股息和利息所得、租金所得、土地和木材收入等。

个人所得税的纳税人包括居民和非居民。居民是有长期住所或居住超过 6 个月的外国人，非居民是无长期住所或居住不超过 6 个月的外国人。居民就其国内外的收入纳税；非居民就其在芬兰取得的收入纳税。

（2）应税所得计算

芬兰个人所得税制度的一个重要特点是：按劳动所得和资本（投资）所得分别计算应税所得，这就是 1993 年建立的所谓“双重所得税制”。

芬兰个人所得税制度的另一个特点是：同其他欧洲国家一样，将每一种来源的所得先扣除取得该所得的成本或费用，然后将每种来源的净所得加总，得到总净所得，用总净所得减去一般扣除得到应税所得。

芬兰个人所得税制度的又一个特点是：一律以个人为单位进行申报和缴纳，不实行按家庭申报（户主申报）或夫妻联合申报。

根据芬兰税法，劳动所得的扣除包括：离婚赡养费、14 岁以下子女的抚养费、经营费用、上下班交通费、旅行费用、参加旅行组织和企业家组织的会费、社会保障缴款和生命、事故保险的费用、上班就近租房的费用、研究和职业支出、市镇房地产税、基本扣除（给予每个纳税人，2015 年是 16500 欧元），特别扣除（纳税人失业和生病等，2015 年限额 1400 欧元）。

资本所得的扣除有：购买家庭住房的贷款利息、教育贷款利息、资本亏损、相关费用。如果总的资本所得为负值（即资本所得小于其扣除项目），则可在劳动所得税额中直接抵免（按一定比例，不超过一定额度）。

（3）累进税率和比例税率

芬兰个人所得税的劳动所得部分运用 5 级累进税率（见表 4-31），劳动所得部分的起征点是 16500 欧元（基本扣除额）。

表 4-31 **芬兰个人所得税中劳动所得部分的税率（国税，2015 年）**

级数	应税所得额（欧元）	税率（%）
1	16500~24700	6.5
2	24700~40300	17.5
3	40300~71400	21.5
4	71400~90000	29.75
5	90000~	31.75

资料来源：芬兰财政部，http：//vm.fi/en/ministry.

个人所得税的资本所得部分实行 2 档比例税率。2015 年，基本档税率为 30%；应税资本所得超过 3 万欧元，税率为 33%。

（4）抵免规定

芬兰个人所得税的劳动所得部分的抵免包括：法律判决（离婚等）的孩子抚养费的 1/8、残废者抵免、学习费用抵免、家庭事务雇用抵免（雇用费的 30%~60%）、低收入者抵免（有限，并根据净劳动所得递减）。

（5）申报和缴纳

芬兰个人所得税的纳税年度为公历年度。但不需要纳税人自己填表申报，而是由税务机关根据雇主、银行、养老保险金、保险公司、证券交易所等提供的信息填写“纳税预申报表”发给纳税人，如有遗漏或错误，纳税人只要在预申报表上修改信息后提交即可。纳税人根据预申报表上规定的日期纳税。

（6）地方（市镇）所得税

芬兰地方政府市镇征收个人所得税（即劳动所得税，不对资本所得征收）。市镇所得税也有扣除和抵免规定，但比中央的个人所得税简便。市镇所得税运用比例税率（国家规定基本框架），市镇在规定框架内自行决定具体税率。2015 年，芬兰全国各地的市镇所得税的税率为 16.50%~22.50%，平均税率为 19.84%。

2. 公司税

（1）征税对象和纳税人

芬兰公司税的对象为公司经营所得和其他所得。纳税人包括居民公司和非居民公司，居民公司是指在芬兰注册成立的公司，居民公司就其全球所得纳税；非居民公司就其在芬兰的所得纳税。在芬兰，公司包括政府、合作社、协会、事业单位、基金会、住房机构、非营利组织。芬兰公司税由中央、地方和教区共享。

（2）应税所得和扣除

公司税的应税所得=经营所得-成本费用扣除

成本费用扣除包括：①已交税款，社会保障税，不动产税款；②员工的工薪；③业务招待费，按发生额的 50% 扣除；④存货，按取得成本、重置成本和变现净值三者中的最低者计算；⑤折旧，折旧率最高为 30%；⑥亏损结转，亏损向以后年度结转年限为 10 年。

（3）税率

芬兰公司所得税采用比例税率，2015 年的税率为 20%。

（4）申报和缴纳

公司所得税纳税年度为公历年度。公司应根据以前 2 个年度的应税所得情况估算应纳税额，分月预缴，并于纳税年度终了后 4 个月内提交申报单，进行年度申报，汇算清缴。

3. 增值税

（1）征税对象和纳税人

增值税是对商品和服务消费所征收的一般消费税，纳税人是从事一般商品销售、进口和提供劳务的单位和个人，对象是生产销售应税商品和服务过程中的增值额。免税项目有：房地产出售和出租、医疗服务、基础教育服务、社会服务、金融和保险服务（保险服务按 23% 的税率另征保险税）等。

（2）4 种税率

芬兰增值税设基本税率、低税率和零税率。自 2013 年起，标准税率为 24%；低税率 14%（适用食品、动物饲料和餐馆餐饮服务）；低税率 10%（适用书籍、报纸、杂志、药品、体育与运动服务、客运、住宿、电视广播、文化娱乐、艺术品销售和进口、版权组织）；零税率（出口）。

（3）等级和申报

年营业额不超过 8500 欧元的中小企业免征增值税，企业重组过程中的货物转让免征增值税。一般纳税人应按照规定登记注册。年营业额不超过 8500 欧元的中小企业可以不登记注册，但进项税额不能扣除（若登记注册成为纳税人，可以取得进项税额的扣除资格）。

增值税的纳税年度为公历年度。一般纳税人应按月申报、缴纳，一般不迟于下月 15 日。

4. 消费税

芬兰消费税的范围适中。作为欧盟成员国，芬兰根据欧盟消费税的协调要求，对酒和酒精饮料、烟草、燃料、电力、天然气、煤等征收消费税。同时，芬兰《消费税法》还规定对一些特定商品征税，包括润滑油、进口或过境的石油、冰激凌、糖果、软包装饮料、包装物和松油等。

消费税主要用于增加中央税收，也用于控制环境污染。根据政府计划，税收将从劳动和企业转向基于环境和健康问题的消费，目标是减少影响经济增长的税收，并确保税收公平；消费税或环境税是应对气候变化的关键，用于交通运输的燃料税收的重点转向二氧化碳税。饮料包装消费税引导人们使用可循环利用的包装，垃圾税在于减少填埋的废旧物数量。

5．继承和赠与税

芬兰对遗产继承人征收继承税，对财产的受赠人征收赠与税。继承和赠与税根据受益人取得的财产价值实行超额累进税率（见表 4-32）。

芬兰继承和赠与税根据财产受益人与遗产和赠与人的亲疏关系应用不同税率。I 类受益人是具有直系亲属（含收养）关系的纳税人，包括配偶、子女、父母，税率较低；其他财产受益人为 II 类纳税人，税率较高。

表 4-32　**芬兰继承和赠与税税率表（2015 年）**

级数	继承税	赠与税	税率（%）	
	应税财产额（万欧元）	应税财产额（万欧元）	I	II
1	2~4	0.4~1.7	8	21
2	4~6	1.7~5	11	27
3	6~20	5~20	14	33
4	20~100	20~100	17	33
5	100~	100~	20	36

资料来源：芬兰财政部，http：//vm. fi/en/ministry.

6. 房地产税（不动产税）

房地产税是芬兰地方政府对房地产的所有人按其价值征收的不动产税，土地和土地上的房屋、建筑是征税对象。免于征税的项目是：农业和林业用地。

房地产税的具体税率由地方议会在税法规定的幅度内确定。目前各地方的税率为：0.37%~0.80%（永久性住宅），0.80%~1.55%（其他住宅）；0.80%~1.55%（土地和其他建筑物），1.00%~3.00%（空地）。

地方的不动产税可从所得税中扣除。

第四节　税收制度：间接税为主体

一、俄罗斯的税收制度

俄罗斯是前苏联解体后建立的联邦制国家，位于欧亚大陆北部，地跨欧亚两大洲。俄罗斯国土面积1709万平方千米（世界上面积最大的国家），人口1.43亿（2014年）。

俄罗斯以平原和高原为主，地势南高北低、东高西低。乌拉尔山脉以西为东欧平原，以东为西伯利亚平原、西伯利亚高原和低地及山地；西南有大高加索山脉，最高峰厄尔布鲁士山海拔5642米。主要河流有：西部的伏尔加河（欧洲第一长河），西伯利亚地区的鄂毕河、叶尼塞河、勒拿河，叶尼塞河和勒拿河的末端有贝加尔湖（世界最深的湖泊）。

俄罗斯重工业发达，机械、钢铁、冶金、石油、天然气、煤炭、化工水平高，核工业和航空航天业具有领先地位。主要农业作物是小麦、大麦、燕麦、玉米、水稻和豆类。服务业就业人口超过60%。2014年，人均GDP为13017美元。

俄罗斯是实行总统制和联邦制的国家，由85个联邦主体组成（22个自治共和国、46个州、9个边疆区、4个自治区、1个自治州和3个直辖市，按地域又分为9个联邦区）。根据1995年《俄罗斯联邦地方自治基本组织原则》，俄罗斯将4级政府（联邦、联邦主体、市、区）变为3级（联邦、联邦主体、区）；2003年修订后，地方政府又分为区和居民区两级（2006年实施）。

（一）俄罗斯的税收演变

1991年12月25日苏联解体后，俄罗斯开始经济转轨，建立市场经济体制。1991年俄罗斯制定《税收基本法》、《增值税法》、《消费税法》等19个税收法规，建立了新的税收框架。1992—1998年，俄罗斯进行税制改革（前苏联的税收主要包括国有企业缴款、合作社税收和居民税收三类），逐步建立了包括增值税、消费税、关税和个人所得税、企业利润税、企业财产税、个人财产税在内的税收体系，39种税中联邦税15种、地区税3种、地方税21种。税制改革的主要内容是：

（1）建立公司税，取代经济成分税。前苏联对国有企业不征所得税而是“缴款”，对固定资产和流动资产按资产额征6%的使用费，企业超正常利润和“闲置利润”全部上缴财政；对合作社和集体农庄征所得税。根据1991年12月30日颁布的《企业所得税法》，内外资企业一律缴纳所得税。

（2）开征综合个人所得税，取代分类个人所得税。前苏联的个人所得税按是否属于劳动报酬来分类，并制定不同税率。根据1991年12月颁布的《个人所得税法》，俄罗斯废除以往的做法，按照国际通行的办法进行调整，采用累进税率，实行综合课征。

（3）废止商品周转税，改行增值税。前苏联从20世纪30年代起实行商品周转税，按销售额征收。因周转税不分税收和利润，在各环节征收，故存在重复征税和企业税负过重的问题。1992年2月17日俄罗斯联邦政府以《经济备忘录》形式决定开征单一税率（28%）的增值税（包括商品和劳务），进行了流转税制的重大改革。

（4）改变集中体制，建立联邦和地方税制。前苏联长期实行高度集中的税收体制（90%的税收归中央），地方财政严重依赖中央补助。根据1992年1月的《俄罗斯联邦税法纲要》规定，俄罗斯建立了联邦、联邦主体和地方三级税收体制，其中有些税由联邦法律规定，有些由地区和地方决定。同时建立了3级税务管理机构。

（5）由所得税为主转向直接税与间接税并重。1992—1996年，俄罗斯所得税比重下降，以增值税为代表的间接税比重上升，1996年间接税比重开始超过所得税比重（俄罗斯的这一变化代表了东欧转轨国家税收结构调整和改革的一般情况）。

虽然如此，这一时期由于俄罗斯政府对税制体系调整和财政分权改革的认识不足，各种法规不具体，特别是对地区和地方的自主权缺乏界定和约束，导致了税收泛滥、税收关系混乱的状况。其间，由联邦主体和地方自行开征的税与费达到200多种（地区税费70多种、地方140种）。1995年后，税费繁杂、税负沉重问题已成为经济发展的阻力，这促使俄罗斯开始税收规范化改革。

1998年，俄罗斯议会通过《税法典》（第一部分）；2000年，《税法典》（第二部分）出台。俄罗斯联邦《税法典》的基本精神是简化税制，减少税种，降低税率，规范优惠，确立了简化型的税制（28种税），建立了新的3级分税制和“分税+共享”模式。俄罗斯将4种税收（个人所得税、公司税、消费税和地方的企业资产税）作为共享税，以解决税种少、地区和地方税收不足的问题。税收共享采用税率分享方式，并规定：地区（与联邦共享个税、公司税、消费税）的共享收入至少要分配给地方50%，地区与地方共享企业资产税（给地方至少50%）；联邦与地区的个税和消费税的分享比例每年确定，公司税的分享比例由《税法典》确定（例如2009年规定公司税率为20%，联邦2%，地区18%）。

2004年12月，俄罗斯修改《税法典》，将税种进一步减为15种。其中，联邦税10种，地区税3种，地方税2种。2010年，俄罗斯停征社会保障税，改征社会保险费，收入全部纳入预算外基金。2015年，俄罗斯修改《税法典》，调整税种，税种保持15种，联邦税减为9种，地区税3种，地方税（费）3种。

（二）俄罗斯的税制特点

1. 间接税为主，直接税为辅

2002年以来，俄罗斯的税收比重基本保持稳定，目前全国每年税收占GDP的比重约为27%左右（见表4-33），财政收入占GDP的比重约为36%左右。

表4-33 **2009—2014年俄罗斯税收占GDP的比重（%）**

年份 项目	2009	2010	2011	2012	2013	2014
全部税收	25.9	26.5	28.8	28.5	27.8	26.8
个人所得税	4.3	3.9	3.6	3.6	3.7	3.7
企业所得税	3.3	3.8	4.1	3.8	3.6	3.5
增值税	5.3	5.4	5.8	5.7	5.9	6.1
消费税	0.9	1.0	1.2	1.3	1.5	1.5
关税	6.9	7.0	8.4	7.9	7.0	6.3
矿产开采税	3.0	3.3	3.9	4.4	4.1	3.6
其他税	2.3	2.2	1.8	1.8	1.9	2.1

注：本表不包括社会保障税（费）的比重。

资料来源：根据俄联邦税务总局数据计算，ФЕДЕРАЛЬНАЯ НАЛОГОВАЯ СЛУЖБА，https：//www.nalog.ru/rn77/service/tax/.

在税收结构上，间接税收入占总税收的比重超过60%，其中，关税和增值税分别是第一、第二大税种；而个人所得税和企业所得税收入占总税收的比重为33%左右。这表明自20世纪90年代后期以来，俄罗斯的税收结构稳定发展，间接税已成为其税收的主要支撑，直接税目前已处于辅助地位。

2. 地区和地方税少，依赖税收共享

经济转轨以来，俄罗斯税制改革引起的最大变化是税种数量的剧烈调整。转轨初期的税种为39种，1994年前后急剧增加到近100种，1999年又急剧减少到28种，2004年以来进一步减少为15种。从表4-34可见，俄罗斯除了设置一般性的个人所得税、公司税（企业所得税）、增值税、消费税和个人财产税等税种外，另外开征的就是几种资源税，目前连遗产与赠与税都废除了。

表4-34 **俄罗斯三级税收体系（2015年）**

联邦税	地区税	地方税
1. 关税 2. 增值税 3. 水资源税 4. 矿产开采税 5. 动物和水生物资源使用税 6. 统一农业税（特别税）	1. 运输税 2. 博彩税	1. 土地税 2. 个人财产税 3. 商船费

续表

联邦税	地区税	地方税
共享税		
1. 个人所得税（与地区共享）	1. 个人所得税（与地方再分配）	1. 个人所得税
2. 消费税（与地区共享）	2. 消费税（与地方再分配）	2. 消费税
3. 公司税（与地区共享）	3. 公司税（与地方再分配）	3. 公司税
	4. 企业财产税（与地方共享）	4. 企业财产税

资料来源：俄罗斯税法，Налоговый кодекс Российской Федерации（НК РФ），http://nalog.garant.ru/fns/nk/.

目前，俄罗斯的地区税（联邦主体税）和地方税（费）各有 3 种。在税种很少的情况下，俄罗斯将联邦税中的 3 种税作为与地区的共享税（并要求地区再与地方分享收入）；同时，将地区税中的企业财产税作为与地方的共享税。这就使地区和地方的财政收入主要靠共享税的收入来支持。很明显，俄罗斯的税收模式正在趋近德国模式。

3. 联邦、地区和地方税的比重趋于稳定

俄罗斯经济转轨以来，三级政府的收入比重也经历了较大变动。最初，地区和地方的财政收入比重从 20%左右迅速上升到 60%左右，在 1998 年以后又转为下降，2000 年以来保持相对稳定。

表 4-35 是 2008 年以来俄罗斯三级政府的预算收入情况。由表可见，2008—2012 年俄罗斯联邦、地区与地方政府的预算收入比重趋于稳定，三者的比重大体为 50%、35%、15%。这表明，俄罗斯 1998 年以来的税制规范化改革和政府间税收安排是有成效的，发挥了稳定三级政府收入的作用。

表 4-35　**俄罗斯三级预算收入占总预算收入的比重（%）**

年份	2008	2009	2010	2011	2012
联邦预算收入占比	52.0	46.9	47.6	51.7	53.4
地区预算收入占比	34.7	37.9	37.5	34.8	33.5
地方预算收入占比	13.3	15.3	14.9	13.5	13.0

资料来源：童伟．俄罗斯政府预算制度．北京：经济科学出版社，2013.

（三）俄罗斯的主要税种

1. 个人所得税

（1）纳税人和对象

俄罗斯个人所得税的纳税人包括居民和非居民，居民是指在俄罗斯有永久住所、居住不少于183天的人，非居民是无永久住所、居住少于183天的人。居民就国内外的应税收入纳税，非居民就其在俄罗斯境内获得的应税收入纳税。

个人所得税的课税对象是个人在一个年度内获得的有关收入，包括：股息、利息、著作权等权利收入，工资和薪酬、租金、经营收入，保险收入，退休津贴、运用交通和通信工具及管道的收入、其他收入。

免税收入有：国家（养老、失业、生育、伤残）保险收入、奖学金和研助金、战争抚恤金、运动员奖品和奖金、科学教育文化艺术捐助和国家奖励、政府债券利息、慈善捐助、子女抚养费、农民个人的销售和政府资助、4000卢布以下的礼物、继承与赠与收入。

（2）应税所得和扣除

个人所得税的应税所得等于总所得减去扣除和减免额。

纳税人（年收入不超过28万卢布时）的基本扣除包括：①遭受切尔诺贝利核电站事故和其他辐射的人，每月3000卢布；②前苏联和俄罗斯英雄、三级荣誉勋章获得者、国内战争和卫国战争的参加者、卫国战争的残废者、集中营受迫害者，每月500卢布；③抚养孩子，2个孩子每个每年1400卢布，第3个以上的孩子每个每年3000卢布。

纳税人有限额的减免项目包括：①科学、文化、体育、教育、医疗的捐款；②纳税人自己和孩子的培训费用；③纳税人、配偶、双方父母、子女的自费医疗费用；④私人养老保险缴费和父母、子女的照顾费用。

纳税人的税、费、损失扣除包括：①经营费用；②地方房产税扣除；③以前年度的损失结转扣除。

（3）比例税率

2001年以前，俄罗斯的个人所得税一直采用按6级（2000年前）和3级（2000年）累进税率。普京上台后，认为累进税和高税率导致了偷漏税和地下经济，影响了投资和国家竞争力，于是推动《税收法典》（第二部分）出台，从2001年起实行3档比例税率：工薪等大部分收入实行基本税率13%，股息收入等实行较高税率30%，博彩和赛马等收入实行高税率35%。当时规定，这些税率暂定为5年。

2005年底，俄罗斯围绕个人所得税率展开争论。财政部坚持认为继续13%的统一税率，前总理普里马科夫等政要认为应改回累进税率，结果坚持方获胜。2010年上半年，俄罗斯再次展开激烈争论，在争执不下时，普京说单一税率低且带来了财政收入增长。于是，目前俄继续沿用3档比例税率，见表4-36。

表4-36 **俄罗斯个人所得税税率表（2015年）**

	税率（%）	应税所得类别
居民	13	工资和薪金所得
	30	证券投资所得（不包括股息）
	35	股息（公司企业派发）、广告、博彩、获奖等所得

续表

	税率（%）	应税所得类别
非居民	15	投资俄罗斯企业和组织所取得的股息所得
	30	其他所得

资料来源：俄罗斯税法，Налоговый кодекс Российской Федерации（НК РФ）.

（4）申报和缴纳

个人所得税的纳税年度为公历年度。每个年度结束后的次年4月1日前，纳税人应填表申报，并根据申报表上的日期缴纳税款。

个体业主每年于7月15日、8月15日和11月15日分三次预交税款，每次预交按上年收入计算的年度实际税款的1/3。

2. 公司所得税

俄罗斯的公司所得税是取代原集体企业所得税和国有企业的利润提成于1992年1月开征的，1991年的俄罗斯税法将其称为“企业和组织利润税”。

（1）纳税人和税收对象

公司所得税的纳税人包括俄罗斯公司（营利组织）和外国公司（营利组织），俄罗斯公司就其国内外的所得纳税；外国公司只就通过在俄罗斯的常设机构所取得的所得纳税。

公司所得税的税收对象是在一个纳税年度内所取得的经营利润和其他收入。

（2）应税所得和费用

公司所得税的应税所得是指公司的利润和其他收入在减去各项费用及法定扣除以后的部分。

可扣除费用有：生产和销售费用（材料、劳力、折旧、水电、研究、安装、维护、保险、进口、运输、污染处理、营销等）；营业外费用（租赁、债务利息、证券发行、呆账和坏账、法律费用、经营亏损和损失）。

可扣除费用中的有关规定：①折旧。折旧资产应是初始价值超过40万卢布、使用寿命超过1年的国定资产，一般采取直线法摊销（折旧率 $=1/n\times100\%$）。无形资产（知识产权和技术专利）按其使用年限直线摊销，如果使用年限不能确定，摊销期一律定为10年。②亏损。净营业亏损可以向后结转10年，但是每年冲抵的亏损额限于当年应税利润的50%，亏损也不能在集团内部的公司或子公司之间结转。

（3）比例税率

俄罗斯企业所得税税率采用比例税率。2015年规定为20%，联邦按2%的税率分享，地区按18%的税率分享。另外，教育、医疗、农业企业、技术创新经济区和旅游经济区的企业的税率为0。

同个人所得税一样，俄罗斯企业所得税也采用分类计征方法。2015年规定：①企业的证券收入（不包括股息和国家证券），税率为30%。②企业的政府债券和市政债券收入，税率为15%。

（4）申报与缴纳

企业所得税的纳税年度为公历年度。一般企业实行按季申报，按月纳税（预付）。小企业可根据上一报告期的实际所得，按季度纳税。

3. 增值税

俄罗斯自1992年1月1日开始征收增值税，实行增值税的目的，一是与国际接轨；二是保证稳定的国家财政收入；三是使流转税制规范化。1994—2000年，俄罗斯增值税由联邦政府与地区政府（联邦主体）共享，地区分享增值税收入的25%。2001年以来，增值税全部属于联邦收入。

（1）纳税人与课税对象

增值税的纳税人是所有在俄罗斯境内从事生产和进口商品、提供服务的企业、机构和组织（包括消费合作社、社会和宗教组织、从事商业活动的慈善机构和基金会）。

增值税的课税对象是：一般生产和销售的商品与劳务、进口商品。

免税项目主要是一些服务：预防药品、医疗器械和医疗保健服务、社会保障和福利服务、文化遗产和文学艺术服务、新技术开发、农业组织的自足性生产、公共交通、教育、保险服务、律师协会成员提供的法律服务、土地转让、计算机服务、咨询服务。另外，连续3个月的销售收入不足200万卢布的小企业免征增值税。

（2）计税方法

1992年开征增值税时，俄罗斯就采用了“销项税额（从买方收到的税额）-进项税额（付给卖方的税额）”计算增值税额的方法，但进项税额并不包括资本投入。1993年俄罗斯开始允许扣除资本设备的进项税额，条件是这些资本品已实际投入使用。1994年，为了阻止逃税，俄罗斯将企业间的各种转移收入也纳入销项征税（突破了增值税以销售为基础的原则），使增值税具有了周转税的性质。1997年，俄罗斯采用以发票为依据的计征方法，并允许资本品购买后即可作为进项扣除。

2001年后随着俄罗斯《税收法典》（第二部分）生效，其增值税的计税方法才真正走向国际范式（发票扣减法仍不完善，还需要账本和会计记录作为计税补充）。

（3）税率结构

俄罗斯1992年初开征增值税时税率统一为28%，9月份设置了低税率15%（食品）。1993年基本税率降为20%，低税率为10%（食品、儿童用品）。

2004—2015年，增值税的税率规定是：

①基本税率：18%，适用一般商品和服务。

②低税率：10%：适用食品（肉蛋制品、粮食、饲料、活鱼和鱼制品、糖和盐、蔬菜）、儿童用品、报刊、一般医疗用品。

③0税率：适用出口、国际运输、石油和天然气管道运输、电网服务、乘客服务。

④申报与缴纳

纳税人应在销售后纳税期的最后一个月的25日前进行电子申报，税款缴纳一般不迟于纳税期后3个月的最后一个月的25日。

4. 消费税

俄罗斯消费税的纳税人是销售应税商品的企业、组织和个人。俄罗斯的消费税属于有限型消费税，应税商品主要包括5大类：含乙醇的食品和材料、酒类制品（伏特加酒、利口酒和烈酒、白兰地、葡萄酒、果酒、露酒、香槟、啤酒、酒饮料）、烟草制品、汽车和摩托车、燃料（汽油、柴油、发动机油、航空油、石油、天然气）。

俄罗斯消费税实行从价税和从量税，大部分商品的消费税率全国统一。但是，石油、天然气的税率由俄罗斯政府根据各产地的矿产地质条件和经济地理条件有区别地加以规定。不过，从2015年起天然气的税率也统一规定为30%。

5. 统一农业税

统一农业税的纳税人是从事农产品生产（包括渔业、林业、园艺、畜牧业）的组织和个人。缴纳统一农业税的农业组织免交企业所得税、增值税、房产税；缴纳统一农业税的农民个人免交个人所得税（除股息外）、增值税、个人财产税（除经营房产外）。

统一农业税的对象是农业经营收入和其他经营收入（不包括股息），计税基础是经营收入及其他收入减去成本费用（购建和修理固定资产、技术改造、租赁费用、无形资产购入、材料成本、人工成本及保险费、经营费用、贷款利息、资产折旧、损失结转等）。

统一农业税采用单一比例税率，2015年的税率为6%。

统一农业税的纳税期限为公历年度。纳税人提交纳税申报表不晚于下一年的3月31日，并根据申报表中规定的日期纳税。

6. 企业财产税

俄罗斯企业财产税（企业和组织财产税）是由地区政府管理的地区与地方的共享税。1992年根据1991年12月13日俄罗斯颁布的《企业财产税法》开征。

企业财产税的纳税人是具有独立资产负债表和结算账户的公司、企业、机构（包括银行和其他信贷组织）和组织。

企业财产税的课税对象是用于商业经营的财产（如行政中心和经营场所、非住宅楼宇、生产设施、办公设备、停车位等），即企业资产负债表中的动产和不动产。但不包括：自然资源、文化遗产、国防、民防、安全和执法机构的财产。

企业财产税的应税财产价值等于财产价值（账面价值，地基价值+财产剩余价值）。

企业财产税的税率由俄罗斯联邦法律确定，2015年法律规定最高为2.2%。其中：不动产的税率为1.5%（2015—2016年，2017年后为2.0%），而莫斯科市的不动产税率（专门规定）：1.7%（2015年，2016年以后为2.0%）；公共铁路、天然气管道、输电线路和相关设施的税率为1.0%（2015—2016年为1.3%，2017年为1.6%，2018年为1.9%）。

企业财产税的优免：宗教组织用于宗教活动的财产免税；残疾人组织的财产免税；生产防治流行病和免疫药品的企业财产免税。

企业财产税的申报和管理：企业财产税的纳税期限为一个公历年。申报期是每年3、6、9月（电子申报）。地区税务机构应在纳税年度的第1天之前确定企业的不动产项目及申报表，并在网站公布。地区税务机构此前应实地查看、核实企业的不动产和建筑物等。

7. 个人财产税（家庭房地产税）

俄罗斯的个人财产税是地方税。个人财产税的对象是：个人拥有的住宅、房屋、公寓、别墅及其他建筑物、车库和停车位。个人财产税的纳税人是拥有应税财产的居民个人（包括在俄罗斯境内拥有应税财产的外国公民和无国籍人士）。

根据2015年俄罗斯联邦税法确定的基本框架（联邦直辖市严格执行，各地方参照该框架实施），个人财产税对以下人员免税：①俄罗斯和前苏联英雄，以及荣获三级勋章的人；②参加过卫国战争、国内战争和保卫前苏联的其他战役的军人和游击队员；③卫国战争期间在军队、内务部、安全部担任过职务的人员；④在切尔诺贝利核电站事故中受到核辐射危害、依法享有社会优惠的人员；⑤失去赡养人的军人家庭成员；⑥服役20年以上的军人及退役人员；⑦一、二级残疾者；⑧现役军人、为执行公务牺牲的军人和国家职员的父母和配偶，以及养老金领取者。

个人财产税按评估价值征收。各地方议会根据财产价值和类型来制定具体的税率，俄罗斯联邦税法的一般规定是：普通家庭住房和车库的税率不超过0.1%；其他房地产的税率不超过0.5%；价值在30万卢布以上的最高税率不超过2%，以2015年莫斯科、圣彼得堡等直辖市的房地产税率为例：房地产价值在30万卢布以下，税率为0.1%；30万~50万卢布，税率为0.1%~0.3%；50万卢布以上，税率为0.3%~2.0%。

个人财产税的纳税期限为一个公历年度。个人财产税由地方税务机关计算后向纳税人发出纳税通知书，纳税人根据通知书缴纳税款，一般分2次缴纳，每次缴纳财产税的1/2。

二、印度的税收制度

印度位于南亚次大陆，面积298万平方公里，人口12.59亿（2013年）。印度地势为北高南低，北部山区、中部平原、南部高原；东北与中国、尼泊尔、不丹、缅甸接壤，西北与巴基斯坦相邻，东临印度洋、西濒阿拉伯海。

印度是四大文明古国之一，公元前2500年左右出现印度河流域文明。公元前1500年左右原中亚的雅利安人进入，种姓制度和婆罗门教兴起。公元前3世纪孔雀王朝衰落后，列国并立，印度教和佛教等宗教兴起，印度进入科学文化的黄金时期。公元8世纪，阿拉伯人入侵、伊斯兰文化兴起。16世纪后欧洲殖民者涌入，1757年东印度公司控制全境，印度沦为英国殖民地。1947年，英国提出蒙巴顿方案，8月15日印巴分治，印度独立。1950年1月26日，印度共和国成立。

印度是一个发展中的大国，2013年人均GDP为1877美元。印度服务业、工业、农业分别占GDP的55.6%、26.3%、18.1%，但50%的劳力从事农业和相关行业。近年来印度服务业发展加快，软件、金融业是主导。印度的城乡差距、分配差距、种姓差距很大。

印度是一个联邦制国家，除首都新德里外，分为28个邦、6个联邦属地。1950年宪法划分了中央与各邦的权力，但长期以来中央强大、地方弱小，而且联邦制仅限于联邦与各邦之间。1992年后印度在邦以下推行联邦制，建立了中央、邦、地方3级分税制。印度有5级（或6级）政府，即联邦、邦、（专区，11个邦）、县（市）、乡、村（镇），但只在联邦、邦、村（镇）3 级划分收支，专区、县、乡都作为邦的委托政府而存在。

（一）印度的税制演变

在独立以前，英印政府已经建立了许多税收，如货物税、盐税、所得税、资本所得税等。独立以后，印度政府又陆续开征了一些新税，向现代税制转变，增加财政收入。例如，1953 年开征乡村工业附加货物税，1955 年开征医疗卫生用品附加税，1957 年开征财富（产）税和继承税及赠与税、重要物品附加税，1958 年开征矿产品附加税，1959 年开征糖特别税，1960 年修订所得税。

印度进行税制建设有明确的意图。1953 年印度税收调查委员会提出 4 个标准，即：为促进经济发展，税制应拓宽和加深；货物税应扩大到大部分生产投入品和消费品；奢侈品和半奢侈品应征高附加税；对商品征税水平应伴随工业成熟程度。60 年代，印度将商品税扩大到金属、化学品、染料等投入品。1976 年，印度间接税委员会又提出：采用增值税，拓宽税基，减少对投入品的税收；对各种商品采用统一的低税率，避免税收扭曲；降低资本品的税率，提高富人消费品的税率。但由于各种原因，印度迟迟未引入增值税。

80 年代中期，印度公布长期财政政策，力图大幅度减少中央货物税，以增值税取代销售税等间接税。但后来因担心财政收入减少过多，加上依靠债务发行和财政支持的政策见效，经济增长和结构调整加快，最终没有进行全面的税制调整。

1991 年，印度税收委员会提出报告，建议：①降低主要税收如公司税、个人所得税、消费税、关税的税率，同时扩大它们的税基；②降低财富税的税率，提高其豁免额，鼓励私人投资；③开征增值税，建立新的商品税体系；④简化税制和征管程序，使税制更有效率。但是，由于发生经济衰退和财政运行困难（赤字政策难以持续），政策建议也没有得到有效实施。印度政府转而将重点放在推进邦与地方的财政分权改革方面（将联邦制延伸到邦与地方关系层面，1992 年前印度联邦制仅限于联邦与各邦之间），期望通过财政分权来解决经济、财政和社会发展问题。

2002 年，印度税收研究专门工作小组提出新的改革建议，主要包括：提高个人所得税豁免额，采用 20% 和 30% 的 2 级税率结构；降低公司所得税率，从 35.8% 降到 30%；逐步向消费型的增值税过渡；对服务税采取综合课征方法；废除财富税。改革的主要方向仍然是加强和完善商品与服务制度，保证财政收入。根据这一建议，2004 年 6 月印度政府和各邦达成一致，决定从 2005 年 4 月 1 日起实行增值税，取代销售税制度。这样，印度进行了独立以来最大的一次税收改革，2005 年起中央和各邦统一实行增值税制度，对所有商品生产和销售征收增值税，标准税率为 12.5%。此前中央征收的销售税，各邦征收的销售税、消费税、附加税、货物税等逐步取消；考虑到各邦的情况，改革允许各邦对本州具有特殊意义的商品设置增值税优惠税率（但各邦立法前须提交中央批准）。

总体来看，独立以来印度的税制改革的重点主要是围绕间接税来进行的，最初的改革是增加税种，开征附加税，然后是扩大税基，降低税率，简化税制和开征增值税。应当说，由于经济结构和管理困难，印度的税制改革和发展受到很大限制。印度税制复杂，间接税为主，中央税收比重高的状况直到目前都没有得到根本改变，印度税收体系离现代税制体系（个人所得税+公司税+VAT+少数重要消费税和环境税）和适度税收规模（印度税收比重偏低，税收占 GDP 的比重长期停留在 15%~18%）这些发达经济体的税收基本特征还存在一定的差距。

（二）印度税制的主要特征

1. 税收的经济比重偏低，间接税长期占主体

印度财政收入的比重（占 GDP）长期处于一个较低的状态，1985 年以来一直徘徊在 20%左右。印度税收占 GDP 的比重更低，一直保持在 17%左右的水平上（见图 4.15）。

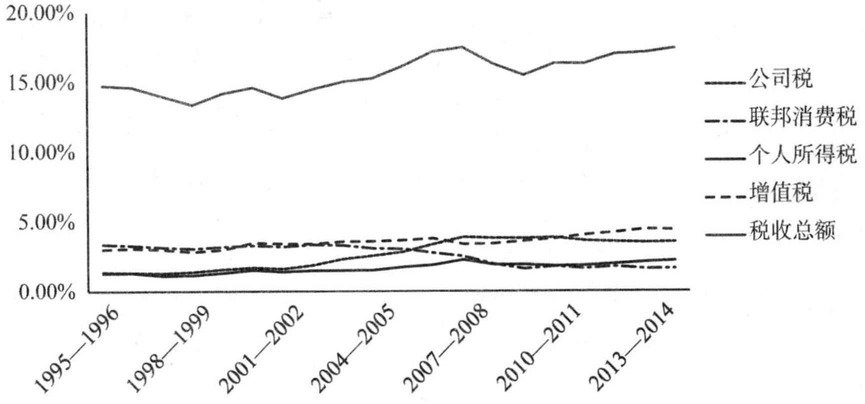

图 4.15　印度税收和主要税种占 GDP 的比重

图 4.15 还画出了 1995—1996 年度以来印度主要税种占 GDP 比重的变化曲线。由图可见，2006—2007 年度以前一般销售税（2005 年后改为增值税）和消费税的比重远高于公司税和个人所得税，2006—2007 年度以后消费税和公司税换位——消费税的比重大幅度下降（从 3.38%降到 1.16%）、公司税的比重大幅度上升（从 1.39%升至 3.5%）。虽然如此，仍未改变（商品与服务税）间接税为主的税收格局。2013—2014 年度，在印度的税收总收入中，直接税（公司所得税和个人所得税）占 32.4%，主要间接税（增值税、消费税和关税）占 45.0%。当然，同 1995—1996 年度比，税收结构确有较大改善（1995—1996 年度直接税的比重为 18.3%，主要间接税的比重为 63.6%）。这说明，最近 10 年来印度的税制改革取得了一定成效。

目前，增值税是印度第一大税种，公司税已上升为第二大税种，个人所得税已成为第三大税种。

2. 税制复杂、重叠，中央税收所占比重较大

印度税收制度的另一个重要特点是税制复杂、税种多，中央税收所占比重大。目前，印度有 60~70 种税（表 4-37 列出了 50 种税），政府间税源共享、不设共享税（中央只将一些税收转移给邦和地方），3 级政府税收安排的特点是：①联邦与各邦划分税种，各邦

规定地方税种，相互协调（相同税种按税目划分，有些地方不征的税邦政府征）或采取附加税方式，故显得复杂、重叠；②联邦税的重点是所得税，商品税侧重于生产环节税，各邦主要是销售税/VAT和消费税，地方主要是房地产税和酒店税。从近年来的税收情况看，联邦主要税收依次为：公司税、个人所得税、消费税、关税、服务税；各邦主要税收为：增值税/销售税（目前一些邦仍未改为增值税）、消费税、注册登记税、电力税；地方主要税收为：酒店税、汽车税。

表4-37　　印度3级（联邦、邦、村镇）政府税收

联邦税	邦税	村（镇）税
1. 个人所得税	1. 所得税（农业）	1. 房地产税
2. 公司税	2. 继承税（农地）	2. 所得税附加（农业）
3. 关税	3. 土地与建筑税	3. 农地特别税
4. 消费税	4. 矿产开采税	4. 职业税
5. 特别消费税（医疗、化妆品）	5. 消费税	5. 商品入市税
6. 服务税	6. 销售税/增值税	6. 商店税
7. 销售税（州际）	7. 娱乐税	7. 娱乐税
8. 资本利得税	8. 博彩税	8. 广告税
9. 继承和赠与税	9. 奢侈税	9. 木材和屠宰税
10. 货运税（州际）	10. 货物入境税	10. 汽车税
11. 证券交易税	11. 客运货运税	11. 注册税附加
12. 印花税	12. 车船税	12. 动物税
13. 报纸及广告税	13. 职业交易就业通信税	13. 地方服务税
14. 电力税	14. 燃油税	14. 社区服务特别税
15. 交通工具税	15. 注册税	15. 朝拜税
	16. 人头税	16. 酒店税
	17. 广告税	17. 甘蔗购买税
	18. 电力税	

资料来源：根据印度宪法、邦和地方税法、印度财政部信息（http：//www. finmin. nic. in/index. asp）整理。

应注意到，表4-37中的地方税是根据农村地区的村税列出的，印度各邦规定的城市地区的市镇税更多，除村税之外一般还有：车辆通行税、垃圾处理税、排污税、特别教育税、摩托车税、养狗税、卫生税、照明税、地价升级税、人头税、新桥通行税、终端设备税、展览税、狗厕税、佣人税、房产转让税。另外还有登记费、证照费、泳池费、免疫费、建筑申请费、牛栏费、街道费等。

就联邦与各邦税和地方税的收入比例来看，印度中央政府的税收比重长期处于主体地位。1992年印度进行地方分权制改革后，邦和地方的税收比重总体上是逐步提高的，2013—2014年度中央税收与邦和地方的税收比重为60. 8：39. 2（见表4-38）。地方的税收

比重很低，估计不足10%。

表4-38 印度联邦政府与邦和地方政府的税收比重（%）

	1995—1996	2000—2001	2005—2006	2010—2011	2013—2014
中央	63.5	61.8	62.3	62.4	60.8
邦与地方	36.5	38.2	37.7	37.6	39.2

资料来源：印度财政部，http：//www.finmin.nic.in/index.asp.

（三）现行主要税种

1. 个人所得税

印度个人所得税的税收对象是5种所得：工资薪金所得、房产出售和出租所得、营业或职业所得、资本利得、其他所得。纳税人包括居民个人和非居民个人（在印度境内居住不满183天），居民就国内外所得纳税，非居民就在印度取得的所得纳税。

免税项目有：符合条件的证券利息，退休和离职后的休假工资，政府雇员的休假工资和总额养老金，职业税，符合条件的赠与和房租补贴，年收入不足50万卢布的个人免税。

减税项目：非政府雇员养老金的1/2免税，如有赠与，则1/3纳税；休闲补贴按5000卢比、工薪的20%或上年补贴三者中的最低者减免。

扣除项目：房产出售和出租所得可以扣除所得的30%（出售所得也可以按改善费用分项扣除，但不能超过30%）；营业或职业所得扣除租金、收费、税款、科研费、营业房屋的维修费和保险费、机器设备厂房家具费和折旧；资本利得扣除购置成本、改良成本；其他所得按照所得的一定比例（10%~30%）扣除。

综合扣除：残疾纳税人扣除5万卢比，医疗费扣除，捐赠扣除，被抚养人的生活及医疗扣除，教育贷款利息，住房贷款利息。

个人所得税采取综合征收方法，各项所得减去对应的扣除、再减去综合性扣除后即为应税所得。

个人所得税采用3级累进税率并照顾老年纳税人，具体税率见表4-39。

表4-39 印度个人所得税税率表（2015—2016年）

应税所得额（万卢比）			税率（%）
60岁以下纳税人	60~80岁纳税人	80岁以上纳税人	
25~50	30~50		10
50~100	50~100	50~100	20
100~	100~	100~	30

资料来源：http：//www.incometaxindia.gov.in/Pages/default.aspx.

注：总收入超过1000万卢比，另征12%的附加税。

印度个人所得税的纳税人还要根据应纳所得缴纳3%的教育费附加（其中2%是中等教育费附加，1%是高等教育费附加）。

2. 公司税

印度公司税是对印度境内所有公司（本地公司和外国公司）的经营利润和其他所得征收的公司所得税。本地公司是印度登记成立或管理部门位于印度的公司，本地公司就其全球所得纳税；外国公司或非本地公司就其在印度的所得纳税。

公司税的应税所得等于：按税法计算的净经营利润及其他所得，减去标准扣除（其他利息所得、偶然所得、赛马所得、出租所得等按规定的百分比所做的相应扣除）后的余额。

公司税的基本税率为比例税率，2014—2015年度的公司税率为30%（2015—2016年以后4个年度基本税率降到25%）。公司税一般先按基本税率计算，再根据应税所得的多少按0~12%的税率计算一个附加额（如果按这种常规计算的应纳税额低于公司账面利润的18.5%，公司必须按18.5%的税率付税，而且不再缴纳其他附加，此即为印度的最低替代税MAT）。

对公司分配的股利采用17%（包括12%的附加费和3%的教育税）的税率计税（股利接受者不再缴税）。

外国公司的基本税率为40%（2014—2015年度），再根据应税所得的多少按0~5%的税率计算一个附加额。

所有公司税的纳税人还要根据应纳所得来缴纳3%的教育费附加。

3. 增值税

印度从2005年4月1日起征收增值税（VAT），以取代各邦的销售税（目前有11个邦仍未取代）。印度增值税的对象是境内各流通环节的商品（约550种），但不包括服务（另有服务税，税率为14%）。

印度增值税是消费型的VAT，采用发票扣减法（即增值税额=销项税额-进项税额）。

印度增值税采用5档税率：

（1）基本税率：12.5%~15%（各邦选择），适用大部分商品；

（2）低税率1：4%~5%（各邦选择），适用农业和工业投入品、资本品和生活必需品；

（3）低税率2：1%~2%（各邦选择），适用黄金和宝石；

（4）零税率：适用46种物品，其中有10种商品是否适用0税率由各邦决定；

（5）高税率：石油制品、烟、酒等，各邦可以选用比基本税率更高的税率。

印度联邦政府对跨邦销售的商品（药品和食品除外）的销售者按价格的2%征收中央销售税。目前尚未开征增值税的各邦销售税则是对在本邦内部销售的商品征税。

4. 消费税

（1）中央消费税。印度中央政府的消费税的现行法律依据是1985年的《中央消费税及关税法》，包括基本消费税和特别消费税。应税商品的生产者是消费税的纳税人。

印度消费税的征收范围较广，而免税的商品主要有4类：动物和奶制品、纺织品、化工品、原材料和生产投入品。

大部分商品的消费税税率是16%。有些产品还要在16%的基础上加征8%的特别消费税/附加税。另外，消费税的纳税人还必须缴纳3%的教育费附加。

中央消费税由印度财政部“中央消费税和海关委员会”管理。

（2）各邦消费税。印度各邦的消费税是对少数商品如酒类（白酒、葡萄酒、啤酒）、大麻（及麻醉品）征收的特定消费税。

5. 财富（产）税

印度财富税对个人、联合家庭和公司财产（不动产和动产）按其净值征收。根据2013年印度修订的*Wealth-Tax Act*，目前财富税对超过15万卢比（此前起征点为30万卢比）的净财富按1%的税率征收。财富税的应税财产包括以下几类：

（1）住房或商业建筑；

（2）汽车；

（3）珠宝、金银器皿、家具和用具；

（4）游艇、轮船和飞机；

（5）城镇土地；

（6）持有的超过5万卢比的现金。

这些财产除所有人名下的，还包括以下9种形式：

（1）配偶一方转让给另一方的财产；

（2）未成年子女持有的财产；

（3）转让给某人或某团体的财产；

（4）可撤销的转让财产；

（5）转让给儿媳的财产；

（6）合伙人权益财产；

（7）个人财产转换的家庭共有财产；

（8）转账赠与财产；

（9）在住房互助会的财产。

免税财产包括：信托财产，联合家庭中的权益财产，农地和农业建筑设施，价值低于10万卢比的房屋或建筑，净价值不足15万卢比的财产。

6. 房地产税

房地产税是印度地方基层政府村（镇）的主要税收，征收房地产税的主要目的是保证地方基本公共服务的供应。以房地产税为基础，地方政府还征收各种附加税——如水税（water tax）、排污税（sewerage tax）、排水税（drainage tax）、消防税（fire tax）、管理税（conservancy tax）、教育税（education tax）、教育税附加（education cess）等。

印度房产税的征税对象是建筑物及其土地，具体包括：住宅房屋（自住或出租）、办公楼、厂房、货仓、平房、商店。房地产税的纳税人是房地产的所有人。

房地产税的计税基础是房地产价值，应税价值等于房地产价值减去扣除。具体又分为2种情况：①出租房产，年度价值就是下列3者中最大者：地方评估价值、所收的租金、由地方所得税部门确定的公平租金价值。可以扣除：建造、购买或维修的贷款利息，以及30%（净价值）的维修和保养费。②自住房产，年度价值比照出租房产换算，可以扣除建造或购买的贷款利息，利息额最大为3万卢比或15万卢比（适用不同的贷款日期）。

房地产税税率由地方政府决定，一般不超过30%，住宅房地产略低、出租房地产略高。

房地产税的其他附加税税率一般不超过房地产税率的1/2。

第五节 税收管理制度

一、美国的“分立型”管理模式

美国的税收管理是联邦、州、地方三级财政分权体制的重要组成部分，三级政府都有自己的税务管理机构，遵循自有税收、自主管理的原则。美国的“三级分立”模式是典型的“分权型”税收管理模式。

（一）联邦的“专业化”管理

联邦税收管理机构是联邦财政部的国内税务局（Internal Revenue Service，IRS）和海关总署。海关总署负责关税事务，国内税务局负责除关税以外的所有联邦税收。

IRS总部在华盛顿，但主要税收征管工作是由设在马里兰州的计算中心系统完成的。IRS系统包括：总部；计算中心系统；10个税收服务中心（分布于马萨诸塞州、纽约、宾夕法尼亚州、佐治亚州、田纳西州、得克萨斯州、俄亥俄州、加利福尼亚州、蒙大拿州、犹他州）；3个计算中心（分别在密歇根州、西弗吉尼亚州、田纳西州）；800多个基层税务办公室。参见图4.16。

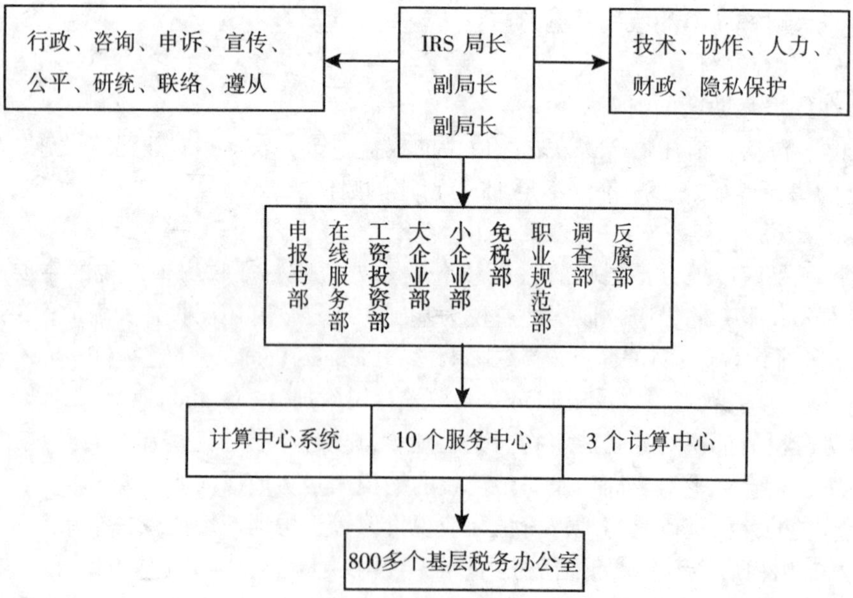

图4.16 美国IRS系统的组织机构

IRS 于 1998 年重组后总部实行正局长和 2 个副局长各负责一部分（法律和政策、经营支持、服务与执法三部分）的管理体制，而且在服务与执法部分设立了 4 个专业化的主要部门：工资与投资收入部、大企业部、小企业部、免税与政府实体部。

IRS 的服务与执法业务部分主要由设在各地区的计算中心系统、税收服务中心、计算中心和分布在各地方的税务办公室来完成。其中，服务中心主要负责申报、缴纳、审核、服务工作；计算中心分类别进行统计和分析；计算中心系统进行总体处理；总部负责政策指导和决策指令；基层税务办公室进行现场服务和调查处理。

（二）州和地方的税收管理

1. 州的“分类”管理

美国各州的税收征管一般实行分类管理，如按直接税和间接税设立不同的征管机构。以美国最大的州——加利福尼亚州为例，州的财税管理涉及 5 个部门：财政部长办公室（同州长一样，财政部长 State Treasurer，由民选产生，4 年一届），税收公平委员会（Board of Equalization，民选产生），财政局（Department of Finance），就业发展局（Employment Development Department），特许经营税委员会（Franchise Tax Board）。其中，州税管理由三个机构负责（见图 4.17）。

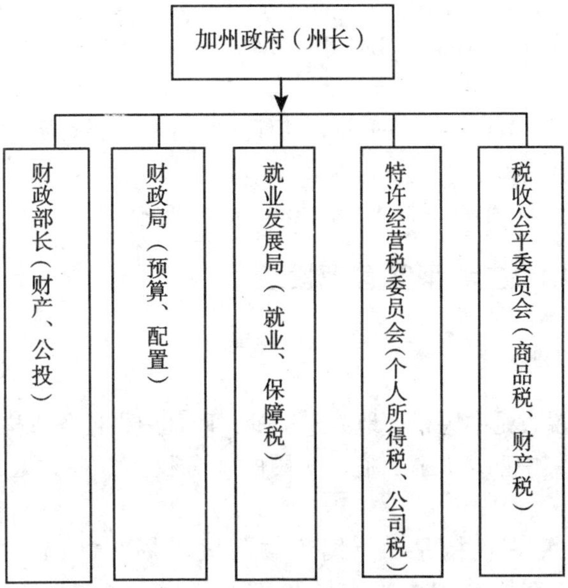

图 4.17 加州的税收管理及相关机构

（1）税收公平委员会，负责州销售与使用税、财产税等 28 种税费的征收管理（除个人所得税和公司税以外的所有税费）；按销售与使用税、财产税、特别税与费、税收上诉 4 大项目进行组织。

（2）特许经营税委员会，负责州个人所得税、公司税的征收管理和车辆登记；按税法与征收、申报服务、税收审计、纳税人权利、技术服务等部门进行组织。

（3）就业发展局，负责州社会就业和失业保障税的征管。

2. 地方“分职责”管理

美国地方政府（县、市、镇、乡、村）税收大多实行分职责进行管理。在人口较少的镇、乡、村，征管简单，通常选举（或任命）一个财政长（税务官）、一个估价员，再有几个办事员就够了。县、市的管理通常设置专门机构。

以加州最大（人口最多）的县 Los Angeles County 为例，该县的税收管理由 4~5 个办公室来完成（见图 4.18）。具体是：

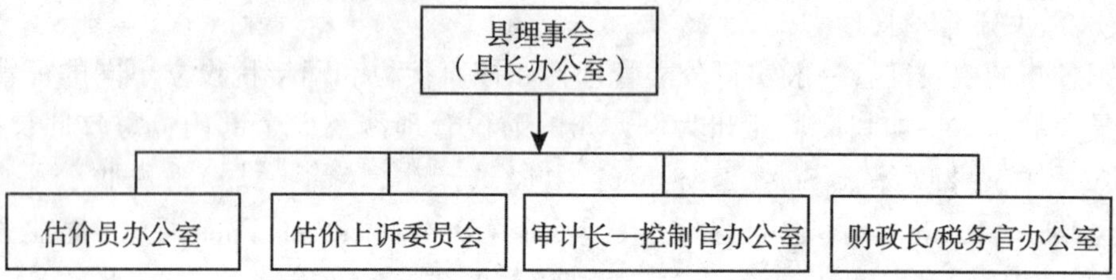

图 4.18　Los Angeles County 税收管理机构

（1）估价员（Assessor，选举产生）办公室，负责房地产及其他财产的勘察和评估；

（2）估价上诉委员会（Appeals Board，选举产生），负责居民上诉、调查、协调和修改；

（3）审计长-控制官（Auditor-Controller，任命）办公室，负责财税审计、财产估价审计等，决定财产税额和税率；

（4）财政长/税务官（Treasurer & Tax Collector，任命）办公室，负责税收征管。

二、英国的“中央主导型”管理模式

（一）中央税收管理

英国的绝大部分税收是中央税，地方税很少，而且中央税务机构还参与管理。英国的税收管理模式近似“集中型”模式，它与美国的“分权型”模式处于税收管理模式的两端。

英国的中央税收管理机构是“英国税收与关税局”（HM Revenue & Customs，HMRC），它是 2005 年在原“国内收入局和关税与消费税局”的基础上改组建立的。HMRC 接受英国财政部的战略政策指导，支出项目接受财政部监督，运作情况通过财政部长向议会报告，与财政部是政策伙伴关系。

1. 组织结构

HMRC 总部设在伦敦，其组织结构见图 4.19。理事会负责战略决策，执行委员会及下属的 5 个职能部门和 4 大业务部门（每个业务部门设 6~9 个科室或项目部）负责实施。

2014—2015 年度①，HMRC 有 5.95 万员工（估价办公室相对独立，约 3500 人），绝大部分人员是在各地的税收办公室和个人所得税联系中心工作。据统计，从事个人所得税和企业税征管的约 1.5 万人和 1 万人，负责申诉和执法事务的约 2.6 万人，负责社保福利的约 0.5 万人。

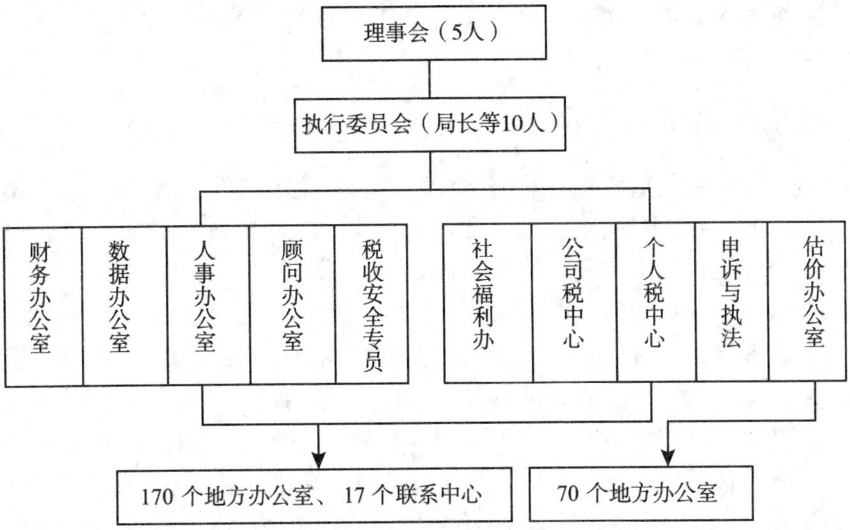

图 4.19 英国税收与关税局的组织结构

由于已全面实行纳税人在线直接向 HMRC 有关办公室和中心自行申报、缴纳的方式，HMRC 不再设立地区分局或征管中心。地方办公室（主要设在城市区域）主要是提供补充性服务（包括组织本地的纳税志愿者们提供服务）、进行稽查补征、核实社保福利和儿童抵免等事项，而 17 个联系中心（站）主要是提供个人所得税电话热线服务。

2. 业务培训

英国税务系统的人员补充来源于报考招收，其中主要是大学毕业生。英国 HMRC 对新进人员在岗人员都实行严格的培训与考核制度。HMRC 在全国设有 10 多个培训中心（基地），负责对新进人员（包括临时聘用人员）和在职人员进行专业培训。业务训练和技能提高成为税收工作的重要组成部分。

税务人员培训分为初级税务人员和高级税务人员培训两部分。初级人员指税务助理员、一般职员，高级税务人员指初级税务官、高级税务官和税务督察。目前 HMRC 的培训分为 3 种：①税务实习项目（The Internship Programme），对所有符合招生条件的大学生进行的入职前的培训项目。时间为 8 周，主要是集中培训，全面了解税收业务，学习税务知识，参加税收业务实习。如较好地完成该项目，可正式参加税务工作，并有机会参加高级项目培训。②税收职业项目（Tax Professionals Programme），那些达到普通二级学士学位，但在申请税收专家项目中未获成功的大学生，可参加该培训项目。时间为 4 年，主

① HMRC，Annual Report and Accounts 2014-15.

要采取一边工作、一边学习和参加考试与考核的方式。完成该项目后可成为高级税务职员，有机会晋升税务7级。③税务专家项目（Tax Specialist Programme），适宜那些达到普通二级学士学位，并在申请中通过了面试和考试的大学生，以及已有一定税务工作资历，而且通过了考核的在职人员。该项目为期4年，主要采取集中培训，讲授、自学、研究和实习相结合的方式，4年中通常要经历五个项目阶段（每个阶段3~4个月），通过9个主要考试，每6个月做一次正式评估。完成该项目后，可成为税收技术专家、税务调查官和顾客关系专家。

（二）地方税收管理

英国的地方税主要是市政税（家庭房产税）和营业房产税（商业率），英国地方政府（议会）通常建立“市政税办公室”、“估价上诉小组”来管理市政税（因营业房产税由中央管理，地方只是接受中央分配的收入）。

对于市政税，HMRC的估价办公室负责房产价值评估。另外，HMRC还发布有关原则和程序的“市政税管理指导”，等于为地方管理设定框架。正因如此（当然也有节约成本的考虑），近年来许多地方甚至干脆不再管理市政税，而将市政税承包给私人公司来管理。为此，HMRC在近期发布的“市政税管理指导”中强调：地方政府必须对市政税的管理负责，必须确保聘用公司的资质条件，必须加强监督和检查，保证它们遵守法律规定和坚持征管原则。

英国地方征管的一个鲜明特色是：市政税办公室在送达纳税人的税单时（同时也在网站上公布），还附有相关资料，包括：地方议会的预算和服务支出计划，对税单各项目的解释和说明，以及纳税人的权利和维护权益的方法与途径等，充分表现出地方政府的负责任态度和对居民房产税本地受益特性的理解，而这是中央税收管理所不能做到的。

三、德国的“联合型”管理模式

德国税收管理的主要特点是：联邦与州建立联合征管机构，联邦、州和地方的税务管理既相互分工又保持合作。德国这种分工与合作管理模式形成的客观条件或基础是：德国实行它特有的“分税+主要税收共享”的税收分权安排模式。与美国和英国相比，德国的联合型（合作型）管理模式属于典型的中间型管理模式。

图4.20是目前德国联邦与州的联合征管组织结构图。如图所示，德国联邦财政部（具体是联邦税务总局）和各州财政部每年定期召开联席会议，共同协商、制定税收管理政策（包括人员录用标准、工资标准、培训内容等）。联邦财政部与各州财政部在15个州（不来梅州不设）以各州税务局为基础建立了18个（在巴符、巴伐利亚、北威州各设2个）地区税务局或高等税务署（局长或署长由所在州的财政部与联邦财政部协商后任命），统一负责联邦税（除关税和联邦消费税以外）和州税以及非税收入的管理。也就是说，德国将税收管理的重心放在州级层面，联邦地区税务局与州税务局合署办公，实行联

邦财政部和所在州财政部的双重领导①。

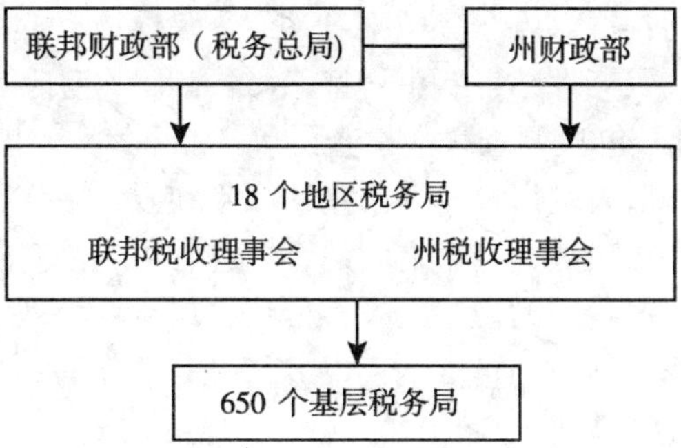

图 4.20 德国联邦和州的联合管理结构

为了实施联邦和各州的税法，地区税务局内设立联邦税理事会和州税理事会（或委员会）具体负责各自税收业务的政策研究、讨论和管理，形成地区税务局内各部门的领导体系和行政归宿。联邦税和州税（包括共享税）的具体部门（一般按税种、职能和项目等划分为多个部门）是分开的，而人员可以相对流动；联邦税和州税（包括共享税）的征管费用也由联邦和州各自承担。地区税务局还在专区/县、乡镇设立分局和税务局（所）负责提供实地服务。

德国地方政府——乡、镇（市）都有自己的税务部门，负责地方税的征收管理。但是，由于营业税和房地产税的政策性强和计税复杂，地方税务部门通常对营业税和房地产税进行估价和初算后，再送地区税务局进行审核确定。

德国这种联邦与州合作、机构统一、以州为主的税收管理模式突破了税务管理与财政分权体制完全一致的认识范式，明显的优点是便于税务管理协调与信息共享、比分设几套征管机构节省费用和成本。不过，由于州负责共享税的征管和地区税务局办公场所的日常维护等开支，州要承担大部分运行成本。另外，由于各州存在税收竞争，可能会影响到联邦与州共享税的征收。

四、日本的“代征型”管理模式

（一）中央税收管理

日本的税收管理与美国相似，三级政府各有税务机构负责自己的税收，但与美国所不同的是：日本三级税务机构之间可以相互代征，即三级间既有分工、又有合作。从这个意义来说，日本的税收管理也属于中间型的管理模式

日本中央税（国税）的管理机构是国税厅。2015 年，日本国税厅共有人员 5.6 万人，日本国税厅下设 11 个地区国税局、1 个冲绳国税所、还有 12 个税务培训学院和 12 个相

① 以巴伐利亚州为例，该州税务局（地区税务局）有 1 正 2 副三个局长，内设 7 个部门，下设 108 个税务局（所，包括 26 个分局），共 1.8 万人。

对独立的税务法院。在地区国税局下还设有524个基层税务办公室，税务办公室内一般按职能和税种分设科室。

国税厅内设4大部门：厅长办公室（秘书处），课税部（包括个人所得税、法人税、资产税、增值税、酒税、资产评估等9个科室），征管部（包括征收拖欠税的征管科和经营管理科），调查检查部（包括调查科、检查科等3个科室）。地区国税局的职能是：执行国税厅的指示，指导和监督基层税务办公室的征收和服务工作，负责大型企业的税务稽查和税务案件调查，对基层税务办公室之间的事务进行协调。基层税务办公室内通常设立个人所得税、法人税、资产税、酒税、征收、行政、宣传、管理8个部门，基层税务办公室内还设有地区国税局派驻地方的负责纳税申诉与咨询事务的专职特派员。

日本的国税管理有几个特点：

（1）人员轮换制度。国税工作人员一般每3年轮换一次，防止税务人员长期在一个地方工作后不公正执法甚至受贿。

（2）高待遇制度。日本国税工作人员通常任务繁重、加班时间多，为此，政府给予税务人员较高的工资和收入待遇（相比一般公务员）。

（3）蓝色申报制度。第二次世界大战后日本实行"肖普税制"之初，日本国民对自己计算收入、自行填报申报表纳税不习惯（法人间接税也采取自核申报方式），为了鼓励申报纳税和提高效率，日本对那些正确、规范申报的纳税人给予"蓝色申报表"填报（并给予优惠），税务部门一般也不加审核，但若发现不诚实的行为，则取消蓝色申报资格并给以严厉处罚。由此形成了所谓"蓝色申报"制度和良好的申报纳税风气。

（4）税收协会制度。为了普及税收法律和政策，改善税收管理和加强税收服务，日本国税部门在地方广泛建立了各种民间的税收协会或团体（按税种或税类）。它们同税务机构保持密切联系，宣传政策，讨论税收问题，协助提供税收服务，成为国税管理的有力助手。

（二）地方税收管理

日本都道府县和市町村的税务机构，负责本级税收的征管。都道府县总务部下的税务部通常按职能、税种设立征管部门（如法人税、国定资产税、咨询、滞纳处理等），并在所属的各市町村设立县税事务所（分支所）。基层市町村政府设立的税务机构有所不同，人口多的市通常在财政部（或总务部）内设税务科，科内再按职能、税种设立征管部门（与县相似）；人口较少的町（镇）一般设税务科，科内设征管、收纳及宣传两个部门（部门内再按税收环节分设工作小组，如通知通告、评估、争议处理、审核、减免等）；人口少的村则一般设税务与会计科，科内设立税务组（团队）和会计组（团队），税务组内通常按人分工（职责）。

考虑到征管效率和纳税人的便利，日本国税厅和都道府县、市町村的税务部门通常进行沟通和协调，并相互代征税收。例如，国税局代征地方的一般消费税（VAT），市町村税务科代征都道府县的居民税等。

本章小结

公共收入是政府通过税收和收费等形式所取得的一部分国民收入，是政府履行公共财政职能的经济基础或公共资源。公共收入有三种主要分类。公共收入制度就是一国政府通过征税和收费等方式取得一定比例的国民收入的制度，公共收入制度的核心是税收制度。

政府收费与公共服务的消费和供应情况相关，收费主要有 4 种类型。为了防止乱收费，必须制定严格的收费管理制度。

税收制度的设计一般要坚持 4 项原则，税收有 3 个主要分类。第二次世界大战后，发达市场经济国家的直接税一直占据重要地位，而间接税的比重也在不断提高。

当前世界主要国家的税收制度可分为 3 种类型。美国、日本是以直接税为主体的税收结构模式的代表；英国、德国、芬兰是直接税和间接税并重的税收结构模式的代表；俄罗斯、印度是间接税为主体的税制结构模式的代表，也是经济转轨国家和发展中国家的税制模式的代表。在这 3 种类型的税收制度中，各国都有自己的特点。

当前世界主要国家的税收管理制度也可分为 3 种类型：以美国为代表的 3 级分立型或分权型的管理模式；以英国为代表的中央主导型或集中型的管理模式；以德国和日本为代表的中间型或分权合作型的管理模式。

复习思考题

1. 简述公共收入和税收的概念及主要分类。
2. 简述税与费的主要区别以及收费的主要类别和依据。
3. 简述所得税、商品及服务税、财产税的性质特点和作用。
4. 简述主要国家的税制模式、税收比重有何不同？原因是什么？
5. 主要国家的个人所得税和公司税制度各有何特点与区别？
6. 主要国家的一般商品及服务税制度各有何特点与区别？
7. 主要国家的财产税制度各有何特点与区别？
8. 主要国家对中央（联邦）与地方的税种安排有何特点？
9. 主要国家的（生态）环境税主要包括哪些税种？
10. 简述主要国家的税收管理模式的类型和特点。

第五章 公共债务制度

公共债务（简称公债）是指一国中央政府和地方政府发行的债务。人们一般将中央政府发行的债务称为国债，将地方政府发行的债务称为地方债或市政债。在现代市场经济条件下，公债既是政府筹集财政收入的手段，也是政府调节经济的重要工具，公债的发行和管理制度是一国财政制度的重要组成部分。本章主要论述公债理论、美国和日本的公债制度、公债的增长机制和可持续性管理。

第一节 公债制度概述

一、公债的发展历史

公债最初是作为财政收入手段出现的。早在公元前 4 世纪，古希腊和古罗马时期就有国家向商人、高利贷者和寺院借债的情况。不过，16 世纪以前政府借债并非经常现象。16 世纪后，随着地理大发现和世界航路的开辟，随着资本主义制度的兴起和新的生产关系出现，公债发行才进入经常化和规模化阶段。马克思曾经论述过现代公债的产生和发展过程，他说："公共信用制度，即国债制度，在中世纪的热那亚和威尼斯就已产生，到工场手工业时期流行于整个欧洲，殖民制度以及它的海外贸易和商业战争是公共信用制度的温室。所以，它首先在荷兰确立起来。"① 一般来看，自 16 世纪以来的 500 多年中，西方的公债发展大体可分为三个阶段。

（一）稳定发展阶段

从 16 世纪初至 20 世纪初，这一时期欧美国家的资本主义生产关系处于兴起和发展阶段，为了对外扩张和战争，在原有税收制度不完善、税收收入不足的情况下，西欧国家先后发行了大量公债。18 世纪以后随着工业革命的开展以及古典学派关于自由放任思想的流行，欧洲国家的公债（主要是国债）发行逐步稳定——古典学派认为政府的支出是非生产的，应尽可能地节俭，除非遇到战争和灾害，一般不要发行国债，而应保持财政平衡或健全。故这一时期欧美各国的国债发行规模有限。

（二）快速发展阶段

从 20 世纪 30 年代至 20 世纪 80 年代中期，西方国家的国债发行规模明显扩大，

---

① 马克思，恩格斯．马克思恩格斯全集：第 23 卷．北京：人民出版社，1972：822.

1929—1933年的经济大危机是一个转折点。1929年的经济大危机爆发后，在美国，罗斯福政府实施的“新政”在实践上证明国家干预经济、实施反危机政策的必要性。在英国，凯恩斯1936年出版的《通论》则从理论上证明市场经济的内在不稳定性和国家财政干预的合理性，从而改变颠覆了古典学派的经济自由主义和财政平衡观念。第二次世界大战爆发和战后的经济恢复又使凯恩斯主义的赤字财政政策得以广泛流行。于是，凯恩斯主义大行其道，国债发行成为西方国家解决经济和社会问题的重要手段，国债规模不断扩大，速度加快。

（三）控制发展阶段

20世纪80年代中期以后，公债发行又进入一个新阶段。由于20世纪70年代中期后在西方出现的经济停滞与通货膨胀并存问题，1985年由美国开始，西方各国转而对赤字财政政策进行反思，对国债规模进行控制。西方学术界就有关国债与税收作用是否相同的“李嘉图等价原理”进行了争论。例如，布坎南提出，发行国债为公共消费筹资将削减资本的价值，国债为公共项目筹资也会产生挤出效应，从而导致民间消费和投资水平的降低，因此，他认为应该限制国债的规模，阻止债务财政对社会资本所形成的持续的价值侵蚀。除公共选择学派以外，理性预期学派和供给学派等都对凯恩斯主义进行了批评。这些导致西方各国相继提出消减财政赤字，保持合理的债务规模的政策目标，各国公债发行规模减小，增长速度下降，只是到2008年次贷危机发生后才有所变化。

表5-1是1992—2015年西方7国的公债负担率。由表可见，除日本以外，2008年次贷危机发生前美国等6国的公债负担率没有明显变化（其中美国、德国、法国、英国的负担率较低，意大利和加拿大的负担率较高）；次贷危机发生后7国的公债负担率都有较大幅度增加。目前，各国公债规模仍然都保持在一个较高水平上，而日本又特别突出。

表5-1　　主要国家的公债负担率（%）

国家＼年份	1992	1995	1998	2001	2004	2007	2010	2013	2015
美国	74.1	74.5	57.7	50.7	66.7	64.3	101.8	109.2	111.4
日本	63.5	80.4	113.8	144.4	166.3	162.4	193.2	220.3	229.2
德国	41.8	57.1	60.6	58.7	67.8	64.2	84.2	81.6	78.7
英国	49.4	61.1	55.6	45.4	48.5	50.1	87.3	100.8	113.3
法国	44.7	59.3	77.0	71.1	80.4	75.8	97.1	111.4	121.9
意大利	116.1	123.1	130.7	118.1	116.2	111.7	126.0	144.8	159.6
加拿大	110.3	120.6	101.6	85.7	76.5	70.4	89.5	92.3	96.0

资料来源：OECD，Statistics：fiscal balances and public debt.

二、公债的作用

公债（尤其是国债）作为政府的重要财政政策工具，主要具有弥补财政赤字，筹集建设资金，充当金融资产，调控宏观经济的作用或功能。

（一）弥补财政赤字

通过发行公债弥补财政赤字，是现代国家的普遍做法。发行公债弥补财政赤字，实质是将不属于政府支配的资金在一定时期内让渡为公共资源，是社会资金使用权的单方面转移。虽然政府也可以采用增加货币和向银行透支的方式来弥补财政赤字，但比较而言，以发行国债的方式弥补财政赤字对经济可能产生的副作用较小。这主要是因为公债是部分社会资金的使用权的暂时转移，而且认购公债的资金基本上都是社会资金运动中游离出来的闲置资金。

（二）筹集建设资金

公债除了弥补财政赤字以外，还有筹集建设资金的功能。发行公债来弥补财政赤字只是权宜之计，以公债来扩大公共项目的建设规模是发行公债的主要目的（包括地方政府提供地方性公共物品）。从现代公共财政的角度看，各级政府应承担大部分能增进公民福利的、外部性很强的公共物品供应的职能，这部分“功在当代，利在千秋”的投资和供应仅靠税收支持往往不足，而且也不符合公平负担（各代人）的原则，通过发行公债来筹集部分建设资金具有合理性。

（三）充当金融资产

在金融市场中，国债也是基础性的金融资产，它是一种收入稳定、低风险甚至无风险的投资工具，而且一般都具有数量大、流动性强的特点，因此往往成为各种基金、银行、证券机构乃至个人、企业的投资对象。由此，国债已经成为一种标准的流动性资产，并被广泛应用于资产平衡项目，与银行定期存款和类似的金融工具相比更具有准货币的性质。

（四）调控宏观经济

公债是对 GDP 进行再分配的手段，是对社会资源的再分配，是财政调节宏观经济的重要工具。将公债发行所得的资金用于公共项目建设，将会扩大社会的资本积累，改变既有的积累和消费比例；将其用于消费，则会扩大社会的消费规模，使积累和消费的比例向消费的方向偏移。这些都会对国民经济中产业结构调整和优化，对促进就业和稳定物价，对社会的总供给和总需求均衡过程产生重要影响。

三、公债制度

公债制度是国家为了管理公债的发行、偿还和与之相关的国债市场，调节经济活动，以法律和政策形式所确立的一系列的准则和规范。公债制度主要由发行制度、偿还制度和市场交易制度三部分所构成。

（一）公债发行制度

公债发行制度是关于公债发行、个人和企业认购事项的原则与规范安排。一般说来，公债发行制度主要由发行条件和发行方式构成，其中，公债发行条件又包括：债券种类、发行权限、发行对象、发行数额、债券票面金额、发行价格、利息率以及对公债流动性和安全性的规定等。根据发行公债的不同时机和不同性质，公债发行方式可以分为承购包销方式、市场推销方式、招标方式、连续发行方式和直接私募方式，各国还通常根据具体情况，采用一些更为灵活的发行方式。

（二）公债偿还制度

公债偿还制度又称还本付息制度，是国家对公债偿还以及与偿还相关的各个方面所做的明确规定。以政府是否有选择还本付息方式的权力为标准，偿还制度可以分为强制性偿还制度和自由性偿还制度。偿还方式，按实际偿还期与约定偿还期的关系，可分为期满偿还、期中偿还和延期偿还；付息方式则可分为定期支付法、贴现法和息票法。公债偿还，除了选择适当的偿还方式，建立完善的偿还制度，还必须有可靠的偿债资金来源。一般来说，公债还本付息资金来源主要有四种：经常性预算收入、债务收入、财政结余和偿债资金。

（三）公债市场制度

公债市场是指以公债为交易对象而形成的供求关系的总和，是整个证券市场不可分割的重要组成部分，也是一国财政政策和货币政策的结合点。根据公债交易的层次，公债市场可分为两大部分，即公债发行市场和流通市场。公债发行市场，又称一级市场，公债一级市场的参与者主要包括作为发行者的一国中央政府和地方政府及其机构、发行中介机构和投资购买者。公债流通市场，即二级市场，是指已发行公债的交易场所。二级市场的基本职能是为公债投资者提供转让变现的机会。公债流通市场又分两种：一是以集中交易形式运作的证券交易所；二是以分散交易形式存在的场外交易市场，包括柜台市场和店头市场。在证券交易所内的公债交易按成交订约和清算的期限，又可划分为现货交易、远期交易、期货交易、回购交易和期权交易。

第二节 公债理论

早在17世纪，古典学派的先驱威廉·配第，以及大卫·休谟，法国重农学派的代表人物弗朗斯瓦·魁奈，都曾对公债的作用和弊端进行了分析，提出了完全不同的观点。例如，威廉·配第肯定公债的积极作用，而休谟和魁奈则认为公债弊大于利甚至会导致国家破产（公债亡国论）。1776年后，以亚当·斯密为代表的古典学派，以及后来的凯恩斯主义学派、公共选择学派和合理预期学派等，对公债的作用和问题进行了较深入的分析，形成了比较系统的公债理论。

一、古典学派的公债理论

20世纪30年代以前，西方主流的公债理论是以亚当·斯密为代表的古典经济学家的公债理论。古典经济学家们并不绝对地反对发行公债，但他们一般对公债持否定态度，大部分人认为公债有害。

亚当·斯密在其著作《国民财富的性质和原因的研究》一书中提出，政府和君主的奢侈浪费是公债发行的根源，而公债盛行是意大利、西班牙、荷兰这些过去的强国走向衰落的重要原因。他认为，(1) 公债客观上存在“资本机能向收入机能”的转化机制，政府借债意味着非生产性的资本消耗和浪费增加，公债发行使政府收入增加，却导致了资本积累下降，这对经济增长是有害的。他说：“当国家费用由举债支出时，该国既有资本的一部分，必逐年受到破坏；从来用以维持生产性劳动的若干部分年生产物，必会被转用来维持非生产性劳动。”“最初债权者贷与政府的资本，在贷与的那一瞬间，已经由资本的机能，转化为收入的机能了，换言之，已经不是用以维持生产性劳动者，而是用以维持非生产性劳动者了。”(2) 公债容易引起和助长社会不知节俭、奢侈之风，鼓励战争。斯密还提出，国家之所以举债是因为当权者奢侈而不知节俭，这就使政府在平时能勉强维持财政平衡就已算万幸了，哪里还谈得上积蓄以备不时之需。一旦遇到战争，可采用的方法就只能是借债了。而当政府认识到通过发行公债能在战时急速获得充裕战费的便捷和有效时，平时就更不注意节俭了，所以公债鼓励了奢侈，公债也是战争的催化剂。(3) 公债使社会付出沉重的代价。斯密认同休谟关于公债会加重一代人的负担、使国家破产的观点，他认为，为了支付利息，政府要向土地和工业征税，将税收支付给债券持有者，这种做法损害了土地和工业部门，导致生产性投资减少，还可能导致资本外逃和居民移居国外。同时，当公债累积时，国家也不会完全偿还，而常常通过提高货币的名义价值来行赖账之实，“这种办法将使私人财产遭受一种最普遍、最有害的破坏，而在大多数场合，将使勤劳、节俭的债权者吃亏，怠惰、浪费的债务者致富；这样，国家资本的大部分，将由能使资本增益的人转移到只知破坏资本的人”，结果是“国家不能获得一点利益，而多数无辜人民却蒙受横灾”。

大卫·李嘉图则认为，对英国来说，公债是“一个空前的无比的灾祸”。他在比较税收和借债融资的差异的基础上，说明了公债可能会引发的严重后果。以军事支出筹资为例，他认为税收的优点在于在用税收支持军事开支时，人们会立即尖锐地感受到税收的增加和战争的负担，因而会使国家较少倾向于战争；即使战争已经开始，国家也将会尽快结束战争。而在用公债发行弥补军事支出时，人民并不会马上感觉到这种支出的重担，故国家所受到的约束性降低，甚至会使国家很轻率地卷入代价昂贵的冲突。他认为，如果政府收入不足，应采取税收方式而非举债来筹资；即使发行公债来为军费筹资，也应在2~3年内通过征税来全部还清。

让·巴蒂斯特·萨伊则从私人借债和政府借债的不同来论述公债的弊端。他认为个人借贷与政府借贷存在重大区别，一般来说，前者是为有利用途而借资本，后者是为非生产性消费或开支而借资本。而“当政府感到有很大举债能力时，它们对一切有关政治的问题都要过问并想出庞大计划，这些计划有时招致耻辱，有时招致光荣，但总会使它们陷入财政枯竭的状态”。他还尖锐地批评了德国学者梅伦关于“公债不过是右手欠左手的债，不会损害身体”（使国家贫困）的观点，指出公债收入被耗费后其本金已经不存在，已不可能再用来产生收入。所以，萨伊对公债持否定观点。

二、凯恩斯主义的公债理论

1929年至1933年的大危机动摇了经济学家们对市场经济具有内在稳定机制的信念，客观上造就了发达市场经济国家放弃自由放任的传统思维，进行市场干预的环境和条件。反映在对公债发行的认识上，就是西方经济学界开始对公债由否定态度转向肯定，而凯恩斯的国家干预理论则是集中表现。

约翰·梅纳德·凯恩斯1936年出版《就业、利息和货币通论》一书，在该书中，他将经济危机和严重失业的原因归结于有效需求不足。他认为消费需求取决于人们的收入，由于存在边际消费倾向递减规律，因此随着产出的增长，收入与消费的缺口必然越来越大；而由于投资受商业预期和流动性陷阱的影响，也会出现投资需求不足问题，从而无法通过增加货币供给来降低利率，使投资增加。这样，一部分国民收入将从社会再生产中“漏出”，使社会总需求小于总供给，这是市场无法依靠自身机制来自动解决的问题。因此，要使经济运行保持在“充分就业”水平上，必须依靠政府的财政活动，即增加支出、削减税收，实行赤字财政政策，通过发行国债来为财政赤字融资，以扩大财政支出，增加社会消费和投资，使社会总需求与总供给达到平衡，实现“充分就业”。在他看来，发行公债是必要的，也是有益的（有利于经济增长和充分就业）。

在凯恩斯理论的基础上，美国经济学家阿尔文·汉森提出，国债完全可能是一种“经济的福利”。他认为，要想使社会富有，最简单的办法就是发行公债以满足社会的支出。他的逻辑是，当政府发行公债时，公众用存款交换了政府债券，当政府把这些存款花掉后这笔钱又会回到公众手中。所以，政府发行公债实际上意味着个人和企业的财富增加。汉森指出只要社会有足够的生产力，就能够对公众持有的流通资产赋予它实际的价值；他认为公债用于公共卫生、教育和科研、自然资源保护和国家公园建设等公共工程，将会刺激消费和投资，缓和经济衰退，促进充分就业，促进经济繁荣，增加国民收入。汉森的贡献在于他将公债发行与经济周期相联系，经济衰退时实行赤字预算，增加公债发行扩大公共工程支出，经济繁荣时减少公共工程支出、回收公债，抑制通货膨胀，实现财政平衡。

美国经济学家保罗·萨缪尔森则针对公债偿还和利息支付给人们和后代带来的负担问题进行分析，提出了支持公债发行的观点。萨缪尔森认为①，政府债务分为外部债务和内部债务，外债还本付息使国内资源流向国外，从而加重后代负担，降低其消费水平；而内债则不会，因为“人们不过是欠了自己的钱”（类似左手欠右手的债）②，而由于国债的

① 保罗·萨缪尔森和威廉·诺德豪斯．宏观经济学：16版．北京：华夏出版社，2002.

② 根据勒纳的分析，内债也不会给后代造成负担，后代人之间只是相互欠债，从后代整体的消费来看，他们的境况并不会变差。见 Lerner，Abba P. The burden of the national debt//L. A. Metzeler，et al. Income，Employment，and Public Policy：Essays in Honor of Alvin H. Hansen. New York：W. W. Norton，1948：255-75.

生产性支出特点，它“确实直接增加国家的物质财富……能够在目前导致更大数量的资本形成和消费”。当然，萨缪尔森也承认，巨额公债的最严重后果“或许是它取代了该国私人财富存量中的资本，从而使经济增长的步伐放慢，未来的生活水平降低”，即产生投资“挤出效应”和长期为支付利息而征税造成配置扭曲和效率损失。

美国学者罗伯特·巴罗根据李嘉图关于税收和公债的论述，推断出“李嘉图模型”（李嘉图本人若在世未必会同意这一观点）。即：就私人代际负担（一般认为，公债由后代人的税收来偿还）而言，税收和公债融资本质上是等价的，没有什么不同。巴罗的假设是：政府借债时老年人认识到他们的后代的消费水平会下降，福利境况将变差，于是增加自己的遗产，使其足以抵偿后代额外的税收，这样，一切都没有变化，每一代人的消费量恰好与政府借债前相同。①

上述表明，20世纪30年代大危机后凯恩斯主义兴起，根本改变了古典学派有关公债的传统认识与结论。根据凯恩斯主义的逻辑，在现代市场经济条件下，公债发行不仅是无害的，而且还是经济发展和社会致富的必要条件和手段。这正是第二次世界大战以后西方各国大规模发行公债的重要原因。

三、公共选择学派等学派的新公债理论

第二次世界大战后，由于凯恩斯主义的影响，西方国家持续的财政赤字和巨额债务引起了经济学界和社会的关注。特别是20世纪70年代西方国家相继出现“滞胀”后，人们对凯恩斯主义的国债理论提出了质疑。

公共选择学派的代表人物詹姆斯·布坎南早在1958年出版的《公共债务的公共原则》一书中，就提出应当恢复古典经济学关于公债原则的基本观点②。之后，他又在 *Public Debt, Cost Theory, and the Fiscal Illusion*（1964），*Cost and Choice: An Inquiry in Economic Theory*（1969），*Barro on the Ricardian Equivalence Theorem*（1976），*Democracy in Deficit: The Political Legacy of Lord Keynes*（1977，与 *Richard E. Wagner* 合作），*The Economic Consequences of the Deficit*（1986），*Public Debt and Capital Formation*（1986）等论著中，对公债的作用、影响和政策问题进行了分析和论述，批评了凯恩斯主义的公债理论。

布坎南认为，（1）公债的负担无疑由未来一代纳税人承担。他说：“公债的本质就是允许为当前支出项目的融资成本延迟支付”，但公债的持有人并不承担实际负担，因为支付公债本息的是以后的纳税人，他们才是真正的承担者。因此，就公平而言，既然公债是为今天的公共项目，就应在公共项目投入使用的时期内偿还，而不应留给后代人承担。（2）公债与私人债务不完全相同，私人债务有明确的责任和索偿权，但公共债务的责任属于整个公共团体，与团体的成员无直接责任关系，也无抵押物和索偿主体，因此，公债的发行更应受到约束和限制，如果做不到这一点，就应遵守古典财政原则，以坚持健全财政为基本前提。布坎南并不反对发行公债，但他认为不能无限制、无条件、无约束地实行

① Robert Barro. Are government bonds net wealth. Journal of Political Economy，1974：82.

② Buchanan，James M. Public principles of public debt：A defense and restatement. Vol. 2 of the collected works of James M. Buchanan. Indianapolis：Liberty Fund，1958，1999.

赤字财政政策，滥发公债；一般来说，公债只应限于为那些可以产生长期利益的公共工程融资。(3) 公债制度具有助长通货膨胀和负资本形成的倾向。在一个财政民主决策的社会中，公众和政府都会倾向于举债而不是纳税，由此必然会导致货币发行量增长和通货膨胀，而为抑制通胀又会使公债发行规模不断扩大，于是使社会资本不断贬值，影响投资增长和经济发展。所以，如果没有限制和约束，公债将是一个长期现象，故必须制定公债限制规则，控制政府开支。(4) 布坎南批评了巴罗的“李嘉图等价原理”，认为公债和税收绝不会等同，原因在于巴罗忽视了公债的“财政幻觉”，即人们不可能认识到公债会在未来产生税收负担，故“人们不会像巴罗假设的那样，可以根据确切的完全预期来行动”。(5) 政府长期运用赤字政策和公债融资是不道德的，这不仅是一个经济问题，更是一个公共政策中的伦理问题，它反映的是社会道德水平的下降，政府责任意识的下降。与之相反，古典学派强调健全财政和平衡预算能使社会和政府对后代负责，对社会的长期稳定发展负责，能慎重地考虑公共项目的收益和成本，防止公共支出的增长超越最适度规模。

其他新经济学派也对国债有益论提出了批评，如货币学派、供给学派等。也许最值得注意是一些研究者的实证检验结果。根据 Auerbach、Gokhal (1991) 和 Gokhal、Page and Sturrock (1999) 的迭代模型分析，国内公债确实会给后代造成负担，使他们的消费水平比无公债时低。Hamilton and Havin (1985) 对美国国债的检验发现，如果一国政府使其国债规模持续、不断地增加（如以债务发行来偿还以前的债务），其结果是最终不能偿还债务，债务危机爆发（即债务不可持续）。RaghbendraJha (2001) 的实证研究表明，国债实际利率与经济实际增长率的大小影响当前国债的相对规模，在很大程度上决定国债是否具有可持续性。其实早在 1944 年，多马（Domar，1944）建立国债规模模型进行研究发现，国债规模与 GDP 之间只有保持一个稳定的增长速度，国债规模才不会无限制扩大，这也就是国债可持续的条件。

也正因为公债理论的再一次转向，最近 20 多年来西方国家普遍削减财政赤字，减少国债发行规模。欧盟国家还规定：当年国债发行规模占 GDP 的比重不得超过 3%，债务余额占 GDP 的比重不得超过 60%。

第三节 美国的公债制度

美国国债市场是当今世界规模最大、最为发达的市场，美国国债市场发展的基础是它多样化的国债种类结构、开放性的持有结构和相对完善的管理制度尤其是它的规模管理制度。此外，美国的州与地方债制度也是比较完善和有特色的，其中有些制度已为其他国家借鉴和仿效。

一、美国的国债制度

（一）国债规模和基本结构

1. 美国国债规模

美国从建国起就开始发行公共债务。由于独立战争和借款，1800 年美国的国债余额达到8304万美元。1900年后，随着工业化发展，国债成为美国联邦政府筹集资金、应对财政困难的重要手段，国债规模不断扩大。两次世界大战期间，美国国债发行显著增加，1915—1919年国债余额增加了20倍，1946年美国国债负担率达到118.9%的高峰。

第二次世界大战后，由于实行凯恩斯主义的需求刺激和赤字财政政策，美国国债发行继续保持增长（虽然国债负担率不断下降和回落）。在1970—1985年的“滞胀”时期，美国国债余额增长近5倍。到1985年底，美国人均负担国债达7700美元。鉴于巨额国债的经济影响，美国政府开始控制国债发行，美国国债规模的攀升速度开始下降。1996年后，美国国债的负担率逐步下降。

2008年以来，由于次贷危机的影响，美国国债发行规模再次快速增长。2011年以来，美国国债负担率再次突破了100%（参见图5.1）。表5-2显示了1940—2015年美国联邦政府债务余额和债务负担率变化情况。

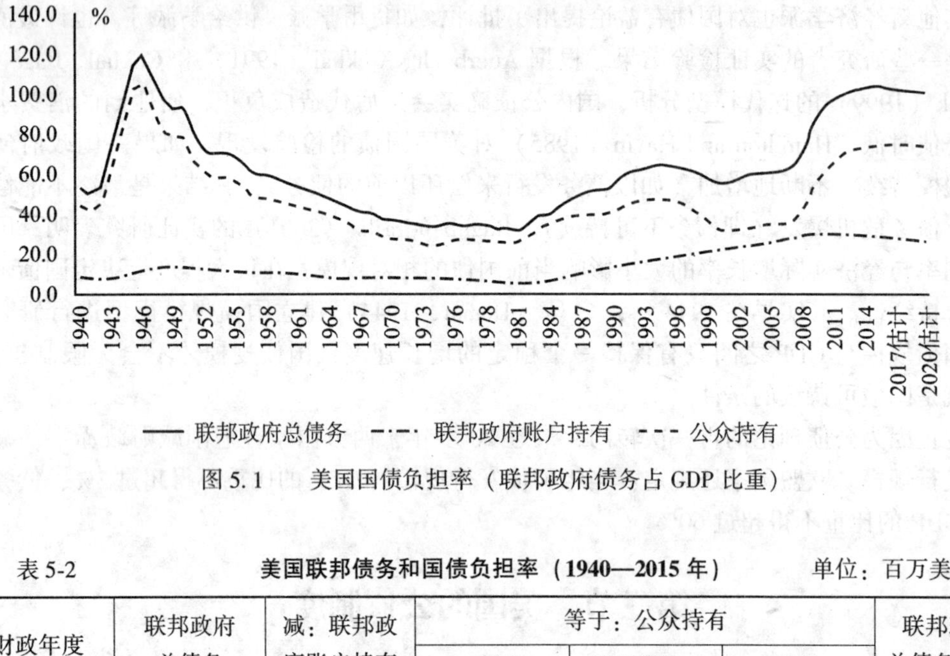

图5.1 美国国债负担率（联邦政府债务占GDP比重）

表5-2 **美国联邦债务和国债负担率（1940—2015年）** 单位：百万美元

财政年度	联邦政府总债务	减：联邦政府账户持有	等于：公众持有			联邦政府总债务/GDP
			总额	美联储持有	其他	
1940	50696	7924	42772	2458	40314	51.6
1945	260123	24941	235182	21792	213390	114.9
1950	256853	37830	219023	18331	200692	92.1
1955	274366	47751	226616	23607	203009	67.4
1960	290525	53686	236840	26523	210317	54.3
1965	322318	61540	260778	39100	221678	45.4
1970	380921	97723	283198	57714	225484	36.3
1975	541925	147225	394700	84993	309707	33.6

续表

财政年度	联邦政府总债务	减：联邦政府账户持有	等于：公众持有			联邦政府总债务/GDP
			总额	美联储持有	其他	
1980	909041	197118	711923	120846	591077	32.5
1985	1817423	310163	1507260	169806	1337454	42.6
1990	3206290	794733	2411558	234410	2177147	54.2
1995	4920586	1316208	3604378	374114	3230264	64.9
2000	5628700	2218896	3409804	511413	2898391	55.5
2005	7905300	3313088	4592212	736360	3855852	61.3
2006	8451350	3622378	4828972	768924	4060048	61.8
2007	8950744	3915615	5035129	779632	4255497	62.5
2008	9986082	4183032	5803050	491127	5311923	67.7
2009	11875851	4331144	7544707	769160	6775547	82.4
2010	13528807	4509926	9018882	811669	8207213	91.4
2011	14764222	4636035	10128187	1664660	8463527	96.0
2012	16050921	4769790	11281131	1645285	9635846	100.2
2013	16719434	4736721	11982713	2072283	9910430	100.8
2014	17794483	5014605	12779877	2451743	10328134	103.2
2015（估计）	18627577	5121246	13506331	N/A	N/A	103.6

注：N/A 表示数据不可获得。

资料来源：美国预算与管理办公室，https：//www.whitehouse.gov/omb/budget/Historicals.

2. 国债类型与发行结构

美国财政部发行的国债主要有：短期国债（国库券）、中期国债、长期国债、通胀保值债券和储蓄债券，其中只有储蓄债券是不流通变现的债券。

（1）国库券（Treasury bills）

国库券的一般面额是10000美元，分为91天到期、182天到期以及1年到期三种。91天和182天到期的债券，每周发行一次。1年期的债券，每四周发行一次。这些债券由联邦储备银行及其分行以拍卖的形式出售。如果投资者出的价格被接受的话，这个价格可换算成债券的到期收益率。有时债券是以非竞争性投标的方式出售的，在财政部接受的情况下，投资者可以按全部债券的平均价买下当天的所有债券。个人可以直接到联邦储备银行及其分行购买新发行的短期国库券，也可以通过银行或经纪人间接购买新国库券。

（2）中期国债（Treasury notes）

中期国债是指1年以上10年以下到期的债券，票面金额大多为1000美元。中期国债附有息票，规定利息额，通常每半年付一次利息。1983年以前发行的中期国债都是不记名的，债券持有人可以在指定的日期内，用息票去兑换利息。从 1983 年起，美国财政部停止发售不记名中期债券，采用登记形式。即中期债券的购买者要在美国财政部登记，然后美国财政部按时给他们寄送利息。本金到期时，再寄还本金。债券在二级市场交易后，要重新登记持有人。

（3）长期国债（Treasury bonds）

长期国债是指 10 年以上到期的债券，面值为 1000 美元以上。1983 年以前发行的长期国债有不记名的，也有记名的。近年来发行的长期国债都采用登记形式。与中、短期国债最大的差别是，长期国债在发售时附带特别的赎回条件。根据赎回条件，美国财政部有权在债券到期前的 5~10 年内的任何时候，要求债券持有者将债券卖给政府，美国财政部按债券面值支付赎金。

（4）通胀保值债券（TIPS）

通胀保值债券是近年来推出的新型债券，它的本金根据美国城镇消费者综合价格指数进行调节（本金值等于发行时的本金数量乘以日指数率，日指数率等于该日的消费者价格参考指数除以发行日的参考消费者价格指数），其息票利率是由拍卖过程决定的固定利率，半年利息是半年固定利率与通货膨胀调整的本金的乘积。1997 年 1 月 29 日，美国财政部第一次发行的 10 年期指数化债券的收益率为 3. 45%。美国财政部曾发行 6 种 TIPS：1 种 5 年期的、3 种 10 年期的、2 种 30 年期的。TIPS 的主要优点是：它能提供安全、稳定的长期收益。

（5）储蓄债券

储蓄债券是一种实名登记购买、不能在二级市场流通变现、只能用于同类债券之间交换的证券。储蓄债券有两种：一种是 EE 系列储蓄债券，面值为 50~10000 美元，每人每年的 EE 债券最高投资额为 30000 美元，个人可以直接向公共债务局购买，或者向银行、储蓄机构，甚至雇主购买。EE 债券以折价发行，如 50 美元的 EE 债券的售价是 25 美元。EE 债券可以缓交联邦所得税，并免交州税和地方税。EE 债券的利率每 6 个月调整一次。另一种是 HH 系列储蓄债券，面值为 500~10000 美元，10 年到期，每隔半年付一次利息，采用固定利率。

表 5-3 给出了 2013 年和 2014 年美国公众持有的国债的种类结构。由表可见，可流通债券占 95%以上，而中期国债最受欢迎、比重最大。

表 5-3 **美国公众持有的国债种类结构** 单位：10 亿美元

	2013 年	占公众持有债务比重（%）	2014 年	占公众持有债务比重（%）
公众持有债务	11972. 71		12779. 88	
可流通债券总额	11577. 40	97. 0	12271. 60	96. 0
其中：国债	1527. 90	12. 7	1409. 60	11. 0
中期国债（2–10 年）	7750. 30	64. 7	8160. 20	63. 8
长期国债（10 年以上）	1363. 10	11. 4	1534. 10	12. 0

续表

	2013 年	占公众持有债务比重（%）	2014 年	占公众持有债务比重（%）
通胀保值债券(5 年以上)	963.1	8.0	1044.70	8.2
浮动利率债券（2 年）	—	—	123	0.9

资料来源：美国财政部，https：//www.fiscal.treasury.gov/fsreports.

注：浮动利率债券是 2014 年开始设置的 2 年期的国债。

3. 国债持有结构

美国联邦政府债务总额（国债余额）的持有结构由两个部分组成，一是联邦政府账户持有（held by federal government accounts）的，即联邦政府各项基金（如社保和医疗信托基金等）所持有的债务；二是公众持有（held by the public）的联邦债务（又称 public debt），包括美联储持有的（作为货币政策工具）和其他社会公众持有的债务（国际投资者、国内个人、银行、保险基金和地方政府等）。

这两个部分的意义是不同的。公众持有的债务本质上是联邦政府的赤字融资或借款额。由于公众持有减少了可用于社会投资的资金来源，并且会增加利率上行压力，因此公众持有的债务代表当前经济运行的负担。政府账户持有的债务，只是代表了美国财政部的债务，它本质上是未来经济运行和纳税人的税收负担。

就最近十几年的情况来看，美国国债持有结构有两个基本特点：一是公众持有占主导，截至 2015 年 9 月 30 日，美国联邦政府总债务为 18.15 万亿美元，其中公众持有占 72.3%（13.12 万亿美元），政府账户持有占 27.7%（5.03 万亿美元）；二是国际投资者持有比例连续上升，而国内投资者的持有比例逐步下降（见图 5.2）。

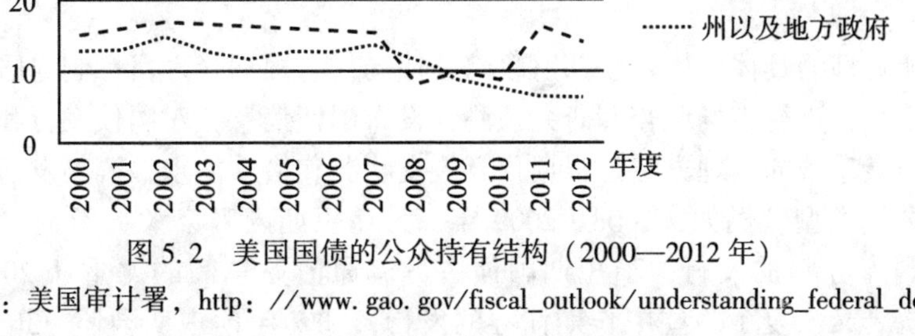

图 5.2 美国国债的公众持有结构（2000—2012 年）

资料来源：美国审计署，http：//www.gao.gov/fiscal_outlook/understanding_federal_debt/overview.

就国内公众持有结构看，商业银行的份额一直保持在 10%左右，近年来略有下降趋势；共同基金和保险公司是重要的持有人，持有比例占10%以上；个人主要是持有储蓄债券，其比例近年来一直在10%以下；联储的持有份额约15%。在联邦账户持有总额（占27%）中，社会保障信托基金（Social security trust）的持有最多，占55%；公务员退休和残疾信托基金（Civil service retirement and disability trust fund）占17%；军人退伍的医疗保健基金（Military retirement and health care funds）占14%；医疗统筹信托基金（Medicare trust funds）占5%，其他项目和退休基金占9%。美国国债对国际投资者的吸引力主要是因为美元是世界主要储备货币，美国制度和经济环境稳定（可以预期有良好的回报）。对其他国家的央行和市场投资者来说，美国国债是流动性强、优质的无风险资产。

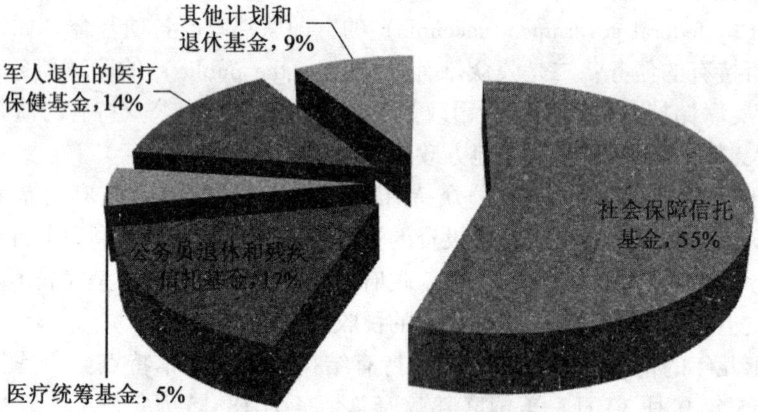

图5.3 美国国债的政府基金持有结构（2015年9月）

资料来源：美国审计署，http://www.gao.gov/assets/670/666823.pdf.

（二）国债管理制度

美国国债管理的目标是确保在一定时间内，以最低的成本来满足联邦政府的筹资需求。为达到这一目标，美国财政部发行数量充足、品种多样的国债，并制定一个定期、可预见的拍卖时间表，为投资者提供确定的信息和广阔的空间，使他们能据此制订投资计划。美国财政部并不寻求“市场时机”，认为这样会扰乱市场，最终使政府的借贷成本增加。

美国国债管理的具体机构是联邦财政部公债局，它根据管理目标制定国债发行、偿还和结构调整政策，进行市场调查和研究预测，发布国债信息，对国债发行和偿付进行具体安排。公债局最通常的管理方法是根据预算收支状况和借款需求，调整发行规模、拍卖与回购频率和国债类型。例如，2008—2009年，为在短期内筹集大量资金，公债局增加了短期国债（国库券）的发行；当短期国债占可流通债务总额的比重从20%增加到接近30%时，公债局又恢复了一些中长期债券的发行，如7年期中期国债、30年期长期国债的发行，并且增加了这些债券的发行频率。

1. 国债规模管理

（1）限额管理。美国国债管理的一个重要方面是国会的额度限制管理。1917 年前，联邦政府发债都须得到国会的批准，由国会决定债务期限、利率和用途。由于这一做法影响政府决策的时效性，故在第一次世界大战前的 1917 年美国国会通过《第二个自由债券法案》（*Second Liberty Bond Act*），减少了国债发行的国会限制规定。1933 年后国会限制进一步放松，1939 年完全取消，仅规定债务上限。这等于告诉联邦财政部："你只可以借这么多钱，至于如何借自己想办法好了"。

债务限额是指联邦发行的总债务（累计余额）的法定上限。这一限额由国会通过立法确定，为某一个时间未偿付的联邦债务设立限制。它既给了联邦政府发行债务的自由空间，同时也限制了联邦政府筹资借款的权力，当接近债务限额时，联邦政府就必须与国会达成提高上限的协议，否则就不能继续发行国债。而每当联邦政府要求提高债务限额时，就会遇到来自国会的压力。如果不能提高上限，联邦财政部也会采取一些特别行动，如缩减投资于联邦雇员退休计划的证券投资，以满足到期债务的偿付。

从总体来看，随着联邦债务的增加，国债限额也是不断上调的。从 1940 年 6 月 25 日到 2014 年 2 月 15 日，联邦债务限额的调整多达 114 次，从 490 亿美元上调到 17.2 万亿美元。调整最为频繁的是 1990 年，一年 7 次调整债务限额；其次是 1980 年和 1987 年，一年调整 4 次；再次是 1963 年、1981 年和 1984 年，每年调整 3 次。债务限额上调幅度超过 5000 亿美元的有 11 次，调整数额最大的一次是 2010 年 2 月 12 日，一次上调 1.9 万亿美元。债务限额并不能改变联邦政府的借款需求，因为借款需求是由经济运行和联邦财政的收支状况决定的，但它仍然会对联邦的财政政策和债务水平产生限制性影响。

（2）控制赤字。最近 30 年来美国国债规模管理的重心是控制和缩减巨大的债务余额。由于国债规模扩大的直接推力是联邦财政赤字，因此美国的国债规模管理也与美国国会通过的有关预算平衡的法案密切相关。例如，1985 年美国国会通过《平衡预算与紧急赤字控制法》（GRH），设定预算赤字限额，以此来逐步减少联邦债务。但美国国会后来发现，每年设定的赤字限额完全可能因为出现的不确定因素被突破，于是在 1990 年通过《预算实施法》（BEA）和《混合预算调节法》（OBRA），1996 年通过《项目否决权法案》。

BEA 的主要内容是：①调整赤字目标限额规则，制定机动上限规则，对各年度设置机动预算总额和分项限额；②确立"现收现付"（pay-as-you-go）原则，即如要增加直接开支就必须有相应的收入来源；③设立 5 年的联邦支出限额，即对 1991—1996 年度的每一年的联邦政府支出都确定一个具有约束力的上限。

OBRA 的主要内容是规定压缩预算赤字的方案：一是增加税收，将富人的边际税率从 28%提高到 31%并降低富人的所得税扣除，提高社会保障税和汽油、烟草、酒精饮料税，开征豪华税（对昂贵的钻石首饰、贵重皮毛、汽车、游艇、私人飞机征税）；二是削减开支，1991—1996 年压缩联邦政府开支 5000 亿美元，包括削减国防费用、农业补贴和联邦养老金等支出。

《项目否决权法案》授权总统在审查支出拨款议案时，有权否决其中的开支项目。一个典型的拨款议案是将成百个项目与计划开支汇合成一个审议案，美国大多数州长在审议本州的预算时拥有否决权，而美国总统却没有。该法案授予总统否决权，以便联邦政府主动削减开支，减少预算赤字，克林顿也就成了第一个拥有这项权力的总统。

（3）集中赎回。为了减少国债余额和促进国债市场的流动性，美国联邦财政部根据国债发行和税收及财政收入的情况，近年来经常采取回购和有规模地赎回国债的措施。从联邦财政部的运作情况来看，有规模的集中赎回可以使国债的连续发行和价格水平得以维持，可以使短期不使用的财政收入发挥政策作用，还可以影响和调整国债的平均偿还期（通过赎回不同期限的国债）。目前，美国联邦财政部的赎回操作主要通过“逆拍卖”来实现，财政部公布它希望赎回的国债的大致数额和种类，通过一级自营商的投标情况来决定赎回量。

2. 国债结构管理

国债管理的一个重要内容就是保持国债结构的基本平衡。国债结构包括期限结构、利率结构、持有结构和币种结构等。就美国来看，联邦财政部的国债结构管理主要就是期限结构和持有结构管理。

（1）期限结构。国债期限结构是否合理取决于经济形势、债务成本、市场流动性、偿还便利等因素，确定期限结构管理目标很重要。美国联邦财政部选择期限结构的基本标准是实现国债的利息成本最小化，即选择一种既使投资者感到有利可图，又不至于支付较高利息的期限结构；同时兼顾流动性和经济影响，这又要看经济发展需要和市场运行状况。

一般情况是：①市场利率的变动。长期和短期国债的利率高低直接影响国债的期限结构选择，当短期资金市场利率偏高而长期资金市场利率偏低时，选择多发行长期国债；反之，选择多发行短期国债。利率决定国债的负担。当然，也必须考虑通胀因素。②市场的流动性。国债市场的开放程度高、国债种类多、投资者交易活跃、市场流动性强，有利于发行中长期国债，或借新还旧以减弱流动性；反之，当市场流动性下降，发行变现能力差的中长期国债就不受欢迎，为加强流动性，应增发短期国债。③经济增长状况。国债是宏观调控的重要手段，发行国债的期限结构必须与经济形势和宏观调控目标相适应。当经济处于衰退时期，为刺激经济和实施扩张政策，应增发短期国债、减少长期国债，以产生膨胀效应；当经济过热时期，应增发长期国债、减少短期国债，以产生紧缩效应。

从1950年以来美国国债期限结构的变动来看（见表5-4），国债期限结构的变动与美国经济运行状况的关联性比较明显。1950年美国短期国债占27%，中期国债占38%，长期国债占35%，短、中、长期国债的比重相差不大。然而，1960—1980年，随着经济增速下降，短期国债的比重明显增大，中期国债的比重有所增加，长期国债的比重明显减少。主要是短期国债有扩张性作用。80年代初，为了摆脱“滞胀”的困扰，美国联邦政府改变政策，控制货币供应量，大量回收短期债券，增发中、长期国债，最终控制了通货膨胀和经济停滞问题。因此90年代以来，总体情况是：短期国债的比重下降，中长期国债的比重增加；但近年来（2013—2014年）的特别现象是，中期国债比重高达70%，长短期国债的比重相当，对应的平均利率是：中期国债1.8%、长期国债5.1%、短期国债0.1%。

表 5-4　　美国国债期限结构的变化（%）

年份	1950	1960	1970	1980	1990	2000	2014
短期国债	27.0	38.0	48.4	47.5	34.0	34.8	11.0
中期国债	38.0	51.0	41.4	42.0	48.7	46.4	73.0
长期国债	35.0	11.0	10.2	10.5	17.3	18.8	12.0

资料来源：美国联邦财政部，https：//www. fiscal. treasury. gov/fsreports.

（2）持有结构。美国联邦财政部对国债持有结构进行管理的基本内容就是根据收入需要和减少成本原则，重点是对金融机构持有国债的数量和比例进行调整。由于中央银行直接持有国债容易引发严重的通货膨胀，因此美国国债管理及有关法律中一般禁止中央银行直接认购国债或直接承办发行国债，美国原则上禁止联邦储备银行直接购买国债，但允许中央银行从事公开市场业务、持有一定量的国债。商业银行持有国债是成熟的国债市场的主要标志之一，因为商业银行持有国债为货币政策由直接控制向间接控制的过渡奠定基础，也有利于通过对债务收支的划账来调节货币供应，更是中央银行实行公开市场业务的前提。因此，美国在国债管理中一般鼓励商业银行持有国债。由于个人持有国债注重国债的直接利息收益，而机构持有国债则是为了国债资本收益，因而个人过多持有国债客观上加大了筹资成本，而且不利于中央银行的公开市场业务。为了扩大金融机构持有国债的比例，美国在法律上明确规定政府机构和某些由政府管理的非银行金融机构必须将账户中收大于支的盈余部分投资于国债。

由于美国长期存在国际贸易逆差，同时也为了保持美元的国际货币地位，美国联邦财政部也乐见国外政府和金融机构持有美国国债。

3. 国债市场管理

国债市场是国债运作的基础和环境，良好的国债市场有助于国债的发行和偿还管理。美国的证券监管机构是美国证券交易委员会（SEC）。鉴于自由分散、各自为政的证券交易方式导致的种种问题和 1932 年的证券市场崩溃，1934 年美国国会通过《证券交易法》，建立了 SEC。SEC 是统一监管全美证券市场的最高监管机构，它有两个分支机构——联邦证券交易所和全国证券交易商协会。联邦证券交易所执行证券交易委员会的部分职能，是一个半经营、半监管的机构，其主要职能是监管“场内交易”即全国的各个证券交易所。全国证券交易商协会作为一个半官方、半民间的组织，主要负责监管“场外交易”，即在该协会注册的证券交易商。SEC、联邦证券交易所、全国证券交易商协会构成了美国证券市场监管体系，如图 5.4 所示。

除了依靠 SEC 系统进行监管外，美国政府还制定专门的法律对证券市场进行监管，这些法律可以分为两个层次：一个是联邦政府的立法，1933 年的《证券法》标志着美国运用专门的法律监管证券市场的开始；1936 年的《马诺尼法》加强了对场外交易的监管，并根据此法成立了“全国证券商协会”；1940 年的《投资公司法》和《投资咨询法》对投资公司的注册和审查作出了相应规定；1970 年根据《证券投资者保护法》成立了“保护投资者协会”（SPIC）；1984 年通过《“内幕人士”交易制裁法》限定了“内幕人士”

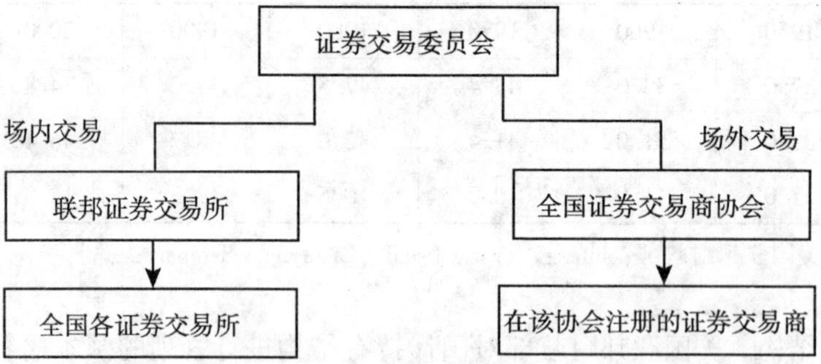

图 5.4 美国国债市场的监管结构

的行为；1999 年的《金融服务现代法》强调了对资本市场的功能监督。另一个是地方政府的立法，即所谓“蓝天法”，它大致可分为 4 种类型，即：防止欺诈型、登记证券商型、注重公开型、注重实质监管型。美国证券市场监管注重公正原则，要求信息“充分公开”，即要求提供信息的真实性和公正性，为交易商和广大的投资者提供充分的选择依据，严禁欺诈行为和幕后交易，如发现有欺诈行为和其他不法行为，政府将给予严厉惩罚。所有这些都为保护投资者权益，保证国债市场有序、高效运行提供了条件。

4. 国债管理的挑战

美国国债管理面临的挑战主要是：金融市场的不断变化，政府未来借款需求的不确定性以及债务限额的不确定性。

为此，联邦财政部必须根据不断变化的国债市场需求，考虑各种期限的债券的发行量。国债市场参与者购买国债的目的多种多样，包括获得稳定的收入来源，利用预期的利率变动交易获利，或降低风险（也被称作“对冲”）。如果某种债券发行量过多，就可能要用更高的收益率来吸引投资者；如果某种债券的发行量过少，该债券在二级市场的流动性会减少，这又将要求提高收益率。

联邦财政部还必须在未来政府借贷需求信息不确定的情况下，作出当前的债务管理决策。由于经济发展状况、财政运行和国会审议立法的情况很难正确预计，要做出正确决策，进行有效管理显然是十分困难的。美国审计署曾在 2011 年的一份报告中指出，延误提高债务限额给财政部的现金和债务管理造成了挑战，随着联邦债务的大幅增长，近年来这一情况已经恶化。

二、州和地方债制度

（一）州和地方债规模与结构

1. 州和地方债规模

美国是联邦制国家，州和地方具有财政自主权和债务发行权。不过，自 19 世纪中期开始，由于州和地方连续发生严重的债务危机，而联邦政府并不救助，这促使各州立法：坚持财政平衡原则，一般情况下不发行债务。当然，这并不是禁止发行债务。

州和地方的债务又称市政债（Municipal bond）。从历史来看，州和地方政府（以及政府机构、公共部门、公共机构，其中政府和政府机构发行的债券占97%以上）从未间断过债务发行。

美国州及州以下地方政府较大规模地发行债务最早是在19世纪40年代。由于进行运河、铁路、公路等地区和地方的基础设施建设，1840年各州的债务总额达到1.71亿美元，形成了第一次举债高峰。19世纪70年代，地方政府为市政建设纷纷举债，形成了第二次高峰。1870年纽约通过债券筹集开凿伊利运河，仅用5年时间全部完工，引起各地纷纷仿效。此后，州和地方政府的债务规模起起伏伏、波动发展。第二次世界大战后，州和地方债务进入平稳发展阶段，管理日趋规范，规模持续增长。

1991年，州和地方政府的债务余额为9160亿美元，人均负债3600美元。1998年，流通中的市政债券总量达1.5万亿美元。这些债务主要用于资本支出和基本建设项目，包括教育（学校建设等）、公路运输、公用事业、社会福利、市政建设、工业援助等。2002年，州和地方政府的债务余额达1.69万亿美元（超过了当年的财政收入1.68万亿美元），占政府总债务的21.4%。2013年，州和地方的债务总额（余额）达到2.95万亿美元，其中地方政府的债务余额占61.5%。见表5-5和图5.5。

表5-5　**州和地方政府的债务规模**　单位：千美元

年度	州和地方总余额	州债务余额	州债负债率%	地方债余额	地方债负债率（%）
1992	975609632	372319136	38.1	603290496	61.8
1995	1115370314	427239150	38.3	688131164	61.7
2000	1451815216	547875824	37.7	903939398	62.2
2005	2085025756	810851720	38.9	1274174036	61.1
2006	2204015957	870031903	39.5	1333984054	60.5
2007	2408620071	937109077	38.9	1471510994	61.1
2008	2564419582	1006385551	39.2	1558034031	60.7
2009	2713218307	1048655489	38.6	1664562818	61.3
2010	2844189751	1115462639	39.2	1728727112	60.8
2011	2923138041	1139664136	38.9	1783473905	61.0
2012	2942295481	1145576715	38.9	1796718766	61.1
2013	2954722052	1137388671	38.5	1817333381	61.5

资料来源：美国财政服务部，Bureau of the Fiscal Service.

2. 债务类型和结构

美国州和地方债券的基本类型是：一般责任债券（General obligation bonds）和收益债券（Revenue bonds）。一般责任债券是以发行机构的声誉和信用为担保、财政做支持的债券。收益债券则是与特定项目或特定收入相联系、其还本付息资金来自特定项目或收入的

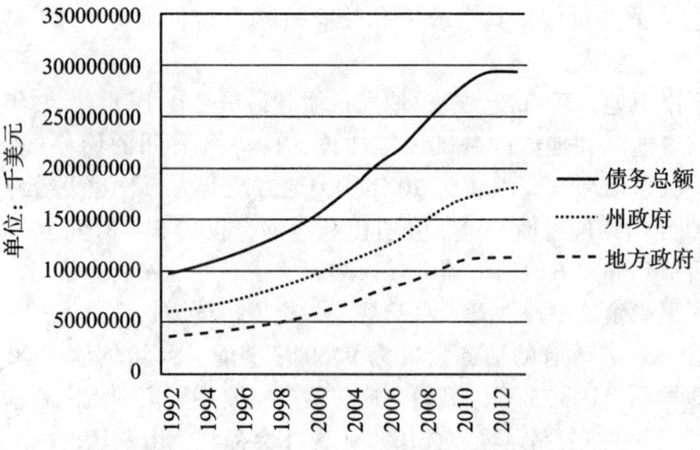

图 5.5 州和地方政府的债务余额曲线图

资料来源：Bureau of the Fiscal Service.

债券，如用于公用事业、准公用事业和学校、医院建设的债券。州与地方政府的债券主要是一般责任债券，收益债券是 20 世纪 50 年代以后出现的，但其发展很快，1980 年超过了一般责任债券。目前收益债券占市政债券的 60%左右。

除了上述两种债券以外，还有：①特别税债券（Limited and special tax bonds），它由汽油税、特别税等特定税收入作偿债保证；②工业收入债券（Industrial revenue bonds），它由地方团体创立的工业发展代理机构发行，用于私人投资者不愿从事的工业项目建设，项目建成后出租给私人企业来还本付息；③住房债券（Housing bonds），由州及地方政府发行，为家庭住房按揭提供担保；④双重债券（Double barreled bonds），其偿债收入来源在两种以上，是一般责任债券和收益债券的结合体；⑤市政票据（Municipal notes），这是一种短期证券，期限通常为 60 天到 1 年；⑥预期债券票据（Bond anticipation noted），它是预计某债券能够成功筹集资金而发行的预期债券；⑦预期税收票据（Tax anticipation noted），是地方政府基于未来税收收入发行的债券；⑧预期收入本票（Revenue anticipation notes），是基于联邦政府提供的补助预期所发行的债券。除了以上几种，各城市还有其他的债券。表 5-6 是纽约市 2007—2013 年的债券种类和规模。

表 5-6 **纽约市政府的债券规模（2007—2013 年）** 单位：百万美元

年份 债券种类	2013	2012	2011	2010	2009	2008	2007
一般责任债券	41592	42286	41785	41556	39991	36100	34506
税收保障债券	23048	20959	19090	15872	12662	12828	13307
通用债券	21815	19587	17624	14406	11140	11306	11542
复苏债券	1233	1372	1466	1466	1522	1522	1765

续表

年份 / 债券种类	2013	2012	2011	2010	2009	2008	2007
建设收入债券	6154	5309	4730	4221	4251	2000	1300
烟草公司证券	1245	1253	1260	1265	1274	1298	1317
专项债券	4730	4806	3881	3815	3832	3884	4706
债务余额	76769	74613	70746	66730	62010	56110	55135

资料来源：美国数据中心，http：//catalog. data. gov/dataset.

从期限结构来看，美国市政债券绝大部分为长期债券，约占90%左右。市政债券中，公募债券占99%，私募债券不到1%。表5-6是1992—2013年美国州和地方政府债务的期限结构。表5-7是地方各类政府2012年债务余额的期限结构。

表5-7 **美国州和地方政府债务的期限结构** 单位：千美元

年度	债务余额	短期债务	短期债务比重（%）	长期债务	长期债务比重（%）
1992	975609632	21465441	2.2	954144191	97.8
1995	1115370314	27039188	2.4	1088331126	97.6
1996	1169714317	24048465	2.0	1145665852	97.9
2000	1451815216	24291420	1.6	1427523796	98.3
2005	2085025756	30757661	1.5	2054268095	98.5
2006	2204015957	33197746	1.5	2170818211	98.5
2007	2408620071	32460610	1.3	2376159461	98.6
2008	2564419582	45742933	1.8	2518676649	98.2
2009	2713218307	36897551	1.3	2676320756	98.6
2010	2844189751	45088459	1.6	2799101292	98.4
2011	2923138041	34720998	1.2	2888417043	98.8
2012	2942295481	43924608	1.5	2898370873	98.5
2013	2954722052	32418942	1.1	2922303110	98.9

资料来源：Bureau of the Fiscal Service.

表5-8 **2012年地方各类政府债务的期限结构** 单位：美元

	县	市	乡镇	特区	学区
债务余额总额	314411896	694346656	33736333	369816391	384407490
短期债务	5261896	6865652	3872716	4262061	8198620

续表

	县	市	乡镇	特区	学区
短期债务比重（%）	1.6	1.0	11.5	1.1	2.1
长期债务	309150000	687481004	29863617	365554330	376208870
长期债务比重（%）	98.3	99.0	88.5	98.8	97.8

资料来源：Bureau of the Fiscal Service.

从持有者的结构看，市政债券的投资者主要是个人、货币市场基金、共同基金、保险公司、商业银行、封闭式基金、工商企业、股票经销商以及其他投资者。1986 年美国进行所得税改革以前，商业银行一直是市政债的主要投资者，改革后因免税政策取消，商业银行的持有份额不断下降。养老基金和外国投资者由于无需缴纳联邦所得税，不享受购买市政债的优惠，一般不投资市政债。保险公司持有的比例通常随着公司经营和经济景气情况而变化。只有个人投资者可以免征市政债利息的联邦所得税，因此，目前市政债的主要投资者是个人。

（二）州和地方债管理制度

1. 发行管理

（1）本级审批。就市政债务的发行管理而言，州和地方政府发行市政债完全由自己决定，不需要其他政府批准，也不需要向美国证券交易委员会报告和登记。唯一要遵循的就是州法和地方宪章的规定。一般来看，州法和地方宪章的规定主要有：本地居民公投批准；本地议会批准；本地专门机构批准；有兜底责任的州级审核。

一般情况下，州和地方政府发行债券（特别是一般责任债券）必须经过听证会审议、全民公决或议会通过；收益债券的发行可以由本地专门机构批准，如由市民和有关政府官员组成的“限额支出委员会”审查批准，由本地“监督委员会”或“理事会”批准。也有少数州规定州级审批。如北卡罗来纳州规定所有的地方市政债发行都要由州财政部的“地方政府委员会”进行审核（项目的可行性分析、主要债务和收入指标分析等），然后才能提交公决。当然，北卡罗来纳州债务管理局也代为发行市政债，当出现市政债务违约时州政府将提供援助，必要时有权接管地方政府。

（2）限定用途。与联邦政府举债实施经济政策不同，州和地方政府举债一般只用于“资本工程”。许多州的法律规定，州和地方必须保持经常性预算平衡，严禁发债弥补财政赤字。州和地方的债务资金主要用于：①公共建设项目或大型设备采购，例如道路、学校、供排水等；②支持特定投资项目和资助某些重要产业的私人企业投资发展；③偿还旧债或保证政府的养老金支付。从实际情况看，用于高速公路建设的债务借款比例最大；其次是教育设施、给排水设施及其他公用事业、工业发展贷款等。

（3）规模控制。美国州和地方对市政债券发行规模的限制大多针对一般责任债券，据全美州预算协会（NASBO）2002 年的调查：在州宪法和法令允许发行一般责任债券的 47 个州中，有 37 个州对一般责任债务规定了限额，以检查负债情况和还贷能力，并据此实施严格的债务管理。控制指标主要有：①债务率（政府债务余额/年度财政收入）为90%~120%；②负债率（债务余额/生产总值）在13%~16%；③人均债务率（债务余额/人口）；④偿债率（债务支出/经常性财政收入，反映承债能力）在7%以下；⑤偿债准备金余额比例（偿债准备金/债务本金）；⑥税收还款债务与个人所得税之比；⑦税收还款债务当年还本付息额与一般预算收入之比。除此之外，一些州还设置了其他规模控制指标，如北卡罗来纳州的法律规定，州、地方的资产负债率应低于8%；马萨诸塞州规定，州政府的一般责任债券的还本付息支出不得超过财政支出的10%；加利福尼亚州规定，除非事先获得辖区2/3选民的同意，否则县、市和学区举债的数额不得超过其年度收入。

（4）担保和保险。美国大部分州制定了对地方债发行进行担保的法规。在担保范围上，通常规定地方政府只能对废物处理设施、地方储备设施、地下石油开采等融资发行提供担保。在担保资格上，规定只有每年都通过检测的地方政府才能作为担保方。此外，还规定对担保资格和担保基金等实行定期登记和审查。

市政债券保险制度始于20世纪70年代，即由保险公司提供保险承担。目前，美国有10多家专业的市政债券保险公司并成立了行业性组织"金融担保保险协会"（AFGI），为市政债运行的各个环节提供保险服务。一是债券发行时投保，一般将债券保险合同印在债券证书上，声明债券已获保险；二是债券发行后投保，即二级市场保险，主要是交易商为使债券成为投保债券，可以较高价格出售而投保。

（5）信用评级。美国的市政债券也像私人公司债的发行一样，需要信用评级。州和地方政府的债券一般都会接受菲奇评级、穆迪投资服务和标准普尔等三家公司的评级，并将评级结果上网公布。市政债使用方向的特殊性，债券发行者不是盈利机构，因而用于评价公司债券的盈利性指标、财务杠杆指标等并不适合。评级机构通常从4个方面进行评估：一是发行人的债务结构和债务负担情况；二是发行人坚持稳健预算政策的情况，重点是发行人的营运资金和它是否连续3~5年做到预算平衡；三是确定发行人的地方税和其他收入能力，如税收的征收率和对特定收入依赖程度的历史记录；四是发行人所处的整体社会和经济环境状况。评级的基本原则是保证债务的可偿付性和投资者的收益性。这与商业评级在本质上是一致的。

（6）信息披露。美国州与地方政府发行债务必须遵守透明度规则。1975年纽约市发生财政危机以后，美国城市财政协会（Municipal-Financial Officers Association）和公共证券协会（Public Security Association）制定了资源信息披露准则，要求市政当局及时披露（在市政债券存续期内）城市财政和法律状况的变化信息。1983年，美国政府会计准则委员会根据《政府会计、审计和财务报告》建立了政府债务报告基本准则。

1989年，SEC为了提高市政债券信息披露的质量和及时性，修订《证券法》，规定公开发行市政债券一般要通过正式的官方声明来公布地方政府的责任和义务，市政债券上市前后要经有资格的审计机构对发行人的财务状况等出具意见，所有公开发行的市政债券都要聘请一名国家认可的"债券律师"或"独立律师"对其合法性和免税待遇等出具法律意见。为了预防市政债运作中的舞弊行为，SEC又于1990年和1995年制定了新的市场交易披露原则，要求市政债发行人和使用人及时、定期地更新披露信息。此外，一些行业组织如美国政府财务师协会（Government Finance Officers Association）和美国市政债券分析师协会（National Federation of Municipal Analysts）也制定了自愿披露规则。这些规则事实上已成为发行市政债的规则。

2. 市场管理

美国州和地方政府的财政部门是本级政府债务的主管部门，而负责市场监管的主要是SEC市政债券办公室以及美国市政债券规则委员会。

美国证券交易委员会市政债券办公室的管理主要有两个方面：①根据反欺诈条款进行事后监管，包括对市政债券的发行者、承销商、经纪人、交易商、律师、会计师和财务顾问等所有参与人的监管，责令限期改正、罚款和提起诉讼。例如，该办公室在2001年和2003年对佛罗里达州迈阿密市提起了诉讼，因为迈阿密市在1995年发行市政债券时提供的1994年综合财务报告以及官方陈述发布了错误的、容易引起误解的信息，还省略了一些重大信息。除责令其更正外，还追究了主要责任人（迈阿密城市委员会主任和预算部主任）的刑事责任。②制定或者委托制定约束市政债券的承销商、经纪人、交易商、律师、会计师的行为规则，要求这些参与人履行信息披露的义务。

美国市政债券规则委员会1975年由美国国会批准设立，虽然它是市政债券的行业组织，但因市政债的许多规则由SEC授权制定，它实际上承担了制定规则的责任。该委员会由15名委员组成，其中5名来自交易银行、5名来自证券公司、5名为公众利益代表（至少包括一名市政债券发行者的代表、一名投资者代表），每位委员任期3年。市政债券规则委员会制定的规则包括：从业资格标准、公平交易、簿记、交易确认、清算和交割等。这些规则用于防止市政债市场发生欺诈和操纵事件，保障公平交易。

3. 风险控制

（1）偿债基金。对于一般责任债券，州和地方政府通常建立基金保证本息支付。政府使用的偿债资金包括项目收费收入、地方税收等。如果现有收入来源不足以偿债，政府将提高收费率或税率以保证筹资需要。如果由于某些原因，州政府和地方政府不能或不愿意筹集足够的资金来支付利息或者偿还本金，那么该政府就是违约。此种情况下，该政府将处于破产境地，市政债券持有人可以上诉法庭以获得政府或其代理机构的资产。

对于收益债券或非担保债券则以项目的收费收入作为偿债来源。如果从该项目征集的收入不足以还本付息，则州及州以下地方政府不能动用其他收入来源（例如地方税收）进行弥补，债券持有人自身承担部分或全部损失。例如，州及州以下地方政府或是交通机构发行收益债券，为修建一座桥梁筹集资金，并保证用过桥费收入偿还投资者。如果桥的使用量小于预期数，并且这一差距不能用更高的收费弥补，则州及州以下地方政府不能动用其他收入来源（例如地方税收）进行弥补，债券持有人自身承担部分或全部损失。再如，一所州立大学可通过发行收入债券来修建学生宿舍，并以对住宿学生收费作为归还借款的保证。能否及时足额偿还公债依赖于该大学宿舍是否能达到预期的使用率。

偿债基金的数额可能与每年所需偿付本息总额相等，或是每年还本付息总额的120%，也可能是发行价值的10%。随着债券逐渐、分期偿还，偿债基金的规模也减小。偿债基金只限于投资低风险的联邦政府债券，并且所投资的债券期限不能长于偿债剩余期限。

（2）风险预警。在美国州和地方制定的风险预警制度中，最著名的当属俄亥俄州的财政监测计划。20 世纪七八十年代，美国曾发生多起严重的地方债务违约事件，如 1975 年纽约市的违约、1978 年克里弗兰的违约、1983 年华盛顿电力供应系统的违约。为此，美国政府间关系咨询委员会（ACIR）对地方财政紧急状态开展了一系列研究后，建议各州政府改善对地方财政健康状况的监测，以防止危机再次发生。其中，俄亥俄州接受了 ACIR 的建议，建立了一个地方财政监测系统——财政监测计划（Fiscal Watch Program）。1979 年俄亥俄州通过《地方财政紧急状态法》（*Code on Local Fiscal Emergencies*）（1985 年修订），该法律规定了具体监测的事项。

（3）破产和控制。鉴于 1933 年经济大萧条期间广泛出现的城市债务拖欠问题，美国国会通过了地方政府偿还债务的标准和关于地方政府破产的法律（联邦《破产法》），并获得联邦最高法院的批准。这一法律用于保障债权人利益，即在地方政府提出破产请求、法院批准的状态下，债务人资源转入法院审判范围，法院和地方政府一起召开听证会，若和解计划不能得到 2/3 债权人认可，则可以利用州和地方政府的全部税收来偿还债务。事实上，地方政府的破产近年来并不少见。

另外，很多州有关于财政紧急控制的规定，有 20 个州的法律规定对出现财政危机的地方政府进行救助、实施控制或接管。包括：①维持和保护处于财政破产状态的地方政府；②帮助地方政府连续提供基本服务和履行职责；③帮助地方政府改进财政管理。

当然，万一出现偿付危机，地方政府也可以采取特别措施。例如，若一般责任债券发生偿付危机，则地方政府可以提高税率或收费比率；如果出现暂时性或技术性财政危机，地方政府只需与债权人直接协商即可。

第四节　日本的公债制度

日本是目前世界上国债规模最大（负担率最高）的国家。最近 20 多年来，由于持续的经济衰退和实行财政刺激政策，日本国债规模不断扩大，债务负担率居高不下。尽管如此，日本国债市场并未出现恐慌和紧张的气氛，这与日本独特的国债和地方债制度密切相关（当然，国债膨胀与经济停滞长期相伴，确实存在巨额国债抑制经济增长的问题）。

一、日本的国债制度

（一）日本国债规模和结构

1. 日本国债规模

日本在 1868 年“明治维新”后即开始发行国债，1870 年明治政府为筹集铁路建设资金首次发行了近 500 万日元的国债。1931—1945 年，为了进行战争和对外扩张，日本开始大规模发行国债。第二次世界大战后，日本新的《财政法》规定：“中央政府的财政支出必须以公债和借款以外的财政收入作为主要来源。”由于坚持平衡预算原则，1965 年前日本基本没有发行国债。1965 年，日本第一次发行建设国债和赤字国债。1970 年后，随着高速增长阶段结束，日本国债规模不断扩大（见表 5-9）。

表 5-9　　　　日本国债规模（1970—2015 年）　　　　单位：亿日元

年份	国债余额	GDP	国债负担率（%）
1970	42849	752985	5.7
1975	186698	1523616	12.3
1980	831524	2483759	33.5
1985	1533101	3303968	46.4
1990	2003181	4516830	44.3
1995	2969906	5045943	58.9
2000	4907475	5108347	96.1
2005	5904999	5053494	116.8
2006	5945215	5091063	116.8
2007	6017324	5130233	117.3
2008	6069642	4895201	124.0
2009	6546701	4739339	138.1
2010	6953831	4802325	144.8
2011	7278344	4739048	153.6
2012	7643040	4744749	161.1
2013	8037450	4831103	166.4
2014	8416646	4914082	171.3
2015	8695134	5049216	172.2

数据来源：日本财务省。

1975 年之后，日本国债发展可以分为快速膨胀、控制和稳定、持续扩大 3 个阶段。

（1）10 年左右的快速膨胀阶段（1975—1986 年）。1973 年，受第一次石油危机的冲击，日本经济出现严重萧条，为了刺激经济复苏，日本政府实行凯恩斯主义的赤字财政政策。此后日本国债发行规模逐年增加，国债余额显著扩大。1970—1975 年，日本国债发行规模扩大了 15 倍；1975—1986 年，日本国债余额扩大了 9 倍多，国债负担率由 12.3% 增加到 49.7%。

（2）7 年左右的控制和稳定阶段（1987—1993 年）。80 年代初，日本政府认识到大量国债发行对经济发展的负效应，开始重新考虑国债政策，1981 年提出所谓重建财政、实行平衡预算的政策目标，并将 1981 年定为“财政重建元年”。但是由于出现经济衰退，重建财政的计划难以实施，直到 1987 年以后才较大幅度地减少发行额、特别是赤字国债的发行额并在 1991—1993 年停发了赤字国债。这 7 年中，日本国债年发行规模稳定在 6 万亿~7 万亿日元左右。

（3）20 年之久的持续扩大阶段（1994 年至今）。20 世纪 90 年代日本“泡沫经济”

崩溃后，日本经济开始了长达 20 年之久的 0 增长或停滞时期，为刺激本国经济发展，日本政府从 1994 年起重新发行赤字国债，增发建设国债和其他国债，国债负担率不断攀升。1994—2001 年，日本的国债负担率从 54. 2%增加到 102. 4%。2001—2014 年，国债负担率又增加到 171. 3%；国债余额已突破 800 万亿日元。见表 5-9 和图 5. 6。如果加上地方政府的债务，2013 年日本政府的债务负担率已超过 220%（见图 5. 7）。这一负担率远高于其他国家。

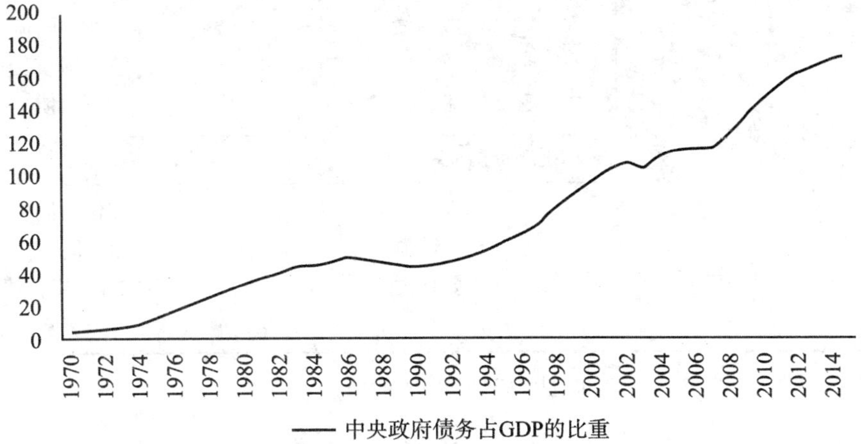

图 5. 6 1970—2014 年日本的国债负担率（%）

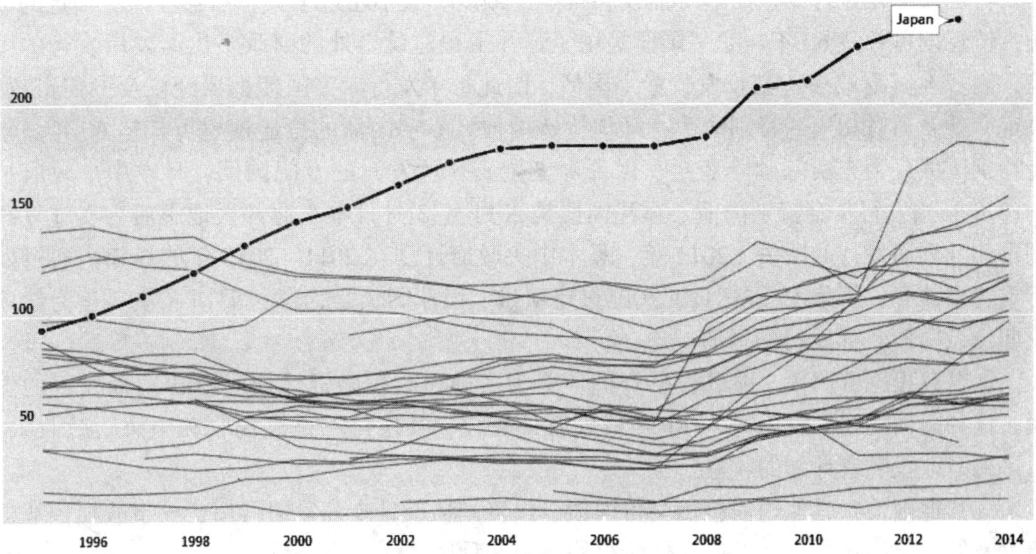

图 5. 7 1996—2013 年日本的公债负担率（%）

2. 日本国债种类和结构

（1）国债种类

日本国债分为三类：一般国债或普通国债、财政投融资债和其他国债（见表5-10）。一般国债是要用税收偿付的国债。财政投融资国债是不需用中央税收偿付的国债。其他国债是因特定目的发行的国债。

表5-10 日本国债类型

<table>
<tr><td rowspan="3">日本国债</td><td>一般国债</td><td>建设国债
赤字国债
年金特别国债
重建国债
偿债国债</td></tr>
<tr><td colspan="2">财政投融资国债</td></tr>
<tr><td>其他国债
（主要种类）</td><td>交付国债
出资国债
日本开发银行债
核事故损害基金债</td></tr>
</table>

资料来源：http：//www. mof. go. jp/jgbs/summary/kokusai. html.

①普通国债。普通国债包括建设国债、赤字国债、年金特别国债、重建国债、偿债国债。建设国债是日本中央政府为进行公共工程建设（如道路、港湾等）所发行的国债。其发行规模、偿还计划、用途等需议会批准，额度一般不超过中央一般会计预算确定的数额，偿还期可长达60年。赤字国债是用于弥补工程建设之外的财政支出需要所发行的国债，因日本《财政法》禁止发行赤字国债，因此每年发行赤字国债都要经议会专门审议、决定，并要通过相应的特别法律，又称特殊国债。赤字国债的偿还期也可长达60年。年金特别国债是为充实基础养老金、保证养老金支付所发行的专门国债，日本中央政府从2012年开始发行年金特别国债。重建国债是2011年3月日本东北部大地震后为实施复兴和重建计划而发行的国债。2011年，日本中央政府计划在2011—2015年的5年内通过发行重建国债等，筹集19万亿日元实施重建项目。偿债国债是为偿付旧债（主要是为偿还长期建设国债）而发行的国债。

②财政投融资国债。财政投融资国债是为实施财政投融资计划（FILP）而发行的国债，这种国债发行的收入进入FILP特别会计账户，其偿付不是靠税收和中央财政收入，而是靠财政投融资计划的收益。

③其他国债。其他国债包括交付国债、出资国债、日本开发银行债、核事故损害基金债以及铁路、高速公路、石油、保险机构债等8种国债。

交付国债是日本中央政府为补偿战争损害而发行的债务，战后日本政府主要发行了战争遗属、伤害、抚恤国债，以安置遗属和伤残军人。出资国债是日本中央政府为承担国际投资义务所发行的特殊国债，即用作日本加入国际经济组织（国际货币基金组织、世界银行、亚洲开发银行等12个机构）的出资。日本开发银行债是为解决日本开发银行营运困难、缓和危机所发行的专门债券，也是无息、不可转让的特定国债。核事故损害基金债是为赔偿核泄漏产生的损害、关闭和处理有关装置、建立保护设施所发行的专门债券，也是无息、不可转让的特定国债。据日本财务省的统计，在2000年以来未清偿的三类国债中，一般国债的比重最大（也是日本国债的主体），一直占80%~90%；其次是财政投融资国债，占10%~20%；其他国债的比重不到1%，其中经常发行的主要是交付国债和出资国债。见表5-11。

表5-11 日本3类国债占总余额的比重（%）

	普通国债	财政投融资国债	交付国债	出资国债	日本开发银行债	核事故损害基金债
2000	96.29	0.00	0.12	0.67	0	0
2003	82.38	16.15	0.04	0.40	0	0
2006	79.02	20.44	0.08	0.34	0	0
2009	81.85	17.54	0.06	0.26	0.19	0
2010	83.33	16.10	0.05	0.24	0.18	0
2011	84.68	14.20	0.04	0.25	0.17	0.57
2012	85.09	13.96	0.02	0.28	0.16	0.40
2013	87.11	12.17	0.02	0.31	0.16	0.19
2014	87.90	11.08	0.02	0.32	0.15	0.51

数据来源：日本财务省。

（2）期限和持有结构

日本现行国债按期限可分为3类：短期债券（2个月、3个月、6个月、1年期）、中期债券（2年和5年期）、长期债券（10年、20年、30年、40年期）。另外，还有只用于零售的国债（3年、5年和10年期）。所有的中期、长期和零售债券中的3年和5年期国债都支付固定利率，用于零售的10年期国债支付浮动利率，这些中长期债券每半年付息一次，到期偿还本金；短期国债为贴现债券，以低于面值的价格成交，到期按面值赎回。

①长期国债。日本长期国债以10年期最多，利息固定，每半年支付一次。目前还有15年、20年、30年、40年期的长期国债。最低面额是5万日元，公开招标发行。

②中期国债。日本中期国债1978年开始发行，目前有2年和5年期的，利息固定，最低面额为5万日元。均在到期后的当月20日偿还，每半年付息。以公开招标、价格竞争和柜台销售、批量承购方式发行。

③短期国债。短期国债是贴现国债，期限为1年，最低面额为1000万日元，委托日本银行以公开招标、价格竞争方式发行。从2001年以来日本主要国债的持有期限看，普通国债中：长期国债的持有比重最大，为60%~70%，中期国债的持有比重其次，为20%~30%，短期国债的持有比重为5%~10%；财政投融资国债中，长期债券的持有比重最近5年明显增加，约占80%。见表5-12。

表 5-12 日本主要国债的期限结构（%）

	普通国债			财政投融资国债	
	长期	中期	短期	长期	中期
2001	68.78	23.15	8.07	39.51	60.49
2005	63.83	26.53	9.65	48.38	51.62
2010	63.57	30.08	6.34	84.23	15.77
2011	64.40	29.50	6.10	83.59	16.41
2012	65.74	27.88	6.38	78.67	21.33
2013	66.27	27.68	6.05	78.77	21.23
2014	68.25	26.86	4.89	74.90	25.10

数据来源：日本财务省。

④持有结构。日本国债的投资者或持有人包括三类：金融机构（商业银行、保险和养老基金、其他金融中介、金融附属公司和日本银行等）；非金融机构（政府、家庭个人、非金融公司和部门）；国外投资者（各国央行、基金和机构等）。据日本财务省 2015 年 6 月的统计数据，日本国内持有比例为 95%，国外持有比例仅为 4.7%。在国内持有者中，金融机构持有 93%（非金融机构仅占 2%），其中日本国内商业银行、保险和养老基金、日本中央银行 3 家的持有比例分别为 32.5%、22.2%和 27.7%。见图 5.8。

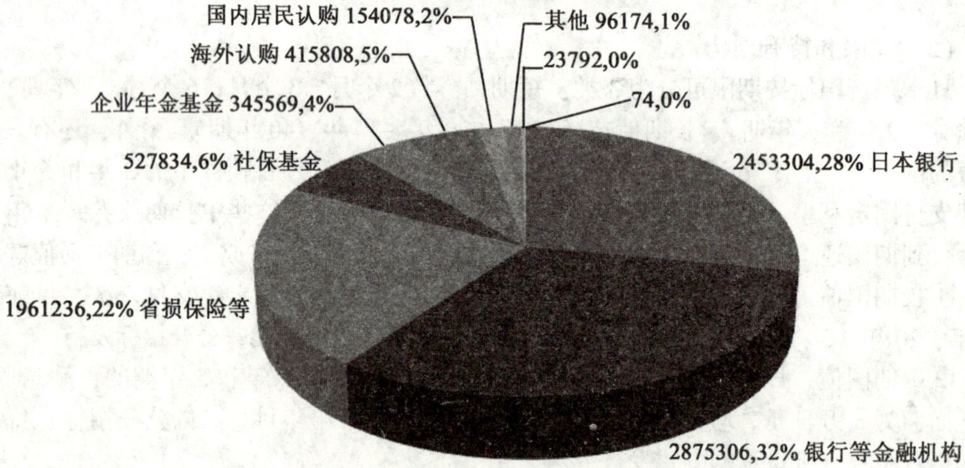

图 5.8 日本国债的持有者结构（2015 年 6 月）

（二）日本国债管理制度

在 1965—2015 年的 50 年里，日本超越世界上许多发行国债数百年的国家，成为国债负担率最高的国家。日本国债经济的快速发展与其有特色的管理制度相关，而健全、严格的法律规定又是基础。例如，战后日本《财政法》第 4 条规定，国家的财政支出必须用国债和借入款以外的财源来解决。但作为公共投资和投资贷款的财源，在国会议决的额度内也可以发行国债，这种国债称为建设国债；每一年度的建设国债必须由国会议决，并在预算总则中列明。《财政法》第 4 条特例措施规定，在经济衰退和税收大规模减少、财政收不抵支的情况下，日本国会可通过特别法律来发行一定数量的国债，这种国债称为特例国债。《财政法》第 4 条第 2 款规定，国家在发行国债和借款时，必须同时向国会提交还款计划。

日本国债管理由日本财务省负责，具体管理机构是财务省理财局。国债管理的基本目标有三：第一，确保国债可靠、顺利发行，并控制中、长期国债发行的成本；第二，考虑市场需求和预算支出（包括偿还）需要来确定年度发行量，以及短中长期国债的比例和平均偿还期的推移；第三，在发行上坚持以公开招标发行为主并以多样化国债吸引多层次的投资者，维护国债市场的流动性和交易活跃性。

近年来，由于国债规模极其庞大，日本国债管理更注重国债经济的持续性。2014 年，日本财务省理财局召开的“国家债务管理座谈会”决定，今后国债管理的重点是：①逐步延长国债的平均偿还期，缩减中短期国债的发行量；②增加流动性供应，扩大 10 年期国债的种类和销售范围；③改善国债的品质和性能，提高家庭个人和国外投资者的持有份额。

1. 发行管理

①发行计划。日本财务省理财局通常在每个公历年的年末制订下一财政年度的发行计划，包括不同期限的国债发行额和发行次数等。制订发行计划的前提是，估计国债市场趋势、投资者的需求和全部应发行国债的平均偿还期限。通常情况是，每年的中、长期国债发行次数和额度都比较大，基本上每月发行一次，超长期如 30 年和 40 年国债发行次数相对较少，这也是顺应市场对不同期限债券的不同需求。此外，为了维持和提高二级市场的流动性，日本政府从 2006 年 4 月开始实施流动性增强拍卖计划，对市场上流动性不足的国债进行增发，目前增发的主要是 10 年、20 年和 30 年期的国债。

②发行机构。日本财务省理财局和日本银行（中央银行）是负责国债发行的主要机构，财务省理财局的任务是负责进行市场分析、与市场参与者会谈、制订和完善发行计划，满足不同投资者的多样化需求，使中央政府的一般会计预算和特别会计预算具有稳定畅通的融资渠道、最小化中长期融资成本。日本银行接受财务省的委托，登记、管理中央政府的一般会计预算和特别会计预算账户的所有收入和支出，负责整个国债发行的操作，包括信息发布、接受竞标、通告竞标结果、发行、登记、接受资金、支付利息和偿还本金等。日本银行主要通过它和其他金融机构的网络系统来进行操作，完成国债的发行和偿付。

③发行方式。日本国债有 2 种发行方式：面向市场发行和面向零售投资者发行。日本国债面向市场发行是主体，并采取 2 种拍卖方法：收益率/价格竞争拍卖、非竞争拍卖（分拍卖Ⅰ和Ⅱ）。竞争拍卖是参与者提交竞拍价格和数量，通过竞拍决定发行价格和数量（又分多重价格拍卖和单一价格拍卖，目前仅 40 年期债券采用单一价格拍卖）；非竞

争性拍卖采用竞争性拍卖的加权平均价（有数量限制），一般非价格竞争拍卖就是拍卖Ⅰ（与竞争性拍卖同时进行），非竞争拍卖Ⅱ的价格等于竞争拍卖的加权平均价或荷兰式单一收益率竞争拍卖的最低可接受价，并在竞争性拍卖结束后进行。面向零售投资者的发行指：直接柜台零售和OTC销售系统发行。直接零售通过约1100家证券公司和银行发行，OTC销售系统用于2年、5年和10年期国债的销售。

④认购限制。日本《财政法》第5条规定，日本银行不得直接认购国债（此即国债消化原则），因为日本中央银行认购国债会增加货币发行、引起通货膨胀。不过，在有特殊理由或在国会已经批准的数额内，允许日本银行认购国债，但应以其所持到期国债的规模为限（日本《财政法》第7条规定，为解决临时的资金周转之需，财务省发行的证券可由日本银行认购）。《财政法》对日本银行因为公开市场业务而持有的国债数额也有限制。所以，日本银行只允许认购一定数额的偿债国债，并有持有到期的限制（不包括因公开市场业务的持有）。

⑤特别参与。为了促进大规模国债的稳定消化，作为一种加强国债流动性和改善国债市场的机制，2004年日本出台“国债市场特殊参与者制度”，规定了特殊参加者的资格、责任（包括投标购买、交易、提供信息等）和监督评估标准。经提交申请和日本财务省审查，最初有25家银行和证券公司成为国债发行和交易的参与者，但到2015年1月，经评估后只剩下22家银行和证券公司。

⑥利率确定。日本财务省理财局认为，国债的长期利率具有内生性，即长期利率内生于（追随于）名义经济增长率，一般有：长期利率=经济增长率+预期通胀率+风险溢价，也就是说：长期利率 > 经济增长率，可据此来决定国债的中、长期利率。从日本国债利率的长期变化来看，除高速增长时期外，1975—2014年的长期国债利率确有追随、并略高于名义GDP增长率的变化特点（见图5.9）。

2. 市场制度

日本国债的二级市场主要包括交易所市场和场外市场（OTC），其中OTC是主要交易市场。在OTC中，交易价格由协商决定，日本证券交易商协会（JSDA）制定的交易规则将价格限制在合理范围之内。在交易所市场（分布在东京、大阪和名古屋）中，价格通过拍卖过程使报价和出价达到均衡，目前交易的国债是2年、5年、10年、20年、30年和40年期的固定利率国债。

日本国债的交易主要有现券买卖、回购、现券借贷、证券利息和本金分离交易（STRIPS）、预发行交易以及利率互换、国债期货、国债期权、国债期货期权等衍生交易。STRIPS是将国债的利息和本金分开交易，或者将利息和本金重建为新的证券进行交易，这种交易有助于提高债券市场的套利行为，增加国债市场的有效性。2003年以后发行的付息国债（除了15年浮动利率国债和零售国债外）均可采用STRIPS交易。预发行交易是在拍卖公告日（通常在拍卖前一个星期）和发行日之间进行交易。由于这种交易反映拍卖前市场对新发行国债的需求，它可以预测可接受的竞价高低，有利于提高筹集资金的活跃度并加强一级和二级市场的联系，减少拍卖发行的不确定性。

日本证券和金融市场的监管由1998年成立的独立的日本金融监察厅负责，其中，内

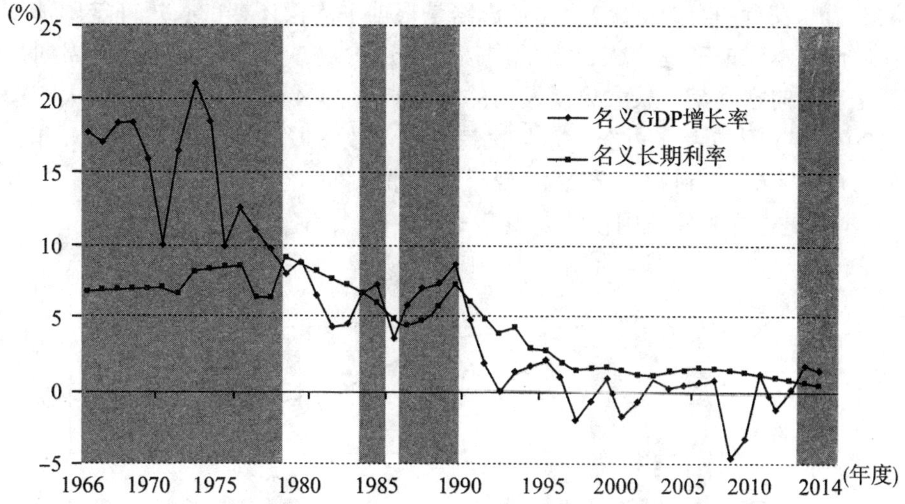

图 5.9　日本 GDP 名义增长率与 10 年期国债利率（1966—2014 年）

设的证券交易监察委员会事务局直接负责包括国债市场在内的证券市场的监督与管理。当然，日本财务省也有监管职能和责任。日本《证券交易法》和日本证券交易商协会的《公平交易规则》等，为日本国债市场运行确定了基本准则和系统的经营规范，也是各政府机构进行市场监管和证券交易商协会自律的依据。

3. 风险控制

①偿债基金。日本早在 1906 年就建立了偿债基金制度（从历史来看，英国 1717 年建立偿债基金，是最早建立偿债基金的国家）。第二次世界大战后，特别是 20 世纪 70 年代以来，随着国债规模扩大，偿债基金的管理也不断完善。日本偿债基金的资金来源主要有 5 个方面：（1）每年从一般会计预算中拨出一定比例的专项基金；（2）将每年一般会计预算资金结余的一部分划归偿债基金；（3）每年发行偿债国债的收入；（4）国有资产的转让、出售收入；（5）偿债基金的投资和运用收入。专门用于偿债的基金起着保证国债偿还、减少国债余额的作用，日本又将其称为减债制度。

②偿还方法。日本不仅建立了偿债基金，还在每种国债发行之前就对其偿还制定了规则，包括偿还的资金来源、方法和程序等。以 60 年期的建设国债为例，日本财务省确定的偿债方案是：分 6 次（10 年一次）偿还，每次偿还 1/6；在每年的一般会计预算中留出等于前一年国债余额 1/60（1.6%）的偿债资金（如发行额为 600 亿日元，则 10 年预算留出资金约 600×1.6%×10≈100 亿日元），10 年后用它偿还 1/6 即 100 亿日元，同时发行与余额等量的偿债国债（500 亿日元，这就等于有了 500 亿日元的现金，“还清了”建设国债）；下一个 10 年针对余额（500 亿日元）再预留、偿还 1/6 即 100 亿日元，再发行与余额等量的偿债国债（400 亿日元）……如此进行下去，到第 60 年第 6 次偿还后全部结清。这种减债、偿还方法既可保证偿付，又有利于代际的负担平衡，成为日本国债偿还制度的鲜明特色之一。

③偿还周期。日本对于每年国债的总体偿还规模也有比较精确的设计（这也涉及国债的年度发行和发行种类的搭配），总体思路是根据平均偿还期的长短确定国债发行和偿还的周期。以日本保证家庭个人持有的国债的偿还为例，日本设定的偿还周期是7年左右，也就是从面向家庭个人较大规模发债的时间点（2004年）到财务省较大规模偿付的时间点（2011年）为7年；并且，从居民持有国债数额最大的时间点（2008年，即余额曲线峰值对应的年份）到财务省最大规模偿付的时间点（2014年）也是7年（见图5.10）。日本就是这样来保证国债的大规模发行并有序偿还的。

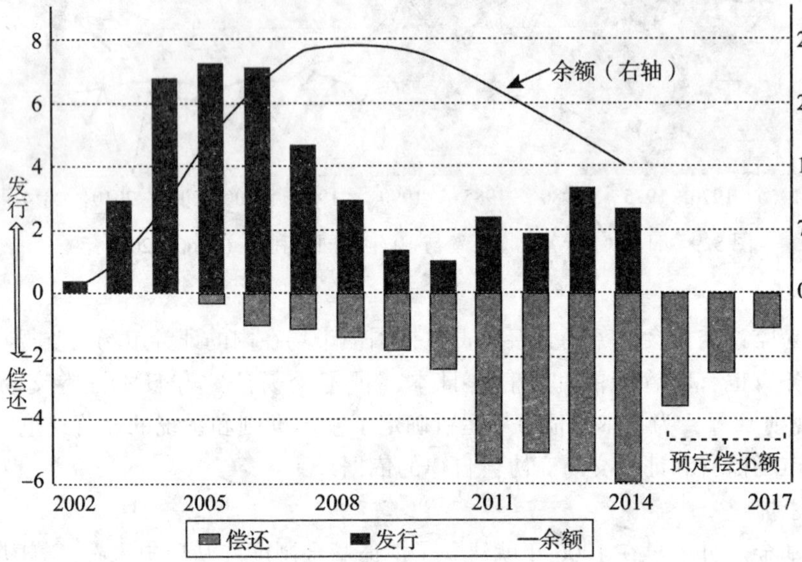

图5.10 日本国债面向居民的发行和偿还趋势（2002—2017年）

二、日本的地方债制度

日本地方债务是地方政府（都道府县和市町村）、政府机构、公营公司为地方公共投资建设筹资而发行的债务。最近20年来，日本地方债的发展同国债相似，不断膨胀和扩大，目前已达到日本GDP的40%。日本地方债的可持续问题也受到人们的关注。

（一）地方债的规模与特点

1. 地方债的规模

日本地方政府发行债务也始于明治维新改革时期。1879年，日本确立“举借地方政府债务必须通过议会决定”的原则，地方政府发债成为常态。1888—1890年，日本颁布《市制及镇村制》和《府县制》后，地方政府的债务发行不断增多。

第二次世界大战后，1947年的日本《地方自治法》第230条（地方债）规定，一般地方公共团体在有关法律允许和预算安排下，可以发行地方债券。而具体发行目的、数额、方法、利率和偿还方法等由预算决定。1948年通过的日本《地方财政法》第5条规定，地方债限用于（1）交通、供气、供水等地方公共公司所需经费的场合；（2）投资和贷款的原始资金；（3）地方债的替换或偿还；（4）灾害应急费、灾害恢复费及灾害救助费的场合；（5）学校及其他文化教育设施、幼儿园等福利设施、消防设施、道路、河流、港口等公共设施建设费的场合。因为这 5 点，地方债又称地方建设债或 5 条债。另外，《地方财政法》第 5 条还规定，地方债的数额、方法、利率和偿还方法等应在地方政府与都道府县知事和总务大臣协商的基础上决定。

第二次世界大战后，日本地方债的发展追随日本国债的发展，也经历了 3 个发展阶段。地方债余额占日本 GDP 比重的曲线变化（见图 5.11）与国债负担率曲线十分相似。表 5-13 是 1970 年以来日本地方债务的余额。

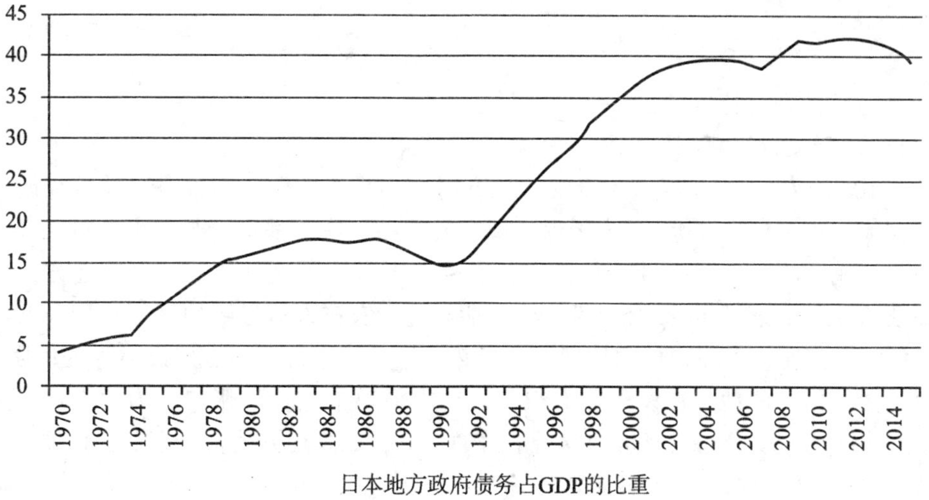

图 5.11　日本地方债余额占 GDP 的比重曲线（1970—2015 年）

表 5-13　**日本地方政府债务余额（1970—2015 年）**　单位：亿日元

年份	地方债务余额	GDP	占 GDP 的比重（%）
1970	29743	752985	4.0
1975	140078	1523616	9.2
1980	390831	2483759	15.7
1985	572015	3303968	17.3
1990	670459	4516830	14.8
1995	1247593	5045943	24.7
2000	1813806	5108347	35.5
2005	2014167	5053494	39.9
2008	1970383	4895201	40.3

续表

年份	地方债务余额	GDP	占 GDP 的比重（%）
2009	1986794	4739339	41.9
2010	1998385	4802325	41.6
2012	2010476	4744749	42.4
2013	2013598	4831103	41.7
2014	2006171	4914082	40.8
2015	1985817	5049216	39.3

数据来源：日本财务省，http://www.mof.go.jp/budget/fiscal_condition/basic_data/201502/sy2702h.pdf.

2. 地方债的现行特点

（1）适用范围宽、期限长

最近10几年来，由于经济不景气、地方财力不足，加上日本推进财政分权改革和地方政府改革（市町村合并等），为了保证地方公共品供应，都道府县和市町村已经将地方国债的“适用范围”拓宽。日本总务省、财务省也默认了这种拓展。目前地方债除了用于《财政法》第5条规定的“5点”，还包括：边远农村人口过疏地区建设、公共企事业发展、水利、交通、医院和长期护理等。当然，地方债作为“地方建设债”的性质未变。

由于“适用”的地方建设事业面很广，地方债通常按会计账户分为两类：一是一般会计债务，即地方政府和政府机构发行的普通债务；二是地方公营企事业会计债务，即地方公共企业和公营公司发行的特定债务。

日本地方债券的期限也在延长，地方债有2、3、5、7、10年期直到30年期多种，但近年来10年以上债券发行明显增加，约占70%以上（见表5-14）。

表5-14 **日本地方债市场公募发行额（2005—2014年）** 单位：亿日元

	全国型市场发行							居民参与地方市场发行
	10年债		2、3年债	5年债	6、7年债	12、15、18、20、30年债	全国市场总计	
	单独发行	共同发行						
2005	29100	13080		13020		3250	58450	3445
2006	26500	13249		10550	400	4400	55090	3513
2007	24400	12140		10650	200	6740	54130	3083
2008	26500	12300	750	11580		9630	60810	2649
2009	32100	13900	1080	14080		9960	71120	2488
2010	31250	16200	900	14920	500	8610	72380	2441
2011	26180	15360	700	13260	300	8590	64390	2137

续表

	全国型市场发行							居民参与地方市场发行
	10 年债		2、3 年债	5 年债	6、7 年债	12、15、18、20、30 年债	全国市场总计	
	单独发行	共同发行						
2012	26160	15150	700	12300	900	8530	63740	2028
2013	28630	15170	1350	12580	1010	9840	68580	1864
2014	26930	14740	1160	12220	700	12040	67790	1746

资料来源：日本财务省．国债管理报告（2015），http://www.mof.go.jp/jgbs/publication/debt_management_report/2015/saimu2015.pdf.

（2）面向全国和本地发行

日本地方债的发行有 2 种方式：市场公开发行或公募发行，面向公共金融机构发行。市场公开发行取得社会资金，面向公共金融机构发行（由政策银行、保险公司、共济组合、公共金融公司等购买）取得公共资金。地方债以往主要面向公共金融机构发行。

从 2002 年起，因公共金融机构撤并，也为降低发行成本，日本地方债开始在全国市场公开发行。地方政府可以在全国市场单独发债，也可以联合发债。同年，还推出了本地居民广泛参与的地方市场发行模式（居民可以直接购买，以往地方发行是银团承购包销），本地市场发行的利率一般高于国债、实行到期一次偿还。市场发行扩大了地方债的投资群体，但家庭和个人的持有比重依然很低（不超过 5%）。从地方债在全国市场和地方市场的发行比例看，全国型市场发行占 95%以上，本地市场发行不超过 5%（见表 5-14）。

（3）由控制发行转向自主发行

2006 年前，日本地方债的发行实行中央审批制度，市町村举债必须得到都道府县知事的认可，都道府县必须申请并得到总务省大臣的同意。总务省和财务省共同协商、决定地方债的发行计划（包括规模、发行价格和偿还方式），又称“协议审批”制度。2006 年起，基于财政重建和财政分权改革计划，也为了缓和地方财政的困难，日本对地方债发行制度进行改革，将“审批制”改为“协商制”，即：地方政府在发债之前向都道府县知事或总务省大臣征询意见，就具体发债问题进行协商，但是，无论是否得到都道府县知事或总务省大臣的认可，只要地方议会批准即可发行。只是在偿还债务方面，得到认可的发行，地方债还本付息将得到都道府县或中央财政的转移支付计划支持（实际偿债率大于 18%的地方发行必须得到认可），未认可的发行则完全由地方负责。显然，这一改革实际上是给予地方政府发债的自主权，标志着战后日本长期实行的地方债中央控制的体制开始放松。

（二）地方债管理制度

1. 中央计划管理

第二次世界大战以后，日本中央政府一直对地方债发行实行计划管理。日本总务省（原自治省）负责审查、批准地方债申请报告，在每个年度末制订下一年度的地方债发行计划，包括地方债的发行总额、用途、发行方式和偿还方法。财务省则相应制定税收优惠、地方交付税和财政转移支付计划，以保证地方债的还本付息。因此，地方债基本不存在风险。这也是日本地方债市场不断发展的重要原因。

2006 年地方债发行改革后，日本政府也只是让财政稳健、偿债率小于 16%的地方团体自主发行，同时对可以在全国发行债务的 54 个都道府县和特别市又按照财政稳健程度，划分为可以单独发行的地方政府和可以联合发行的地方政府 2 类（2015 年日本总务省公布的可以联合发行的地方政府为 36 个），并没有放松计划管理。地方政府为了获得中央的财政补助，一般都会在中央认可后发行。当然，只要满足偿债率标准，日本总务省也会认可地方的发行方案。所以，日本地方债市场虽然近年来显著扩大，但风险程度并没有显著增大，只看地方债规模是不够的。这也是日本国债和地方债市场保持稳定的重要原因。

2. 风险预警与财政重组

地方债扩大的源头是地方财政赤字。早在 1995 年，日本就提出“财政健全化”目标，争取到 2005 年度将中央和地方的财政赤字控制在 GDP 的 3%以内，在 21 世纪初期摆脱赤字国债，建立一个国债负担率不再上升的财政体系，并将 1997 年度确定为“财政改革元年”。由于 1997 年爆发金融危机，“财政健全化”改革便不了了之。2001 年，日本政府重新提出财政改革和“财政健全化”问题，仍然是未经展开便停顿下来。

2007 年，日本国会终于通过“地方财政健全化法律”，决定全面推进地方财政健全化改革。该法律确定了 4 项指标（其中一项是地方债务的风险指标），作为判断地方财政是否健全的标准，也作为地方财政风险预警、地方财政监察委员会审查地方财政状况并要求地方政府进行“财政重组”的依据（见表 5-15）。

表 5-15 **地方财政、债务的风险预警及财政重建指标**

指标	早期预警	财政重建
实际赤字比率 （赤字/标准财政收入）	都道府县：3.75% 市町村：11.25%~15%	都道府县：5% 市町村：20%
综合性实际赤字比率 （赤字/综合财政收入）	都道府县：8.75% 市町村：16.25%~20%	都道府县：15% 市町村：30%
实际公债比率 （偿债收入/标准财政收入）	都道府县和市町村：25%	都道府县和市町村：25%
未来负担比率 （总债务/标准财政收入）	都道府县和指定城市：400% 市町村：350%	—

资料来源：日本地方债协会，http：//www. chihousai. or. jp/02/03. html.

“地方财政健全化法律”规定，若一个地方的前 3 项指标中有任何一项突破限额标准，该地方就必须制订财政重组计划，进行财政改革。预防风险和财政重组计划的核心是采取严厉措施，降低地方公共支出和赤字、减少地方债务、增加财政收入，财政重组计划由地方议会批准，执行情况由外部审计人员每年审计，地方政府每年必须将重组计划的执行结果向中央政府和各级议会报告并公布。

3. 发行限制和偿债规定

为了保证地方债的安全性，虽然地方债发行的总趋势是减少控制、地方自主，但日本中央政府仍严格限制一些财政脆弱的地方政府发行地方债。目前有 2 个基本限制：一是限制连续 3 年存在赤字的地方公共团体（地方政府和出现亏损的公营企业）发行债务；二是限制偿债率超过 18%的地方政府发行债务。如果允许这些财政脆弱的地方政府发行地方债，日本总务省和财务省将制订更周密的计划。

同时，日本总务省和财务省认为，要控制地方政府的债务风险，很重要的一点就是要设计合理的偿还期限。目前设定的地方政府债务偿债期限最长为 30 年，地方政府每年必须按照地方债余额的 1/3 提取偿债准备金，以此作为偿债的保障。

4. 国家和地方的审计监督

日本审计机构主要由国家会计检察院和地方监察委员会构成。会计检察院是日本的最高审计机关，属于国家行政序列，但独立于内阁，不受政府干涉，负责对中央收支决算及法律上规定的会计事项进行审计监督。地方监察委员会负责对地方政府的财政收支及行政行为进行审计监督，对每一审计对象，监察委员会分别出具一份审计报告，直接提交给国会或委托审计的政府部门。对于审计中发现的问题，监察委员会通常会提出改进措施或意见，并建议管理部门实施处罚。

第五节　公债增长机制与可持续性

一、公债增长机制和控制

公共债务不断增长（公共债务规模扩大，公共债务负担率提高）是第二次世界大战结束以来，特别是最近 30 年来最突出的现象之一，与它相伴的是世界各国普遍的财政预算赤字（公共债务负担率较高的国家大都具有较长的预算赤字历史）。2014 年，在 30 个主要国家中，有 24 个国家（占 80%）的公债负担率突破了 45%的警戒线，其中有 6 个国家的公债负担率超过了 100%（见表 5-16）。

表 5-16　**2014 年主要国家的公债余额和预算赤字占 GDP 比重（%）**

国家	公债负担率	预算赤字率	国家	公债负担率	预算赤字率
日本	242.6	-8.5	印度	66.1	-7.0
希腊	177.1	-3.5	巴西	65.2	-6.2
意大利	132.1	-3.0	芬兰	59.3	-3.2
葡萄牙	130.2	-4.5	马来西亚	55.9	-4.3
爱尔兰	109.7	-4.1	越南	52.6	-7.4
美国	104.8	-4.1	波兰	50.1	-3.2

续表

国家	公债负担率	预算赤字率	国家	公债负担率	预算赤字率
西班牙	97.7	-5.8	墨西哥	49.7	-4.6
法国	95.0	-4.0	南非	45.9	-3.8
英国	89.4	-5.8	丹麦	45.2	1.8
加拿大	87.9	-1.6	瑞典	43.9	-1.9
奥地利	84.5	-2.4	中国	41.1	-1.2
匈牙利	76.9	-2.6	韩国	36.0	0.8
德国	74.7	0.6	澳大利亚	33.9	-2.8
乌克兰	71.2	-4.5	俄罗斯	17.8	-1.2
荷兰	68.8	-2.4	瑞士	13.6	-1.6

资料来源：http：//countryeconomy. com/deficit.

2010 年公共债务负担率为 110%的希腊爆发了主权债务危机，依赖欧盟和 IMF 的贷款援助才得以缓解。希腊主权债务危机促使国际社会高度重视公债的管理，以及公共债务的膨胀机制和累积过程。

从公共债务产生的过程来看，政府预算赤字显然是导致公债扩大发行的直接原因，而持续出现预算赤字，同时又未采取减债措施，公共债务余额就会累积增加。如果公债的偿还期不是足够长，或是没有合理安排有效的偿还计划和债务更替方案，就可能出现偿债危机。根据希腊主权债务危机发生后一些研究者的观察①，公共债务负担率的增长除了政府预算赤字的作用外，还与债务的利息率、（名义）经济增长率、前一期的债务余额相关。用公式表示为：

$$\Delta d_t = -b_t + [(i_t - y_t)/(1+y_t)]\, d_{t-1} \qquad (5\text{-}1)$$

其中，d 是公共债务余额/GDP（即债务负担率），b 是预算平衡/GDP（如预算平衡是负值或赤字，即为赤字率），i 是债务的利息率，y 是名义经济增长率，t 表示时间（年度）。

（5-1）式表明：如果预算平衡状况 b 是“-”值即赤字，债务利息率 i 大于名义经济增长率 y（假定 $y>0$），则债务负担率 d 必将增加。这意味着，若一国多年连续出现预算赤字大、债务利息率高、名义经济增长率低的情况，必将导致公共债务的累积和增大；若 3 个因素中只出现 1 个不利的情况，债务累积速度可能不会很快（当然，预算赤字的不利影响最大）。反之，若避免出现预算赤字大、债务利息率高、名义经济增长率低的情况，公债增长将会得到控制。

（5-1）式描述了公共债务的增长机制。从根本上说，公共债务增长源于一国经济增长

① Adrian Blundell-Wignall, Patrick Slovik. A market perspective on the European Sovereign Debt and Banking Crisis. Financial Market Trends, Vol. 2010, Issue2.

速度的下降和停滞，经济增速下降，引起税收和政府收入减少，促使政府采取财政刺激政策，于是有财政预算赤字和公共债务增长。不过，经济下滑并不必然导致预算赤字，关键还是各国政府的政策倾向，正是因为受凯恩斯主义的影响、加上找不到更好的办法，政府才采取财政刺激政策，而且即使没有明显效果也要坚持刺激下去。

(5-1) 式为我们控制公共债务增长提供了依据和方法。由该式可见，在经济下滑时，如果财政刺激无效，应控制债务增长，可采取的方法是：

(1) 削减支出、增加税收，使债务规模不再继续扩大（$\Delta d_t=0$），也即保证预算盈余可以抵消公债的负担。即：

$$b_t = [(i_t - y_t) / (1+y_t)] d_{t-1} \tag{5-2}$$

(2) 增加货币发行、实行宽松的货币政策，维持一定的通胀率，这样可以使名义经济增长率提高、减少预算平衡的压力和债务膨胀的压力。

(3) 进行结构调整，一是进行经济结构调整、改善市场结构、推动经济增长；二是进行税收结构调整、促进劳动投入和资本形成；三是进行支出结构调整，压缩行政、社会福利支出，减少财政赤字。

(4) 进行债务重构，调整债务存量（余额）的结构和类型，尽量降低公共债务的利息成本或以其他资产抵偿（置换）债务，降低公共债务的规模。

二、公债的可持续性

公债增长控制涉及公债的可持续问题，例如，公债规模是否存在极限或在多大规模时可以持续而超过该规模时不能持续？

关于公债的可持续性问题，经济学界主要从两个方面来认识。一是从债务非单向增加而是与经济增长保持同步，即净债务/GDP 的比例保持不变或下降来定义可持续性。也就是说，如果公共债务规模持续增长、国债负担率水平不断提高，就是不可持续的①。如 Blanchard（1990）认为，当未来国债负担率（国债余额/GDP）能最终收敛于其当期水平时，政府债务就是可持续的；Bernanke（2011）认为，债务负担率在长期内趋于稳定或者下降就是可持续的。二是从债务可以按期偿还的角度来定义可持续性②。也即，可持续性不一定是指公共债务规模很大、国债负担率水平很高，如果不能按期偿还、发生债务违约就是不可持续的；只要具备偿还能力、能保证按期偿还、不发生债务违约就是可持续的，如 Barron（1979）、Buiter（1986）、Hamilton 和 Flavin（1986）、Burnside（2004）就持这

---

① Blanchard, O. J., Chouraqui, J. C., Hagemann, R. P., Sartor, N. The sustainability of fiscal policy: New answers to old questions. OECD Economic Studies, 1990 (15); Bernanke, B. S. Fiscal sustainability, At the Annual Conference of the Committee for a Responsible Federal Budget, Washington, http://www.federalreserve gov/newsevents/speech/bernanke20110614a. htm, 2011.

② Barro, R. J. On the determination of the public debt. The Journal of Political Economy, 1979 (187); Buiter, Willem H. Guide to public sector debts and deficits. Economic Policy, 1985 (1); Hamilton, J. D. Flavin, M. A. On the limitations of government borrowing: A framework for empirical testing. The American Economic Review, 1986, 176 (4); Burnside, C. Assessing new approaches to fiscal sustainability analysis. The World Bank, 2004.

种观点。这一观点不强调债务水平的高低，强调的是偿还能力。

根据前一种认识，一些学者在实证分析（目前经济学界主要通过建立计量模型和非计量模型来分析公债可持续性与有关因素之间的关系，计量模型包括 Logistic 模型、ARMA 模型、STV 横截面回归模型等，非计量模型包括多元统计法、模糊综合评价法等）的基础上提出了国债负担率“警戒”或“临界点”指标①。如 Carlo Cottarelli 和 Reza Moghadam（2011）通过分析 50 个代表性发展中国家 1993—2009 年的情况后提出，发展中国家的国债余额/GDP 等于 58%~78%是最大可持续临界点，超出这个临界点一国实际经济增长率会下降，也就不能保持国债规模与经济增长的同步性，国债规模就会不断增大，违约风险就会加大。还有学者（如 Hemming，2003）曾提出，由于收入水平、储蓄水平和国内金融市场发育程度不同，发展中国家的债务负担率临界点是 77%。而《2003 年世界经济展望》（*World Economic Outlook*，2003）报告则认为，发达国家债务负担率在 100%~150%是可持续的，发展中国家在 35%~75%是可持续的。

根据后一种认识，很多学者根据“非蓬齐对策”，认为公债经济可持续的一般条件（即跨期债务现值约束条件）是：任何一个时点上的国债规模必须等于未来预算盈余的现值，也就是说，如果政府当前是净债务人，则它必须在将来将财政运行到最初的盈余状态。当然，这并不表示债务最终要偿还，只是表明如要保证偿债的税收能力，那么，债务的增长就不能快于利率的增长。Feldstein（1985）提出②，政府债务的增加最后一定是通过税收的增加来平衡，政府是增加税收还是增加债务的选择问题只是征税的时间不同而已，长时期的债务融资必定要与长时期的税收增长来对应（或者是短期的大幅度增加），如果债务的增长率超过经济增长率（也即超过税收增长率）则必须通过增税来保证相适应，才能保证债务的可持续性。在这个基础上，一些学者进行了实证分析，提出国债可持续的 2 个基本条件：经济增长率大于债务的利率；财政盈余/GDP 和债务余额/GDP 保持正比例增长。还有一些学者提出了（外债）债务还本付息额/出口收入、债务余额/财政收入的比例等指标，将其作为债务不可持续的“警戒”或“临界点”指标。

其中，Ghosh 等（2011）提出了一个有关债务可持续临界点决定的新模型③。他们认为债务不可持续主要是指政府违约、无法偿还债务，其直接原因是外生冲击引起利率跃升，使政府无法将债务展期。根据他们建立的理论模型，政府财政预算的基本平衡（pb）是债务负担率（d）的函数，即 $f(d) = pb = (r-g)d$，基本平衡函数 $f(d)$ 的变化路径为“S”形曲线（见图 5.12），该“S”形意味着当出现一个外生冲击时，$f(d)$ 将偏离逐渐上升的正常路线、转为迅速上升以抵补较高的利息支付，然后再随债务负担率的增加而逐步上升。债务的利息支付（r）遵从线性规律，该斜线与横轴的夹角由无风险利率与

① Carlo Cottarelli，Reza Moghadam. Modernizing the framework for fiscal policy and public debt sustainability analysis. IMF，2011. http：//www.imf.org/external/np/pp/eng/2011/080511.pdf. Hemming，R.，M. Kell，A. Schimmelpfenning，fiscal vulnerability and financial crises in emerging market economies. IMF Occasional Paper，2003（218）.

② Martin Feldstein. Debt and taxes in the theory of public finance. Journal of Public Economics,1985,28(2).

③ A. R. Ghosh，J. D. Ostry，J. I. Kim，E. G. Mendoza，M. S. Qureshi. Fiscal fatigue，fiscal space and debt sustainablIity in advanced economies. NBER Working Paper，2011（16782）.

产出增长率之差（$r*-g$）决定，它与 $f(d)$ 曲线的交点所对应的债务负担率为长期可持续的债务负担率 $d*$（即不发生债务违约或经济收敛一般状况下的平均债务水平，若产出增长率下降，则利息支付线的夹角变大，该线逆时针向上偏转，于是长期可持续的债务负担率将增大）；随着债务负担率增大和基本平衡水平（平衡压力加大）提高，金融市场利率在某一时点会冲高，使政府无法通过发行新债来筹资，这时利息支付线由斜线转变为垂直线（债务筹资成本极高），而此时对应的债务负担率就是可持续的最大债务率 $\bar{d}$（临界点），超过此点后，在债务负担率更高的某一水平上市场将会以无风险利率（$r*$）借贷，使得基本预算平衡（盈余）不可能抵补利息支付成本，以致政府违约的可能性显著增大。

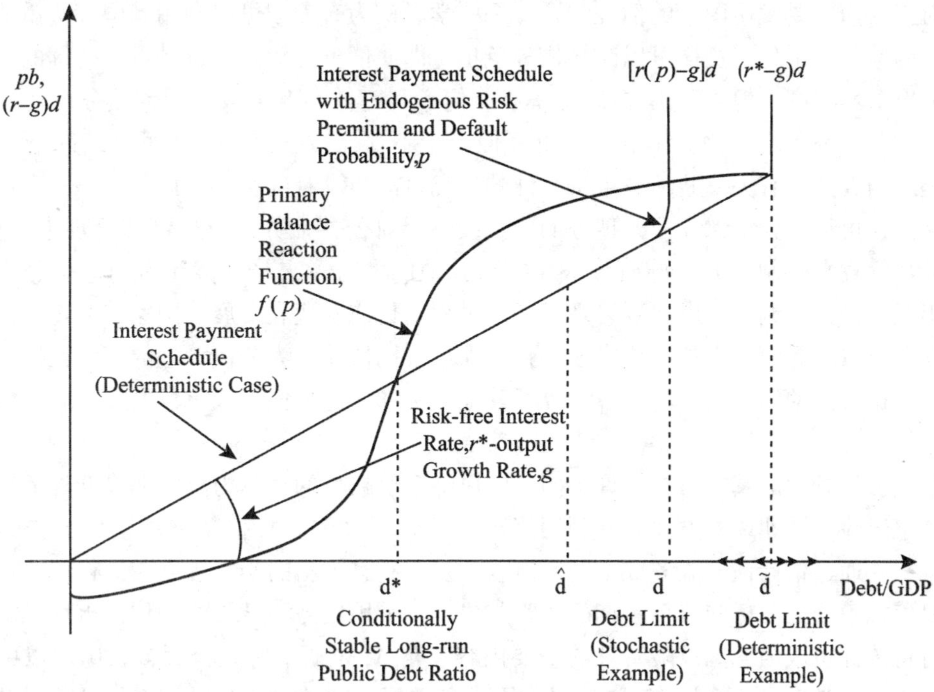

图 5.12 可持续的长期债务率和最大债务率决定模型

根据 Ghosh 等对 23 个发达国家 1985—2007 年的实证检验，长期可持续的债务负担率（中位值）为 63%，长期可持续的最大债务负担率（中位值）为 183%。其中，长期可持续的债务负担率也可由 $d*=P/(r-g)$ 计算，其中 P 为历史平均的预算平衡值，r 是历史平均利息率，g 是历史平均的 GDP 增长率；长期可持续的最大债务负担率可通过基本平衡与宏观经济变量、公共债务水平的回归分析或非参数分析得到。

当然，还有学者研究了影响债务可持续的其他条件和因素。例如，Drudi 和 Giordano（2000）提出，公共债务的期限结构越短，政府违约的风险就越大①。Doi，Ihori 和 Mitsui

① Drudi, F., R. Giordano. Default risk and optimal debt management. Journal of Banking and Finance 2000（24）：861-891.

(2006) 认为，债务持续性和政府的财政政策与货币政策的配合有关，如果财政部门大量增加债务，导致通货膨胀，而中央银行的货币政策能够抵消通胀水平，则社会对政府债务的信心增强，债务的可持续性大①。Giordano 和 Tommasino (2011) 的研究也发现，如果一国存在一个数量较大而且政治上有影响力的中产阶级（他们是政府债务的主要持有者），则政府违约的可能性小；同时，中央银行的独立性状况对于公共债务可持续性有重要影响，中央银行的独立性越强，维护价格稳定的作用越强，则公共债务的可持续性越强②。另外，Spaventa (1987) 指出，满足跨期预算约束的条件也不一定能保证债务的可持续性，因为一是政府债务的规模将影响中期利率水平，这违背了跨期预算约束的假设条件；二是政府未来能够提高税收或减少开支的空间会受政治等因素的限制③。

对于目前主要发达国家的债务问题，一些学者认为，美国可以利用其国际货币地位进行适当的债务货币化，这样可以减轻债务负担，即使债务率较高，也是可以持续的。日本的债务率虽然很高，但由于国内储蓄率高、债务利率低和融资成本低，债务可持续性也较大。欧盟的债务水平比美国和日本低，但由于不存在减缓因素，故可持续问题比较严重。但应当看到，有关公共债务可持续性的研究目前尚没有确切的结论。

从上述可见，为了保证公共债务的可持续性，对公共债务进行控制和管理十分重要。公共债务管理是指制定并实施管理战略，对公债的发行、交易、偿还活动进行分析、规划、组织、监督和调节，以达到管理目标的过程。目前发达和发展中国家普遍将取得一定的公债发行收入并使其中长期成本最小化和保证按期偿还作为公债管理的基本目标，还有些国家根据本国的经济与市场环境设计了其他目标如促进公债二级市场的发育和加强市场流动性等目标。

根据公债管理的基本目标，许多国家将风险管理战略的注意力集中在降低外债货币风险、利率风险、展期风险方面，并利用资产负债管理（ALM）框架来评估债务包的风险和成本——通过估计债务服务成本同政府收入及非利息支出的相关程度来进行评估；而建立随机模拟模型来分析和权衡预期的风险与成本、采用压力测试方法来估计市场风险和债务的可持续性也成为各国风险管理的重要内容。与 ALM 框架一致，大多数国家以中、长期现金流动为基础来测算债务服务成本，根据潜在的成本增加来估计因金融动荡和其他冲击所引起的市场风险。还有一些国家利用成本/GDP 比率来估计债务和预算对冲击的反应情况。

为了加强公债管理，绝大多数国家在财政部内设立债务管理机构，也有少数国家将债务管理机构放在中央银行内，还有一些国家设立独立的债务管理机构（对国务院负责），也有一些国家将外债管理放在财政部、将内债管理放在中央银行。为了减少操作风险、明

① Doi, Ihori, Mitsui. Sustainability, debt management, and public debt policy in Japan. Working Paper E-6, 2006.

② Reffaela Giordano, Pietro Tommasino. What determines debt intolerance? The role of political and monetary institutions, European Journal of Political Economy, 2011 (27): 471-484.

③ Luigi Spaventa. The growth of public debt: Sustainability, fiscal rules, and monetary rules. Staff Papers 1987, 34 (2).

确职能，各国大都根据公债发行、交易、偿还等环节在债务管理内部建立各种办公室，以进行专业化管理和操作。

从国际组织的努力来看，为了帮助各成员国加强公债管理，2001 年国际货币基金（IMF）和世界银行（WB）研究、编写了《公共债务管理指导方针》（GPDM），2007 年后又推出《债务管理绩效评估》（DeNPA）、《中期债务管理战略》（MTDS）、《债务可持续性框架》（DSF），从公共债务管理的原则和要求、制定中期债务管理战略、检查评估债务管理的过程和效果、保证公共债务的可持续性这 4 个方面提供了系统的指导性文件。

本章小结

公共债务制度是有关公债的发行、交易和偿还的法律和规定，是公共债务管理的行为准则和规范。公共债务制度包括发行制度、偿还制度和市场制度。

从公债的历史来看，公债的发展经历了三个阶段：缓慢发展阶段、快速发展阶段和控制增长阶段，目前主要国家的公债规模已达到前所未有的高水平。

有关公债作用和弊端的理论认识主要有三种：古典的公债理论、凯恩斯主义的公债理论、公共选择等学派的新公债理论。古典的公债理论是一种相对保守的公债理论，它过多地强调公债的弊端。凯恩斯主义的公债理论是以促进经济增长、就业为目标的政策调控理论，它过多地强调公债的积极作用。新公债理论并不否定公债的积极作用，但它强调在当前公债规模巨大的情况下应有约束和限制。

美国公债制度的主要特点是有相对成熟的制度规范，重视国债的规模管理，州与地方债强调自主管理且制度全面。日本公债制度的主要特点是完善、规范，国债规模很大但管理细致、周到、重视偿还和市场流动性；地方债管理严格，坚持符合标准的自主发行和有条件的全国发行，中央监管、保证按计划偿还。

公共债务的规模增长具有一定的规律性，持续预算赤字、名义经济增长率下降、利息率偏高和债务基础过大是主要原因，控制公债规模首先要明确增长机制。对于公债的可持续性问题目前主要有两种认识，现有研究普遍认为存在公债规模的长期平均指标、临界点指标和偿付能力临界点指标，发达国家和发展中国家的临界点不同，同类型的国家也因国情差异而有不同的临界点。

复习思考题

1. 公债的历史发展给予我们哪些启示？
2. 简述公债的主要功能以及它的不利影响。
3. 评述三种公债理论的优点与不足。
4. 简述美国国债市场的结构和管理特点。
5. 美国州与地方债管理有哪些特点？
6. 日本国债管理的特色有哪些？日本国债是否可以持续？
7. 简述日本地方债管理的主要内容和特点。
8. 公债增长的机制是什么？公债在什么情况下可以持续？

第六章 公共财政体制

公共财政体制是公共财政制度的结构形式，它包括财政管理层次、各级财政的服务职能和支出范围划分、税收划分、各级财政间的转移支付制度。一国公共财政体制在很大程度上受制于其政治体制和政府结构。公共财政体制的中心问题是中央（联邦）与地方提供公共服务的财政保障问题。本章主要讨论美国、日本、德国等主要发达国家的财政分权体制。

第一节 公共财政体制概述

一、公共财政体制

公共财政体制是有关公共财政管理的层次或结构、各级财政的权限和责任划分以及相互联系与协调的原则规范和制度安排模式。公共财政体制是公共财政体系运行的基础与框架。现代公共财政体制主要包括以下四个方面的内容：

（1）公共财政管理的层次。一国的公共财政体制状况主要体现在它对公共收入和支出的管理层次与结构的安排上。在理论上，公共财政体制可以采取多级分权方式，也可以采取一级或二级分权结构，或者采取集中管理、其他各级接受委托的方式，关键是要对公共服务供应有利。但从实际来看，公共财政的体制或结构选择不是取决于理论认识，而是依赖历史传统、特别是政治体制和政府结构模式，于是就有了财政体制与公共服务供应之间的不适应和不协调问题（有些国家因此采取财政结构与政府结构不一致的安排），这也是许多国家多次进行财政体制调整和改革的原因。

（2）各级财政的服务职能划分。各级财政的职责是指各个层次的财政机构的职能和责任，是各级财政应履行的任务。一般来说，各级财政的基本职责是提供相应地理范围内全体居民和公众所需要的公共品和公共服务。根据马斯格雷夫的理论，财政职能可分为3类：资源配置、收入分配和经济稳定。显然，在不同的地理区域范围内，由于公共品和公共服务、资源配置、收入分配和经济发展状况不同，各级财政的具体职能是不同的。各个层次财政职能和任务的划分和确定是财政体制的重要内容。

（3）各级财政的收支范围划分。各级财政的收入和支出划分是各级财政履行其职能的保证或基本条件。也就是说，各级财政的不同职责是各级财政之间进行收入和支出划分的必要条件。但是，收入和支出与职责范围不是完全一一对应的关系，还取决于运用收入和支出手段去履行职能的方式、方法、技术和人员的工作效率。因此，只能根据确定的和显在的职责与收支关系来大体划分各级财政之间的收支权限。这也就决定了各级财政之间相互协调也是十分必要的补充——即使赋予各级财政充分的收支自主权，由于客观经济和地理条件的限制，各级财政也很难独立地履行自己的职责。

（4）各级财政间的转移支付制度。转移支付制度是各级财政之间相互协调的体现，它包括中央财政与地方财政之间的转移支付，也包括各级地方财政之间的转移支付。各级财政之间发生转移支付主要是由于一些财政的收支状况与应履行的职能之间出现了差距；这又涉及职能标准的确定，以及对职能的发展和延伸、收支本身的效率、履行职能的路径和效率的判断等。有关各级财政之间转移支付的原则、标准、判断、程序以及计算和决定的规范和安排，就是转移支付制度。

二、财政体制的特征和类型

（一）公共财政体制的特点或要求

（1）分级性。通过分级、分层的制度安排，各级政府和财政的职责、权限得到明确划分与界定，各级政府和财政的职责、权限得到相对合理的分配与平衡，有限的公共财政资源可以得到相对合理的配置和运用，各级政府和财政就可能自主地、创造性地履行各自的职能，从而保证社会经济的稳定和健康发展。

（2）整体性。一方面，公共财政体制对各级政府的事权和财权进行明确的划分，使各政府具有相对的独立性，保证各级政府和财政提供公共服务的效率；另一方面，作为一个统一的国家和统一的政治经济实体，为了实现全国经济社会发展的目标，各级财政又必须相互协调，并把多级财政联成一个统一的整体。这种公共财政的整体性特征，是保证国家统一、地区经济协调发展不可或缺的重要条件。

（3）规范性。公共财政体制是对各级政府和财政的责任和权力关系的正式安排，通常以法律形式加以确定。由于涉及中央政府和地方各级政府的税收立法权、税收调整与减免权，以及中央和地方的财政责任、各级财政间的关系，许多国家通过宪法和专项法律（如财政法）来进行严格界定，不允许用政府规定来代替和随意进行变更调整。

（4）稳定性。财政体制一经确定，就应在一定的时间内保持稳定，尽量避免因体制频繁变动而引起的诸多消极影响。理论和实践都证明，由于财政体制所涉及的责、权、利关系较为广泛，而且相关的经济、社会“联动性”效应很强，往往和地方企业、居民的切身利益密切相关，与各地的经济社会发展、利益、福利密切相关。因此，财政体制一般不易经常变动和调整。

（二）财政体制的类型和作用

1. 财政体制的两种类型

（1）联邦制模式

联邦制本是一种国家体制模式，它通过国家宪法来规定中央（联邦）与地方（州或省以下）政府的责任与权限，将国家统一性与地方自主性结合起来，使国家既有单一制国家的整体性力量，又具有单一制国家所没有的地方经济活力。联邦制下的中央与地方的关系有三个特点：①在宪法规定的事权范围内地方政府与联邦政府互不从属，都是不同范围的公众的代理人，是独立、平等的关系；②地方政府遵循中央面向全国的统一法律规定，中央政府也不干预属于地方范围内的事务；③中央和地方从不同的角度、不同的领域、不同的环节向地方辖区的居民提供公共性服务，增进社会福利，并以此为基础就某些共同事务相互协调。财政联邦制是国家联邦制在财政体制上的具体化。它的基本特点是，中央（联邦）财政与地方财政划分支出范围和公共服务供应职能、划分收入范围和税收种类，分权自主，互不隶属，在本辖区内取得税收和财政收入并根据本辖区公众的意愿和要求来提供属于自己职能范围内的公共服务。由于这种分权自主的特点，财政联邦制又称财政联邦主义或财政分权体制模式。目前，美国是财政联邦制的典型代表，德国、加拿大、澳大利亚等联邦制国家的财政体制都属于这种模式。

（2）单一制模式

财政单一制模式是非联邦制国家所采用的财政体制。与政治体制一致，在单一制模式下，州（省）等地方财政接受中央财政的统一领导，根据中央财政的授权（财政职能和权限划分）进行财政活动。一般来说，财政大政方针和主要规章制度等，由中央政府统一安排，地方在中央决策和授权范围内，行使财政权力。由于这种体制下地方享有的分权水平低、自主性小，故又称为中央集权型财政模式。一般来说，单一制国家都实行财政单一制模式。但是，第二次世界大战结束以来，单一制国家大都进行财政分权改革，在建设财政分权体制上取得了不小的进展，特别是一些发达的单一制国家的财政体制其分权自主特征已比较明显。

财政联邦制模式和单一制模式各有其优点和不足，我们将其归纳如表 6-1 所示。

表 6-1 **财政联邦制和单一制模式的特性比较**

	联邦制模式	单一制模式
特征	中央和地方财政相对独立	地方独立性差，更多地表现为中央的代理人
优势	有利于防止中央集权和专制 发挥两个积极性，服务效率高	有利于统一管理 有利于抑制差距扩大，保证公平
不足	政策不统一、发展不均衡 容易形成地方“割据” 容易造成过度竞争	容易形成中央专制 容易造成地方依赖和创新不足 服务提供不足、财政效率低

2. 财政体制的作用

（1）保证政府财政职能的履行

财政体制是政府财政活动的制度规范，其根本目的是建立一个合理的财政运行秩序和体系，满足各级政府履行社会、经济等各种国家职能的需要。尽管不同国家具有不同的国情，财政体制也不同，但在构建财政体制、处理各级政府间的财政关系时，都要充分考虑各级政府机构的运转和应履行的职能和任务要求，努力做到事权与财权的统一，为政府履行职能提供足够的财力保证。

（2）调节各级政府财政的不平衡

无论是什么性质的国家，在多级政府条件下，区域间的经济发展和收入水平总是不可能完全均衡的。这种客观存在的财政能力的差异，同各地需要履行的公共财政职能的现实总是存在矛盾。因此，需要通过规范的财政制度进行经常性的调节，通过必要的转移支付和其他协调方式来加以解决，将超出其履行职能的一部分财力转移到财力不足以履行其职能的地方。这是一国政治经济统一的客观要求，也是纠正地区间财政不平衡和衡量一国财政体制健全与否的重要标志。

（3）提高财政效率和促进社会公平

现代市场经济中的财政体制，以坚持公平、效率原则为出发点，以促进社会稳定和提高资源配置效率为基本目标。遵循这一原则目标，对于克服市场失灵，保证社会必要的公共产品和服务的提供，协调各地经济发展，都具有十分重要的作用。这是因为财政是经济活动，财政资源是有限的；财政是公共经济活动，必须有利于国家经济发展和社会发展目标的实现。

第二节 财政分权的基本理论

财政分权改革与制度建设是第二次世界大战后世界各国财政改革的重点内容。从西方财政分权（Fiscal decentralization，or Fiscal federalism）理论的发展看，具有代表性的财政分权理论主要包括：蒂布特的用脚投票模型、布坎南的俱乐部模型、奥茨的分权定理和马斯格雷夫的财政分派理论以及新财政分权理论。

一、蒂布特的用脚投票模型

1956年，美国学者蒂布特在《政治经济学杂志》发表《地方支出的纯理论》一文①，论述了中央（联邦）和地方政府实行财政分权体制的重要性和必要性，确立了财政分权的理论基础。蒂布特指出，中央和地方政府在公共品提供上有一个重要差别，这就是地方政府必须满足地方居民的消费偏好、提供居民所希望的地方公共品。如果假定：（1）居民可以自由迁移（即不考虑迁移成本），可以根据自己的偏好（对地方公共服务的综合供应情况的喜好）随意迁移到适合他们的社区；（2）居民完全清楚不同地方的公共收入与支出模式的差异，并能根据这种差异采取行动和进行调整；（3）存在很多可供居民选择迁移、居住的地方社区；（4）居民迁移时，不考虑各地方的就业机会的限制问题，即各地方都不存在就业困难问题；（5）各地方提供的公共服务没有外溢，即不存在外部经济问题、各地方的公共服务提供仅由本地居民来消费；（6）在既定的地方提供模式下，各地方都存在一个最优的居民人数或社区居民规模；（7）地方政府不希望居民人数过多、也不希望过少，即：人数偏少的地方社区将吸引居民进入，而人数偏多的地方社区则相反。那么，居民自由迁移、“用脚投票”的均衡结果就是，每个居民的公共服务偏好被满足，每个地方社区达到最优人口规模。因此，“用脚投票”模型在本质上就是运用市场投票机制，这表明在地方公共服务供应的决策中也完全可以运用市场机制。

① Charles Tiebout. A pure theory of local expenditures. Journal of Political Economy，1956（64）.

"用脚投票"模型客观上要求中央和地方政府实行财政分权，即：让各地政府可以自主地取得财政收入，并根据居民意愿来安排公共服务支出、提供居民所需要的地方服务。相反，如果由中央政府来统一向各地方提供社区性公共服务，显然不能使地方服务供应达到最优均衡；同样，如果各地方不能充分自主地安排自己的收入和支出模式，自然也不能满足居民的公共服务需求偏好、达到最优均衡。

蒂布特模型说明了财政分权的必要性和重要性，也揭示了财政分权的根本目的：让中央和地方财政分别供应不同的公共品（全国性公共品和地方性公共品），各负其责、自主运作，保证居民所需的各种公共品（特别是与居民日常生活和生产相关的地方公共品）都能得到良好供应，避免出现由中央（或地方）单一财政提供各种公共服务可能产生的居民不满意和提供效率不高的问题。

蒂布特"用脚投票"模型发表后在学术界引起了争论。一些学者认为，模型的假定条件是不现实的、地方最优供应状态不可能存在；实际中各种要素都可以流动，引起居民迁移的不仅是公共服务供应和财政状况，也有其他因素如交通、气候、地理范围、技术水平、资源和市场等；地方的人口规模和地方服务供应的种类与水平也是变化的，即使存在最优均衡、这种均衡也是不稳定的。1969 年，奥茨运用 1960 年新泽西州东北部 53 个社区的情况进行实证分析，发现地方公共品供应和财政收支状况确实对居民选择居住区有一定作用，但其他因素也有影响。①。奥茨之后，有关蒂布特模型的检验持续不断。

二、布坎南的俱乐部模型

蒂布特模型假定，地方政府在提供地方社区性公共品时会有一个最优人口规模。这个最优人口规模也就是地方政府的辖区范围（显然它是以公共品供应来衡量的）。问题是，这个最优人口规模由什么来决定？它应当多大？这涉及地方供应的公共服务的种类、性质和责任的适当划分问题，也涉及地方政府的税收能力和税收划分问题。

1965 年，美国经济学家布坎南对此进行了分析，提出了决定地方公共品供应最优规模的俱乐部理论模型。②

布坎南在其论文中提出，萨缪尔森的公共品概念是"纯"公共品，而对地方社区来说，更多的是介于"纯"公共品和"纯"私人品之间的具有一定公共性的物品、即一个社区群体可以共同使用的物品如"俱乐部物品"（像游泳池）。对于这种地方的具有俱乐部性质的集体公共品，人们应如何决定其最优人数规模呢？布坎南认为，假定一个由所有性质相同（如偏好和收入相同）的成员所组成的游泳俱乐部共同出资建立游泳池、提供游泳服务，那么，从经济角度考虑，只有两方面的问题：一是每个成员负担的成本问题（个人出资数额）；二是每个成员的收益情况（个人对消费服务的评价），这样，就可以通过边际成本与边际收益相等即根据收益最大原理来决定。

布坎南指出，在游泳池的大小和服务供应水平（总成本 A）一定时，假如总成本由俱

① W. E. Oates. The effects of property taxes and local public spending on property values: an empirical study of tax capitalization and the Tiebout hypothesis. Journal of Political Economy, 1969, November/December.

② James M. Buchanan. An economic theory of clubs. Economica, 1965, Feb.

乐部所有成员平均分摊，故每增加一个新成员，人均成本就会下降，即供应成本与俱乐部人数（N）所组成的函数曲线是一条凸向原点的曲线。同时，随着俱乐部成员的增加，各成员也不会觉得过于寂寞，但是当人数增加到某个数字时会产生拥挤，从而影响到各成员的消费评价，即服务收益（B）与俱乐部人数所组成的函数曲线是一条先上升、后下降的曲线（如图 6.1 所示）。图 6.1 中，$A-A$ 是表示人均成本的曲线，$B-B$ 表示人均收益曲线。显然，当 $A-A$ 曲线与 $B-B$ 曲线上某点的边际成本与边际收益相等时，此时对应的俱乐部人数 N_1 为最优规模。而当服务供应水平或总成本提高时，$A-A$ 曲线与 $B-B$ 曲线将同时上移，俱乐部的最优人数规模会相应增大。

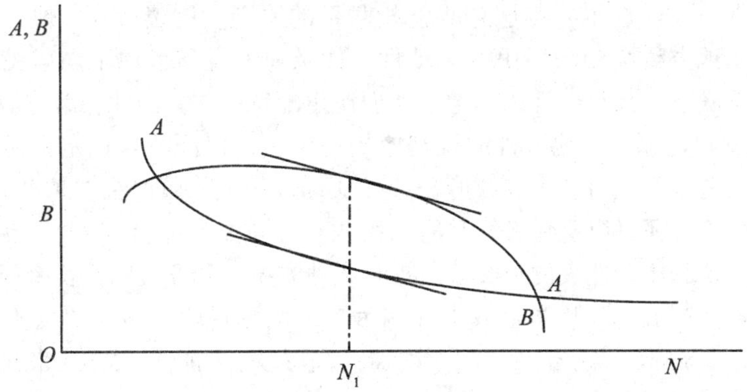

图 6.1　在给定服务水平下的最优规模的决定

布坎南的俱乐部模型同样引起了学术界的争论。许多西方学者对它进行了实证检验。一些学者还在该模型的基础上建立了提供多种服务的俱乐部模型。

布坎南的俱乐部模型的意义在于：（1）地方政府规模是与它所提供的公共服务水平及居民收益情况密切相关的，一般来说，一种地方公共服务的供应水平越低，地方辖区的人口越少，反之就越高。传统的地方辖区设置规则不能用于指导市场经济条件下地方政府的设置。（2）地方政府提供一种公共服务存在一个最优人口规模，提供多种服务将有多个最优人口规模，故设置地方政府辖区时可以将最优人口规模相近的地方公共服务种类归为一个地方政府来提供，比如按最重要的地方服务的最优人口规模来设置地方辖区、兼顾最优人口规模较小和较大的地方服务种类；而最优人口规模很大的那些地方服务（如规模经济明显的一些地方公共服务）则可以设置更高层的地方政府来提供；反过来，对各级地方政府划分服务供应责任时，必须考虑各种服务的特性。（3）要计算地方政府的最优人口规模，就必须找到各种地方公共服务的人均供应成本和收益函数。

三、奥茨的分权定理

1972 年，奥茨出版《财政联邦主义》一书，对政府间财政划分的基本原则进行了讨论和分析①。他提出，在集权决策和中央统一提供不能带来成本节省的情况下，以分权决策的过程决定公共品的供给永远是更好的选择，它会导致社会福利的最大化。

奥茨强调，就地方性的公共品供给而言，在中央和地方政府都能提供的情况下，如果同一种公共品由中央提供和地方提供的成本相同，则应优先考虑由各地方来提供，因为中央统一提供在各地方辖区的产出水平相同，而由各地方供应时其产出水平会更高（或者只是同样有效）。这就是奥茨所说的分权定理，也即基层优先原则。据此可以推论：在多层级的政府体系中，在划分公共服务供应职能时，应根据供应成本和产出效率来决定，并采取先基层政府、后高层政府的逐级划分的原则。

同时，奥茨也分析了税收划分问题，提出了划分地方税的4项原则：（1）受益原则或税收（支付服务供应成本）与服务收益相联系的原则。奥茨认为，地方税与中央税的一个重要不同是地方税会刺激居民的流动性，如果地方税不考虑不同居民的服务收益大小，居民就会不满意、甚至会迁离本地，从而产生配置扭曲。因此，地方应尽量少用非受益税。（2）税基稳定原则。地方税的税基应当稳定，以保证收入稳定，税基流动性大的税收适宜范围大的地区政府和中央政府征管（流动性越大、政府层次越高），按税基的流动性大小来划分税种还可以避免各级政府的税收相互重复或重叠。（3）协调原则。地方可以采用非受益税和流动性大的税收，前提是各地方统一开征且保持税率相近，这样居民高度流动和要素高速流动的几率会减小（因为各地间的税收竞争会促使不必要的流动和扭曲）。（4）附加原则。地方也可以通过附加（高层政府税收）税方式来共享非受益税和流动性大的税收，当高层政府统一征税后将地方附加税的收入拨付给地方时，不会产生地方征收可能有的不利影响。不过，奥茨认为，运用附加税或各种共享税并不好，因为这会使地方取得收入而不对居民负责，严格意义上的税收划分应当是清楚的、可见的、与服务责任和成本补偿相关联的，故附加税和共享税不应当成为地方收入的主流。

另外，奥茨还分析了政府间的转移支付或拨款问题。与财政分权相关的问题是，既然在政府间划分服务和支出范围以及税收，那么政府间的转移支付或拨款的作用是什么？奥茨认为：（1）专项拨款和配套拨款主要用于弥补地方和地区供应溢出性公共服务的成本（鼓励溢出性公共服务的供应），或促使某些地方和地区的公共服务供应达到全国基本或最低水平；（2）无条件拨款或一般转移支付主要用于保证各地方间的财政公平（财政能力基本均衡），使较困难地区能够与其他地方一样用基本相同的税率供应各种公共服务。这两种情况其实都是考虑到财政能力较弱的地方，对其进行财政补助，区别只是前者要求地方在某些方面加强支出力度、达到一定标准，后者则不要求，由地方自行决定支出方向和力度。奥茨提出，前一种专项拨款和配套拨款对解决较贫困地区的公共服务供应不足问题可能更有效（虽然对地区自主有一定的干预嫌疑，但既然中央的财政资金是有限的，为使其有效发挥作用也是必要的。美国联邦政府主要采取这种拨款）。而一般性拨款由于没有约束，在完全由地方支配时也可能达不到服务均等化供应的效果。

奥茨的理论分析显然更接近如何在多级政府间分权这一主题。它使人们看到财政分权问题的复杂性、政府间分权应当注意的问题和应遵循的一些原则。

---

① Wallace E. Oates. Fiscal fedralism. New York：Harcourt ，Brace Jovanovich，1972.

四、马斯格雷夫的财政分派理论

美国著名财政学家马斯格雷夫分别于1959年和1973年出版了《公共财政理论》和《公共财政理论与实践》(1984年再版)，对财政分权问题进行了分析，提出了财政职能与税收分派理论①。

马斯格雷夫提出，公共财政应发挥资源配置、收入分配和经济稳定三大职能。在一般情况下，中央（联邦）和地方政府应如何划分职能和责任呢？马斯格雷夫认为，从资源配置效率看，中央财政应提供全国性的公共品、引导总体资源配置，地方财政应提供地方性的公共品、引导各地的资源配置。从收入分配职能看，中央财政应主要承担这一职能，因为在较小的区域内进行再分配调节（如税收调节和财政补贴），会引起富人的强烈反应，若他们迁离则会加剧该地区的贫困，反而不利于贫困问题的解决。从经济稳定职能看，地方实施财政稳定政策存在很大的“漏出效应”，同时地方也缺乏向全国发行债务的条件、缺乏货币发行和运用金融政策进行宏观调控的手段，故经济稳定职能应主要由中央负责。

关于中央（联邦）和地方的税收划分，马斯格雷夫认为，税收划分应服从和有利于各级政府履行公共服务职能的需要，基本原则是：全国性公共品提供应对应全国性、普遍性、宽税基的税收，地方公共品提供应对应地方性、局部性的税收（本地的税收应由本地居民来承担）。根据不同税种的性质特点，马斯格雷夫提出了中央、地区、地方基层3级政府的一些典型税收的安排模式（见表6-2）。

表6-2　**三级政府的典型税收安排模式**

中央	省（州）	县（市）
累进所得税	居民所得税（低累进或比例）	房地产税
遗产税	外国公司及个人所得税	工薪税
自然资源税	零售销售税和本地产品税	特许受益税

资料来源：Richard Abel Musgravel. Public finance in theory and practice. New York：McGraw-Hill，1984.

马斯格雷夫根据税种的性质特点，提出了6项具体的税收划分原则：（1）具有明显周期波动性质、税基很宽的税收应划归中央，地方税收尽量不应与经济周期相关，以保证地方财政收入稳定；（2）具有较强再分配功能的税收应归中央，地方税的再分配作用不应太强，以避免高收入者的非正常流动；（3）税基在各地分布严重不均的税收应划归中央，例如资源税若完全由地方征收，会造成地方间财政收入严重不平衡；（4）税基流动性强的税收应划归中央，若由地方征收会影响正常的资源流动、产生配置扭曲；（5）税基流动性较弱和不流动的税收，应划归地区和地方政府；（6）地方税收（收费）要与地

① Richard Abel Musgrave. The theory of public finance. New york：McGraw-Hill，1959；Public finance in theory and practice，New York：McGraw-Hill，1973.

方公共服务的受益相联系，包括居民普遍受益和某些群体与个人的特定受益。

除马斯格雷夫外，其他西方学者也提出了中央与地方收支划分的标准。其中，关于服务职能和支出责任的划分有3个普遍认同的标准：（1）受益标准。即根据受益范围来决定公共服务支出的职能安排，若一项服务供应的受益对象是全国居民，则该项支出应由中央负责；若受益对象是某一地方的居民，则该项支出应划归地方负责。（2）行动标准。即一项公共服务的供应需要根据全国统一规划和标准来进行，则由中央负责；而一项公共服务需要根据各地情况因地制宜来供应，则由地方负责。（3）技术标准。凡规模庞大、影响多个地区的公共工程，或需要运用高新技术才能完成的服务项目，应由中央负责；反之应由地方负责。

五、新财政分权理论

2005年，奥茨在一篇论文中提出了最近20多年来所谓新的财政分权理论兴起的概念①。他指出，新的或第二代分权理论的主要来源是：公共选择理论或对政府代理人的行为分析，信息经济学特别是不对称信息理论。

严格地说，新财政分权理论主要是对上述财政分权经典理论的反思和校正，而不是重新阐述应如何分权。第二代理论主要是根据公共选择理论、代理人及信息不对称假设、效用最大化原理等构建模型，运用各国财政分权的数据进行检验，通过估计财政分权后的经济成效、财政运行状况、公共服务供应改善情况来判断财政分权的作用和问题，来估计经典财政分权理论的实践指导意义。

根据奥茨的观点，第二代理论主要是考察在不完全信息背景下不同的财政分权制度的运行状况。它着重分析3方面的问题：（1）财政集权与分权的权衡和选择。研究发现，财政分权体制不仅取决于社会的偏好差异，也取决于地方进行良好控制的潜能和责任；集权有利于广泛的政策合作，分权有利于加强责任，故多一些集权与多一些分权的选择在于各国对辖区收益外溢与（中央控制下）地方公共责任下降导致损失的相对重要性的权衡。（2）财政分权与地方的软约束及救助问题。大量的新研究也发现，财政分权也带来潜在的财政风险，如地方财政严重依赖中央，地方追求支出扩张和借债，将财政风险蔓延到整个财政系统的问题，这些财政纪律松弛、预算软约束和赌定中央救助的现象恰恰说明财政分权的大环境不良，例如发育不良的金融信贷市场、土地市场；缺乏有效的地方税收系统和规范的政府间转移支付系统；缺乏平衡预算的法律约束、缺乏地方债务的限制和地方政府破产法律。（3）财政分权与国家稳定问题。新的研究还发现，财政分权也会带来两个基本威胁，一是中央失去控制能力的威胁，二是地方获得巨大利益和自我膨胀的威胁，故分权也可能严重影响社会经济稳定发展，使分权体制不能持续。

第二代理论对经典分权理论也提出了一些修正建议。例如，（1）对于税收划分，经典分权理论认为周期性强、分配性强的大宗税收（如个人所得税）应划归中央，税基不流动的房地产税应划归地方，但是，北欧国家的地方税中个人所得税平均占85%（瑞典

① Wallace E. Oates. Toward a second-generation theory of fiscal fedralism. International Tax and Public Finance, 2005（12）.

为 100%)，这证明地方采用流动性强的税收同样可行，也说明在当今市场流动普遍加速的背景下，根据流动性大小来划分税收已不合适。(2) 经典分权理论认为税基分布不均的资源税应划归中央，但事实是：地方既无力进行资源保护，也无法获得资源利益，却要承受资源过度开发带来的环境损害，从保护和补偿或从资产继承的角度看，地方都应该有资源税收权。(3) 经典分权理论认为流动性强的消费税不应归地方，但从医疗卫生、交通道路等基本服务都由地方提供的情况看，假如消费税用于抑制和补偿消费损害，根据受益原则它也应当划归地方。第二代理论提出的质疑对我们全面认识经典分权理论是有益的。

第三节　美国的财政联邦制

美国是典型的联邦制国家，也是近代联邦制的首创国。从西方国家的历史看，在近代以前没有出现过联邦制，只有过邦联制，如瑞士的 3 个州在 1291 年建立的防御邦联和 1397 年北欧的丹麦、瑞典、挪威建立的共主邦联“卡尔马联盟”。邦联是指一种各成员在国防和军事上统一，在其他方面保持自主和独立的同盟式国家形态。

美国在 1776 年发表《独立宣言》后也采取邦联模式，1777 年 11 月大陆会议通过《邦联条例》，建立了邦联政府（没有行政权和独立的税收权，军事开支主要靠 13 个州按土地价值分摊的交费和邦联政府的借款来支持）。独立战争胜利后，因邦联政府无法支付战争债务、也无力安置返乡士兵，加上各州自行其是、市场混乱，于是在 1787 年 9 月各州代表在费城召开制宪会议，通过《联邦宪法》（1789 年生效），创建了第一个联邦制国家。

美国的财政联邦主义体制正是以政治联邦制为基础而建立的。所谓政治联邦制，就是指互不隶属的多个政治实体（如州）通过契约（宪法）来划分责任和权力、分工合作，从不同的层面对同一地区的居民事务进行治理的体制模式。有限政府、分权自主、主权在民是联邦制的核心原则。财政联邦主义体制作为联邦制在财政领域的体现，其原则和精神是相同的，但在不同的历史时期有关财政责任和权力的划分，即分工合作向居民提供公共服务的情况是不同的。现阶段美国的财政联邦主义体制是指最近 30 多年来的美国联邦、州、地方的公共收支划分和公共服务供应的安排情况。

一、财政联邦制的历史发展

从美国财政联邦制在不同时期的特征来看，我们可以将其发展分为 3 个阶段：1789—1929 年的二元财政联邦制、1930—1980 年的合作财政联邦制、1981 年至今的新财政联邦制时期。

1. 二元财政联邦制时期

美国联邦宪法与其他国家的一个重要区别是它明确规定联邦政府与各州政府的权限范围。它列举了联邦政府的权力，并规定：“本宪法既未给予合众国，又未禁止各州行使的权力，皆由各州或人民保留之。”这一划分意味着联邦和州各有自己的权限范围，相对保持独立和自主——由于宪法列举的联邦权限不多，税收仅包括捐税、关税和商品税，所以联邦与州在管理权和税收权上基本对等、二者处于一个权力相对平衡的状态。“二元财政联邦制”正是这种财政分权格局或特征的形象表述。

事实上，1800年前后，由于联邦财政拮据，联邦曾开征直接税——财产税（土地房产税），但遭到各州和地方反对，理由是宪法并未规定联邦可以征收直接税。最后联邦还是放弃了财产税。1861年，由于南北战争爆发，联邦政府临时开征了个人所得税（年收入超过800美元者按3%征收，当年美国人均收入约150美元），战争结束后1872年停征。然而，1895年当联邦顺应社会呼声、特别是西部农业团体的要求重新开征个人所得税时，最高法院仍然认为开征所得税“违宪”，直到1909年国会通过《宪法第16次修正案》（1913年生效）、规定联邦有权征收所得税后，联邦才正式开征个人所得税和公司所得税。不过所得税最初的比重不大，并没有根本改变联邦以商品税为主、州和地方以财产税为主的税收格局。

这一时期，在事权和支出方面，联邦根据宪法规定主要负责国防、国债、社会福利（军人安置和抚恤）等一些全国性事务和跨州事务。1860年后，联邦才通过资助介入经济事务，如向各州赠地来建立州立农学院；通过颁布宅地法赠地鼓励西部开发；通过资助建立各地农业试验站、兴建水利灌溉设施。联邦的支出比重不大。到1932年，联邦支出占32%、州占16%、地方占51%，联邦税收占26%、州占22%、地方占53%。

2. 合作财政联邦制时期

1929—1933年的经济大危机之后，随着罗斯福政府推行以财政援助和经济恢复为目标的“新政”，联邦政府通过一些专门立法，在保证社会福利的名目下大规模介入社会与经济事务，联邦的职能范围显著扩大，在许多方面与州和地方的事权范围交叉，形成了所谓合作性的财政联邦体制。

第二次世界大战后，沿着“新政”道路，联邦政府的职能范围进一步扩大。到20世纪70年代，通过转移支付，联邦政府的事权和支出范围已涉及州和地方事权的许多方面，包括：社会保障、福利救济、教育、医疗保健、最低生活保障、就业支持、区域开发和社区发展、住房与城镇改造、农业和农村发展、航运交通、公路交通等。

在税收方面，随着1935年《社会保障法》的生效，联邦开征了按雇员工薪征收、雇主和雇员分担的社会保障税（工薪税）。更重要的是，个人所得税、公司所得税、遗产税的税率在大危机后明显提高，在第二次世界大战中进一步提高，使个人所得税成为美国最大的税种。

在州和地方层面，由于大危机使得财产税征收困难，各州开始转向销售税和所得税或降低财产税的税率。到1950年，在州税收入中销售税（包括综合销售税和烟、酒、汽油等特别销售税或消费税）已占57%，所得税占15%。地方税方面，一些地方也开征了综合销售税、特别销售税和所得税，1950年财产税占地方税收的87%，销售税为6%。到1980年，联邦支出上升到54%、州为18%、地方下降到27%，联邦税收上升到60%、州占20%、地方下降到占19%。最突出的变化是：联邦和地方的收支地位完全调换。

3. 新财政联邦制时期

从1981年开始，为了控制第二次世界大战后不断膨胀的联邦预算赤字和债务余额、消除20世纪70年代出现的严重“滞胀”问题，里根政府提出建立“新财政联邦主义”概念，开始进行大幅度的财税政策调整，力图改革联邦、州和地方财政边界日渐模糊的状况，重建3级政府相对平衡的格局。

里根政府的改革计划是：（1）压缩联邦支出，特别是与州和地方的交叉性服务支出，中止和压缩对州和地方的一些转移支付项目，将除医疗照顾以外的其他福利事务（如家庭补助计划AFDC和食品券计划等）全部交给州，将联邦资助的社会服务事项（包括教育、社区发展、交通等）逐步下放给州；（2）进行所得税改革，减轻企业和居民的税收负担，增强市场供给活力。20世纪80年代的实际改革情况是：联邦支出大幅度减少，通过削减转移支付联邦政府将一部分社会福利供应责任下放给了各州；1986年美国国会通过《税收改革法案》，联邦个人所得税率由14档简为3档、最高边际税率由50%降为28%，公司所得税的最高边际税率由46%降到34%。由于里根改革使联邦预算赤字和债务扩张趋势得到控制，美国经济在20世纪80年代后期走出“滞涨”，此后历届美国政府大都坚持了这一改革方向。

由于联邦改革的作用和影响，州与地方的服务责任及收支关系相应调整。以公共卫生为例，美国公共卫生服务体系包括90个地方公立医院、45个州立大学医院、约1000个社区卫生中心和1770个社区医院、3000个州卫生部和地方卫生局，联邦的医疗补助项目一是向州卫生部和各公立医院拨款，二是直接拨款给社区卫生中心。当联邦政府将医疗补助计划的管理责任下放并减少资助后，若过去主要是地方卫生机构接受资助和承担服务的，州就下放给地方管理（州接替资助）；否则就由州直接管理。

不过，应看到由于社会福利和医疗卫生服务的支出大，单靠某一级政府是很难完成的，所以，尽管美国政府最初希望划清联邦与州在社会福利和医疗服务上的责任边界，但后来只能改为划分管理责任（责任方有决策权和管理权，另一方仅提供补助）。这是新财政联邦主义体制的主要特点。

到2010年，联邦支出下降到47.9%、州的支出提高到24.5%、地方保持为27.6%，联邦税收下降到45.8%、州税收上升到31%、地方税收增加到23%。

二、财政联邦制的主要特征

（一）按性质和受益范围划分3级政府事权与支出

（1）联邦负责全国性和跨州事务。美国联邦政府负责关系到全体国民的安全、生活与健康的事务，具有全局性资源配置、公平分配和稳定与安全性质的服务。主要事务有：国防和外交、国道、区域发展、养老保障、老人医疗健康、医疗服务资格、食品安全和农业稳定（补贴和储存）、环境保护规则（标准与技术方法）。

（2）州负责地区性事务。各州政府负责联邦和地方以外的或地方不能提供的、面向全州（区域）居民的公共服务。州政府的典型服务是：法律、高等和基础教育、通往各县的长途道路交通、失业保障和就业帮助、福利救济和收入保障（低保管理）、综合医院和公共卫生、区域警察与治安、区域资源与环境。

（3）地方负责本地事务。地方政府负责面向本辖区、本地居民受益的基本公共服务，典型的地方服务是：初等教育、本地治安消防、公共事业（水电气）和公共设施、医院和公共卫生、住房和社区建设、本地道路交通、公园和娱乐休闲、登记和规划。不同地方政府再按辖区分工“自治”，提供不同服务，例如：县负责统一性服务（土地管理、执行法律、规划记录、医院、卫生防疫和州委托的福利服务等）和跨市乡镇的基本服务；乡镇村负责本地社区的（除县统一提供的服务外）的基本服务；市负责市域内的基本事务；学区负责基础教育服务。

在3级事权中，交叉性的事务主要有：社会保障、高速公路、教育、医疗卫生、资源与环境等。共同供应的方式是：明确管理层级、分别提供经费，主要采取分项目（如联邦负责养老保障和本级职员退休、州负责失业保障和本级职员退休、地方负责本级职员退休）、分环节（如基础教育，地方负责管理和财产税筹资、州负责标准和日常运作拨款、联邦提供贫困学生和餐费资助）供应模式。

从表6-3可见，2014年联邦支出的主要项目是养老、医疗、国防，州支出的主要项目是失业、医疗、教育，地方支出主要是教育、保护、交通和其他（水电气供应等）。

表6-3 **2014年美国3级支出的服务项目比重（%）**

	联邦	州	地方
养老失业	26.0	14.3	2.8
医疗卫生	26.2	33.6	8.5
教育	2.9	18.3	36.0
国防	22.8	0	0
社会福利	10.5	10.4	5.4
交通	2.5	7.4	8.4
管理	1.2	3.2	4.2
保护（救济、治安）	0.9	4.5	10.2
其他	0	4.9	20.5
利息	6.5	3.0	3.7
总计	100	100	100

资料来源：根据www.usgovernmentspending.com的数据计算，http://www.usgovernmentspending.com/year_spending_2014.

表6-4是1980年以来美国联邦、州、地方3级政府的支出比重，总的趋势是联邦的支出比重下降，州的支出比重增加，地方的支出比重基本不变。2000年以来，联邦、州、地方的支出比重保持为48∶24∶28。

表 6-4 美国 3 级政府的支出比重（%）

财政年度	1980	1990	2000	2010	2014
联邦	54.1	53.1	46.4	47.9	48.5
州	18.4	19.1	23.3	24.5	24.9
地方	27.5	27.8	30.3	27.6	26.6

资料来源：根据 www.usgovernmentspending.com 的数据计算，http：//www.usgovernmentspending.com/year_spending_2014.

（二）税源共享、各有侧重、3 级自主调节匹配

（1）联邦以所得税为主。美国联邦、州、地方 3 级政府的税收自成体系，都有所得税、商品税、财产税和其他税，但各有侧重，大体上符合马斯格雷夫的税种划分模式。联邦政府有个人所得税（主体税种）和公司税、消费税（商品税）、遗产与赠与税（财产税）、关税等。根据马斯格雷夫的解释，联邦拥有覆盖面广、流动性强、综合性的个人所得税既可以用来调节社会分配和稳定增长，又可以取得一定的财政收入、保证全国性公共服务的供应。

（2）州以销售税和所得税为主。各州政府的税收是：个人所得税和公司税（大都采取联邦所得税的附加税形式，税率低，避免税负过重和影响联邦主导税的地位，即使如此，有些州的所得税收入仍占第一或第二位）、零售销售税（在很多州是最大税种）和消费税（商品税）、继承和赠与税及特定财产税（区别于联邦的遗产税和地方的财产税），以及汽车税和环境税等。州可以根据财政支出的需要通过自行调整税率和发行州债来实现收支匹配或平衡。按马斯格雷夫的解释，州税应是流动性较强、收入分配功能弱的税收，这与美国各州以销售税为主体、以所得税附加为重要支撑的情况也是一致的。

（3）地方以财产税为主。美国地方（县市乡镇村和学区、特别区）税收包括：所得税（只有少数州允许较大的城市开征）、零售销售税（州零售销售税的附加税）、财产税（主体税种，主要是房地产税），以及旅馆税和登记税等。根据马斯格雷夫的经典税收分配模式，地方税是本地居民承担的税收，应是税基流动性弱和不流动的税收。美国地方税的体系构成显然符合这一模式。由于财产税收入相对稳定，地方税收可能不能完全满足地方公共服务支出需要，为了解决地方税收与地方支出不匹配、不相称的问题，各州法律一般允许地方政府自行调整税率（前提是地方议会批准或居民公投批准）和发行地方债，所以在一般情况下并不存在因为税收失配、地方长期依赖上级财政的转移支付的状况。

美国三级税收的具体情况参见表 4-4。表 6-5 是美国三级税收中 3 个主要税种的比重，由表可见，2014 年，联邦税收中所得税占 92.1%（其中个人所得税占 73.5%），联邦所得税占全美所得税的 80.4%；州税中，商品税占 55.6%（所得税其次，占 42.3%），州商品税占全美商品税的 65.1%；地方税收中，财产税占 71.9%（商品税其次，占 22%），地方财产税占全美财产税的 92.2%。

表 6-5 2014 年美国三级税收的各税比重（%）

	联邦	州	地方
占本级税收比重：			
所得税	92.1	42.3	6.0
个人所得税	73.5	36.9	4.7
公司税	18.6	5.4	1.3
商品税	6.7	55.6	22.0
财产税	1.0	2.0	71.9
占该税收入比重：			
所得税	80.4	17.8	1.8
商品税	16.5	65.1	18.4
财产税	4.0	3.5	92.2

注：以上不包括社会保险税收入。

资料来源：OECD. Stat，http：//stats. oecd. org/viewhtml. aspx？ datasetcode = REVUSA&lang = en.

表 6-6 是美国三级政府的收入比重，从表可见，1980—2014 年，联邦政府的财政收入比重下降（与支出相似），而州和地方政府的收入比重上升（2014 年还给出了三级政府的税收比重）。2000 年以来，联邦、州、地方的财政收入之比大体为 50：30：20。

表 6-6 美国三级政府的财政收入比重（%）

财政年度	1980	1990	2000	2010	2014（税收）
联邦	58.3	52.6	54.0	46.8	51.7（54.7）
州	24.0	26.3	27.0	31.9	29.3（26.4）
地方	17.6	21.0	18.9	23.4	18.9（18.8）

注：以上不包括社会保险税收入和转移支付。

资料来源：根据 www. usgovernmentspending. com 的数据计算，http：//www. usgovernmentspending. com/year_spending_2014.

第四节 德国的合作型财政联邦制

德国是一个不同于美国的联邦制国家。1806 年神圣罗马帝国崩溃后，拿破仑在德国强行组织了一个由法国控制的“莱因同盟”（21 个小邦）。1815 年拿破仑失败后，根据维也纳国际会议，德国实行“邦联制”（34 个邦和 4 个市）。1848 年革命后，德国试图转变为联邦制，但未成功。1870 年德国统一后建立了联邦制国家，但保留普鲁士邦和普鲁士国王的特权地位，直到第一次世界大战结束。1933 年希特勒上台后又改联邦制为中央集权制。1949年联邦德国通过《基本法》，恢复联邦制。

德国联邦制与美国联邦制的主要差异在于：立法（决策）权主要在联邦议会，执行主要靠州和地方，德国联邦政府不像美国在各地有很多自己的执行机构；《基本法》明确划分联邦与州的权限，州法明确规定州与地方的权限。与此相应，德国财政联邦制的特点是：（1）明确规定联邦、州、地方的事权和支出范围；（2）联邦、州和地方划分税种，并实行主要税收共享的模式；（3）除了联邦和州的纵向财政转移支付，还有以税收均等为目标的州际横向财政转移支付和地方间的横向财政转移支付制度。这表明，德国的财政联邦制具有明显的协调与合作性质。

一、合作型联邦制的历史发展

1. 第一次世界大战后魏玛共和国时期的初步尝试

德国的合作型财政联邦制也经历了一个较长期的历史过程。1870年德国统一后实行联邦制，是因为俾斯麦看到了美国联邦制的优点，也考虑到以往邦联制下各邦自主的传统。所以，当时在由分散到统一的过程中，俾斯麦一方面像美国那样划分税收，另一方面又强调法律和政策的统一性（德国人将这一时期称为一元联邦主义时期）。1890年俾斯麦请辞退隐后，年轻的威廉二世无所顾忌地加强集权，最终导致了第一次世界大战和德国战败。

1919年1月，德国在小城魏玛召开国民议会，通过宪法、改行民主共和制和总统制。由于战后经济和财政困难，魏玛共和国第一任财长马蒂亚斯·埃尔茨伯格果断进行财税制度改革，将大部分直接税和间接税划归联邦、实行联邦与州的税收分享。这一改革于是成为德国合作型财政联邦制的开端。在财政合作模式的推动下，从1923年开始德国经济逐步恢复并出现生机萌发和繁荣的景象。然而，1929年大危机爆发使德国经济遭受重创，而魏玛政府应对危机的政策失误，导致了希特勒上台和纳粹党当政。

2. 第二次世界大战后合作型联邦制的形成与发展

第二次世界大战结束后，在美国占领军当局的主持下，德国重建联邦制国家，1949年《基本法》中确实也没有合作联邦制的影子。当时规定，税收在联邦与州之间划分，地方乡镇虽然被赋予自治地位，但没有自己的税收，乡镇由州向其转移一部分营业税和消费税来作为收入。虽然如此，在德国议会和各州政府的意识中，所谓联邦制也就是魏玛共和国时期的那种安排。

1955年，随着德国经济增长加快，德国联邦与州的收入增长出现较大的不平衡，联邦债务激增。为了纠正联邦与州的财政失衡，德国国会通过修订法案，决定将原属于州税的个人和公司所得税改为共享税、由联邦分享其收入的1/3，同时建立州际财政的均衡调整机制。这样，德国迈出了建立合作型财政联邦制的第一步。1956年，德国国会又决定，将原属于州税的营业税和房地产税划为乡镇的固定税收，于是德国的3级财政体制正式形成。

1969年，随着高速增长阶段结束，为稳定增长，德国进行了“财政大改革”：一是将1968年开征的增值税作为联邦与州的共享税；二是将联邦与州2级共享的个人和公司所得税，以及划给乡镇的营业税全部改为3级共享税；三是增加了乡镇的专有税收。由此，德国基本建立起“划分税种+主要税收共享”的税制模式框架。在德国社会看来，实行税收共享和州际均衡机制既可以避免联邦与州、州与州之间的财力失衡，也可以加强3级政府间的协商与合作、防止集权复活和分权独立问题（德国采取共同协商、决定分享比例的方式，然后由国会通过形成法律）。

1990年后，因为东部和西部合并使乡镇财政困难问题普遍化，德国国会决定从1998年起实行3级共享增值税（乡镇参与增值税分享）。值得注意的是，1998年，德国3个州（巴登—符腾堡、巴伐利亚、黑森州）因东部并入后的问题对州际均衡机制的合法性提出质疑，并得到德国联邦宪法法院的支持。1999年，联邦宪法法院因此认为财政转移支付制度存在不透明和低效率问题，要求德国议会对此进行改革。

2003年10月，德国国会成立"两院联合改革委员会"，正式开始改革。主要内容是：从2004年起到2006年，调整联邦和州的立法决策权（责任范围，包括减少联邦参议院对州执法管理规定的批准），明确区分联邦与州的财政责任、税收权和承担国际组织的义务，调整财政转移支付机制（改革后的新安排保持到2019年）；从2007年起到2009年，改革有关联邦和州借款限制的规定，改革联邦和州的联系机制如建立IT合作网络，建立公共管理的新标准等。改革的结果大部分已反映在2009年基本法修订的条款中。2009年，德国又将原来属于州的汽车税改为联邦税，由联邦管理、与州分享。

二、合作型联邦制的基本特征

（一）三级政府事权与支出范围划分

德国有联邦、州、专区、县、乡镇5级政府（见图6.2），但是，德国基本法只赋予联邦、州、乡镇市（不属于县的市）3级的财政权。专区作为州政府的直属机构（目前只有几个较大的州设专区），主要功能是执行州的政策、进行区域规划管理和监督地方政府履行职能，近年来也包括协调跨县的社会事业（如用水、卫生健康和历史文化保护）发展。县既是州在乡村的行政区政府，又是乡镇自由参加形成的"联合体"，它的功能是执行州的委托在全县范围内统一提供一些公共服务，并根据各乡镇的要求自主提供一些跨乡镇的服务。乡镇是基本法规定的地方自治政府，有充分自治权（它可以自由申请加入一个县，让县政府为自己提供一些服务，也可以脱离该县，例如，当它的人口超过3万时，可以向州申请成为县级市）。

根据德国现行基本法，联邦政府的职能或事权可分为三类：①全国性事务、如国防、外交、国际事务、交通干线（联邦铁路、邮电、高速公路、水运和航空）、社会保障和社会救济、重大科学研究与开发（如核能、空间、航天技术、海洋及数据处理）、海关与货币金融。②跨州事务，如区域开发，促进社会和地区平衡发展（包括实施州际财政均衡机制）。③与州共同负责的事务，包括高等教育、地区经济结构、农业发展和科研与教育。

州政府的主要职能是：教育（包括教育计划、费用开支、教师管理）和科学文化，警察和治安、司法（保证全州范围内公共教育服务、治安秩序、法律执行的统一性和公平性）。州的其他事务是区域性或跨地方或地方提供不具有规模效应和技术水平不足、经济实力不足的事务，如环境保护、地区土地利用规划、地方铁路和交通、综合性医院、职业病研究与防治中心等。州和联邦一样，很少设地方服务机构，涉及地方的州属事务大都

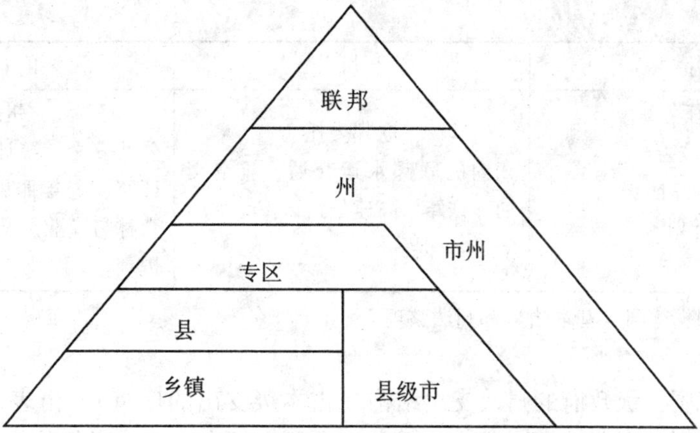

图 6.2　德国的 5 级政府 3 级财政体系

委托给专区、县和乡镇（《基本法》规定委托服务的开支由委托者负担）。

乡镇职能随各州法律的规定具体有所不同，但一般包括两类：一是地方基本服务职能或自身职能（包括法定主权职能和自定职能）；二是州委托的职能。州法通常规定乡镇必须履行的最基本服务职能（法定主权职能，如供水供能等）和州的委托职能，乡镇依据联邦法律和州法并根据乡镇居民的要求自定其他本地服务职能。以巴伐利亚州为例，该州《地方政府法》规定乡镇必须承担的基本服务或地方主权职能有：执行法律和自己的规章制度、乡镇财产和乡镇机构管理、供应和处置性公共服务（供应水气热、废水废旧处理、清洁卫生、健康与福利设施、生活环境保护）、土地使用规划；州委托的职能有：公共安全、征兵、登记、通告和通知、转达居民申请、参与和协助指派的其他公共管理；乡镇可根据居民要求，在其能力范围内自行确定各种本地服务职能，其范围包括经济、社会、文化、交通、健康、福利、运动、自然环境保护、公共教育和其他教育、社会秩序、青少年成长。三级政府的职能如表 6-7 所示。

表 6-7　**德国三级政府的职能和支出范围（2015 年）**

联邦	州	乡镇（县级市）
1. 国防、外交	1. 教育与文化	1. 供水、电、气、热
2. 货币、贸易	2. 警察治安、司法	2. 废水废旧、卫生
3. 核能利用	3. 环境保护与水资源	3. 规划与建设管理
4. 水运、航空、国铁、国道	4. 医院、卫生保健	4. 地方道路、交通
5. 邮政、通信	5. 社保	5. 文化、休闲设施
6. 战争抚恤、社保	6. 土地规划与地区经济	6. 医院、福利院、救济
7. 护照户籍身份证	7. 地区道路交通、海岸	7. 中小学建设、成人教育
8. 统计	8. 研究开发、培训	8. 住房、社区、防火
	9. 农业、森林与食品	9. 中小企业发展
	10. 人口婚姻登记	

续表

联邦	州	乡镇（县级市）
共同任务 9. 地区经济结构改善 10. 农业结构和海岸防护 11. 科研与教育计划 12. 高等教育	联邦委托 州内的联邦水运交通、航空交通、铁路、高速公路，核能生产等	州委托 公共安全、统计、选举、登记与证照、老年照顾、青少年服务、森林与渔业、文物保护、环境保护

资料来源：根据德国《基本法》和州法整理。

表 6-8 是德国三级政府的财政支出结构（占本级支出的比重），由表可见，除了一般公共服务，三级政府的社会保障服务、经济事务都占较大比重，联邦其他重要的支出是国防，州和地方乡镇较大的支出是教育，州较大的支出还有公共秩序与安全（警察治安），乡镇还有文化、娱乐、宗教。

表 6-8 **2014 年德国三级财政的支出结构（%）**

项目	联邦	州	乡镇
一般公共服务	30.1	27.3	18.1
国防	8.3	0	0
公共秩序与安全	1.2	8.9	3.4
经济事务	9.4	11.6	12.9
环境保护	1.1	0.9	4.3
住房和社区服务	0.5	1.1	3.6
文化、娱乐、宗教	0.5	2.2	6.7
公共卫生	1.5	2.6	1.7
教育	1.4	25.7	15.9
社会保障	45.8	19.4	33.2

数据来源：根据 OECD 的数据计算，http：//stats. oecd. org/Index. aspx.

在德国三级政府中，联邦、州和地方支出的比重（这里未考虑社会保障支出）大体为 40：37：23，见表 6-9。

表 6-9 **2000—2014 年德国公共预算中三级政府的支出比例（%）**

年份	2000	2005	2010	2011	2012	2013	2014
联邦	40.1	40.5	41.5	40.3	40.8	39.4	38.1
州	37.8	37.4	35.8	36.7	36.7	37.2	37.8
市镇	22.1	22.0	22.7	22.9	22.5	23.3	24.0

资料来源：德国统计局，Statistisches Bundesamt，Statistisches Jahrbuch 2015，https：//www. destatis. de/DE/Publikationen/StatistischesJahrbuch/FinanzenSteuern. pdf.

（二）三级政府的税种及税收共享

德国实行共享税与各级专有税并存、以共享税为主的税收体制。

联邦专有税收包括汽车税、能源税、电力税、果酒税、汽油税、酒精饮料税、咖啡税、烟草税、团结附加税、保险税等 13 种。州专有税包括房地产转让税、继承及赠与税、博彩税、啤酒税、赌场税等 6 种。地方专有税包括：房地产税、娱乐税、饮料税、养狗税、渔猎税等 7 种。三级政府的税收安排参见表 4-25。

德国共享税包括 6 种主要税收，即：个人所得税、公司所得税、增值税、资本利得税、工薪税、营业税。2014 年共享税占德国总税收的 72%（见表 6-10）。

表 6-10　**2014 年德国的税收结构（%）**

	税收（万欧元）	比重
总税收	643617	100
共享税	461985	72. 3
联邦税	101789	15. 9
州税	17557	2. 7
地方税	57721	9. 0
关税	4565	0. 7

数据来源：根据德国统计局的数据计算，https：//www. destatis. de.

共享税收在三级政府的财政收入中都占很大比重，尽管如此，州和地方市镇仍要接受一定的纵向和横向均等化转移支付。表 6-11 是德国三级政府的财政收入情况，由表可见，2013—2014 年，德国州级财政获得的转移支付补助等约占本级收入的 30%，地方市镇财政获得的转移支付补助等约占本级收入的 60%。

表 6-11　**2013—2014 年德国三级财政的收入结构（%）**

	联邦		州		市镇	
	2013	2014	2013	2014	2013	2014
税收收入	88. 2	87. 6	64. 4	65. 1	38. 9	39. 0
社会保障税	1. 9	1. 8	6. 0	5. 9	1. 5	1. 5
补助及其他收入	9. 9	10. 5	29. 5	28. 9	59. 6	59. 5

数据来源：根据 OECD 的数据计算，http：//stats. oecd. org/Index. aspx.

表 6-12 是德国三级政府的税收比重（这里未考虑社会保障税）。由表可见，2000 年以来德国三级政府的税收比重一直保持在 44：42：14 的水平。与表 6-9 比较可见，德国

联邦和州的税收比重都略高于支出比重，只有地方市镇的税收比重低于支出比重约 10 个百分点。

表 6-12　**2000—2014 年德国公共预算中三级政府的税收比例（%）**

年份	2000	2005	2010	2011	2012	2013	2014
联邦	44.7	44.2	44.7	45.2	44.6	44.2	44.2
州	42.4	41.8	41.5	40.8	41.2	41.5	41.6
市镇	12.8	13.9	13.8	14.0	14.1	14.3	14.2

资料来源：德国统计局，Statistisches Bundesamt，Statistisches Jahrbuch 2015.

从图 6.3 可见，德国自统一以来，三级政府的总支出一直以略高于财政总收入的态势发展，这表明德国对公共债务有较好的控制。而从表 6-9 和表 6-12 可见，德国三级政府的收入和支出比重变化很小，这说明德国的合作型财政联邦体制比较稳定。

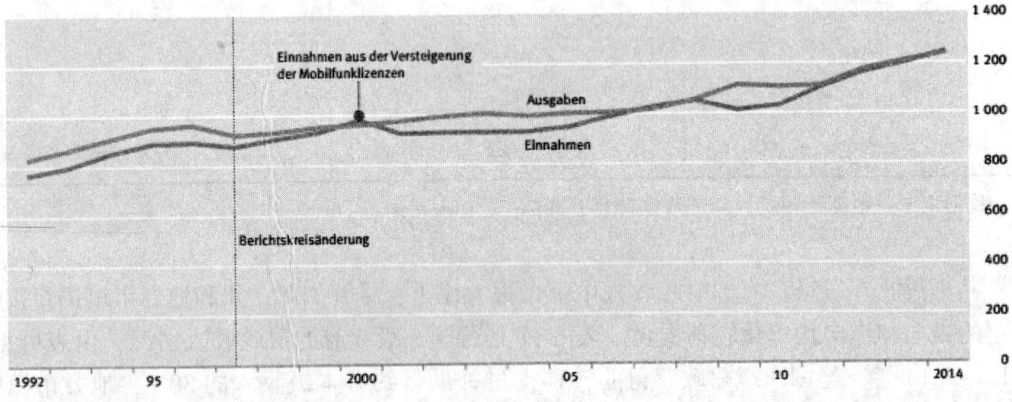

图 6.3　1992—2014 年德国公共预算的总收入和总支出（10 亿欧元）

资料来源：德国统计局，Statistisches Bundesamt，Statistisches Jahrbuch 2015.

第五节　日本的财政分权体制

日本是一个单一制国家，日本政府和财政分为中央、都道府县和市町村三级。日本在 1946 年颁布新《宪法》、1947 年制定《地方自治法》、1948 年制定《地方财政法》、1950 年制定《地方税法》的基础上开始建立财政分权体制。1955 年到 1990 年，日本的财政体制基本上没有进行过大调整。1990 年后，随着日本经济下滑和衰退，日本开始重视和推进财政体制的分权化改革。

1993 年 6 月，日本国会参、众两院通过《关于推进地方分权改革的决议》。1995 年 5 月，日本国会通过《地方分权推进法》（7 月 3 日实施），决定设立“地方分权推进委员会”、在5年内完成分权改革的方案设计、立法和监督实施的推进计划。1999年7月8日，日本国会通过《地方分权一揽子法》，确立的改革重点是：将中央政府与地方公共团体的关系由上下、主从关系改为对等、协作关系，即废止机关委任事务制度，将地方公共团体的事务调整为“自治事务”和“法定委托事务”两个部分；同时促进市、町、村自主合并，提高地方议会的活力，放宽核心市的条件，另外就是决定从2005年4月起，将地方债的发行由原来的审批制改为协议制。

2001年小泉内阁上台，作为应对严重的经济衰退、释放市场活力的“经济结构改革”试验的重要内容，日本政府提出从2003年度起推进地方财政“三位一体”改革和“市町村合并”、引进“道州制”的改革计划。所谓“三位一体”改革是指同时进行从中央向地方的税源转让、国库支出金削减、地方交付税削减这三项改革，目的是扩大地方税源，使地方财政不过分依赖中央财政，提高地方财政的能力。由于推行这三项改革时对市町村合并进行优惠（如发行合并特例债、以合并后10年为目标，普通交付税追加、5年合计可达30亿日元，提供特别交付税和合并交付金、以3年为限），导致许多人口不足3万人的市町村进行合并。

2006年12月，日本国会通过《地方分权改革推进法》，提出在2008年和2009年进一步推进地方分权改革和“三位一体”改革，彻底划分国家和地方的职能范围，改变国家和地方的关系，加强地方财政的基础。从最近几年的改革情况看，改革并没有达到目标。

一、日本三级政府的事权和支出划分

根据法律规定，日本中央政府的事权范围主要包括：纯属国家全局利益的国防、外交、货币发行等事务；需要由中央统一规划和处理的重大经济事务，以及与人民生活密切相关而且需要统一协调的事务。

都道府县政府的事权范围是：①区域统一性事务，即在都道府县内需要依照全国统一标准处理的事务，如区域内的交通、教育、社会福利等；②广域性事务，指超过市町村受益范围的事务；③联系调整性事务，例如对市町村的组织、运作、管理提出合理性建议和指导的事务；④补充性事务，指超过市町村处理能力的事务，例如医疗保健设施建设、高等教育、产业振兴等。

市町村政府的事权范围是：与本地居民生活相关的基本事务，如环境卫生、消防、道路、规划、中小学校舍管理、国民健康保险等。三级政府的具体事务如表6-13所示。

表6-13　　**日本三级政府的事权和支出范围（2013年）**

	公共事务	教育	福利	其他
中央	高速公路 国道 一级河流	大学 私立大学批准	社会保障 医生执照 药品许可	防卫 外交 通货

续表

		公共事务	教育	福利	其他
地方政府	都道府县	国道（国管除外） 都道府县公路 一级河流（国管除外） 二级河流 港口 公营住宅 街道、区域调整	高中 中小学教师工薪 私立学校批准 公立大学（特定县）	生活保障（町村） 儿童福利 保健所	警察 职业培训
	市町村	城镇规划 市町村公路 准用河流 港口 公营住宅 下水道	中小学 幼儿园	生活保障（市） 儿童福利 国民健康保险 长期护理保险 供水 垃圾、污水处理 保健所（特定市）	消防 户籍 住民台账

资料来源：日本总务省，http://www.soumu.go.jp/iken/zaisei.html.

日本中央政府的主要支出是：社会保障、国债本息、地方交付税交付金（转移支付）、科技文教、地方特例交付金、国防、公共事业、经济合作、中小企业、能源、食品安全供给等（表6-14给出了较大的7项支出，它们约占中央支出的90%）。地方两级政府的事务基本一致，包括教育、民生、公债、土木、商工、总务、警察、农林水产、卫生、消防，但侧重点略有不同。都道府县支出中，教育、民生、公债和土木费占较大比重，市町村支出中，民生费、总务费、土木费、公债费和教育费占较大比重。

表6-14 **2013年日本三级政府支出的主要项目及比重（%）**

中央		都道府县		市町村	
支出项目	比重	支出项目	比重	支出项目	比重
社会保障费	31.8	教育费	21.1	民生费	34.3
国债支出费	24.3	民生费	15.0	总务费	13.1
地方交付税	16.7	公债费	14.3	土木费	12.2
公共事业费	6.2	土木费	11.3	公债费	11.0
文教科学振兴费	5.7	商工费	8.2	教育费	10.2
国防费	5.1	总务费	6.8	卫生费	8.1
		警察费	6.2	商工费	3.6
		农林水产费	5.2	农林水产费	3.4
		卫生费	3.5	消防费	3.4

资料来源：日本统计年鉴，http://www.stat.go.jp/data/nenkan/index1.htm；日本总务省 http://www.soumu.go.jp/iken/zaisei.html.

从相同事务的支出比重看，日本中央和地方政府的支出分工如表 6-15 所示。

表 6-15　**2013 年日本中央与地方各项服务的支出比重（%）**

公共支出	中央	地方
国防	100	0
年金（养老保障）	100	0
恩给（公务员退休金）	96	4
公债（还本付息）	62	38
农林水产	59	41
住房	55	45
工商业	33	67
社会保障（除年金外）	28	72
职业教育	26	74
国土开发（公共设施）	26	74
司法警察消防	22	78
行政管理	19	81
教育	13	87
卫生	0. 3	99. 7

资料来源：日本总务省，http：//www. soumu. go. jp/iken/zaisei. html.

图 6. 4 是 1995—2013 年日本三级政府的财政支出比重，中央约占 45%，都道府县和市町村支出大体相当，各占 28%左右（都道府县略低，2003 年都道府县为 25. 3%，市町村为 27. 7%）。事实上，1995 年前日本中央的支出更低，一般占总支出的 1/3 左右，大部分支出由地方政府承担。

二、日本三级政府的税收和收入划分

日本中央与地方政府在税收关系上实行税种划分（参见前表 4-8），且无共享税。中央税（国税）和地方税、地方都道府县税和市町村税一般不重复，即使有少数相同的税种也在征收环节或标准上不同。这是日本税制的特点之一。

正因为如此，日本社会认为税制复杂，既然地方自行调整税率的空间不大，地方相当一部分财政收入要靠中央的转移支付，实行复杂的税制而不能保证地方财政自主和平衡就意义不大。不过，日本政府认为这正是财政分权和地方自主负责的表现，对地方政府建立责任意识和居民参与地方决策和管理也是十分重要的。

应当说，日本的中央税和地方税划分总体上是与马斯格雷夫的经典分税模式一致的。例如，日本考虑税权和事权的统一、遵循受益原则，按事权原则将大宗税收和分配性税收划给中央，按受益原则各地居民和企业从地方管理及服务中受益较多的税收划归地方并因

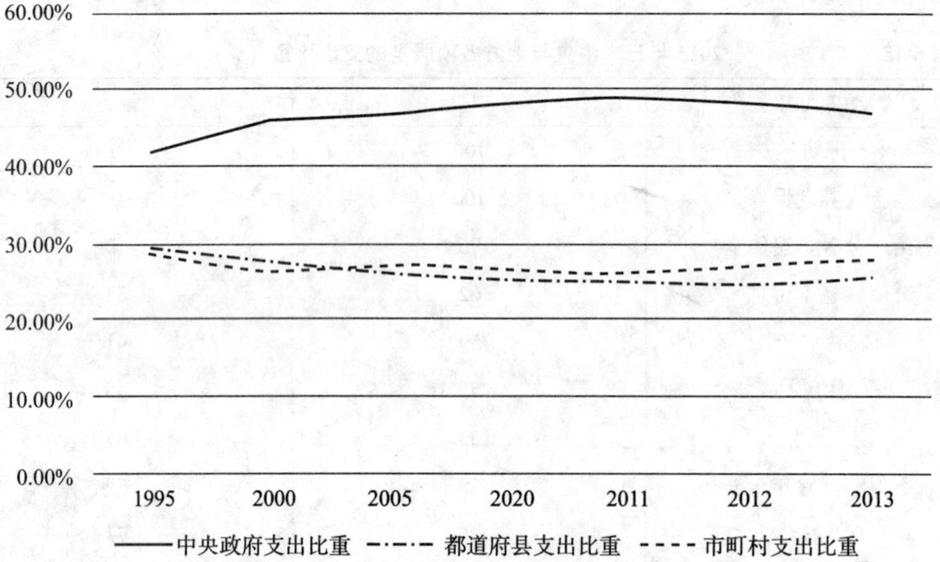

图 6.4 日本三级政府的财政支出比重（1995—2013）

此突破了流动性原则通过设置地方居民税让地方也能征收所得税。

表 6-16 是日本主要税收和三级政府主要税收的比重。由表可见，日本中央的主要税种如个人所得税、法人税、一般消费税都是最大的；都道府县的主要税种都道府县民税是日本税收中较小的；市町村的主要税种市町村民税和固定资产税也是日本较大的税收。而且都道府县民税、市町村民税本质上都是所得税，这意味着日本三级政府的主要税种相同。这也是日本税收划分的重要特点。

表 6-16 **2013 年日本三级政府主要税收的比重（%）**

	税收额（10 亿日元）	占总收入比重
三级总收入	214646	—
所得税	13898	6.5
法人税	8714	4.0
一般消费税（VAT）	10649	4.9
道府县民税	5103	2.4
市町村民税	9172	4.3
固定资产税	8562	4.0

资料来源：日本统计年鉴，http：//www. stat. go. jp/data/nenkan/index1. htm；日本总务省 http：//www. soumu. go. jp/iken/zaisei. html.

表 6-17 是日本三级政府的自有收入占财政总收入的比重。从表可以看出，1990 年以

来，中央政府的财政收入比重呈上升趋势，都道府县和市町村自有收入比重呈略微下降趋势。最近几年日本三级政府的收入比重约为61：19：20。如果考虑转移支付后的情况，一般情况下，日本中央政府的收入比重会减低10个百分点，都道府县和市町村的收入比重会分别提高5个百分点。

表6-17 **1990—2013年日本三级政府的收入比重（%）**

年份	中央收入比重	地方收入比重		
		合计	都道府县	市町村
1990	55.9	44.1	21.4	22.7
1995	53.0	47.0	22.7	24.3
2000	58.1	41.8	20.3	21.5
2005	57.1	42.8	20.2	21.9
2010	59.9	40.0	19.8	20.2
2011	62.3	37.4	18.6	19.0
2012	61.5	38.5	18.9	19.6
2013	60.8	39.2	19.0	20.2

注：都道府县收入和市町村收入为自有收入，不包括转移支付收入。

资料来源：日本统计年鉴，http：//www.stat.go.jp/data/nenkan/index1.htm；日本总务省，http：//www.soumu.go.jp/iken/zaisei.html.

图6.5是日本三级政府收入比重的变化趋势。比照图6.4可以发现，日本三级政府收入和支出比重比较稳定，这意味着日本中央对地方的转移支付比重也没有大的变化。

从表6-18中可见，在目前日本中央政府的收入中，国债发行收入占43.0%；都道府县自己的税收只占其总收入的32.6%，债务收入占13.2%，约40%靠中央政府的转移支付；市町村自己的税收也只占其收入的32.5%、债务收入占9.7%，约40%也要靠中央和都道府县的转移支付。

表6-18 **2013年日本三级政府主要收入占本级收入的比重（%）**

中央		都道府县		市町村	
收入项目	比重	收入项目	比重	收入项目	比重
税收收入	52.2	地方税	32.6	地方税	32.5
国债收入	43.0	地方交付税	17.2	国库拨款	15.9
杂项收入	4.4	国库拨款	14.2	地方交付税	15.3
国有资产经营	0.35	地方债	13.2	地方债	9.7
		地方让与税	4.1	都道府县拨款	6.2

续表

中央		都道府县		市町村	
		转移收入	3.8	余额结转	3.1
		余额结转	2.8	转移收入	2.7
				使用费	2.4

注：中央数据为2014年预算数，都道府县和市町村数据为2013年决算数。

资料来源：日本统计年鉴，http：//www.stat.go.jp/data/nenkan/index1.htm；日本总务省，http：//www.soumu.go.jp/iken/zaisei.html.

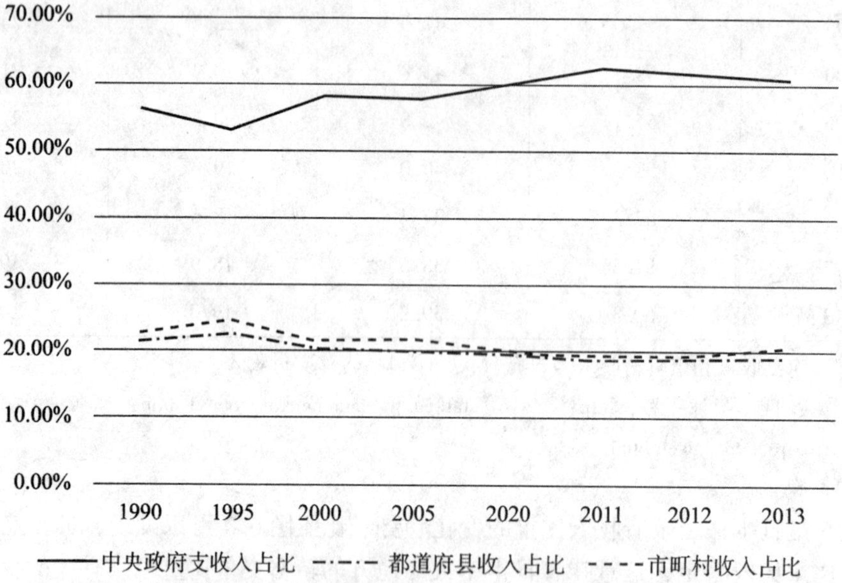

图6.5 日本三级政府的收入比重（1990—2013年）

第六节 芬兰的财政分权体制

芬兰是单一制国家，1917年独立后就颁布了《地方政府法规》。1995年新的《地方政府法》生效（2012年修订），规定地方市镇自主负责本地的管理、安排适合自己的服务职能，实行自治（芬兰《宪法》规定地方政府自治，地方相对中央独立，即有关共同事务中央与地方只是协商和谈判关系而不是上下级关系）。

芬兰只有两级政府：中央政府和320个市镇（地方政府，2013年改革）。不过，芬兰中央政府有在地方设立派驻机构的传统，例如，它有19个区域行政公署（2010年由原来的6个省改建6个区域、2013年调整为19个，它们由芬兰财政部和经济与就业部管理，代表中央负责区域的法院警察、环境标准、经济企业、就业、交通等事务）、70个地方行政区（次区域，负责警察治安、防火、登记）。另外，以地方市镇为基础，2013年建立了

19个区域理事会（由市镇议会的代表组成）及其事务处，作为区域规划与实施的协调机构。

芬兰的财政分权体制涉及中央和市镇的事权及支出划分、税收划分，以及中央对地方的转移支付等制度，基本依据是芬兰《宪法》和《地方政府法》，以及《社会福利和健康照顾的计划与资助法》（1992年）、《财政和债务劝告法》（2000年）、《公共管理共同服务法》（2007年）。

一、芬兰中央与地方的事权和支出划分

根据芬兰《宪法》和相关法律，芬兰中央政府的职能是：（1）全国性一般公共服务，包括行政和立法、金融财政、对外事务、对外经济援助、基础研究、公共债务、国防（包括军事防御、民防、外国军事援助、防御研发）、公共秩序和安全（警察、法院、监狱、公共秩序和安全）；（2）经济服务，包括商业和劳动、农业林业渔业和狩猎、燃料和能源、矿业、制造业、建筑业、交通运输和通信；（3）社会环境服务，包括污染治理、生物和景观、环保研发、住房和社区设施、供水、医疗产品和医院即公共卫生、文化和宗教、教育（主要是高等教育）、社会保障（主要是养老和失业）。

从2014年芬兰中央服务支出结构来看，中央政府支出中规模最大的项目是一般公共服务，占中央支出总额的29.6%；其次分别为经济服务19.7%、社会保障16.4%、教育11.0%、国防9.3%、公共秩序与安全7.0%（见表6-19）。

表6-19 **2013年芬兰中央与地方政府的主要支出比重（%）**

公共支出	中央	地方
国防	9.3	0
一般公共服务	29.6	15.3
公共秩序与安全	7.0	1.2
经济服务	19.7	6.8
环境保护	1.2	0.3
住房与社区设施	1.2	0.9
医疗卫生	0.9	29.9
文化娱乐宗教	3.8	3.7
教育	11.0	18.1
社会保障	16.4	23.8
总计	100	100

资料来源：芬兰统计局，http：//www.stat.fi.

芬兰地方政府职能分为法律规定的职能和在自治范围内自主决定的职能，具体包括：社会福利服务（如残疾人服务、老年护理、儿童关心、家庭帮助、低保服务等）、医疗健

康（芬兰地方政府管理各种健康中心、社区门诊、综合医院、大学医院，疾病预防）、文化和教育（如学前教育和中小学、综合学校、技术学校、成人教育、社区大学、图书馆、文化娱乐设施等）、基本公共服务（包括治安、住房与建筑、供电供水供气供热、废旧处理、环境保护、土地使用、基础设施、社区建设、道路等）、经济发展服务（工矿农林渔业、就业、交通运输等）。

从 2013 年芬兰地方支出结构来看，在市镇提供的基本公共服务中，最重要的是医疗卫生和社会保障（芬兰社会保障支出的 20%以上由市镇负责，70%由社保基金负责，中央不足 10%），分别占本级支出总额的 29.9%和 23.8%，其次是教育和一般公共服务，分别是 18.1%和 15.3%。这 4 项支出占地方总支出的 87.1%。

图 6.6 是芬兰中央和地方政府以及社保基金的支出比重。由图可见，地方支出始终占 40%左右（2014 年为 40.4%），高于中央政府和社保基金的比重（都在 30%上下，但中央公共支出的比重近年来不断下降，2014 年为 27.2%；社保基金的支出比重呈稳中有升的趋势，2014 年为 32.4%），这在单一制国家具有一定代表性。

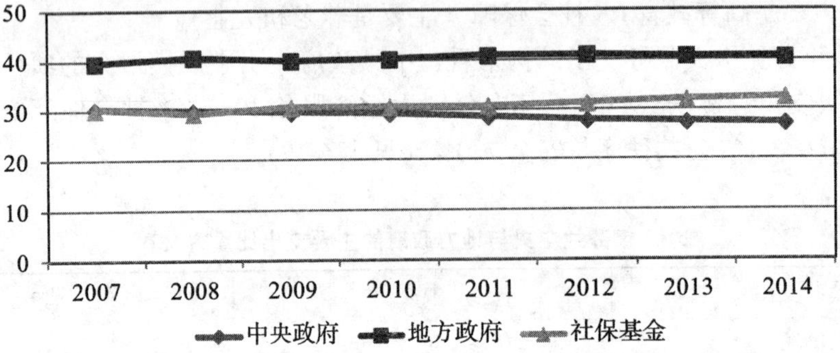

图 6.6 2007—2014 年芬兰中央和地方的支出比重（%）

资料来源：芬兰财政部，http：//vm.fi/en/frontpage；OECD，http：//stats.oecd.org/.

二、芬兰中央和地方的税收和收入划分

芬兰政府目前征收 34 种税。中央与地方（市镇）的税种划分（参见表 4-30 ）或分税制有自己的特点，与马斯格雷夫的经典分税模式差异很大，一是中央和地方都有个人所得税和公司税，而且个人所得税都是中央和地方的主要税种；二是一些零星税收、不适宜中央征收的税收，如渔业税、狩猎税、废料税等被划为中央税。

芬兰税收划分的其他特点是：（1）中央税多（28 种），地方税少（6 种）；（2）中央和地方共享一种税：公司所得税；（3）地方的三种税（地方所得税、房地产税和公司税分享）的收入占地方收入的大部分，其他税和收费（如水电费、垃圾费、公共交通费、医院门诊费）约占 1/4，另外就是中央提供的全国性公共服务均等化转移支付；（4）1975 年以来，芬兰中央税与地方税的比重一直保持为 65：35（见图 4.14，不包括社会保障税），2010 年以来芬兰中央和地方的财政收入之比保持为 60：40（不包括社会保障基金收入，见图 6.7）。

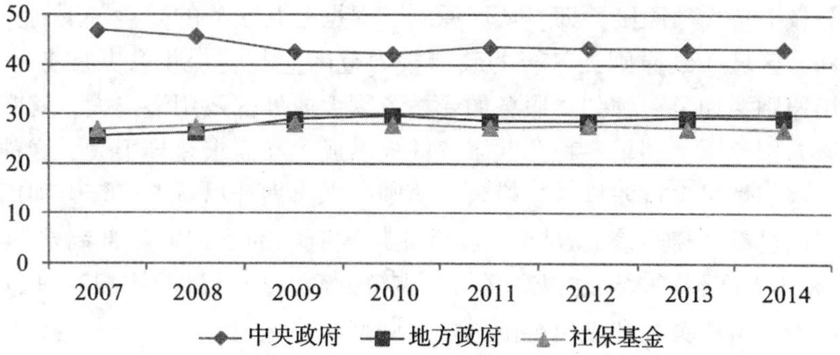

图 6.7 2007—2014 年芬兰中央和地方政府的收入比重（%）

第七节 俄罗斯的财政联邦体制

俄罗斯从 1992 年划分税收开始实行财政联邦制改革。1993 年《俄罗斯联邦宪法》第 71 条和第 72 条规定了联邦、联邦主体和地方政府的事权与共同责任（类似德国的划分）。1991 年 12 月的《俄罗斯联邦税收制度基本原则法》和 1992 年 1 月的《俄罗斯联邦税法纲要》规定了税制改革的方向和原则，确立了分税制，划分了联邦税、地区税和地方税。

由于《俄罗斯联邦宪法》规定的事权和责任并不明确、具体，俄罗斯 1995 年出台《俄罗斯联邦地方自治政府基本原则法》。1996 年俄罗斯总统发布了《关于俄罗斯联邦税制改革的基本方针和巩固税收纪律及支付纪律的措施》的行政令，提出要制定统一的税收规范。于是，1998 年颁布《联邦税收法典》（第一部分），2000 年颁布《联邦税收法典》（第二部分，此后不断修改和补充）。2003 年，《俄罗斯联邦地方自治政府基本原则法》也进行了重要修订，将地方自治政府改为市区（或农村乡镇，平均 5.8 万人，但有些区仅作为区域的分支机构）、居民区两种类型。

2005 年，俄罗斯出台《俄罗斯联邦预算联邦制发展纲要》。由此，俄罗斯的财政分权体制基本上进入稳定发展的阶段。

一、俄罗斯三级政府的事权和支出划分

根据 1993 年《俄罗斯联邦宪法》的规定，联邦政府主要负责：国防和外交、司法治安、社会保障、地区发展、民族发展、基础科学和宇航、联邦财产、能源、交通运输等。《俄罗斯联邦宪法》还规定，有关社会秩序、自然资源、国家财产、教育文化、卫生保健等共同性问题，联邦和地区（联邦主体）共同参与。

俄罗斯联邦与地区的权力关系采用“州余权主义”方式。《俄罗斯联邦宪法》规定，“在俄罗斯联邦的管辖范围之外，以及俄罗斯联邦对俄罗斯联邦和俄罗斯联邦主体共同管辖对象拥有的权限范围之外，俄罗斯联邦主体拥有充分的、完全的国家权力”。也就是说，联邦主体拥有独立管理本地区经济和社会发展的完全权力。

2001年，俄联邦政府发布的《2005年之前俄罗斯联邦预算联邦制发展纲要》认为，俄联邦财政分权坚持5项原则。即：从属原则，根据公共服务的受益范围划分各级政府的财政支出责任；区域一致原则，各级的政治权力范围应与它提供公共服务的受益范围一致；外部效用原则，如果一种公共服务的受益范围大或外部效用溢出大，就应划给更高一层政府；区域差别原则，如果一种公共服务的提供成本和需求差异很大，这种服务就应划给低层次政府根据情况自行安排；规模效益原则，支出划分尽量考虑资金利用的效益，使服务供应和支出具有规模经济。2006年，俄联邦政府批准了俄财政部制定的《俄罗斯联邦2006—2008年提高预算效果和提高联邦与市镇财政管理质量的构想》。以这些为基础，俄罗斯三级政府的事权关系和支出范围进一步调整

1. 三级政府的事权和支出责任

俄罗斯联邦中央政府主要负责与国家整体利益相关、外部性很强的全国性公共服务，相关的支出为联邦支出。具体包括：联邦法律和制度、司法、国防、外交和对外关系；国家经济、社会、文化、生态和民族发展政策，财政、金融和海关；有关国家发展的基础研究、能源和原子能、交通运输、宇航等事务。

此外，具有全国性意义而又需要地区和地方参与的公共服务，或跨地区的、或地区无力独立承担的一些服务提供支出责任被作为联邦和地区共同事务。例如：保障公民权利和自由、法律执行和保障社会秩序、自然资源的占有和使用支配、教育科学文化和体育、医疗卫生保健和社会保障等。由联邦、地区和地方共同负责的具体支出范围有：（1）工业和农业、建设和建筑、供气和供水、交通运输（公路和河道、铁路）；（2）司法与安全；（3）科学研究、试验、工程勘测；（4）社会保障和应急事务；（5）医疗、教育和环境；（6）民族关系。

联邦主体主要负责与地区关系密切的公共服务和事务，具体范围有：地区专项规划、大众传媒、地区资产和企业、地区交通、医疗中心、森林保护、社会保障与福利、地方财政援助等。

地方主要负责与居民生活相关的服务和事务，具体包括：住宅建设、公用事业、卫生（诊所和地方医院）、基础教育和体育与文化、地方道路与交通、地方治安与秩序、环境保护和绿化、消费安全、地方财产、地方选举。

2. 三级政府的实际支出比重

表6-20是2009年和2013年俄罗斯联邦三级财政的服务支出比例。由表可见，俄罗斯联邦三级政府支出有较大的调整，联邦政府减少了一般公共服务支出、国防支出，增加了社会保护、卫生健康、公共秩序与安全支出；地区政府减少了一般公共服务支出、公共秩序与安全支出、教育支出，增加了卫生健康、住房与公共设施支出、经济事务支出；地方政府减少了公共秩序与安全、环保、住房与公共设施、卫生健康支出，增加了一般公共服务支出、经济事务、教育、文化娱乐与宗教支出。目前，联邦支出的重点是：社会保护、公共秩序与安全，地区服务支出的重点是教育、经济事务、卫生健康和社会保护，地方服务支出的重点是教育、住房与公共设施。三级政府的一般公共事务支出都较大。

表 6-20　**2009 年和 2013 年俄罗斯三级服务支出占本级支出的比重（%）**

	2009			2013		
	联邦	地区	地方	联邦	地区	地方
一般公共服务	30.4	47.1	40.2	18.0	38.0	52.1
国防	11.7	0	0	8.8	0	0
公共秩序与安全	7.7	3.6	0.7	10.0	0.8	0.5
经济事务	8.4	11.6	3.0	7.9	13.1	5.4
环保	0.1	0.2	0.2	0.1	0.2	0
住房与公共设施	0.4	4.6	10.9	0.8	6.0	6.8
卫生健康	6.9	10.1	13.0	8.7	12.2	1.3
娱乐文化与宗教	0.8	1.9	2.8	1.9	2.9	3.6
教育	3.4	8.2	24.2	3.4	14.7	25.6
社会保护	30.0	12.7	4.9	40.2	12.0	4.6

资料来源：俄罗斯国家统计局，http：//www. roskazna. ru/.

俄罗斯地方政府支出由城市区、乡镇和居民区支出组成。在俄罗斯地方支出中，城市区和乡镇支出占 80%以上，其中，教育、医疗和体育以及社会政策主要集中于城市区和乡镇，均占地方支出的 98%以上；住房与公共设施主要集中于城市区，约占该项支出的 60%以上；文化支出则主要集中于乡镇和居民区，合计占该项支出的 60%以上（见表 6-21）。

表 6-21　**2012 年俄罗斯地方城乡预算支出的差异（%）**

	城市区		乡镇		居民区	
	金额（亿卢布）	比重	金额（亿卢布）	比重	金额（亿卢布）	比重
政府管理	1240	43.4	930	32.6	686	24.0
住房和公用事业	2523	53.0	990	20.8	1244	26.2
教育	6471	49.4	6558	50.0	76	0.6
文化	487	34.0	508	35.4	439	30.6
卫生和体育	1454	53.2	1235	45.2	44	1.6
社会政策	1398	50.8	1308	47.4	51	1.8

资料来源：俄罗斯财政部，http：//www. minfin. ru/.

图 6.8 是俄罗斯三级政府支出占总支出的比重。由图可见，2008—2013 年，俄罗斯三级政府的支出比重比较稳定，联邦、地区、地方的支出比重大体为 50：35：15。2013 年地区的支出比重有所下降，而地方的支出比重相对上升。这反映了俄罗斯的支出分权调整趋势：加强地方基层政府的服务提供，保证地方稳定。

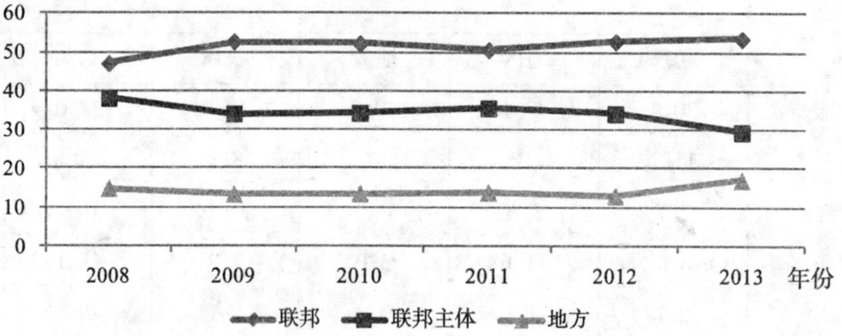

图 6.8 2008—2013 年俄罗斯三级政府支出的比重（%）

二、俄罗斯三级政府的税收与收入划分

转轨以来，俄罗斯的税收制度和税收划分经历了较大的变化。俄罗斯的税收种类调整经过了一个从大扩张到大缩减的过程，从 1992 年的 39 种增加到 1995 年的近百种、再到目前的 15 种（参见表 4-34）。以此为基础，俄罗斯的分税制表现出自己的特点：（1）共享税为主，目前俄罗斯的 5 大税种有 4 个（个人所得税、公司税、消费税和个人财产税）共享，仅最大的税种增值税属于联邦税；（2）联邦、地区、地方的税种都很少，特别是地区税（联邦主体税）和地方税都仅有 3 种。这种“分税+共享”的分税制模式与中国的情况很相似。

在三级政府收入都依赖共享税收的情况下，划分和调整分享比例显得特别重要。最初，俄罗斯曾希望像德国一样，将共享税的比例通过税收法律固定下来，但实际运行中发现由于事权和支出划分不明确、不稳定，各级收支不匹配，分享比例很难保持相对固定，于是采取联邦与地区每年谈判、协商的方式来确定。但后来又发现，这样过于频繁的调整不利于强化各级政府的职能和责任，于是近年来又采取少数共享税（如公司税）的分享比例由税收法典固定，其余共享税每年协商确定的方式。

表 6-22A 是俄罗斯的 5 大税种 2011—2013 年的收入在三级政府间的分配情况。由表可见，增值税大部分是联邦收入，地方政府略有一部分。消费税主要由联邦与地区共享，地区稍多。个人所得税主要由地区和地方共享，以地区分享为主。公司税主要由联邦与地区共享，以地区分享为主。家庭财产税由地区和地方共享，以地区分享为主。

表 6-22A **2011—2013 年俄罗斯三级预算主要税收收入** 单位：亿卢布

年份	2011 年			2012 年			2013 年		
税种	联邦	地区	地方	联邦	地区	地方	联邦	地区	地方
总收入	8388.4	4220.3	801.5	9367.4	4893.8	922.7	9439.6	4857.3	1027.0
增值税	3210.4	0	0.3	3551.4	0	0.3	3581.7	0	0.4

续表

年份	2011 年			2012 年			2013 年		
消费税	285.9	371.9	0.2	408.8	441.0	0.1	547.0	508.6	0.1
个人所得税	2.1	1410.7	576.7	-9.3	1610.7	649.4	0	1778.5	727.5
公司利润税	311.6	1798.9	21.6	388.9	2038.8	11.2	346.0	1668.4	11.4
财产税	0	454.4	918.0	-0.8	548.6	145.9	0.1	620.6	161.7

资料来源：俄罗斯国家统计局 http：//www. roskazna. ru/.

表 6-22B 是俄罗斯地区预算收入的结构。由表可见，个人所得税、企业所得税、消费税、财产税是主要收入来源，然后是国有资产所得。来自联邦的转移支付约占总收入的 1/5。

表 6-22B **2008—2013 年俄罗斯地区预算收入的来源结构** 单位：亿卢布

年份	2008	2009	2010	2011	2012
总收入	61988	59266	65373	76439	80643
企业利润税	17520	10692	15178	19279	19799
个人所得税	16663	16658	17905	19958	22615
消费税	1897	2460	3274	3721	4418
财产税	4934	5697	6282	6780	7855
矿产调节税	1050	747	324	381	417
国有资产所得	2735	2347	2279	2688	2777
资源使用费	251	217	243	288	316
有偿服务收入	407	773	816	715	320
转移支付	12047	16188	15117	17683	16796

资料来源：俄罗斯财政部，http：//wwwl. minfin. ru/.

表 6-22C 是俄罗斯地方预算收入的结构。由表可见，个人所得税分享收入是地方的主要收入来源，非税收入（许可证收费、医疗保险、预算外各专项基金收入）也较重要，而来自联邦的转移支付十分重要，约占总收入的 1/3。

表 6-22C **2008—2012 年俄罗斯地方预算收入来源结构** 单位：亿卢布

年份	2008	2009	2010	2011	2012
总额	23643	23880	26005	29611	31384
税收	7204	7198	8068	8790	9358
个人财产税	88	142	135	44	158

续表

年份	2008	2009	2010	2011	2012
土地税	738	883	1024	1071	1249
个人所得税	4941	4946	5252	5835	6567
非税收入	2786	2435	2531	2790	2640
转移支付	8811	8420	9134	10868	10450

资料来源：俄罗斯财政部，http：//wwwl. minfin. ru/.

表 6-23 是近年来俄罗斯联邦三级政府的收入比重。由表可见，三级政府的财政收入比重变化不大，但有一定调整，基本趋势是联邦和地方收入提高，地区的收入比重有所下降，目前联邦、地区、地方的收入比重约为 52：33：15。图 6.9 是俄罗斯联邦三级政府的收入比重曲线。

表 6-23 **2008—2013 年俄罗斯三级政府收入比重（%）**

年份	2008	2009	2010	2011	2012	2013
联邦	52.0	46.9	47.6	51.7	53.4	54.4
地区	34.7	37.8	37.5	34.8	33.5	28.9
地方	13.2	15.2	14.9	13.5	13.1	16.6

资料来源：俄罗斯国家统计局，http：//www. roskazna. ru/reports/cb. html.

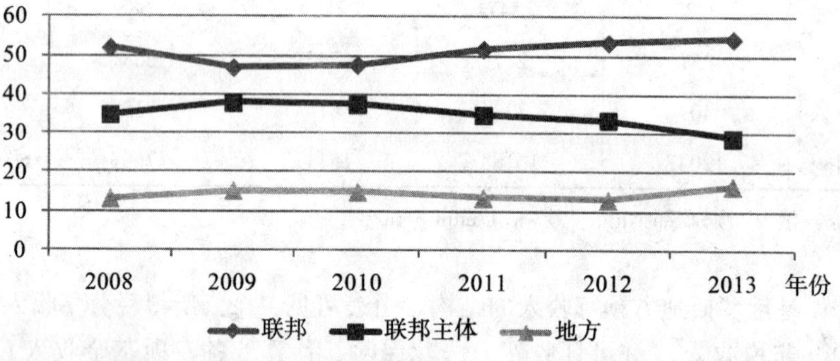

图 6.9 2008—2013 年俄罗斯 3 级政府收入的比重（%）

从图 6.8 和图 6.9 可以看出，近年来俄罗斯三级政府的收入与支出比重相对稳定，而且地方收入和支出的比重都在 10%以上。这表明，俄罗斯的财政联邦制经过较长期的调整已基本上稳定下来。

第八节 印度的财政联邦体制

印度是一个联邦制国家，全国设联邦、邦（直辖区）、地方（县乡村和市镇）三级政府。1950年印度《宪法》中的“联邦条例”和“邦条例”明确规定了中央政府和邦政府的权限和责任，另外还规定了“共同条例”（责任）。1992年以前，印度的联邦制主要存在于联邦与邦层面，邦以下地方不实行联邦制或分权制。

第二次世界大战后，印度的财政联邦制发展可以分为两个阶段：1992年前的2级（联邦财政与邦财政）联邦制；1992年以来的3级（联邦、邦、地方财政）联邦制。

1992年前，印度实行2级财政联邦制的客观原因是地方政府和财政制度未全面建立。虽然1950年的《宪法》提到应建立地方政府——潘查亚特（乡村委员会，Panchacyat），让它发挥地方自治的作用和功能，但农村地区的潘查亚特并不普遍。1952年，在美国“福特基金会”的资助之下，印度政府推行“乡村建设计划”，主要是建立农村最基层的潘查亚特（村委会，Village panchacyat）。1956年，印度政府又着手建立村、乡（区）、县三级潘查亚特（Tuluk panchacyat，District panchacyat）。20世纪70年代，印度政府再次在乡村建立村、乡（区）、县三级潘查亚特政府。由于建立村、乡（区）、县潘查亚特后各邦和联邦政府未被赋予明确的职能和相应的收入，建立后作用不大，因此各地并不积极。1986年，拉吉夫·甘地政府上台后，将建立农村地方政府作为印度民主化、现代化、摆脱贫困的重要基础，1989年向印度国会提交了全面建设农村潘查亚特、使其成为正式地方政府的第“64次”宪法修正案，但遭到参议院否决。

1992年后，随着第“73次”和“74次”宪法修正案通过（给农村和城市地方政府以法定地位），农村地区普遍建立了村乡县委员会、城镇建立市镇政府，印度开始建立3级财政联邦制，开展以邦以下财政分权为主要内容的财政改革。改革的直接原因是：1991年拉奥政府上台后，以甘地提出的法案为基础、起草了新的农村和城市基层政府建设法案（即第“73次”和“74次”宪法修正案），于1992年12月获得国会批准。改革的基本背景是：印度独立后长达30多年年均经济增长率仅3.6%，使印度的贫困和收入分配不公问题日益严重，1991年印度又爆发了经济危机；同时，1989—1990年苏联和东欧国家急剧转型，这也使一直模仿苏联计划经济模式的印度（在财政方面，印度中央预算收入长期占全国预算收入的2/3以上，造成中央强大、地方弱小，地方对中央的依赖十分严重的状况）感觉到调整的必要性和紧迫性；另外，印度南方各邦的分离主义日渐活跃，通过推行地方自治、建设地方自治政府既可以牵制各邦的离心主义，又可以调动地方积极性、加快经济发展。这才有了第“73次”和“74次”宪法修正案通过、邦以下财政联邦制改革全面展开的重大变化。虽然此后财政分权改革并不理想，但印度确实由此开始了较高速的经济增长（从1994年开始，印度经济连续3年以年均约7%的速度增长）。

一、印度三级政府的职能和支出划分

根据印度《宪法》，印度联邦政府负责与国家利益有关的事务。包括：国防、外交、对外贸易、银行保险、货币外汇、国债、高等教育、科学技术、铁路、邮政电信、国家高速公路、水运、航空运输、石油业和采矿业的发展等。印度《宪法》的附表《联邦职权表》，具体列出了属于联邦的97项事权。

各邦政府和直辖区政府负责的事务包括：司法和法律、公共秩序与警察治安、公共工程建设、公共卫生保健、农矿渔业和灌溉、自然资源和水与土地、天然气工程、邦公共债务、国库储备等。印度《宪法》的附表《各邦职权表》，具体列出了属于各邦的66项事权。

联邦和邦的共同职责和事务包括：刑法与刑事、婚姻、人口控制与计划生育、财产转让（农业用地除外）、破产与债务、社会保障和福利救济、就业与失业、森林与动物、统计与价格、能源和电力，报纸书籍和出版等。印度《宪法》的附表《联邦与各邦共有职权表》，具体列出了47项共有事权。

根据1992年印度《宪法》修正案（第73次和74次），地方政府分为农村和城市两类，职能有所不同（见表6-25和表6-26）。地方政府的一般事务主要有：土地规划、农林牧渔业和土地改良、水利和水资源管理、乡村企业、住房改善、道路交通、水电能供应、扶贫、基础教育和职业教育、文化设施、医疗卫生、妇女儿童福利与救济、社区建设等。

尽管如此，各邦在向地方下放职能和事务上有很大不同，这取决于各邦的态度和意愿。表6-24是各邦根据1992年《宪法》修正案对城乡地方政府职能的安排情况。在农村地区，最基层的村政府设1名主席和5个委员会（财政与计划、农业发展、教育与卫生、妇女儿童与社会福利、基础设施），提供基本服务；乡政府设1名主席和10个委员会，提供网线式有规模的基本服务；县是邦的委托机构（非自治），执行政策、审查计划、进行协调、分配联邦与邦的拨款，机构设置与乡相同。

表6-24 **印度城乡地方政府的主要职能**

村	乡	县	市镇
1. 准备年度发展计划 2. 准备和实施年度预算 3. 发展农林牧渔业、乳制品、动物、园艺 4. 提供饮用水 5. 地基和住房 6. 实施减贫、社会发展、家庭福利项目 7. 保证入学率和初级教育、促进成人识字 8. 农村供水和环境卫生 9. 监管卫生中心 10. 管理公共分配系统	1. 准备年度计划并汇总村级计划 2. 准备年度预算 3. 农业和农技推广 4. 维护灌溉网 5. 农村供水和环境卫生 6. 林业植树 7. 建设和维护农村道路和通信 8. 监管和实施各种村级项目与政策 9. 医疗健康、家庭福利、妇女和儿童发展	1. 准备年度计划并汇总乡村计划 2. 建设和维护道路与公共建筑 3. 建设农村供水网 4. 协调实施各种乡、村的减贫和社会发展项目 5. 流域和荒地的开发 6. 管理医院和诊所 7. 监管公共分配系统	1. 城镇年度计划 2. 监管土地使用与建设 3. 建设和维护道路桥梁 4. 供水、环境卫生、公共卫生、废料处理 5. 城市林业与环境保护 6. 改善贫民区 7. 实施城市减贫项目 8. 提供城市公共设施、公园和广场 9. 殡葬管理 10. 统计与登记 11. 屠宰和制革

资料来源：M. Govinda Rao. Fiscal decentralization in India federalism, 2000, http: //www.imf.org/external/pubs/.

表 6-25　　印度乡村委员会（**Panchacyat**）的职能

1. Agriculture, including agricultural extension.
2. Land improvement, implementation of land reforms, land consolidation and soil conservation.
3. Minor Irrigation, water management and watershed development.
4. Animal husbandry, dairying and poultry.
5. Fisheries.
6. Social forestry and farm forestry.
7. Minor forest produce.
8. Small scale industries, including food processing industries.
9. Khadi, village and cottage industries.
10. Rural housing.
11. Drinking water
12. Fuel and fodder.
13. Roads, culverts, bridges, ferries, waterways and other means of communication.
14. Rural electrification, including distribution of electricity.
15. Non-conventional energy sources.
16. Poverty alleviation programme.
17. Education, including primary and secondary schools.
18. Technical training and vocational education.
19. Adult and non-formal education.
20. Libraries.
21. Cultural activities
22. Markets and fairs.
23. Health and sanitation, including hospitals, primary health centers and dispensaries.
24. Family welfare.
25. Women and child development.
26. Social Welfare, including welfare of the handicapped and mentally retarded.
27. Welfare of the weaker sections, and in particular, of the Scheduled Castes and the Scheduled Tribes.
28. Public Distribution system.
29. Maintenance of community assets.

资料来源：印度《宪法》第 73 次修正案，1992.

表 6-26 印度市镇（Municiplity）的职能

1. Urban planning, including town planning.
2. Regulation of land-use and construction of buildings
3. Planning for economic and social development
4. Roads and bridges.
5. Water supply for domestic, industrial and commercial purposes.
6. Public health, sanitation, conservancy and solid waste management.
7. Fire services.
8. Urban forestry, protection of the environment and promotion of ecological aspects.
9. Safeguarding the interests of weaker sections of society, including the handicapped and mentally retarded.
10. Slum improvement and upgradation.
11. Urban poverty alleviation.
12. Provision of urban amenities and facilities such as parks, gardens, playgrounds.
13. Promotion of cultural, educational and aesthetic aspect.
14. Burials and burial grounds; cremations, cremation grounds and electric crematoriums.
15. Cattle ponds; prevention of cruelty to animals.
16. Vital statistics, including registration of births and deaths.
17. Public amenities, including street lighting, parking lots, bus stops and public conveniences.
18. Regulation of slaughterhouses and tanneries.

资料来源：印度《宪法》第 74 次修正案，1992.

表 6-27 是 2013—2014 年度印度联邦和各邦政府的主要支出及其比重。由表可见，印度联邦政府的最大支出是利息支出（占 24.1%），其次是国防支出（占 12.9%），再次是社会和社区支出（占 10.1%，主要包括教育和艺术文化、医疗卫生、公共健康以及家庭福利）。各邦政府的第一大支出是社会和社区支出（高达 36.6%），具体包括教育和艺术文化、社会安全和福利、医疗卫生和公共健康以及城市发展；第二是利息支出（9.8%）；第三是农业支出（8.3%）；第四是电力、灌溉和防洪支出（7.9%）。

表 6-27 **2013—2014 年印度联邦、邦政府的主要支出及比重（%）**

联邦	比重	邦	比重
利息	24.1	社会和社区	36.6
国防	12.9	利息	9.8
社会和社区	10.1	农业	8.3
工业和矿业	7.1	电力、灌溉和防洪	7.9

续表

联邦	比重	邦	比重
交通和通信	6.5	交通和通信	5.7
养老保障	5.1	行政	5.3
行政	4.7	一般经济服务	1.3
一般经济服务	3.9	财政	1.2
电力、灌溉和防洪	3.1		
财政	0.6		

数据来源：印度财政部，http：//www.finmin.nic.in/index.asp.

表6-28是1995—2014年印度联邦和邦政府的支出比重。由表可见，1992年印度开始财政分权改革以后，联邦的支出比重下降，邦以下政府的支出比重增加。2014年印度联邦与邦以下政府的支出比重为44.5：55.5，说明联邦政府下放事权的速度不是太快，1995—2014年联邦支出比重仅下降6.2个百分点。另外，应注意的是，无论是印度财政部的统计，还是印度“统计与项目实施部”（http：//www.isical.ac.in/）或印度“乡村委员会管理部”的统计（http：//www.panchayat.gov.in/）都缺乏地方收支的完整数据。

表6-28 **1995—2014年印度联邦与邦的支出比例（%）**

年份	1995	2000	2005	2010	2012	2014
联邦	50.7	49.9	46.1	51.7	48.3	44.5
邦	49.3	50.1	53.9	48.3	51.7	55.5

资料来源：印度财政部，http：//www.finmin.nic.in/index.asp.

二、印度三级政府的税收和收入划分

印度《宪法》明确规定了联邦政府和各邦政府的收入范围，并且在《宪法》附表《联邦职权表》和《各邦职权表》中列举了联邦和邦的具体税种（参见表4-37）。

印度税收划分的一个特点是：严格划分税种（有些看起来2级或3级政府相同的税种其实税目不同），不设共享税（上级政府可以征收后将某些税种的收入分配给下一级，或者直接给下级征管）。

关于地方税，1992年印度《宪法》修正案确立了联邦、邦和地方政府的3级财政结构，规定对农村和城市的地方政府要制定一个有关职能和财源的明细表，各邦应当任命一个财政委员会来将税与费分配给这些地方政府（税权下放）和提供转移支付；法律还要求联邦总统每5年任命一个联邦财政委员会来评估邦和联邦对地方政府下放税权、提供转移支付的情况。1994年，印度立法给农村最基层的村委会（Village panchacyat）予税收权，并规定邦政府给予税收分配收入和联邦与邦提供转移资助，但乡、县Panchacyat只能收费和接受税收分配及转移资助（不同的是，乡政府还可以征收村税的附加税）。城市的市镇同村一样有税收权。

大部分 Village panchacyat 征收住房税、广告税、使用费（水电等）、许可税（如建筑许可）等，另外就是邦政府分配的娱乐税、职业税、电缆税、印花税等。县和乡政府的主要收费是：市场准入费、商店费、摆渡费、旅馆费等，县、乡接受的邦分配税收主要是印花税、娱乐税收入。从实际情况看，农村 Panchacyat 的自有税收等收入很少，主要靠联邦和邦的转移支付。据印度联邦财政委员会第 12 次报告，农村地方政府的自有收入仅占其总收入的 4.17%，主要原因是：农民收入低；村委会不愿收税收费、税收努力不足；缺乏有效的收税机制；地方财政缺乏监管。主要是由于印度农村贫困，据印度“乡村委员会管理部”（The Ministry of Panchacyati Raj）统计，目前绝大部分村 Panchacyat 的人均收入水平很低（据印度“统计与项目实施部”统计，2013 年印度农村地区共有 651 个县、6612 个乡、640930 个村 Panchacyat）。

表 6-29 是印度联邦与邦政府的主要收入项目。由表可见，联邦政府的主要税收是：公司税（占 26.3%），个人所得税（占 15.8%），再就是消费税、关税和服务税等。邦以下政府的主要收入是：增值税（占 33.1%），个人所得税（占 14.1%），再就是公司税、登记税等。

表 6-29 **2013 年印度联邦与邦主要收入及比重（%）**

联邦		邦	
公司税	26.3	增值税	33.1
个人所得税	15.8	个人所得税	14.1
关税	11.7	公司税	8.1
联邦消费税	11.9	印花税与登记税	6.1
服务税	11.0	酒店税	4.8
事业单位收入	6.6	入市税	3.8
利息收入	1.5	消费税	2.6
		交通工具税	2.7
		经济服务	1.8
		电力税	1.6
		利息收入	1.7
		社会和社区服务	1.6
		一般服务	1.4

数据来源：印度财政部，http：//www.finmin.nic.in/index.asp.

表 6-30 是 1995—2014 年印度联邦和邦（以下）政府的税收比重。由表可见，印度开展财政分权改革以来，邦以下政府的自有税收的比重缓慢增加，2014 年联邦与邦的税收

之比约为 60∶40。但是，若加入联邦税分配给各邦的税收（各邦实有的税收），那么，从 1995 年度起，各邦的税收一直占一半以上，超过联邦的税收收入，2014 年二者税收之比为 56.5∶43.5。对照表 6-29 和表 6-30 可见，联邦和各邦的支出与税收比重大体上是相匹配的。这表明印度的财政联邦制改革取得了一定成效。目前，人们对印度分权改革的质疑主要是农村地区、特别是村委会（Village panchayat）虽然是民主选举产生的但总是由种姓豪门把持、封建管理习俗依然严重的问题。

表 6-30　**1995—2014 年印度联邦与邦的税收比例（%）**

年份	1995	2000	2005	2010	2012	2014
联邦	63.4	61.6	62.4	62.3	60.4	60.9
邦（自有税）	36.6	38.4	37.6	37.7	39.6	39.1
联邦（分配税后）	46.9	44.9	46.0	44.9	43.3	43.5
邦（加分配税）	53.1	55.1	54.0	55.1	56.7	56.5

注：2014 年的数据为预算数。

资料来源：印度财政部，印度公共财政统计（2014—2015 年），http://www.finmin.nic.in/index.asp.

第九节　财政转移支付制度

财政转移支付是指公共资金在各级政府间的转移、流动和再分配，财政转移支付制度就是指有关财政资金转移支付的法律、政策规定和相关的规则与做法安排。财政转移支付制度是公共财政体制的重要组成部分。

财政转移支付有多种形式，比较常见的是中央财政对地区和地方财政的资助、地区财政之间和地区对地方财政的资助以及地方财政之间的转移支付。根据转移支付的目的和条件，财政转移支付可分为一般转移支付和特定转移支付。一般转移支付是一种不附带条件、不指定用途的财政资金转移，又称无条件转移支付；特定转移支付是一种附带条件、有特定目的和使用要求的专项转移支付，又称有条件转移支付。

财政转移支付的基本作用和功能是：（1）保证财政的纵向均衡。各级政府的收支划分是一个十分复杂的问题，仅从财力合理配置的角度看，各级政府的财力应与各自的服务支出需要相适应或相匹配，但是，人们很难找到一个有关各级服务支出需要的合理标准（何况服务支出需要在各年度是变化的、有弹性的），于是，在收入划分上考虑到宏观调节和稳定经济运行的需要，通常让中央政府掌握较多的财政资源；而公共服务供应和资源优化配置客观上又要求地方政府承担更多的支出职能，由此形成中央与地方的财力配置不均衡、中央和地方收支失衡或不匹配的现象（在单一制国家中，这一现象可能更普遍）。中央对地方、纵向的财政转移支付就是为解决这一问题所采取的措施和方法。（2）保证财政的横向均衡。由于各地的社会经济条件和发展水平不同，各地的财政能力客观上存在差距，如果要求各地的基本公共服务供应均等化或达到某个标准，一定会出现有些地方的财力相对充裕而有些地方的财力相对紧缺的问题；如果不解决地方之间这种财力严重不均衡的问题，一是会出现严重的公共服务供应差距，背离公共财政的公平分配原则；二是会加剧非正常的人口流动和资源非有效配置问题，使地方之间的发展差距进一步扩大，进而影响社会稳定和经济增长。因此，中央政府对财政能力弱或财政困难的地方政府进行转移支付资助，或者建立地方之间的、水平型的财力均等化转移支付机制就十分必要。(3) 保证各级政府履行职能。政府间职能和支出范围的划分主要考虑公共服务的性质和受益范围，有时很难兼顾履行服务职能和提高支出效率的问题，例如，如果说保证每个居民读书识字的权利和有基本的生存能力也是中央政府的责任和职能，那么，让中央政府来直接管理每一所中、小学就不符合效率原则，这就是公共服务供应和生产的非一致性或分离性问题。有效的解决办法是中央向地方进行（专项教育财政资金）转移支付委托地方管理中小学、提供义务教育服务。在这种情况下，中央对地方的财政转移支付是为履行自己的职能，而不是为提高地方的财政能力、帮助和资助地方履行职能。总体来看，政府间的财政转移支付作为财政分权体制的一种配套安排或协调机制，目的是维护是财政分权体制的有序运行，最根本的目的是保证各级政府根据财政分权的规则自主负责、履行职能、保证本级范围内各种公共服务的良好提供。

当然，财政转移支付制度再好也只是财政分权制度的补充和辅助机制。需要注意的是，如果普遍地大规模地进行转移支付或大量地广泛地滥用转移支付，导致资助方或被资助方的转移资金超过了自己收入的1/2以上，那就说明转移支付制度已经“反客为主”了，这也表明财政分权安排（政府间的收支划分）存在重大缺陷，已不适应需要或需要根本调整。因为财政分权的目的是划分权限、各自负责、自主服务，当本级的大部分资金要依赖外部输入时该级财政事实上已不能“自主服务”；而当本级的大部分资金要向外部转移时，说明该级财政已严重地渗入他级财政，已经是界限不明、责任不清了，财政分权已无实质内容、只剩下形式了。

一、美国的指向性财政转移支付

美国联邦政府的转移支付资助（Federal grants）不同于一般意义上的、对地区和地方政府的财力资助，它的鲜明特点是：资助指向或对象是个人、家庭和社会群体（不是政府组织），目的是使他们的生活与社会状况得到改善。美国联邦政府认为，资助这些个人和群体是联邦政府应有的责任（根据美国《联邦宪法》序言和第八条规定，联邦政府有增进全民福利的责任）。通过向州和地方拨款只是让州和地方政府也明确自己的责任、进行具体的组织和实施，而不是因为州和地方政府财政困难或不能履行公共服务供应责任。

如前所述，美国财政分权的一个重要特点是：3级政府都有较充分的财政自主权，都可以调整税种和税率、发行债务（当然需要本级议会同意或本辖区居民投票批准），由此来承担服务供应责任并保证本级收支平衡。所以在美国，基本上不存在财政分权是否合理、是否匹配的问题，自然也不像其他国家那样，需要有政府间的转移支付来弥补财政分权不足。就美国联邦政府来说，除了在经济危机期间，有时经国会批准设置一个临时性的“稳定性转移支付”项目来帮助州或地方政府以外，再没有其他的对州或地方政府进行资助的转移支付项目。州对地方政府的转移支付主要是“共同职能”和“委托事项”，同样是为了履行州政府自己的职能，同样也没有对地方政府进行资助的一般性转移支付——地方政府是自治政府，完全对自己的职能和财政状况负责，对经营不善的地方政府各州可以让其“破产”，也可以督促调整或提前主持民选。“不救助原则”是美国政府间关系的一个基本原则。

目前，美国联邦政府（指向个人和社会群体）的财政转移支付有2大类：分类资助（Categorical grants）和分块资助（Block grants），包括由26个联邦部门（机构）负责的1100个具体项目。美国联邦政府曾经设立过“总额资助”（General assistance，1977—1986年），也正因为它是对州和地方政府提供一般财政资助而受到质疑并最终被废除。

（一）分类资助

分类资助是一种专项资助，是联邦政府按类别（目前按农业发展、社区发展、教育区发展等分为21类）建立的、由各部门负责管理的专项发展资助类项目，也是运用时间最长、项目最多（目前超过900个）、资金最多的一类转移支付。分类资助有1/3是根据公式来确定资金分配的，分类资助额约占联邦每年资助总额的90%。

联邦分类资助的典型项目有：联邦“健康与个人服务部”负责的“抚养孩子的家庭援助”（AFDC，对带孩子的单亲母亲的资助）专门项目，联邦“教育部”负责的“基础教育改善”（Title I）专门项目等。以Title I教育专项资助为例，该项目的主要目的是对各地中小学中低收入家庭的孩子提供资助，使他们能够正常学习，达到各州规定的学业标准。这项资助主要按低收入家庭的学生人数比例来决定拨款的地方政府和学区，资助拨款主要包括2部分：基本资助和集中资助。计算方法是（以一个县为例）：

$$BG（基本资助额）= NLIF \times AE \times 40\%$$

其中，NLIF（符合条件的在读学生人数）= 低收入家庭的学生数+接受AFDC补助的家庭的学生数+在非政府孤儿院中的学生数+由政府出资寄养在他人家中的学生数；AE是所在州的每个学生的平均支出额。

各地方（如县、市或学区）有资格接受资助的学生（5~17岁）人数按最新人口统计确定。教育部的专项资助实际拨款一般为基本资助额的85%，另外15%由所在地方配套支付。

该项目的集中资助部分是对贫困儿童集中的地方提供额外资助。可以获得集中资助的地方必须满足以下两个条件之一：（1）有资格享受基本资助的学生超过6500名；（2）有资格享受基本资助的学生占学龄人数的比例超过15%。计算方法是（以一个县为例）：

$$CG（集中资助额）= BG/P \times NLIF1$$

其中，P是在读中小学学生总人数，NLIF1是该县超过6500以上的有资格享受基本资助的学生数或超过15%以上的有资格享受基本资助的学生数（如果该县同时满足两个条件，可选其中较高的学生数）。

教育部比较用于集中资助的法定资金额和各县需要的集中资助额，计算二者的比例，然后按这个比例来确定各县的集中资助额。

Title I教育专项资助直接落实到学生个人和家庭，项目实施以后美国教育部和OMB

进行检查和绩效评估。

（二）分块资助

分块补助是一种使用范围比分类资助稍宽的联邦资助，一般按相关的部分具体划分为几个方面来分配资金，负责管理的联邦部门通常在申报（符合条件的群体和社区自行申报）和竞争（比较和选择）的基础上决定资助对象；相关的州和地方政府在接受分块资助后除了要将资金下拨到被资助的对象，还要组织该对象的所有人员对具体实施问题进行研究和讨论，承担项目管理的任务，使其达到规定的标准。

分块资助始于 1981 年。当时美国国会通过 *Omnibus Reconciliation Act*，将 57 个联邦专项资助项目并入 9 个分块资助项目，以便管理和评估。最初设置的 9 个分块资助项目是：（1）健康（包括精神健康）；（2）犯罪控制；（3）社区发展；（4）社会服务；（5）就业培训；（6）城市交通；（7）贫困救助；（8）妇幼照顾；（9）基础教育。后来又陆续增加了其他一些分块资助项目。

联邦分块资助的典型项目是联邦"住房与城市发展部"（HUD）管理的"社区发展分块资助"（CDBG）。该项目面向 1209 个州和地方的贫困社区，目的是帮助这些州和地方政府改善落后社区的居民（主要是低收入者）生活环境、建设体面的住房、增加经济机会，资助额通常按居民住房、公共设施、计划与管理、公共服务、经济发展、社区资产和其他这 7 块来划分使用。申请该项目的社区、其他社会组织和组合群体必须将 70%以上的资金用于低收入居民，联邦"住房与城市发展部"根据公式（包括贫困度、人口数、住房拥挤情况、住房建造时间、人口增长速度 5 个因素）来决定资助额，所在地方的政府负有管理责任并且要向 HUD 提交资金分配报告和季度执行报告。同样，CDBG 要接受 HUD 和 OMB 的检查和评估。2005 年以来，美国联邦政府的转移支付（严格地说，应当称为对居民的转移支付）占每年联邦总支出的比重保持稳定，一直在 10%以下（比 2000—2003 年的 17%要低）；联邦转移支付的主要领域或方向也很稳定，主要是居民的医疗保健、家庭福利、教育和交通这 4 个方面，其中医疗保健和家庭福利两项就占每年资助额的 70%以上（见表 6-31）。美国各州的转移支付类型与联邦情况大体相似，所不同的就是各州对地方的转移支付主要用于中小学教育或学区，所采取的方法也有所不同（参见第三章）。

表 6-31　　**2005—2014 年美国联邦转移支付的主要方向和比例（%）**

年份	医疗比例	住房生活比例	交通比例	教育比例	总额（亿美元）	占联邦支出的比例
2005	46.3	28.2	10.1	12.3	4280	9.9
2006	47.6	29.4	11.2	13.1	4157	8.8
2007	47.1	28.1	10.8	12.1	4438	9.0
2008	46.4	27.5	10.8	11.5	4710	8.9
2009	50.0	24.7	10.3	12.8	5380	9.1

续表

年份	医疗比例	住房生活比例	交通比例	教育比例	总额（亿美元）	占联邦支出的比例
2010	47.8	24.6	10.0	14.9	6084	9.8
2011	46.9	23.6	9.7	13.2	6268	9.9
2012	47.7	24.0	10.7	11.2	5648	9.0
2013	50.4	23.1	10.7	10.3	5630	8.1
2014	54.4	20.7	10.5	9.5	5902	8.4

资料来源：美国管理与预算办公室（OMB），http：//www.whitehouse.gov/omb/.

二、德国的财力均等化转移支付

德国政府间的转移支付制度是德国财政联邦制模式的重要组成部分，它体现了德国合作型财政联邦制合作、协调的特征。与美国联邦政府的个人和群体指向性转移支付制度相比，德国转移支付制度的目的在于保证各级政府的财力均衡，使各级政府具有履行其职能的大体相等的能力。

之所以会形成这种差异，是因为德国的财政分权安排与美国完全不同。德国不采取“税源共享”、给州和地方政府比较充分的税收权方式，而是采取“划分税种+主要税收共享”方式，即州和地方的税收权有限、联邦与州和州与州之间的收支不平衡主要通过协商和调整来解决的模式。也就是说，既然是划分税收，就有一个划分是否合理、与事权和支出是否匹配的问题，而如果不能确定合理划分的标准，最好的办法就是共同协商、保证各级收支大体均衡，故转移支付制度必须承担这一重任。

德国的财政转移支付制度是一种合作性、均衡性的财力资助制度，无论是德国联邦政府对州（以及州对地方）的垂直型资助制度，还是州与州（地方与地方）之间的水平型资助制度都体现了合作、均衡的特点。

（一）垂直型转移支付（Vertical grants）

德国联邦政府对各州的垂直型转移支付包括两种安排：一是联邦与州的税收（增值税）分享；二是联邦对财力较弱的州提供资助。垂直型转移支付主要用来解决联邦财政与州财政（主要是弱州）之间的不平衡。

1. 联邦与州的增值税分享

在德国的共享税中，增值税的共享或分配比较特殊，它不是按统一比例在联邦与各州之间进行分享，而是考虑各州的情况、根据财力的强弱进行调节性分享。基本方法是：

（1）首先按各州人口进行分配。将另外的应分配给各州的增值税额的75%按各州的居民人口进行分配。这是因为增值税是由消费者负担的，人口越多、消费越多、缴纳的增值税就越多，因此按人口数分配体现对贡献的鼓励，也体现公平。

（2）其次对弱州进行倾斜性分配。将另外的应分配给各州的增值税税额的25%分配给财政能力弱（低于全国平均水平）的州，使最贫困州的财政能力尽量接近全国平均水平的 92%。

2. 联邦对困难州的援助性拨款

除了增值税分享，德国联邦政府还向一些困难州提供财政援助。1990 年后由于统一和东部地区加入，德国通过修订法律，决定由联邦政府向有关州提供财政资助，包括：(1) 向财政实力弱的州提供援助，提供数额为这些州的财政能力与平衡指数的差额的 90%；(2) 向东部各州每年提供至少 1400 亿马克，直到 2004 年；(3) 向西部一些州因统一而导致的财政损失提供补偿，这笔转移支付每年为 120 亿马克，为期 10 年。另外，联邦向东、西部较小的州每年提供 150 亿马克的有条件资助，以稳定预算。

应当指出，德国联邦的财政援助对东、西部的统一和融合发挥了重要作用。1990 年德国统一时，西部各州拒绝原民主德国 5 州加入水平型转移支付体系，因为东部各州加入后，西部一些本来可以接受拨款的州将变为提供州，而且整个均等化基金将变为原先的 5 倍（由 50 亿马克变为 250 亿马克）。因此，作为过渡，德国联邦政府另外成立了一个专门援助东部的“德国统一基金”，该基金共 1610 亿马克，其中由联邦政府提供 500 亿马克，西部各州预算提供 160 亿马克，剩余的从资本市场上筹借（借款由联邦政府与各州共同负担）。该基金从 1990—1995 年按人均额向东部各州进行分配，并规定各州获得拨款中的 40%必须分配到地方。1995 年后，东部 5 州平稳过渡，加入州际水平型转移支付体系。

联邦财政援助也称补充拨款，是对增值税分配和州际水平型财力均衡体系的重要补充（见表 6-32）。联邦财政援助不采取公式化的分配办法，而是根据一些特殊需求来确定补助额。

表 6-32 **1995—2004 年德国的财政转移支付** 单位：百万欧元

年份	州际水平支付	联邦补充拨款
1995	5.724	12.819
1996	6.253	12.859
1997	6.134	12.902
1998	6.920	13.117
1999	7.490	13.212
2000	8.273	13.339
2001	7.568	12.632
2002	7.445	15.775
2003	6.610	15.215
2004	6.752	15.041

资料来源：德国财政部，http：//www.bundesfinanzministerium.de/.

（二）水平型转移支付（Horizontal grants）

德国创造了州与州之间的水平型或横向的财政转移支付制度模式。也即，由较富裕的州向“均等化基金”贡献财政收入（税收），而较困难的州则从“均等化基金”中获得财政资助或拨款。通过这种州与州之间的转移支付，在保证富裕的州财政能力不降低到平均水平以下的基础上，使财政困难的州的财政能力达到平均水平的95%。

德国水平型财政转移支付制度始于1951年，当时主要是向那些有“特殊负担”（如难民、港口维护等）的地区提供资助。1955年，这一财政互助性的制度安排作为第107条载入德国《基本法》。该条款规定，各州之间的均等化转移支付制度应对各州的财政收入进行调整，以实现各州税收能力的平衡，对面临“特殊负担”的州提供资助。由此形成了具有德国特色的水平型财力均等化转移支付制度。

德国州际水平型转移支付制度由联邦政府主持，2005年前按以下方式运作。

1. 首先计算各州的税收能力（FC，又称财政能力）

各州的税收能力=州税收入+50%州内的地方税收入（具体为财产税、贸易税、地方所得税收入）。地方税收入不完全进入计算是因为州内各地方差异大，而州并不直接支配地方税收收入；要考虑地方税收是因为各州需承担州内地方财政间的平衡，地方税收入多，州的对外贡献能力就大。

2. 然后计算各州的平衡指数（EY，又称均等尺度）

各州的平衡指数=本州税收平衡指数+本州内各地方的税收平衡指数。其中，本州税收平衡指数=本州加权人口数×按加权人口计算的全国各州税的人均税收额；本州内地方税收平衡指数=本州各地方加权人口数×按加权人口计算的全国地方税的人均税收额；加权人口数=实际人口数×加权系数。

加权系数按城市化程度和人口规模设定。对于州：一般的州的加权系数为1.00，全部为城市的州的加权系数为1.35；对于地方，人口在5000人以内的乡镇加权系数为1.00，50万人以上的市镇的加权系数为1.30。因为人口多，公共支出多，平衡指数就相应要大。平衡指数实际上反映各地对于税收收入的需求水平。

3. 计算FC与EY之差，确定转移支付

通过税收能力与均衡指数的比较，确定各州应提供或接受水平转移支付的具体数额。

若：FC>EY，该州就应向“均等化基金”提供资金。此时，提供资金的数额B根据余额（FC-EY）的程度，按超额累进方式确定，边际提供率分别为15%、66%和80%，即：

当 $1 \leq FC/EY < 1.01$，

$$B = 0.15 \times (FC - EY);$$

当 $1.01 < FC/EY \leq 1.10$，

$$B = 0.66(FC - 1.01EY) + 0.15(1.01EY - EY);$$

当 $FC/EY > 1.10$，

$$B = 0.8(FC - 1.1EY) + 0.66(1.1EY - 1.01EY) + 0.15(1.01EY - EY)$$

反之，若 FC<EY，该州就应从“均等化基金”取得资金。此时，取得资金的数额 Z 根据差额程度，按超额累进方式确定，边际接受率最低为37.5%。

当 FC/ EY<92%，

$$Z=(0.92EY-FC)+0.375(EY-0.92EY);$$

当 92%≤FC/ EY<1，

$$Z=0.375(EY-FC)$$

（三）2005 年以来的改革或新规则

2001 年 6 月 23 日，德国联邦政府和各州协商后达成一致，决定开始均等化转移支付制度的改革研究，并决定改革和新规则从 2005 年（“团结协议Ⅰ”有效期为 1995—2014 年，“团结协议Ⅱ”有效期为 2005—2019 年）开始实施并一直沿用至 2019 年。新的均等化转移支付机制的基本框架不变，只是在具体计算方法上做了一些变动和调整，主要变化是：

第一，将财政能力指数计算公式中地方税收的系数由 50%提高到 64%，将人口加权系数改为对人口稀少的州按 102%~105%来计算。

第二，引入激励机制，在计算各州的财政能力时对税收增加超过平均数的部分扣除 12%（不计入），使富裕州增加自留使用、鼓励增收。具体计算是：12%×年增长率×上年人均税收×该年度居民人数。

第三，降低穷州的补贴标准和富州的贡献标准，使穷州的补偿率和富州的贡献率都较原来下降，同时将计算方法由超额累进改为线性增加（见图 6.10）。

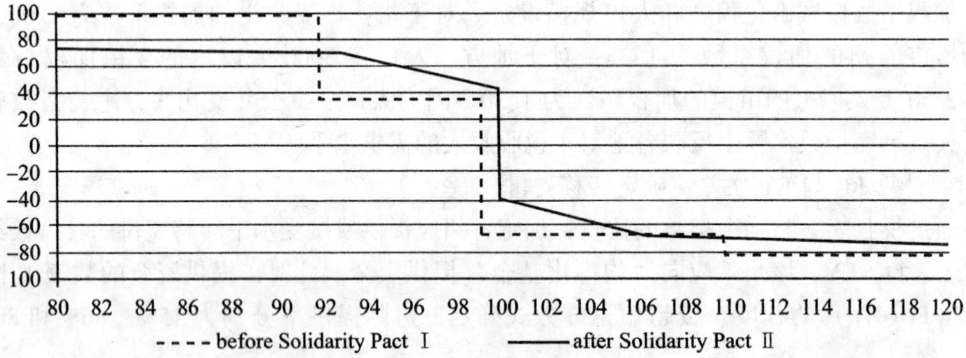

注：横轴是百分比表示的各州财力水平，纵轴是百分比表示的税收边际补偿率和贡献率。

图 6.10 德国水平型财力均等化机制的调整和变化（2005 年前后）

资料来源：http：//www.ilpf.de/en/download/wp-02-2008.pdf

从图 6.10 中的实线可见，改革后对穷州的边际补偿率和富州的边际贡献率都由过去的阶梯状变为轴对称的渐近线性，而且最高边际补偿率和最高贡献率都降低。

表 6-33 是 2005 年实行新的水平均等化转移支付规则后德国的转移支付情况。与改革前相比，州际横向转移支付额仍保持稳定（虽然穷州的补贴和富州的贡献都减少了）。

表 6-33 **2005—2010 年德国的财政转移支付** 单位：百万欧元

年份	州际水平支付	联邦补充拨款
2005	6.948	14.629
2006	7.322	14.680
2007	7.917	14.824
2008	8.263	14.784
2009	6.848	13.533
2010	7.039	12.884

数据来源：http：//www.bundesfinanzministerium.de/.

最后要指出的是，德国的财政转移支付以各州税收平均水平为基准是比较合理的，而且纵向和横向资助占联邦和州的税收比重都不高，这些说明德国的合作型财政联邦制基本上是符合德国实际的。可能存在的问题是，仅从财政收入一侧来考虑资助而不考虑公共服务供应的情况能否保证公共服务均等化？这只能由德国公众来判断和评价。

三、日本的服务均等化转移支付

日本的转移支付制度是中央对地方的纵向财政资助，也是从地方的收入能力和基本服务支出需要两方面来估计资助额的制度安排，是日本财政分权制度的重要组成部分。

日本的转移支付制度可以追溯到 1936 年日本政府建立的町村财政补助制度。1954 年，日本国会通过《地方交付税法》，正式建立以地方交付税制度为主体的财政转移支付制度。日本中央对地方的财政转移支付包括 4 种类型：地方交付税、国库补助金（拨款）、地方让与税和地方特例交付金。其中，地方交付税和国库拨款占中央对地方财政转移支付的 90%以上（见表 6-34、表 6-35、表 6-36）。

表 6-34 **日本都道府县收入中各项转移支付的比重（%）**

年份	地方交付税	国库拨款	地方让与税	地方特例交付金
1990	18.2	16.8	1.8	—
1995	15.7	18.5	1.6	—
2000	21.6	17.6	0.2	0.4
2005	18.9	13.5	1.7	1.8
2009	16.0	16.7	1.6	0.4
2010	17.5	12.5	3.2	0.3
2011	18.6	14.9	3.3	0.3

续表

年份	地方交付税	国库拨款	地方让与税	地方特例交付金
2012	18.3	12.9	3.6	0.1
2013	17.1	14.2	4.1	0.1

资料来源：日本统计年鉴，http：//www.stat.go.jp/data/nenkan/index1.htm；日本总务省 http：//www.soumu.go.jp/iken/zaisei.html.

表 6-35 **日本市町村收入中各项转移支付的比重（%）**

年份	地方交付税	国库拨款	地方让与税	都道府县拨款	地方特例交付金
1990	15.5	7.9	2.1	4.5	—
1995	14.4	9.4	2.0	4.8	—
2000	18.9	9.0	0.9	4.5	1.2
2005	15.3	10.3	1.9	4.4	1.3
2009	14.2	15.3	0.9	4.9	0.4
2010	15.6	14.7	0.8	5.5	0.4
2011	16.5	14.8	0.8	6.1	0.4
2012	15.9	15.8	0.8	6.1	0.1
2013	15.3	15.9	0.7	6.2	0.1

资料来源：日本统计年鉴，http：//www.stat.go.jp/data/nenkan/index1.htm；日本总务省 http：//www.soumu.go.jp/iken/zaisei.html.

表 6-36 **转移支付占地方政府支出的比重（%）**

年份	转移支付收入占都道府县支出的比重	转移支付收入占市町村支出的比重
1990	37.3	31.0
1995	36.4	31.6
2000	40.7	35.7
2005	36.6	34.3
2009	35.3	36.9
2010	34.2	38.5
2011	37.9	40.1
2012	36.7	40.2
2013	36.7	39.8

资料来源：日本统计年鉴，http：//www.stat.go.jp/data/nenkan/index1.htm；日本总务省 http：//www.soumu.go.jp/iken/zaisei.html.

从表6-34、表6-35可以看出，地方交付税和国库拨款在都道府县、市町村收入中都占有较大比重。比较而言，地方交付税的比重更大。从表6-36可见，转移支付在都道府县、市町村支出中均占30%~40%，这表明日本的转移支付比重是比较高的。

（一）地方交付税

地方交付税是日本中央财政利用一部分中央税向地方财政提供的无条件转移支付。与德国不同，日本的地方交付税支付考虑地方的收入和支付差额，目的是平衡地方财力差距、保证地方公共服务水平达到中央规定的水平。

日本地方交付税的资金来源，原是中央3税（个人所得税、公司所得税和酒税）的一定比例（1954年地方交付税制度出台时，比例定为20%；1966—1975年提高到32%）。1975年后，日本政府又将24%的消费税和25%的烟税作为地方交付税资金。2015年的安排是：中央个人所得税的32%、法人税的34%、增值税的22.3%、酒税的32%、烟税的25%、地方法人税的100%。

地方交付税分为两个部分：普通交付税和特别交付税。

1. 普通交付税

普通交付税是交付税的主体，分配标准是各地方的基本支出需求超过基本财政收入的差额。计算公式如下：

$$A(\text{交付税额}) = N(\text{基本支出需求}) - R(\text{基本财政收入})$$

由于中央预算的交付税支出额与按上式计算的地方交付额不一致，一般要算出预定额与计算数的比例，作为调整系数 α。于是，实际拨款为：

$$A_S = N - R - \alpha N$$

（1）基本支出需求。一个地方政府的基本支出需求是指地方政府达到中央政府所规定的公共服务水平所必需的财政支出。地方政府的总支出需求是6项公共服务支出需求的总和，这6项公共服务是：警察与消防、公共市政工程、教育、福利与劳动服务、工业与经济发展、政府行政管理。每项支出需求由以下公式计算：

$$N_i = \text{服务量} \times \text{标准单位成本} \times \text{修正系数} \qquad (i = 1,\ 2,\ \cdots,\ 6)$$

其中，服务量是指服务对象的数量(需要警察保护的居民数量、需要消防服务的居民数、教师和学生的人数、公路的长度等)；标准单位成本是指提供每单位服务的标准投资额(如每个警察的经费)，每项服务的单位成本按一个假想的标准规模的地方政府的情况来估算(如一个标准规模县，有170万人口、面积6900平方公里)。

修正系数是考虑地理、社会、经济情况后确定的各地的成本差异系数。如果该系数高于1，表明该地提供服务的单位成本高于全国标准；如果低于1，表明该地提供服务的成本低于全国标准。修正系数由自治省每年调整一次，各类支出需求通常有不同的修正系数。

$$N = \sum N_i = N_1 + N_2 + \cdots + N_6$$

（2）基本财政收入。一个地方政府的基本财政收入是地方可用于公共服务的自有财源。计算公式为：

$$R = \text{标准地方税收}$$

= 税基 × 标准税率 × 调整系数(都道府县为 80%，市町村为 75%)

标准地方税收不是该地方的实际税收，而是地方税基乘以“地方税法”规定的标准税率、再乘以调整系数所得的税收。如果一个地方的税收努力大，实际税率高于标准税率，也不影响它获得地方交付税。

2. 特别交付税

特别交付税是对普通或基本交付税的一种补充。特别交付税在以下几种情形下由中央拨给地方：

(1) 当地方基本支出需求中没有包括某些特殊财政需求时，这些需求由特别交付税来满足，如减轻自然灾害影响的费用等；

(2) 当中央估算的地方政府税收大于实际地方税收时，此时，对地方税收的过高估计所导致的普通交付税的减少则由特殊交付税来弥补；

(3) 普通交付税在每年的 8 月底以前确定，但此后可能会产生一些无法预计的财政需求，此时，也由特别交付税来满足。

(二) 国库补助金

国库补助金是一种专项拨款，它是日本中央政府影响地方支出的一种重要的手段。国库补助金在财政转移支付拨款中的地位仅次于地方交付税。

地方政府接受这种转移支付拨款后，必须严格执行中央政府的要求和规定。如果地方没有按中央政府的规定执行，中央政府就会要求地方退款。日本中央政府利用国库补助金对地方支出进行控制的基本目标，就是保证全国各地公共服务水平和质量的标准化。原则上，中央政府对所有地方同等对待，在分配国库补助金时不对任何地方实行任何歧视。

国库补助金绝大部分采取地方配套的形式。对每个符合资助条件的地方支出项目，中央政府按规定资助一定百分比的标准成本，资助比例因项目不同而异。例如，对公立小学和初级中学教师的工资，中央支付标准工资的 50%，地方必须支付另外 50%；对动物保护项目，中央支付标准成本的 75%，地方必须配套支付 25%。一般来说，对于可能过度增加地方财政负担或中央有意重点发展的项目，中央资助的比例就高；对于本身就属于地方政府职能的项目，中央补贴的比例就小。除法定的必须由中央补助的项目之外，如果由地方政府上报的要求补贴的项目超过了中央的财力，则由各主管部门选择其中的一部分予以补贴。

一般来说，财政能力强的地方政府在补贴项目上的支出往往要多于财政能力弱的地方政府。因此，如果按地方实际支出额作为配套补助的依据，富裕的地方政府会比穷的地方政府得到更多的配套补贴。为了缓解这个问题，中央政府专项补助的数额是以其规定的每种项目的标准成本为依据决定的。有时候，富裕地区会抱怨这些标准成本太低。

(三) 地方让与税

地方让与税是一些原属于地方税的税源，因税制改革而改为中央税征收，但为了保证地方利益，将其税源的部分收入按照一定的标准返还给地方政府。

(四) 地方特例交付金

地方特例交付金是日本中央政府从 1999 年起为弥补地方交付税税源不足所采取的特别措施，它是从一般会计预算中筹措资金、在一般交付金之外以地方交付金形式向地方政府提供的资助，故称特例交付金。

日本的地方交付税模式由于考虑到地方收入和服务支出两个方面，可以认为是以保障地方提供基本公共服务、实现基本公共服务均等化为目标的一般转移支付模式。从国际比较来看，英国、俄罗斯、澳大利亚等国的转移支付制度都与日本的地方交付税模式相似。

四、俄罗斯的服务均等化转移支付

俄罗斯联邦政府从 1994 年开始对各联邦主体政府进行转移支付资助。2000 年颁布的《俄罗斯联邦预算法典》明确规定了政府间转移支付的方式与方法。

俄罗斯联邦政府对地区提供财政转移支付有 6 种形式：一般均等转移支付（1993 年开始）、共同项目转移支付（2000 年开始）、地区重大项目配套资助（2001 年开始）、地区发展（公共设施建设）资助（2001 年开始）、地区财政改革资助（2001 年开始）、其他专项资助（1992 年开始）。其中，一般均等转移支付是俄罗斯联邦财政对各地区提供的一般财力资助，用于保障基本公共服务的支出需要，也是最重要的、比较规范的一般转移支付。共同项目转移支付是联邦财政向地区提供的、用于联邦和地区共同负责的社会服务项目转移支付（法律规定）。地区重大项目配套资助是对地区发展作用重大、对国家发展也有影响的地区项目的资助。地区发展资助通常是对地区进行公共设施建设和提供服务项目的资助。地区财政改革资助是对地区进行财政改革、提高收入和支出绩效的支持。其他专项资助具有随机性。除一般均等转移支付和共同项目转移支付外，其他资助一般都通过评估后进行拨款。

(一) 一般均等转移支付

俄联邦的一般均等转移支付是一种地区性财力均等化补助（从 1993 年开始，在俄罗斯联邦预算中专门设项），称作“地区财政援助基金”。一般均等转移支付按规定的公式计算、向各地区拨付，以保障地区的最低预算水平。

一般均等转移支付的资金来源、计算标准和方法由俄罗斯《联邦预算法典》（*Budgetary Code of the Russian Federation*，1998 年制定，2008 年修订后第 129 条）规定，最初，俄联邦用 22%的增值税收入用作一般均等转移支付的基金，后来改为用联邦税收总额（但不包括进口关税和个人所得税中联邦分享的部分）的 15%。一般均等转移支付从 2000 年起开始规范化，一是开始估计各地区的人均税收潜力（能力）；二是估计各地区的人均支出需要（包括地区用于居民住房改善、教育、卫生、生活成本、基础设施的支出，并考虑人口结构和气候环境条件），资助分配公式显得更科学。主要的程序是：

1. 计算各地区（联邦主体）的基本预算水平 БОi

$$БОi = ИНПi \div ИБРi$$

其中，ИНПi 是地区的税收潜力指数，即各地区（联合预算，包括地方政府）人均税收与全国平均人均水平的相对指数；ИБРi 是地区预算支出指数，即各地区联合预算为居民提供相同种类服务的人均支出与全国平均水平的相对指数。

2. 计算各地区（联邦主体）应得的补助数额 Tki

俄联邦的均等援助以全国平均水平为基础，但不像其他服务均等化的国家每年按差额补助，而是在 2~3 年（中期）内按不同目标逐步补贴。这就是分两步（或两期）计算资助额。第一年资助差额的 60%，第二年以后补助差额的全部（100%）。因为《联邦预算法典》规定，一个联邦主体在 2~3 个财政年度内若得到的资助超过自有收入的 5%、20%、60%有不同的处罚措施；并规定每年用于均等资助的资金在中期计划的第一年不能超过可用全部资金的 85%，第二年以后不能超过 80%。

第一年（期），对预算水平（税收潜力指数小于预算支出指数）低的地区提供均等资助，其资助计算公式为：

$$T1i = П \times (K1 - БОi) \times A \times ИБРi \times Hi$$

式中，П 等于 85%，K1 为 60%，A 是地区人均税收，Hi 是地区常住居民人数。

第二期，再对预算水平低的地区进行资助，按补齐全部差额进行补贴。资助的资金数额用以下公式计算：

$$T2i = [K2 - (Ti/ИБРi \times Hi \times A + БОi)] \times A \times ИБРi \times Hi$$

其中，K2 为 100%，Ti 是总资助额。

从以上公式可以看出，俄罗斯联邦政府的一般均等转移支付本质上是保证各地区公共服务达到平均水平，但不同的是它在均等资助中有激励因素并按中期计划分别进行资助，注意到了均等资助可能产生的依赖等问题。这是俄罗斯联邦一般均等转移支付的特色。

（二）共同项目转移支付

俄罗斯联邦政府的这一资助是通过“联邦社会共同支出基金”来实现的。俄罗斯于 2000 年建立这一“共同基金”，主要用来对重大的、社会性优先支出项目如教育、卫生、文化、社会保障、社会救助等进行筹款和资助；每个联邦主体在遵守一定的条件下，都可以从该基金中得到资助。

一般情况下，共同项目转移支付实行专项专用。例如，俄联邦对莫斯科市的首都建设专项资助、对切尔诺贝利核电站核污染地区居民搬迁的专项资助等。联邦专项资助往往与联邦的地区发展规划相联系，用于促进各个地区之间社会经济的平衡发展。俄罗斯联邦政府的共同项目转移支付本质上是用于履行联邦政府的职能，至少是联邦与地区的共同职能。

（三）其他专项资助

俄罗斯联邦通过“联邦补偿基金”等和预算外资金对各地区进行专项资助。联邦补偿基金建立于 2001 年，基金来源于联邦增值税收入的 15%。其他专项资助通常以专项资助方式划拨给地区，保障各地区公民都能享有基本同质的社会公共服务，例如：“有子女公民的国家补贴"、"俄罗斯联邦残疾人社会保障"、"政治迫害平反补贴"、"受核辐射影响公民的社会保障" 等项目。其他专项资助在性质上属于联邦委托项目的支出，即这些支出也是联邦政府职能范围之内的。

2012 年，在俄罗斯地区（联邦主体）汇总预算收入 80643 亿卢布中，联邦政府的转移支付为 16796 亿卢布，约占地区汇总预算收入的 20. 8%。从 2008 年以来的情况看，地区接受联邦转移支付的比例一般不超过 30%（见表 6-37）。

表 6-37 **俄罗斯联邦主体（地区）预算收入结构和转移支付**

年份	2008	2009	2010	2011	2012
地区预算收入（亿卢布）	61988	59266	65373	76439	80643
联邦转移支付（亿卢布）	12047	16188	15117	17683	16796
自有税和非税收入（%）	80. 6	72. 7	76. 9	76. 9	79. 2
联邦转移支付比重（%）	19. 4	27. 3	23. 1	23. 1	20. 8

资料来源：俄罗斯财政部，http：//www. minfin. ru/.

从表 6-38 可见，2008—2012 年，俄罗斯地方预算收入中自有收入约占 40%，来自联邦及联邦主体预算的一般转移支付约占 35%，来自联邦及联邦主体的专项转移支付约为地方预算收入的 25%，两类转移支付合计约为地方预算收入的 60%。虽然只有一般转移支付属于财力补助性的，但转移支付过多也说明地方提供公共服务的负担较重。

表 6-38 **俄罗斯地方预算的收入结构和转移支付**

年份	2008	2009	2010	2011	2012
地方预算收入（亿卢布）	23643	23880	26006	29611	31384
税收和非税收比重（%）	40. 2	40. 8	40. 8	39. 3	38. 2
上级一般支付比重（%）	37. 3	35. 3	35. 1	36. 7	33. 3
上级专项支付比重（%）	22. 5	23. 9	24. 1	24. 0	28. 5

资料来源：俄罗斯财政部，http：//www. minfin. ru/.

五、澳大利亚的服务均等化转移支付

澳大利亚的均等化转移支付与日本和俄罗斯的转移支付相似，但澳大利亚对各州财政能力与支出需求的计算更为全面也更复杂。在澳大利亚，联邦政府掌握着政府财政总收入的 2/3 左右，1/3 用于财政转移支付。澳大利亚联邦财政的转移支付也包括一般资助和专项资助。专项资助额由联邦各部门与各州对口部门和财政部门进行磋商后决定。一般资助额则由联邦拨款委员会根据财政均等化公式计算确定。

澳大利亚联邦的一般性转移支付即"均等化转移支付"目前由联邦拨款委员会通过

测算各州的财政能力与支出需求来决定，以尽可能确保每个州在标准税率条件下提供的公共服务水平达到全国平均水平。

澳大利亚联邦对各州进行均等化支付的基本公式是：

A（一般资助）= B（标准资助）+S（收入补助）+Z（支出需求补助）-专项资助

1. 标准资助

标准资助 B 等于该州人口乘以全国人均一般资助额，即按全国人均标准计算的一般性资助额中该州应该得到的份额。

2. 收入补助

收入补助 S 是对收入能力不足，即较贫穷的州（人均税基较低）给予的收入补助，假设对 i 州，则收入补助为：

$$S=P^i(R/Y)(Y/P-Y^i/P^i)=P^i(R/P)[1-(Y^i/P^i)/(Y/P)]$$

式中，P^i 为该州人口，Y^i 是该州的税基，Y^i/P^i 是该州的人均税基，Y/P 是全国人均税基，R 是全国所有州的税收收入，R/Y 为全国税收收入与全国税基之比即全国平均税率。

公式表明：如果$(Y^i/P^i)/(Y^s/P^s)$小于1，即该州的税基低于全国平均水平，则按税基差额$[1-(Y^i/P^i)/(Y/P)]$和全国人均税收标准 R/P 来提供收入补助。但是，如果$(Y^i/P^i)/(Y^s/P^s)$大于1，即该州的税基高于全国平均水平，则补助为负。

3. 支出需求补助

支出需求补助 Z 是11类公共服务支出（澳大利亚联邦拨款委员会将基本公共服务分为11类）需求补助的总和，而每一类需求支出补助的计算公式为：

$$Z=P^i(E/P)(\gamma_i-1)$$

式中，E 是全国所有州的总支出，E/P 是全国人均支出，γ_i 是该州某类支出需求的"超标系数"，该系数反映某类支出需求的该州人均成本与全国人均成本的比例，即：

$$\gamma_i=(x^i/P^i)/(x/P)$$

式中，x^i 表示该州提供某类服务的成本，x 表示全国各州提供同类服务的总成本。如果该州某类服务的人均成本高于全国人均水平，则能获得支出需求补助。将每个需求类别的支出需求补助进行加总，就得到该州的支出需求补助数额。

澳大利亚拨款委员会将全国的基本公共服务支出分为以下几个类别，即：福利、文化娱乐、社区发展、一般公共服务、工业服务、贸易服务、教育、卫生、法律治安、交通运输、经济事务和其他。决定各类支出需求超标系数的变量主要包括：地方辖区的人口、服务对象的年龄和性别、犯罪率、地区人口密度、土地所有权、投入品的成本、宗教场所个数、环境质量、服务范围、经济社会结构、城市化程度和暂住人口等。

通过均等化转移支付体系，澳大利亚联邦政府对各州（地区）提供财政资助，保证了基本公共服务的供应，因政治、经济、人口、环境等因素导致的地区间财政不平衡和服务供应差距得到缓和。为了不断完善均等化转移支付制度，澳大利亚联邦拨款委员会每5年对均等化资助效果进行一次评估和调整；在进行计算时，通常采用过去3年的移动平均值数据，以保证平稳性和可靠性。

六、印度的普惠型转移支付

印度联邦政府的转移支付不同于以上国家，印度联邦对各邦的标准财政资助是普遍的，而不是根据各邦的财政能力和服务支出需要等标准来决定。印度联邦对各邦和地方的转移支付有三种类型：印度计划委员会负责的发展计划转移支付、印度财政委员会负责的转移支付、中央各部门的转移支付。

（一）一般转移支付

印度计划委员会是负责印度经济发展计划的专门机构，它的任务是制订国家经济社会发展计划（主要是5年计划），提出实现计划的资源配置方案，对各邦提出的实施计划和项目进行审查并决定联邦的财政转移支付方案。印度计划委员会从1969年开始对国家计划转移支付（称标准转移支付，也即一般转移支付）按公式进行分配。印度计划委员会目前用来决定对各邦的标准转移支付（一般资助）额的方法是因素法，具体公式是：

$$A=0.6P+0.2D+0.05DS+0.025T+0.02F+0.01L+0.01PC+\cdots$$

其中，P 是人口数，D 是与最富有地区的人均收入差距，DS 是该邦与最发达地区的远近距离，T 是税收努力，F 是财政管理状况，L 是消除文盲的情况，PC 是人口控制情况。

由公式可见，印度计划委员会决定对一个州的转移支付数额多少，关键因素是看州内人口，其次是人均收入差距，其余因素的权重都很小。这表明，印度联邦的一般转移支付主要不是看各邦的财政收入能力，也不是为保障公共服务供应均等化，而是对各邦普遍资助，主要根据人口和收入水平来资助，有一定的援助贫困邦的作用，但这不是最重要的目标。

（二）财政专项资助

印度财政委员会是根据《宪法》规定设立的非常设机构，每届财政委员会任期5年。财政委员会的职责是编制中长期财政计划，确定联邦财政和地方财政之间的分配和监督政府间的财政转移支付，向总统和政府提出有关的建议方案（如联邦和邦之间的税收分配，联邦政府以补助形式向需要援助的邦提供资金的原则）。1992年的《宪法修正案》通过后，各邦也建立了负责对地方政府进行转移支付的邦财政委员会。

印度联邦和地方财政之间的分配关系是根据印度财政委员会每5年制订的中期财政计划来确定的，即由财政委员会起草5年财政计划，由印度国会批准后成为法律。印度联邦政府每年的预算计划则是由财政部经济事务司预算处按照5年财政计划的分成比例逐年核定、编制的，预算执行过程则由财政部支出司的财政计划处进行监督管理。

印度财政委员会负责13个邦和地方的专项转移支付，包括：对财政困难邦的财政资助、对城市市镇和乡村潘查亚特（地方政府）的资助、基础教育资助、就业和年金资助、地区创新资助、水资源项目资助、森林项目资助、道路维护资助、司法公正资助、灾害资助等。这些项目中，除了对11个财政困难邦的资助是按这些邦的有关服务项目人均支出在5年后达到28个邦平均支出水平的80%来计算以外，包括对地方政府的资助在内的其余各项资助都是按因素法计算的。而且，由于设置的标准低，对 11 个财政困难邦的资助有限，例如 2010—2015 年对 11 个邦共资助 5. 17 万亿卢比（每年不到 1 万亿卢比），约为印度联邦每年对邦以下财政总转移支付的 1/10（比印度联邦每年对地方政府的资助额还少）。

印度财政委员会无论是对中央税收向各邦分配还是其他专项支付，都采用因素法。例如印度第 14 届财政委员会（2013—2018 年）对中央税收向各邦的分配（2015—2020 年）公式是：

$$A=0.17P+0.5D+0.15S+0.1\ \mathrm{PB}+0.08\mathrm{FR}$$

其中，P 是人口，D 是与最富有地区的人均收入差距，S 是面积，PB 是人口变化，FR 是森林覆盖区域。

又如，财政委员会对各邦的地方市镇和乡村潘查亚特的资助（2015—2020 年）公式是：

$$A=0.9P+0.1S$$

也就是按各邦人口和面积，分别给予 90%和 10%的权重来计算。

至于印度联邦政府各部门的项目资助，这类转移支付的随意性比较大，而且带有附加条件，一般都控制在联邦对邦计划援助额的 15%左右。

表 6-39 是印度联邦政府对邦以下政府的转移支付概况。2006—2013 年，印度联邦的转移支付占联邦收入的 12%左右；联邦支付与邦以下政府的自有收入之比约为 35%（约占邦以下政府总收入的 30%）；在联邦的转移支付中，一般资助约占 1/4，专项拨款约占 2/3。

表 6-39 **2006—3013 年印度联邦对邦以下政府的转移支付（%）**

年份	2006	2007	2008	2009	2010	2011	2012	2013
占联邦收入的比例	13. 8	12. 5	15. 7	11. 3	10. 3	10. 7	10. 3	11. 0
与邦自有收入之比	40. 4	28. 8	32. 6	33. 7	35. 1	34. 0	28. 9	27. 6
其中：								
一般资助	19. 0	8. 4	8. 3	8. 2	8. 2	7. 6	6. 9	6. 2
专项拨款	15. 1	16. 9	21. 9	23. 3	25. 0	24. 4	20. 6	19. 8

资料来源：印度财政部“印度公共财政统计 2013——2014”，http：//finmin. nic. in/reports/IPFStat201314. pdf.

本章小结

本章论述了公共财政体制的特征、财政分权的主要理论，以及主要国家的财政分权体制。公共财政体制从一般意义上说就是财政分权体制：分级分权、自主负责。由于政治、经济和文化传统不同，各国财政分权的体制模式也不同，我们大体上可将它们分为两种模式：财政联邦制模式和财政单一制模式，二者的差异在于财政联邦制模式下地区和地方的财政自主权更大。

经典性的财政分权理论是一些著名研究者如蒂布特、布坎南、奥茨、马斯格雷夫在1950—1980年提出的，新兴的财政分权理论（第二代分权理论）是1980年以来的反思、修正和更新补充。

在主要国家中，实行联邦制的国家更强调地方财政自治。其中，美国最为典型，税源共享和三级政府都有较大的税收权体现了分权自主原则，也使转移支付指向公共服务和居民利益。德国的财政联邦制则注重三级政府的合作与协调，与之相关的是复杂、精细的制度设计：如划分税种+主要税收共享的分税制模式和垂直与水平型的财力均等化转移支付机制。日本和芬兰是单一制国家，也是重视地方自治的国家，它们的财政分权体制的共性是划分税种、主要税源共享并且地方财政和中央一样都以所得税为主体；差异是日本的服务均等化一般转移支付较大，而芬兰以服务和福利项目的地方转移支付为多。俄罗斯作为转轨国家和联邦制国家，在财政分权体制安排上比较重视借鉴德国的税收划分和税制统一模式，而在转移支付上采取服务均等化一般转移支付模式；印度作为发展中的大国和联邦制国家，在财政分权体制安排上重视税种划分和联邦税向地方分配，在转移支付上则采取因素法和主要考虑人口并兼顾收入差距的普惠型资助。

财政转移支付制度是财政分权体制的补充，是对财政分权不足（收支分权不对称或不匹配）的一种弥补性安排，大规模（超过资助方和受助方收入的1/2以上）的转移支付肯定是不适当、不合理的。按这个标准看，美国的指向性转移支付制度、德国的财力均衡性转移支付制度、日本和俄罗斯及澳大利亚的服务均等化转移支付制度、印度的因素法和普惠型转移支付制都有其合理性。目前主要国家财政转移支付制度改革的难点在分权以外，即如何使各级政府真正能为居民提供良好的服务，在这方面需要对芬兰的做法进行深入研究。

复习思考题

1. 公共财政体制的概念和基本特征是什么？
2. 经典财政分权理论与新分权理论的区别是什么？
3. 为什么一些国家的财政分权会与经典理论背离？
4. 财政单一制模式和联邦制模式的主要区别是什么？
5. 简述美国财政联邦制模式的主要特点。
6. 简述德国财政联邦制模式的主要特点。
7. 简述日本财政分权体制的主要特点。
8. 简述芬兰财政分权体制的主要特点。
9. 简述俄罗斯财政联邦制的主要特点。
10. 简述印度财政联邦制的主要特点。
11. 比较美国、德国、日本、印度的财政转移支付制度的特点。
12. 判断一国财政分权体制优劣的标准是什么？

第七章 国有资产管理制度

在现代市场经济条件下，公共财政体系向社会提供公共物品和公共服务客观上需要自己的生产组织和执行机构，特别是中央（联邦）财政提供全国性的公共品和公共服务、进行全局性资源的优化配置时由于其规模大、范围广和高技术特性，更需要组建自己的专业性供应组织、生产单位与维护机构——由此形成国有公共经济部门（即第一、二产业生产领域中的国有企业和第三产业或服务业中的国有事业公司）或国有资产经营部门。而对这些国有公共经济部门进行管理的制度就是国有资产管理制度。由于各国中央（联邦）财政提供全国性公共品和公共服务的规模、范围领域和组织与方式不同，各国国有资产管理制度也存在差异。本章主要论述美国、意大利、新加坡、俄罗斯的国有资产管理制度。

第一节 国有资产管理制度概述

现代管理学认为，管理就是在认识事物发展规律的基础上，通过决策、计划、组织、控制等一系列工作，使人力、物力、财力等诸要素实现有效配置，促进其配合运行，并发挥出最高效率，以达到预期目的的行为活动。新制度学派认为，制度是经济发展的核心要素，是将外部效益内部化的产物，是在一定的社会经济制度中存在的制约和规范微观客体行为的组织原则、管理方式和法律规范等方面的总称。

国有资产管理制度是对以国有企业和国有事业单位的形式而存在的国有资产进行管理的制度。建立和改革、完善国有资产管理制度的目标是，通过建立相关的制度规定对国有企业和国有事业机构所属资产进行控制、调整和配置，保证全国性公共品和公共服务的有效供应，使国有资产实现保值和增值。本章主要讨论具有代表性的国家国有企业及其资产管理制度情况。

一、国有企业和国有资产的形成与发展

第二次世界大战结束以后，世界上许多国家通过行财政投资，建立了一些国有企业，形成了一定规模的国有资产。从国外特别是发达市场经济国家国有企业的形成历史来看，国有企业和国有资产的形成与发展主要有以下三条途径：

（1）通过征收、赎买等方式建立国有企业

第二次世界大战后，西欧发达国家为重建国家经济体系和实行经济民主化，对在第二次世界大战期间由德国所建立的或在德占区所拥有的企业进行没收并肢解私人大型垄断企业和收购濒临破产的一些私人企业，由此建立了一批国有企业。例如，法国在第二次世界

大战后，接管了一批由法国私人与德国合资经营的工厂，从而使国有企业得到迅速发展。战后的英国为了挽救私营企业、保证就业、快速建立工业体系，由英国议会通过“国有化”法案，由政府收购了濒临破产的一批煤矿、铁路、内河航运等部门的私营企业，以铁路为例，当时英国铁路公司的股份共5亿英镑，而英国政府出资10亿英镑，以2倍的价格进行收购使之转为国有铁路公司。

（2）由中央政府直接投资建立国有企业

第二次世界大战后，许多发达国家为加快经济重建、实现经济恢复，通过直接投资兴建了一批国有企业。这些国有企业一般集中在需要巨额资本而私人资本难以投资建立或需要较长时间才可能投产或风险较大的行业和部门，如运河、电站、桥梁、道路、机场、港口、通信、供电、供水、供气等公共基础设施，以及原子能、航空、宇航、电子计算机、石油、化工、钢铁、汽车等基础性工业、战略性产业或新兴产业。从实践来看，通过在这些行业和部门建立国有企业，有力地促进了这些国家战后的经济恢复，对于这些国家此后的政治、经济和社会稳定与发展产生了重大作用。

（3）由参股和引进私人资本建立国有企业

20世纪70年代以来，随着经济转为低速增长，信息技术和新能源、新材料的发展，以及发达国家开始全面的结构调整和转型，人们对国有企业的规模和垄断、国有企业的管理模式、国有企业中人浮于事和缺乏创新以及技术设备陈旧落后、经营低效率等也提出了严厉批评。于是由英国开始，从1980年起，各国开始进行国有企业的退出和民营化改革。英国1981—1984年出售了宇航公司、电报电信公司、海运公司、电信公司、布里托石油公司等10多家大中型国有企业，日本1984年开始对电信电话公社、专卖公社、国有铁道公社等进行股份制改革。参股、合资企业成为最近30多年来发达国家国有企业的主要形式。

二、国有企业与国有资产的结构分布

1980年以前，发达市场经济国家的国有资产规模大、国有企业的行业分布广，国有企业主要集中在投资量大、资金周转慢、利润率低、私人资本无力投资和不愿经营的基础产业、战略性产业、高技术工业、金融业和在国民经济中占有重要地位的其他产业。1980年以来，由于理论研究强调政府和财政提供公共品和公共服务供应的职能，各国对国有企业进行改革，从一般行业和期望私人部门发展的领域退出或收缩，国有企业的经营范围逐步集中到有限的部门和领域。目前主要是两大领域：

（1）跨区域的基础设施领域

目前大部分发达国家的国有企业主要集中在公共性和基础性行业，如电力、通信、道路交通与建筑、基础科学研究、森林和土地与环境保护、文化教育、医疗卫生、粮油储运等。按照国民经济发展的基础设施先行理论和公共财政提供公共服务的基本属性论，全国性的国有企业在这些行业经营可以起一种补缺和保证作用，经营的基本目标是提供良好的物质基础系统、为统一的市场体系和各类市场经营主体的商品生产供应与资源配置提供基本条件并降低其成本。而有关居民基本生活的公共服务则由地方财政和地方公营企业或市政公司来提供，如地方供水、供电、供气、园林绿化与公园、医疗保健、基础教育、职业教育和培训、道路交通和建筑等。

(2) 自然资源和战略性产业

国有企业可以在一些营利性行业和部门经营，如天然气、石油生产与输送供应业、采矿与基本原材料业（冶金钢铁等）、金融保险业、航空航天、原子能等高新技术业、飞机船舶等交通工具制造业、烟草与酒类的生产与销售业等，主要原因有2个：一是这些资源、技术的开发运用与供应涉及国家安全与稳定（经济、金融、国防军事、空间）；二是它们对国家的资源配置格局影响大，对社会的收入分配格局影响也大。从公共财政的职能来看，当一国的市场主体发育不成熟、技术水平低、国际竞争力较弱时，国有资产不完全退出也是必要的，国家可以采取控股、参股等形式支持这些行业的发展，并发挥国有企业引导资源配置、调节社会分配的作用。

根据一些研究者的调查①，在目前世界最大的2000家公司中，国有公司（国有股份超过公司股份的50%）约占10%（204家），它们来自37个国家。这些国有公司占本国有关行业的产值比重如图7.1所示（比重在10%以下的行业未列出），由图可见，比重在20%以上的有电力、油气、采煤、交通、公共工程、矿业6大行业；比重在10%~20%的有钢铁、航空、建筑、烟草、仓储、金融、通信7个行业。

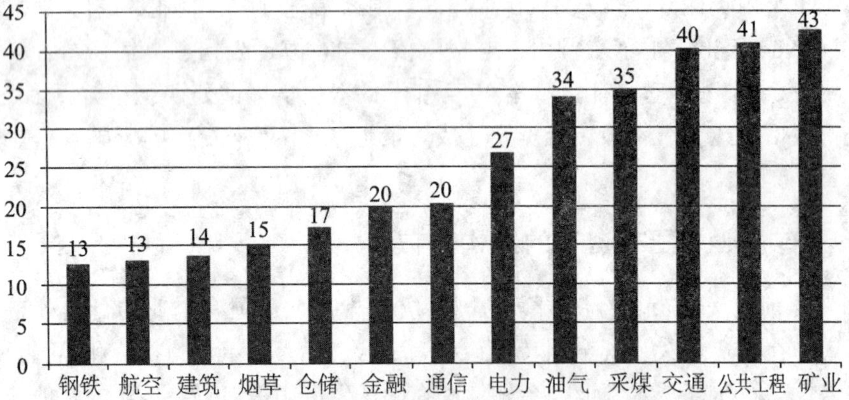

图7.1 国有企业占一些国家的基础和战略产业的比重

图7.2是国有企业占本国最大10家公司（按资产、销售和市场价值的加权比重计算）的比重情况。由图可见，目前在发达国家，国有企业仍占一定比重；而在发展中国家和经济转轨国家，国有企业的影响更大。

① Kowalski, P, M. Büge, M. Sztajerowska, M. Egeland. State-owned enterprises: Trade effects and policy implications. OECD Trade Policy Paper, 2013 (147); Max Büge, Matias Egeland, Przemyslaw Kowalski, Monika Sztajerowska. State-owned enterprises in the global economy: Reason for concern, http://www.voxeu.org/article/.

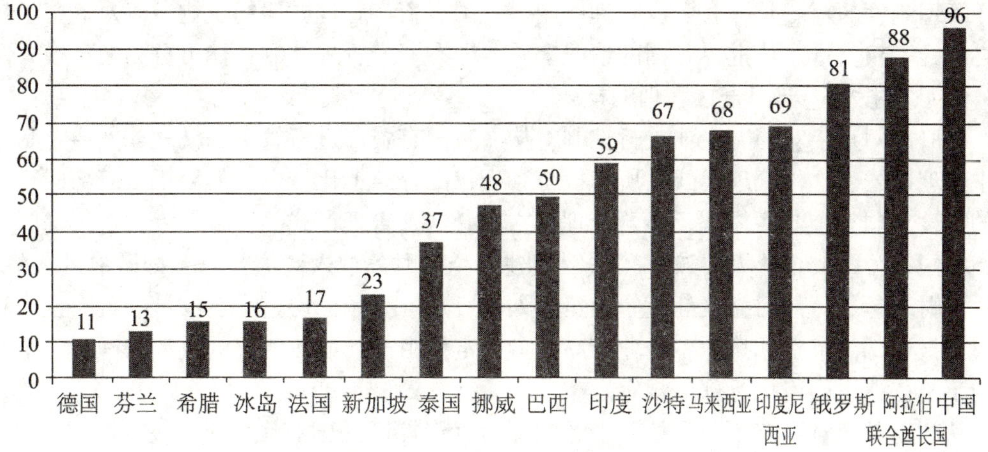

图 7.2 国有企业在一些国家最大 10 家企业中的比重

而根据有关学者 2011 年的研究①，目前 OECD 国家的国（公）有企业（包括非中央企业）主要集中在电力和天然气、金融服务、交通运输三大领域（按国有企业的市场价值计算），它们约占国有企业的市场总价值的 59%；而在制造业、基本原材料、通信、房地产等行业的比重较低（见图 7.3）。

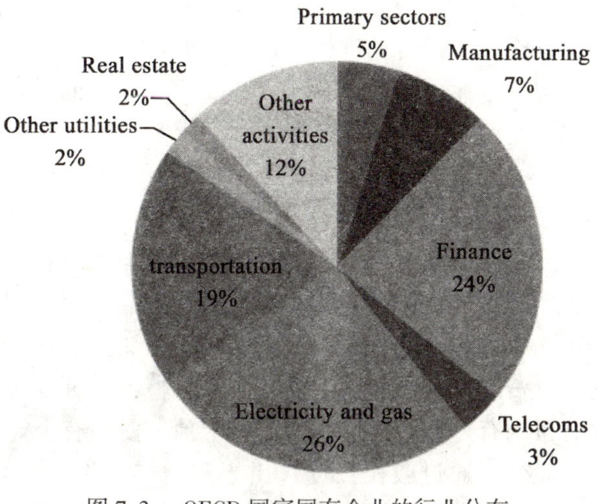

图 7.3 OECD 国家国有企业的行业分布

三、国有资产管理的体制模式

国有资产管理制度就是对国有资产进行管理的组织、方式和方法的原则和规范。国有

① Christiansen, H. The size and composition of the SOE sector in OECD countries. OECD Corporate Governance Working Papers, 2011 (5).

资产管理制度的核心是国有资产管理体制——国有资产管理的组织机构，以及这些组织机构之间的责权安排。从世界各国的情况来看，国有资产管理体制大体可分为三种模式。

1. 政府投资、部门直接管理的模式

政府部门直接对国有企业进行控制，从而对国有资产进行管理的模式，本质上是一种集中管理模式。这种管理模式在所有权与管理权的分离上比较弱，但由于政府部门行政管理的特性，国有企业往往缺乏经营管理自主权。这种管理模式的主要特点是：①部门直接控制的国有公司或企业大多按“公法”组建，企业财务纳入政府预算，即政府统收统支，盈亏由财政包干；部门直接任免企业负责人或经理、委派公司董事会成员，重大投资和经营决策报送部门审批和拨款；企业产品和劳务定价由部门或按相关的政策来确定，企业员工的工资待遇也严格执行部门规定。

从政府部门对国有企业的控制来看，部门直接控制的国有企业不具有独立法人地位。这类国有企业追求利润的动机弱，更多的是执行政府政策，适合提供基础设施、基础科研、环境保护等公共服务。

2. 政府投资、经营权下放的分权模式

这一模式的基本特点是政府通过部门或建立多部门联合机构或建立专门管理机构，由它们委托代表对国有企业进行股权管理。主要体现在：①企业经营原则上实行自负盈亏，企业新增资本可以自筹，也可由政府提供贷款或增加投资方式；在人事制度方面，企业的董事会主要成员由政府推荐和选派，但经理由董事会选择和聘任，高级管理人员薪金也与企业经营成果挂钩；企业在产品和服务提供上自主决策，在政策范围内实行自行定价，但政府和主管部门认为国有资产受损时仍进行干预。

与分权模式相关的国有企业可以是国有独资和控股公司，也可以是经营基础设施的公共公司或公共事业机构；它们一般是按照公司法和国家制定的特殊法律来经营的，企业是独立的法人。

3. 政府投资、双层委托下的分权模式

这一模式的基本特点是政府通过财政部或专门管理机构，由它们委托代表对国有控股公司进行股权管理，然后再由国有控股公司委托代表对直接从事生产经营的国有企业（公司）进行股权管理。国有控股公司充当股权投资管理和进行国有资产综合配置的专业机构，既可以对各类国有资产进行总量与结构分布的调整，又可以作为政府与国有企业的中间隔离层，缓冲政府对国有企业可能形成的行政干预，使国有企业更充分地面向市场自主经营；同时，国有控股公司通过股权投资（出售和增加股份）还可以保证所控股的国有企业中的国有资产的方向与价值并便于实现国有企业的联合经营（跨地区、跨行业）和集团经营（以大型骨干国有企业为核心带动中小国有企业）。国有控股公司一般可以分为2种类型：（1）生产经营型。这类控股公司是在生产经营中通过收购其他公司而形成的，除了对其他企业进行控股之外，公司的主要职能仍然是生产经营，它与它所控股的公司往往形成具有强大竞争实力的企业集团。（2）投资管理型。这类公司的特点是专门进行控股管理，公司本身不直接参与生产经营事务；这类公司是在向企业提供信贷和投资、帮助企业进行重组的过程中形成的；通过控股联系，这类公司也形成了涉及多领域的综合性企业集团。

双层委托模式最大限度地实现了国有资产所有权与经营管理权的分离，有利于国有企业发展。但是，由于委托链的增加，信息不对称和国有企业资产流失、转移的问题可能变得严重。如何避免这些问题是双层委托模式面对的挑战。从目前国外国有资产管理的趋势看，双层委托模式作为“经营权下放分权模式”的进一步发展，受到许多国家的重视和关注。

第二节　美国的国有资产管理制度

一、美国国有企业的历史发展

美国国有资产是在长期的历史发展中逐步形成的。南北战争后，美国政府将大片土地收归国有，并在工业化快速推进过程中，参与铁路、钢铁、造船等诸多领域的投资和建设，形成了国有资产发展的第一次高潮。

两次世界大战期间，美国国有资产发展形成了第二次高潮。与 19 世纪全面工业化时期不同，这一时期国有资产的发展带有鲜明的战争军事化色彩和反危机特点。

第一次世界大战期间，美国政府出于战争需要，先后创办了美国船运公司、美国谷物公司、美国住宅公司、战争金融公司等，并将铁路、邮电、船运等部门置于国家的垄断控制之下。在第一次世界大战结束的前夕和结束后的 20 世纪 20 年代初，为了挽救私人农场、避免大批私人农场破产，美国政府建立了 12 家联邦土地银行、12 家联邦中间信贷银行。

1929—1933 年大危机爆发后，美国联邦政府对国民经济进行全面干预，实施“新政”，先后建立了一大批公共公司，特别是金融信贷公司。如：房屋所有者信贷公司、生产信贷公司、商品信贷公司、华盛顿进出口银行等。这一时期美国联邦政府创建的最著名的公共企业是田纳西河流域工程管理局（TVA）——目前，TVA 仍被认为是美国最成功的公共企业之一。

第二次世界大战爆发后，美国联邦政府通过预算拨款建立了 2600 个大型工业企业，其中包括：美国橡胶开发公司、石油储备公司、美国商业公司等。到 1945 年，美国国有企业资产总额达到 17 亿美元（以 1958 年的价格计算）。

第二次世界大战后到 20 世纪 70 年代，美国国有资产发展形成了第三次高潮。这一时期美国政府的投资主要集中在基础设施领域和高技术产业部门。如 1954 年联邦政府创办的圣劳伦斯航道开发公司、空间通信卫星公司；1976 年建立的国营统一铁路公司等。统计表明，1946—1971 年，美国联邦政府对原子能、宇航等新兴产业部门投资多达 1175 亿美元，占同期联邦政府投资的 40%。20 世纪 60—70 年代，美国国有资产比重达到最高水平。

20 世纪 80 年代以来，美国国有资产比重转为下降。1984—1993 年，美国政府的资产投资在国内固定资产投资中所占比重平均为 15.6%。不仅如此，从 80 年代中期开始，美国政府就有计划地出售国有资产、推行国有企业民营化政策，将政府拥有的电力公司、石油仓库、客运铁路、卫星遥感站向私人出售。20世纪90年代末，美国国有经济在国民经济中的比重已不足5%。

二、美国国有经济的组织形式

在美国，经营国有资产的企业和组织形式广泛多样。有各种公共公司，有股份公司，也有各种管理局、基金会和协会；有营利性的企业，也有大量的非营利性组织。根据各种企业和组织中国有资产所占的份额比例，大体上可以分为2大类：

（1）政府全额出资和实行商业化管理的公共公司。这类公共公司主要是政府通过直接投资兴建和收购私人企业形成的，企业资产完全由政府所有，但根据政策法规实行独立经营，提供商业化服务，它们约占美国国有企业总数的85%。按部门分类的部分公共公司见表7-1。

表7-1 美国联邦公共公司

非洲发展基金会	伯尼韦尔电力局
商品购销公司	社区发展金融机构基金会
全国与社区服务公司	公共广播公司
美国进出口银行	联邦农作物保险公司
联邦信贷保险公司	联邦住房管理局
联邦监狱产业公司	全国抵押信贷联合会
美国国内基金会	法律服务公司
全国信用联社中央信贷协会	全国铁路客运公司
邻里再投资公司	海外私营投资公司
宾夕法尼亚大道发展公司	养老金担保公司
电力营销局	破产银行小储户救济基金
乡村供电公司	乡村电话银行
东南电力局	西南电力局
圣劳伦斯海运发展公司	田纳西河流域工程管理局
美国邮政服务局	西部地区电力局

资料来源：Government corporations：Profiles of existing government corporations，General Accounting Office，1996.

（2）政府部分出资、实行股份经营的股份公司和完全实行租赁经营的租赁制企业。它们一部分是由政府和私人共同拥有的股份制企业，主要是政府对一些对整个国民经济发展和运行具有重要战略意义的行业和企业进行参股而形成的——在这类企业中，国有股份一般不占控股地位，企业的经营管理是完全商业化的；另一部分是由政府将一些国有资产设备等完全出租给私人经营所形成的租赁制企业。如将这两类企业归为经营国有资产的企业，它们所占比重约为15%。美国波音飞机公司、洛克希德飞机制造公司等属于包含国有股份的股份公司。

另外，在美国还存在一种公助民营企业（在美国称为政府创办企业）。这种企业是私人出资所有，但又是经政府特许并且按照特定政策和规则经营、提供某些公共服务的企业。这种企业由于盈利较少或亏损，政府每年向它们提供财政补贴或资助。联邦全国抵押协会就是这种政府创办企业，但它并不属于国有资产经营企业。

总体来看，美国国有资产规模和分布相对有限，主要集中在基础设施和一般公共服务领域。目前美国国有资产在工业中不足1%，在电力、铁路运输中约为25%。

三、国有资产委托管理模式

美国国有资产管理的突出特点是立法授权、部门和专门机构管理、签订合同和委托经营。美国没有像其他国家特别是像欧洲国家那样众多的国有企业和分布广泛的国有化公司，在基础设施和公共服务领域的公共公司是美国国有企业的主体；同时，受市场自由竞争模式和思维理念的影响，美国政府对国有资产管理历来采取合同管理和委托经营方式，大部分国有资产和它的经营企业不存在固定或对应的概念。

美国国有资产的管理主体主要是各政府部门和执行特定任务或职能的专门政府机构（委员会），它们是独立预算单位和国会授权的预算支出单位。至于它们下面的实际执行企业，可以是公共公司法人，也可以是私人企业和公司法人；但无论是公共公司还是私人公司，都强调目标、合同管理，实行典型的委托经营——对委托给私人的项目，最常见的方式是租赁经营和承包经营。美国是西方国家中唯一对国有资产广泛采用委托经营的国家。

1. 国会立法授权

美国联邦预算投资和拨款，不是以国有企业为基础的，政府各部门和各专门机构提出预算申请总是以本部门的职能和具体的公共服务项目为基础的。如果新的公共服务项目需要建立新的公共公司（或新的专门机构）来提供，则必须通过一个相关的法案。如1933年5月通过《田纳西河流域发展法案》，成立田纳西河流域工程管理局，授权它对联邦政府在该地区的财产进行经营和管理，授权它购买地产、建设大坝和电站等，并规定了它的组织结构和任务。美国对国有企业或公共机构基本上都实行这种“一对一”的立法管理制度，即每成立一个公共公司就由国会通过一个“单行法律”，目前美国40多个公共公司就有40多个单行法律。国会的立法和授权是国会和相关的政府部门对国有企业及资产进行管理的基本依据。

2. 部门和机构管理

美国对国有资产的直接管理主要是通过部门和专门机构来进行的，部门和专门机构对国有资产的管理负责。因为预算投资和拨款是由部门和专门机构提出的，预算投资项目的具体执行单位（企业）也是由部门和专门机构提出的。部门和专门机构对国有公共公司的管理主要采取委托代表进行管理方式：①委托代表参与公共公司董事会，向董事会提出发展目标和建议，但目标计划要由董事会认可方能生效，部门不向企业下达直接指令；②保证董事会成员的社会化、知识化，实行外聘董事占2/3、专家不少于1/3的原则，与公司经营有关的政府公务员不宜被任命为董事；③建立“决策型董事会制”，董事会职能限制在有关企业长远发展的战略性决策上，不参与日常经营管理，日常经营管理由董事会聘任的经理和高级管理人员负责，使“想大事”和“干具体事”的权责分开。当然，对参股企业中的国有资产，美国政府各部门一般采取委派代表参与公司董事会、根据公司法进行股权管理的方式。

3. 委托经营或公私合作模式

美国政府各部门和专门机构对基础设施领域中的国有资产管理，最常用的方式是与私人公司签订合同（包括租赁合同、承包合同、特许经营合同），实行委托经营。即：政府主管部门或机构与委托经营企业签订承包合同、租赁合同、特许经营合同，确定各自的责、权、利，对管理和经营事项以契约形式加以确定，又称公私合作（Public-Private Partnership，PPP）模式。例如，美国原子能委员会、国家宇航委员会、美国矿务局、联邦自然开拓局等，与国有资产经营企业的关系都是通过政府合同加以确定的。地方公有资产管理也是如此。

承包合同管理是指政府保留国有资产的所有权，通过与生产经营企业签订承包合同的形式将实际生产（服务）活动委托给企业，按照承包合同履行各自的责任和义务的管理方式。在美国，承包和租赁、特许经营都与招标——选择经营企业的制度密切相关。

租赁合同管理是指政府保留国有资产的所有权，通过与生产经营企业签订租赁合同的形式，将国有资产（包括整个企业和工厂）租赁给选定的私人公司，让其生产和提供产品与服务的一种管理方式（也可以是交纳租金）。1952年，美国政府成立了第一家专门集中从事租赁业务的公司——美国租赁公司。

美国国有资产通过合同管理和委托经营的主要形式有：

（1）运营与维护合约（Operate-Maintain，O&M合约）。即政府部门通过与私人企业签订合同，将基础设施的经营和维护工作委托（承包）给私人企业去完成，私人企业对基础设施的运营和维护承担全部的责任。委托和对外承包的目的在于提高基础设施服务的效率，除联邦政府之外，美国各州和市镇在供水系统和污水处理系统经营等方面也广泛运用了这种委托外包方式。

（2）租赁—建设—经营（Lease-Build-Operate，LBO）。在这种形式下，民营企业被授予一个长期合同，利用自己的资金扩展并经营现有的基础设施。它们往往享有根据合同条款收回投资并取得合理回报的权利，同时必须向政府部门缴纳租金。这种制度安排可以避免国有基础设施完全被私人拥有可能遇到的法律问题。在美国，最大的LBO经营的机场项目是斯图尔特机场，它坐落在纽约市以北85英里处，规模庞大但经营水平很差，目前已被外包给一家英国公司建设和经营，租期长达99年。

（3）建设—转移—经营（Build-Transfer-Operate，BTO）。在这种委托和承包形式下，民营部门的承包商为基础设施融资并负责其建设。一旦建设完毕，该民营部门就将基础设施的所有权转移给有关的政府主管部门。然后，该政府部门再以长期合约的形式将其外包给发展商。在合约规定的租期内，发展商经营这些基础设施，并可以通过向用户收费的方式以及其他有关的商业活动，收回自己的投资并取得合理回报。

（4）建设—经营—转移（Build-Operate-Transfer，BOT）。在政府的特许下，民营部门承包基础设施建设，并在建成后的一定的时期内经营这些基础设施、向用户收取费用，等经营期满后再交给有关的政府部门。这种委托和承包方式与 BTO 十分相近。在新建基础设施方面，BOT 是当前美国最常见的政府合同承包形式。

（5）出售—改建—经营（Sale-Build-Operate，SBO）。政府将现有基础设施出售给那些有能力改造和扩建这些基础设施的民营部门；民营部门在特许权合同规定下，经营这些基础设施。像其他特许权的授予一样，在出售前的谈判中，政府部门可以通过特许协议对基础设施的定价、进入、噪音、安全、质量和将来的发展做出规定并进行政策控制。在美国，第一起污水处理设施的出售是在俄亥俄州富兰克林市以这种方式进行的。

以上这些签订合同、委托经营的形式及其变体，在美国新基础设施建设、现有基础设施改造和扩建、提高基础设施的绩效方面运用十分广泛，获得了极大成功。从理论上看，这正是公共品的提供与生产相互分离的表现。它打破了国有资产管理体制上政府所有与政府管理完全一体化的传统路径，实现了所有与经营管理权的最大分离，提高了国有资产管理的效率，也正因为如此，它成为西方国家 20 世纪 80 年代以来开始的新公共管理运动和政府及公共部门改革的重要内容。

美国的国有资产管理制度就是以充分开展合同管理和委托经营管理为基本特征的公私合作型制度。

第三节 意大利的国有资产管理制度

一、意大利国有企业的发展和现状

意大利国有资产从 19 世纪 40 年代工业革命时期开始快速发展。政府通过投资兴建铁路、矿山和工厂，形成了一批国营公司。20 世纪 30 年代，在银行和金融体系面临崩溃的情况下，政府通过建立伊里公司等来接管银行控股的钢铁、机械工业公司，使国有企业和国有资产有了一次新的扩大。

第二次世界大战结束后，为发展南部经济和其他地区经济，意大利政府进行了大规模的投资，建立了一批新的国有企业；同时，政府对于国有企业进行的结构调整计划，也使国有资产进一步扩大。到 20 世纪 70 年代中期，意大利国有经济在几乎所有重要行业如电力、钢铁、石油、天然气、固体燃料、有色金属、合成橡胶、造船、铁路、广播电视、航运、银行信贷、电信等，都占据垄断地位。国有企业产值占国内生产总值的 25%左右，国有企业就业人数占全国就业人数的 26%以上，占全国固定资产投资的 50%左右。国有经济在国民经济发展中发挥着主导作用。

1970 年后，由于石油危机的影响，意大利经济衰退，国有经济亏损日益严重。虽然意大利中央财政给予了大量补贴，但国有企业的问题并未得到缓解，反而使财政负担加重。于是，1980 年后意大利政府对国有企业进行改革，出售了部分国有企业的股份。1985 年，意大利成立“国家参与制企业出让和购买委员会”，对国家参与制企业的经营状况进行审查，确定出售条件，批准出售。此后，国家参与制企业的改革步伐不断加快。1988—1992 年，伊里公司（国家电力公司）、埃尼公司（石油天然气公司）和埃菲姆公司（制造业控股公司）共出售 94 家下属企业；同时也购进了 144 家新企业，积极调整国家参与制企业的结构。1990 年后，意大利国有企业改革的步伐加快。1993 年后，原属伊里集团的意大利商业银行、意大利信贷银行和意大利融资银行的股份也向其他基金组织和国外金融机构出售；同时又将航空公司、航天工业公司、高速公路公司等国有企业的部分股份公开出售，吸引国外金融机构和国外大公司的参与，扩大与国内外大型私营企业的合作，使能源、公共设施、电讯等需要大量资金和技术的公共企业得到私人资金的补充。

进入 21 世纪以来，意大利国有企业改革依然持续。特别是 2010 年希腊主权债务危机爆发后，意大利的债务问题也浮出水面，引发了意大利经济衰退和政治动荡。面对国内公众的抱怨和指责，意大利政府决定进一步推进国有企业改革。2011 年 9 月，意大利财政部长特雷蒙会晤包括各主权财富基金在内的机构投资者，磋商出售伊里公司和埃尼公司的股份等事宜。2013 年 12 月意大利总理莱塔在内阁会议后向媒体表示，为进一步削减公共债务规模，意大利政府将分批出售包括意法半导体、造船商 Fincantieri、空中交通管制企业 Enav、出口保险商 Sace、火车站零售商 Grandi Stazioni 以及油气生产商埃尼公司等数家大型国有企业的股权，预计可筹集资金 120 亿欧元；其中 60 亿欧元用于债务，其余用于国有企业资本重组。2015 年 10 月，意大利邮政公司公开募股，出售股份比例接近公司总股本的 40%。

根据 OECD 国有企业工作小组 2011 年的调查与统计，目前意大利国有企业（不包括地方公有企业）有 25 家，国有企业的市场价值约 1054 亿美元，就业员工 28.9 万多人，在 OECD 国家中按员工排名为第 3 位，仅次于法国（83.8 万多人）和英国（37.8 万多人）；按市场价值排名也为第 3 位，仅次于韩国和挪威（见表 7-2）。从行业分布来看，意大利 25 家国有企业主要分布（按就业人数和价值）在：交通运输、电力和天然气、基本原材料、金融、公用事业、制造业、房地产 7 大行业。

表 7-2 **国有企业就业和价值排名前 10 位的 OECD 国家（2011 年）**

国家	数量（家）	就业（万人）	国家	价值（10 亿美元）
法国	51	83.8	韩国	177.6
英国	21	37.8	挪威	131.0
意大利	25	28.9	意大利	105.4
挪威	46	23.0	西班牙	80.7
葡萄牙	93	18.0	荷兰（28 家）	74.1
捷克	124	16.6	瑞典	67.7
西班牙	151	16.0	英国	67.4

续表

国家	数量（家）	就业（万人）	国家	价值（10 亿美元）
匈牙利	358	15.3	比利时（8 家）	57.8
瑞典	47	14.8	芬兰（36 家）	56.6
韩国	56	12.0	德国（59 家）	41.7

注：表中仅统计各国的中央企业且股份超过 50%。

资料来源：OECD corporate governance working papers（2011），www.oecd.org/daf/corporateaffairs/wp.

二、国有资产管理体制变迁

同德国、法国等欧洲国家一样，意大利在历史上就形成了依托股份公司和控股公司经营国有资产的传统。第二次世界大战后，意大利在国有资产管理体制上进行创新：一是突破部门管理国有公司的局限，建立专门性的国有企业管理机构——国家参与部来进行多部门、多行业的国有企业管理；二是组建比德国和法国的控股公司更为综合化的控股公司对各种国有企业进行股权管理。

1953 年，意大利将伊里公司的综合控股模式扩大和推广，先后成立了埃尼公司和埃菲姆公司这两家大型综合控股公司，形成了被称为国家参与制的国有企业和综合控股体系。1956 年，意大利政府又成立国家参与部，作为对国家参与制（股份参与制）企业进行管理的专门机构，由此建立了意大利国有企业和国有资产管理的 4 层式基本体制框架，见图 7.4。

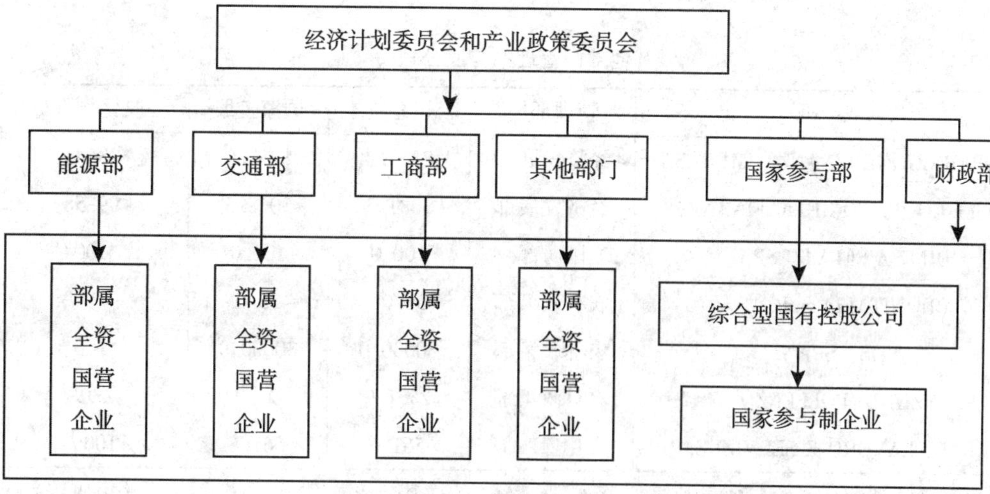

图 7.4　1993 年前意大利国有资产管理 4 层模式

随着 1980 年后国有企业进行改革，国有资产管理体制也逐步发生变化。一是国有综合性控股公司由国有独资公司向股份公司转变。意大利政府对伊里公司、埃尼公司等控股公司实行控股管理（国有股份占51%），通过股权多元化来减少政府的行政干预、对控股公司的管理由直接管理转向间接管理。二是减少管理层次，国有资产管理体制由4层变为3层。1993年意大利撤销原国家参与部，由经济与财政部作为国家代表，负责伊里公司、埃尼公司、埃菲姆公司三大控股公司的股权管理，并调整了它们与其他部委的关系。目前，意大利国有资产管理体制如图7.5所示。

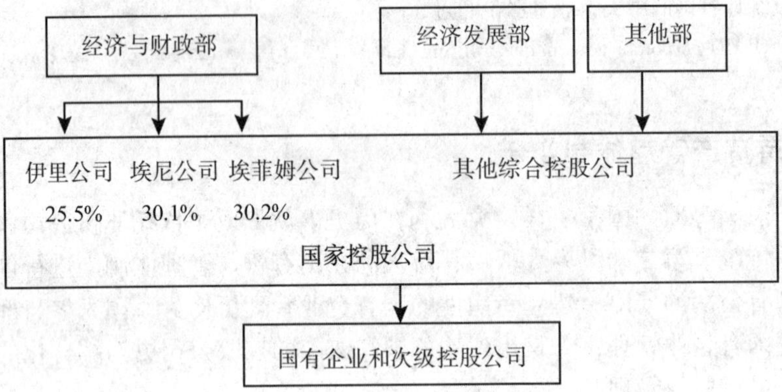

图7.5　意大利国有资产管理体制

从图7.5可见，意大利国有资产管理的3个层次是：中央部委—综合控股公司—国有企业或次级控股公司。其中，意大利经济与财政部拥有的伊里公司、埃尼公司、埃菲姆公司的股份比例分别为25.5%、30.1%、30.2%，这3大公司又控股和参股28家公司。其他部委对其他控股公司的持股情况如表7-3所示。

表7-3　**其他部门管理的控股公司**　单位：万欧元

公　司	管理部门	公司总资本	国家控股	控股比例（%）
COOPERAZIONE FINANZA IMPRESA	经济发展部	8365.2	8232.0	98.41
SO. FI. COOP. SOCIETA´ FINANZA	经济发展部	3081.3	3068.5	99.58
DIFESA SERVIZI SPA	国防部	100.0	100.0	100
BUONITALIA S. P. A.	农林政策部	50.00	35.0	70
" ISA SPA"	农林政策部	30000.0	30000.0	100
" AGENZIA DI POLLENZO SPA"	农林政策部	2561.0	99.9	3.9
ALES ARTE，LAVORO E SERVIZI S. P. A.	文化遗产部	561.6	561.6	100%

资料来源：2013年意大利国有资产报告，http：//www. rgs. mef. gov. it/_Documenti/VERSIONE-I/Attivit--i/Rendiconto/Conto_del_bilancio_e_Conto_del_patrimonio/Il-Patrimo/PS-2013. pdf.

三个层次的职能和任务是：

1. 经济与财政部及其他部委

以经济与财政部为例，该部内设四个机构：项目与开发司、经济事务司、人事组织司、监督服务司，分别进行管理。

（1）制定国有资产营运的大政方针。向各国有控股公司发布总的指导方针，保证国家经济政策的实施和政府规定的各种社会经济目标的实现。

（2）国有股份管理。根据市场规则，通过自主经营的各控股公司对国有企业和国有股份公司进行管理。

（3）人事任免。根据法律规定任免各控股公司的有关人员。1993 年前，各控股公司的董事长和副董事长由经济与财政部长建议、内阁提名、总统任命，各控股公司董事会中的财经事务、工业事务专家董事、监督委员会成员由经济与财政部长任命，各控股公司的总经理由经济与财政部长根据各控股公司董事长的提议任命。此后主要是选派董事。

（4）监督、协调和指导。即对各控股公司的活动进行监督、协调、指导，监督其经营状况和执行国家政策的情况。

2. 国有控股公司

国有控股公司是国有资产的营运机构，它们根据公司法对国有股份进行管理。其职责是，负责授权范围内的国有资产的营运，承担国有资产的经营责任，对所属全资国有企业行使出资者权利，包括人事任免、重大决策权和收益权；对控股、参股子公司行使股东权利。在意大利，大部分国有企业资产是由三大控股公司即伊里公司、埃尼公司、埃菲姆公司管理的。由于这三家公司目前政府仅仅持有 30%左右的股份，政府的直接影响已经不大，只是由于以往受政府支配的传统和习惯，它们仍然具有一定的政府性做派；同时，国家会计法院也派代表参与公司的财务审计。它们对自己控股和参股的企业的管理，主要是根据持股比例向各企业派遣董事、提供贷款担保、按出资比例享受收益或调整持股比例等。

3. 国有企业

意大利的经营性国有资产由被控股企业和参股企业具体营运。虽然被控股公司受到国有控股公司的影响，但基本没有行政性支配的问题，企业的运作是独立的。至于参股公司，由于国有控股公司掌握的股份仅仅是企业股份的一部分，因此参与制企业在经营上很少受政府的影响。不过从伊里公司、埃尼公司、埃菲姆公司所属的企业来看，被控股的企业多于参股企业。

三、埃尼公司的管理结构

埃尼公司（意大利国家碳化氢公司，Ente Nazionale ldrocarburi，ENI）是意大利政府为保证国内的石油和天然气供应，于 1953 年 2 月 10 日成立的国家控股公司。埃尼公司是意大利第 2 大国家控股集团公司，世界第 7 大石油集团公司（其前身是 1926 年成立的阿吉普公司，即意大利石油总公司），也是目前世界第 8 大上下游一体化经营的跨国石油公司。

埃尼公司的主要经营范围是：石油和天然气的勘探与开采、石油炼制和油品营销、石油化工产品的生产与销售、油田工程承包与服务；兼营机械、冶金、工程建设、金融等业务。埃尼公司拥有包括格阿普（Galp）石油公司在内的 300 多家公司，在全球 83 个国家有分支机构，雇佣人员 8.4 万余人。

1992 年埃尼公司由国营企业改制为股份制公司。目前，埃尼公司由意大利中央政府控股 30%，社会控股 70%。在中央政府控股的 30%中，由经济与财政部直接控股 4.34%，通过 CDP 公司间接控股 25.76%。另外，中国人民银行（2014 年）持有该公司 2.102%的股权，是埃尼公司第 4 大股东。虽然经济与财政部直接控股该集团，但是公司活动并不受该部门的控制。

1993 年改革以来，意大利政府除明确经济与财政部为主管部门外，其他政府部门不再向公司委派董事。埃尼公司的领导层也进行了压缩，董事会与执行委员会合二为一。埃尼公司的内部结构是：公司股东大会决定公司重大事项，包括选举和确定公司的权力机构（董事会和审计委员会）、审批财务报表和修订公司章程。董事会主席由大多数董事和非执行董事参照法律独立选出，CEO 以及其他部门负责人由大多数董事参照法律独立选出。公司董事会直接负责公司财务和规范部门，董事会主席和首席执行官负责公司经营管理部门和内部审计部门。董事会将部分管理权力委派给首席执行官，并组建了四个内部委员会以便在不同方面提供咨询和建议。

埃尼公司目前有 13 个专业公司，分别负责油气生产、销售、供应以及工程建设等主要业务。2013 年，埃尼公司的市值为 524 亿欧元，净收入为 1098 亿欧元，股东每股股利 1.12 欧元。

第四节 新加坡的国有资产管理制度

新加坡（新加坡共和国，Republic of Singapore）是一个东南亚岛国，面积 719.1 平方公里，人口 553.5 万（2015 年），人均 GDP 为 5.63 万美元（2014 年）。新加坡于 1965 年独立建国，华人占 70%以上，2012 年工业与服务业产值之比为 36∶64。

新加坡国有经济和国有资产的发展经过了三个阶段。第一阶段，20 世纪 60—70 年代初，新加坡政府主要为社会经济发展准备条件，致力于社会基础设施建设，政府出资组建了 13 家国有独资和合资企业。第二阶段，70 年代初—80 年代中期，新加坡政府进一步扩大投资范围和领域（包括制造业、通信、交通运输、金融、贸易、旅游及房地产等），1986 年时国有企业达到 608 个。第三阶段，80 年代中期以来，新加坡进行国有企业调整和改革，将国有企业民营化，降低国有经济比重。尽管如此，新加坡国有经济在国民经济中仍占重要地位。目前，新加坡的国有企业主要包括政府拥有全部股份的企业和政府仅拥有部分股份的企业。

一、国有资产管理体制

新加坡的国有资产管理体制类似于意大利，是一个三层式管理体制（见图 7.6）。新加坡国有资产管理体制的上层是国家财政部。财政部一般只掌握国有控股公司的人事权和经营状况，不干预国有控股公司的经营活动。新加坡国有资产管理体制的中层是国有控股公司和法定机构。国有控股公司完全由政府投资，并代表政府对众多国有企业（包括中间控股公司和经营企业）进行参股和控股管理。这些控股公司有：新加坡政府投资有限公司、新加坡科技控股公司、国家发展部控股有限公司、淡马锡控股公司等。控股公司根据公司法运作，追求投资回报率，并运用股权管理来支持政府的经济政策，其投资领域不受限制。法定机构是根据议会的专门立法建立和运作的公共机构，如经济发展局、港务局、公共水务局、电讯局、新加坡广播局等。这类机构由公共预算提供资金，各法定机构既是独立的公共法人，又带有一定的行政色彩；专门法规定了它们的投资领域、经营范围（主要是基础设施和社会服务领域）和应承担的社会职能以及应上交的部分利润。法定机构负责管理全部由政府出资的公共企业，营造富有吸引力的投资环境，创造良好的市场环境，为公众利益服务。

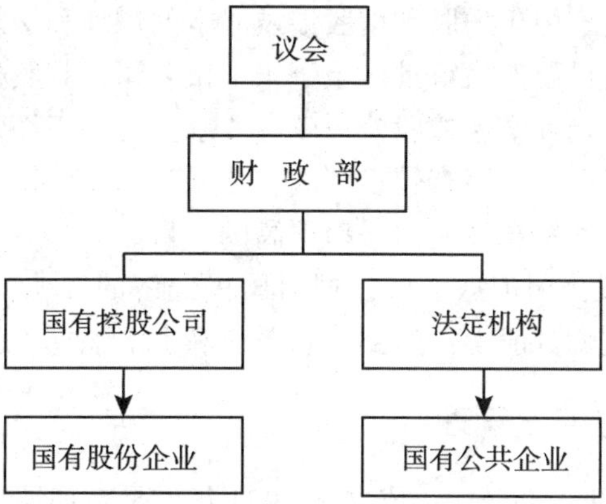

图 7.6　新加坡的国有资产管理体制

新加坡国有资产管理体制的基层是国有股份制企业和国有公共企业。公共企业主要是基础设施经营和公共服务提供企业。国有股份制企业主要是国有控股公司控股或参股的企业，这些企业具有与私人企业一样的性质，它们的生产经营活动受市场经济规律的制约。

新加坡国有资产管理的特色主要体现在国有控股公司的管理上。国有控股公司对国有企业的管理主要包括四个方面的内容。

（1）掌握控股权。为了保持对重要产业部门、对不同公司的控制，控股公司根据具体情况，采取了灵活多样的控股模式：第一，绝对控股模式。对需要绝对控制的公司保持50%以上的股份，例如，对于新加坡航空公司，淡马锡控股公司就掌握了54%的股权。第二，适当控股模式。根据上市公司的股权分散程度，持有适当比例的股权，比如，淡马锡公司只持有吉宝集团、海皇轮船公司各37%的股份，就成为它们最大的股东。第三，交叉持股模式。对于那些既需要控股、又要防止统得过死的企业，新加坡政府运用交叉持股的方式，使国有股份多元化，如淡马锡控股公司、国家发展部控股公司就分别持有发展银行20.9%和22.9%的股份。第四，分层控股模式。控股公司通过自己直接持股，并且利用自己控股的公司再对一家公司持股，形成环环相扣的产权关系纽带，增强国有产权的辐射力，同时达到控股的目的。另外，为确保国有控股公司对某些重要公司的控制权，新加坡政府还制定了一些特殊的政策。这些政策措施包括：针对银行、财务公司、保险公司及报业公司等特殊行业，政府对个人股份加以限制，防止私人通过积累股份而接管这些公司，例如，政府对发展银行的股权控制做出规定——个人持股不得超过其总股本的5%；对于运输、石油等重要行业，政府对外资股份加以限制，例如，新加坡航空公司的外资股份被限制在25%以下。

(2) 控制人事权。新加坡控股公司及下属公司都实行董事会制度，政府依据国有股权的不同控股模式，对董事会进行不同的控制。控股公司的董事一般三年一任，可以连任。对于控股公司直接控股的公司，由控股公司提出董事人选，报“董事咨询与委任会议”审查后方可派出。

(3) 规范股权回报和利润分配。新加坡上市公司发放股息比较规范，因此，控股公司在股息分配问题上比较尊重小股东的意愿，经过股东大会通过后的分配股息方案，只需报交易所备案即可。但是，由于送股和增股涉及股本的增加和交易量的扩大，要经过控股公司的慎重研究，交易所也要严格审批。至于未上市公司，其股权回报也要有一定的股息率。如果回报率达不到既定标准，控股公司就会要求公司修正经营策略，甚至做必要的人事调整。有些公司派息以后，仍留有较多利润，如果没有找到好的投资方向，控股公司便会要求发放特别股息，收回资金投向回报率更高的项目。

(4) 股权重组。控股公司依据下属公司对国民经济的影响力、公司的股权结构以及股权回报情况，转让或收购其股份，达到国有股权和资源配置优化的目的。

二、淡马锡公司的控股管理

淡马锡公司（Temasek Holdings）成立于1974年，是新加坡最大的国有控股公司。公司成立的背景是，由于在1970年前新加坡政府建立了各种国有公司，它们分散在各个行业和部门，很难进行有效管理，也很难积极开展国际竞争，为了将它们整合起来统一管理并协同竞争发展，新加坡政府决定建立一家按新加坡公司法注册的非公法人的控股公司。

当时，新加坡政府将新加坡航空公司、新加坡发展银行等35家国有公司的股权（3.45亿元新币，目前仍持有12家公司股权）委托给淡马锡公司管理。经过40多年的发展，淡马锡公司（截至2015年3月31日）的投资组合净值已经高达2660亿新元（最近10年淡马锡集团年平均净利为110亿新元），涉及金融、交通、通信、工程、工业制造、电力、房地产、能源、生命科学与农业等众多领域（最近3年的投资重点是金融、通信媒体与科技、交通与工业、房地产与消费4大板块），投资遍及世界各地（最近3年在新加坡的投资占30%左右，在亚洲占40%左右，在欧洲和北美占15%，在澳大利亚和新西兰占10%），直接拥有45家公司的股权（子公司）、2000多家公司，形成了一个大型的国际化的国有公司集团。

1. 公司性质和目标

淡马锡公司是由新加坡政府投资组建、财政部主管的有限责任公司。根据公司章程的规定，公司营运的法律框架以公司法为主。淡马锡公司以盈利为主要目标，同时兼顾公共政策目标、保证公共品的控制和服务供应。因此，公司在项目选择及决定资金投向问题方面都以能否盈利为标准。为了确保盈利，在进行投资时，公司及其子公司都有选择项目的自主权。任何投资项目都要经过事先评估，若不能盈利，则不予考虑。若确属国家需要，政府部门又提出要求，则政府必须以公司不亏本为前提给予相应补偿，否则公司不会接受。如果子公司发生亏损以至资不抵债，淡马锡公司将会出售该公司的股份。

根据公司章程的规定，淡马锡公司的目标是通过对企业实施控股、参股或买卖企业有价证券等经营方式，在国内及世界各地从事投资、控股公司的经营活动，帮助拓宽和深化新加坡的经济基础。至于公司在产权投资方式上是选择独资、控股还是参股，很大程度上取决于被投资企业的业务性质。例如，对于与战略和国家安全有关的企业、涉及社会发展和社区发展规划的旅游业或娱乐业企业以及合法赌博企业等，往往采取独资方式；对于其他企业，则通常采取控股或参股方式，以引导和促进私人投资，带动非国有经济的发展。

2. 公司的组织结构

淡马锡公司董事会由 13 人组成。根据公司章程的规定，公司高层领导（董事长、CEO 或总经理）的任命需经财政部复审、报总统批准，这是它与一般私营公司不同的方面。不过，现任董事会中只有 2 名董事可以算政府人士（董事长是新加坡劳动基金会副理事长，另一名董事是总统顾问委员会委员），其余 10 人是独立董事、均为私营企业的高层领导（以保证董事会的独立性）。董事会一般每季度召开一次会议，每次两天（如有必要，董事会也可以增加次数和会期）。

董事会内设三个常设委员会，负责董事会重大决策的实施。一是执行委员会，其职责是检查所有投资企业的重大投资项目，包括投资或撤资。二是审计委员会，主要职责是审计和监督公司的投资和财务活动。审计委员会全部由独立董事组成，其职责包括审查内控体系、财务报告流程、审计流程以及法律条例合规性的监控流程等，以协助董事会履行其监督职责。三是领袖培育与薪酬委员会，主要职责是公司主要领导和部门负责人的考查、选拔和公司薪酬政策，负责向董事会推荐董事及管理层的领袖发展计划，包括董事及首席执行官的继任计划，以及提供有关业绩衡量与薪酬计划的指导方针与政策。

根据规定，新加坡国有控股公司均实行董事会下的总经理负责制。董事会成员由股东大会决定（董事长及总经理的任命要经总统批准），股东会可以通过决议增加或减少董事会成员人数，可以辞退不称职董事和任命新的董事。1991 年修改的公司章程规定：（1）每年应有 1/3 的董事退休，退休的董事为任职年限最长者，在任职年限相同的情况下，将通过抽签方式决定。（2）董事在征得董事会大多数成员同意后，可以指定任何人代理董事，并随时解除这一代理关系。（3）董事会可根据需要任命 1 名或多名常务董事，但在该董事任职期满时，同其他董事一样退休，其常务董事资格也随其董事资格一起被取消。根据公司章程规定，董事会中的政府官员作为政府公务员兼职不兼薪，薪水仍由政府支付。

淡马锡公司的总经理或 CEO 和高级经理层由董事会聘任，对董事会负责，董事会对其进行考核和监督。淡马锡公司将业务分成两大类：一是有关经济与社会安全的公共事务，包括水电气、航空、海运、健康、教育、住房、广播、金融稳定等；二是国际和地区投资业务。为了帮助 CEO 工作，特地设置了 3 个专门的研究与决策、咨询委员会。

在具体业务的组织管理上，淡马锡公司目前分为 5 大部门，并按业务领域和区域实行专业化管理。公司的总体管理层次和主要业务部门的结构如图 7. 7 所示。

3. 公司的治理机制

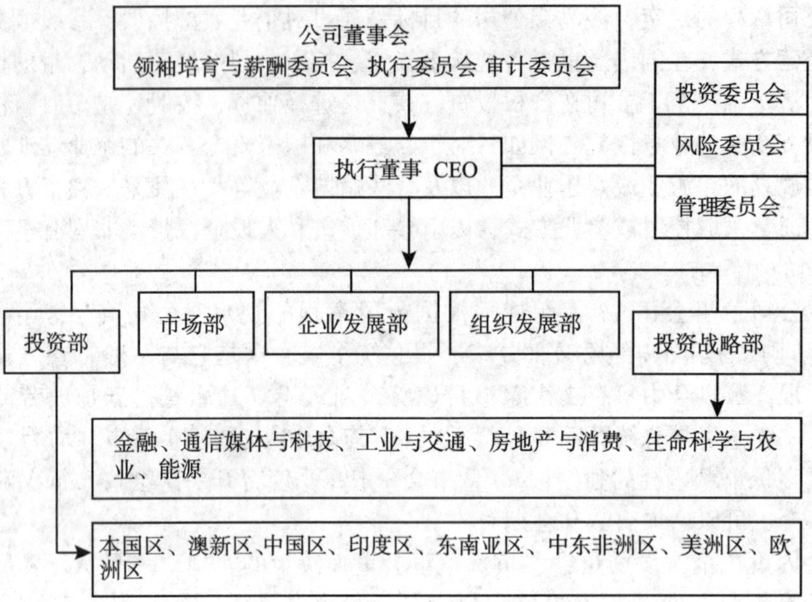

图 7.7 淡马锡公司的组织（业务部门）结构

在公司管理方面，淡马锡公司董事会有权决定公司经营的大政方针、股息分配及配股等事宜。公司在投资决策、资金使用等方面也享有完全的自主权，不受财政部的制约。但公司董事会作为政府的代表，对公司的经营活动负有监督管理、保证资产增值的责任。

(1) 外部监督。淡马锡公司每半年要向财政部递交一份有关下属子公司经营状况分析的报告，财政部长每两年也要到各公司视察一次。公司的盈利一般留作新的投入资金。当盈利增加时，公司每年将利润总额的 15%上缴财政部，其余资金仍由公司自主使用。淡马锡公司在业务运营（项目投资）上根据内部制度规定运作，而对那些重大投资项目若因公司资金有限而需要政府注入新资本时，则要报请财政部审批。

(2) 内部监督。淡马锡公司不设专门的监事会，内部监督职能由董事会直接承担。董事会内设审计委员会，专门负责公司的财务审计。审计委员会也审核外部审计的范围和结果，以及外部审计师的独立性。审计委员会由公司内部审计部门支持，为确保其独立性，在履行职能的过程中，内审部门在职能上向审计委员会报告，在行政上则向首席执行官办公室报告。为了有效地履行职能，内部审计有权不受限制地全面接触所有记录、财产和人员。除了所有办公室的定期审计外，内审部可能在董事会、审计委员会或高管层的要求下进行特别审计。

(3) 子公司治理。淡马锡公司对其控股公司的管理和控制方式主要有：①报告制度。要求子公司按期呈报本公司董事会会议备忘录；定期提交本公司的月度、半年和年度财务及管理报告；定期呈报本公司有关投资和贷款方面的计划。②人事管理制度。公司委任董事或职员担任子公司董事会成员；批准子公司重要领导（董事长、首席执行官和总经理的任期不得超过6年）的任免，鼓励从全球范围内物色优秀管理经营专家。③业务范围制度。淡马锡公司要求所属企业在开拓新的业务时，必须经过充分论证和总公司的审核批准，否则被视为违纪。④业绩考核制度。淡马锡公司根据子公司的财务报告，一年至少两次对子公司的经营绩效进行考核，并提出建议和实施调整措施（包括人事和组织结构调整）。表7-4是淡马锡对子公司进行管理和控制的方式。

表7-4　　淡马锡公司对子公司的管理方式

管控职能定位	管控流程
制度和流程	1. 划分母、子公司权限，确定子公司组织结构和部门职责 2. 建立明确的管理流程，即：战略管理流程；财务、成本管理流程；人力资源管理流程；监察流程 3. 建立业务流程，即：项目拓展流程；项目策划流程；设计管理流程；工程管理流程；销售管理流程；物业管理流程 4. 在全公司实行各流程
战略管控	1. 母公司战略规划 2. 子公司战略规划（子公司战略协同） 3. 子公司年度计划制订 4. 与子公司经理层签订绩效合约 5. 预算和审计监控 6. 偏差分析和绩效管理会议 7. 计划调整和绩效改进
财务管控	1. 制定财务政策、制度和流程；对子公司财务负责人进行下派 2. 财务预算系统：以年度战略计划为依据，制订年度财务计划并落实到公司各责任中心 3. 财务汇报系统：建立汇报机制以便及时汇集各责任中心的经营状况 4. 财务控制系统：分析报告，找出偏差的根本原因，并及时向公司管理层提出相应的解决方案
人力资源管控	1. 母公司对子公司高层和部门经理的选聘、委派、任命、考核等进行控制 2. 子公司管理部经理、财务部经理由母公司直接下派 3. 对子公司高层的胜任和业绩进行评估，不合格者及时罢免 4. 进行人力梯队建设，制订子公司高层继任计划，通过职务轮换、设立副职、临时提升、参加各种委员会、管理知识培训等进行子公司后备经营者的培养
业务管控	1. 母公司通过评审、备案等方式，对项目拓展、营销策划、规划设计、工程管理、销售管理和物业管理的关键节点进行控制，保证在项目开发中实施公司的经营策略和提高产品的竞争力 2. 建立项目巡查小组，对子公司的制度和程序、工作执行情况进行检查、督办

续表

管控职能定位	管控流程
成本管控	1. 母公司外委预算单位进行工程预算和结算控制 2. 母公司参与重大的招投标活动，并推荐相关战略合作单位 3. 子公司在母公司对一般的招投标事项进行备案
审计监察	1. 对子公司进行管理审计和财务审计 2. 对子公司高层进行人事监察

第五节 俄罗斯的国有资产管理制度

一、转轨、私有化和国有化复兴

（一）转轨和私有化改革

前苏联解体之后，私有化被作为经济改革和转向市场化道路的基本途径。1991 年 12 月 29 日，俄罗斯总统叶利钦签署了《关于加快国有企业和市政企业私有化的命令》。随后，俄联邦政府公布了《1992 年俄罗斯国有企业和地方企业私有化纲要的基本原则》，确定了私有化改革的基本框架。1992 年，俄联邦政府建立“国有资产管理委员会”负责私有化工作，改革正式开始。俄罗斯的私有化改革按特点可分为两个阶段。

1. 小私有化阶段（1992—1993 年）

俄罗斯私有化改革的第一阶段可称为小私有化改革。小私有化改革的主要内容，就是将固定资产账面价值少于 100 万卢布、职工人数在 200 人以下的国有商业、服务业、小型工业、运输和建筑企业向私人出售。

小私有化的基本方式是：招标、拍卖、赎买和股份制，其中，招标和赎买是主要方式。小私有化于 1992 年开始，1993 年基本完成，商业、餐饮和服务业中企业的私有化率分别达到了 75.4%、66.3%和 76.4%。

2. 大私有化阶段（1993—2002 年）

俄罗斯私有化改革的第二阶段称为大私有化改革。大私有化改革就是将大中型国有企业股份化。大私有化又分为三个时段：证券私有化、现金私有化、个案私有化。

（1）证券私有化时段（1993 年 7 月—1994 年 6 月）。证券私有化就是通过发放私有化证券让居民无偿购买（取得）一部分国有资产。1992 年俄罗斯政府决定通过向公民发放私有化证券的方式将数万家国有企业进行无偿私有化，将原苏联 70 年来积累的公共资产进行估价、等分，无偿地转让给公民。从 1992 年 10 月 1 日起，俄罗斯政府向每个公民发放一张面值为 1 万卢布的不计名、不挂失、可出售、可转让的私有化证券，该证券可用于购买职工所在企业或其他企业的股票，购买由政府或私人建立的投资基金的股份（投资基金将收集的私有化证券投资于私有化企业股票)，私有化证券也可出售换成现金、赠送亲友或用于住房私有化等。在证券私有化阶段，共发放1.5万亿卢布的证券，实行股份化的国有企业将大部分股份以低价出售给本企业职工，小部分出售给企业外的投资者。证券私有化阶段结束后，俄罗斯工业、农业、科技部门应实行股份制的30169家企业有71%的企业转为股份公司。

(2) 现金私有化时段（1994年7月—1996年12月)。现金私有化就是用现金购买国有股权，中心内容是出售证券私有化以后企业中仍保留的国有股份，本国及外国自然人和法人均可参加竞购。1995年后，还采取国有股份抵押贷款的办法（也称“贷款换股份”），即私人根据贷款换股份协议，以企业股份做抵押向银行申请贷款。该办法实行后，一部分人利用对银行的控制或特殊关系，大量廉价收购国有资产，一些私人的资本积聚得以迅速膨胀，形成了足以控制经济的少数寡头阶层；同时也造成了“私有化寻租”现象，大量国有资产被非法转移到海外。现金私有化后，私有企业的产值已占GDP的70%以上。

(3) 个案私有化时段（1997—2002年)。个案私有化即停止大规模的私有化，实行有选择的、经过仔细研究的、对部分重点国有企业的拍卖和重组。实行个案私有化的原因是，经过前面的私有化改革，国有经济的垄断已不存在。因此在这一阶段，私有化的战略从平均分配国有资产转变为投资与改造相结合、注重企业技术设备的更新和改造。私有化过程深入燃料动力部门、军工部门，扩大到基础设施领域。私有化方法更加灵活多样，如招标、租赁、拍卖等，一般按市场价格出售，其部分收入主要用于社会保障；减少对本企业集体和领导人的优惠，加强国家对私有化过程的监督。2001年，俄联邦政府出售了库兹巴斯煤业公司79.8%的股份、国家保险公司49%的股份、诺尔西石油公司85%的股份、科夫托尔铁矿24.8%的股份、南乌拉尔镍矿23.35%的股份。

值得注意的是，2001年11月，俄罗斯国家杜马修订的《俄罗斯联邦国有资产和市政资产私有化法》(2002年3月生效）规定，俄罗斯的企业用地可以随企业一起私有化，社会文化设施和公共设施都可以私有化。土地私有化主要包括：①房屋、土地、建筑物和设施、未完工建筑工程和独立不动产的私有化，与企业的出售同时进行；②属于国家或市政所有的土地、建筑物等不动产，可以租赁或向国家和市政机构购买；③地段的购买价格，按照居民点人数来确定，居民点人数为300万以上，地价为该地段单位面积的土地税的5~30倍；居民点人数为50万~300万，地价为地段单位面积土地税的5~17倍；居民点人数为50万以下以及在居民点之外的，地价为地段单位面积土地税的3~10倍①。

社会文化设施和公共生活设施的私有化包括：保健、文化和体育运动设施等社会文化设施和公共生活设施可以作为企业财产综合体的组成部分而私有化。社会文化和公共生活设施私有化的必要条件是，在关于私有化条件的决定所规定的期限内保持它们的用途不

① 但下列土地不得转让：农业用地、森林和水储存用地，特别是自然保护区及其用地；被危险物体污染的土地和遭受生物污染的土地；水库用地和卫生防护用地；公共用地（街道、街巷、道路、堤岸、公园、水池、浴场等)；用于保证海口和河口活动、航空港活动的运输用地，以及为了它们的远景发展而留出的土地；有关地区总体发展和为了国家与社会利益所规定的土地。

变，但自私有化之时起不能超过 5 年。如果违反保持社会文化和公共生活设施用途不变的条件，则地方自治机关有权提起诉讼，通过赎买收回。

（二）普京和国有化复兴

2000 年 3 月，普京当选为俄罗斯总统。鉴于戈尔巴乔夫和叶利钦时期私有化导致社会混乱、经济衰退、人民贫困、国家地位严重下降等一系列问题，普京认为这就是一些当权者将胡作非为当做了民主、将一小撮人的暴富当成了市场和市场关系。他认为国家的核心价值观是三大要素：主权民主、强大经济、军事威力，而如果国家不掌握战略资源、没有一定的国有经济和财政实力，是不可能使国家强大、人民自主的。当然，普京并不反对私有化，他反对的只是一切私有化、是有利于少数人的私有化，他要求有选择地私有化、也有选择地加强企业国有化，加强国家对战略性行业的控制，防止少数寡头和垄断势力控制和影响俄罗斯的经济和政权格局。

2003 年 10 月，俄罗斯原首富霍多尔科夫斯基被捕，他所拥有的尤科斯石油公司下属的油甘斯克油气公司被拍卖，最终被国有的俄罗斯石油公司收购，拉开了俄罗斯重新加强国有企业的序幕。2004 年 8 月普京亲自确定了 1063 家俄罗斯大中型企业为国有战略企业，并明确规定政府无权对这些企业进行私有化。这些企业涉及国防、石油、天然气、运输、电力、对外贸易、银行、渔业、钢铁制造业等领域。政府持有这些企业至少 25%的股份，以保证政府对这些行业的控制权。

俄罗斯政府采取的一个重要措施是通过立法（《自然垄断法》等相关法律）让重要领域的核心国有企业拥有主导地位或垄断地位。例如，在天然气和石油领域通过立法确保国有企业的垄断地位（如天然气供应、管道输送、电力生产及输配送、铁路和核电等），从而使大部分私有企业在垄断环境中失去生存空间，自动将企业卖给政府，达到将私有企业国有化的目的。2005 年 9 月，俄联邦政府控股的天然气公司收购西伯利亚石油公司 76.6%的股份，增加石油开采能力 3500 万吨/年。

俄罗斯政府采取的另一个重要措施是将资源开采审批权（原由联邦和联邦主体两级政府共有）收归联邦政府，并支持国有控股公司购并其他公司，进而主导一些地区的油田开发和行业的一体化生产，加强国有公司的主导或垄断地位。

俄罗斯政府采取的另一个重要措施是组建国家集团公司。国家集团公司是一种“非商业组织”和一种特殊的经济组织形式，是法律范畴内的一种混合型组织。这一组织形式在 20 世纪 90 年代俄罗斯转轨时期曾用于应对金融危机。2007 年 4 月普京在国情咨文中倡议建立国家集团公司，此后到 2008 年 5 月，俄罗斯建立起 6 个规模庞大的国家集团公司（航空、造船、纳米、技术工艺、原子能、外经银行），并被赋予振兴俄罗斯经济、实施国家重大建设工程以及发展高新技术产业的重任。通过对国家集团公司的集中投资，国有经济成分的比重迅速提高，国家控制的行业领域得到拓展，国家集团公司也成为俄联邦政府控制战略性经济领域的重要组织形式。

到 2009 年，俄罗斯国有经济的比重上升到 67%。实际上从 2000 年以后，随同国有经济的再调整，俄罗斯的经济社会逐步回升，彻底改变了转轨以来的危机或倒退局面。

从表 7-5 可以看出，俄罗斯的国有企业主要集中于国防、石油和天然气等涉及安全、能源方面的重要领域，在国防、石油和天然气领域的国有企业数量占俄罗斯国有企业总量的70%以上。

表7-5 2004年和2012年俄罗斯国有企业的行业分布（%）

行业	2004年（1063个）	2012年（700个）
国防	21.5	20.4
石油	30.8	32.6
天然气	26.0	20.8
电力	5.7	6.9
其他	16.0	19.3

资料来源：根据俄罗斯有关资料整理。

前苏联时期国家实行高度集中的计划经济制度，公有企业是国家工业化的基本载体。20世纪80年代末90年代初，公有经济和公有资产在国民经济中占绝对主导地位。1990年公有经济比重高达92%，合作社、集体经济和其他所有制经济所占比重只有8%；而在工业中，公有资产比重高达99%。1992年初，俄罗斯共有25万家公有企业，其中属俄罗斯联邦所有的国有企业占17.5%，约4.3万家（属边疆区和州政府等所有的占35.4%，属地方政府所有的占36.2%）。从1992年开始私有化改革到2002年初，俄罗斯共建立起股份公司约2.7万家，其中国家控股的公司4849家（占总数的18%），国家参股的股份公司约1.02万家（占总数的44.4%）。

2003年以来，俄罗斯总统普京主导国有化复兴，目前俄联邦政府的全资和控股股份公司仅约700家，但力量集中、对国民经济的控制能力增强。这也是俄罗斯政府对国有企业和国有经济作用的认识提升的结果。

二、俄罗斯国有资产管理体制

在转轨国家中，俄罗斯的国有企业和资产管理具有特殊性，这就是俄罗斯国有资产管理机构的多元性和多种模式。这与普京执政后俄联邦政府加强对经济秩序和经济运行的治理，实行以“国家为主导”的市场经济道路，使俄罗斯逐步走出衰退困境、实现经济复苏的实践密切相关。目前，俄罗斯的国有企业和资产管理体制采取2层式2种模式。

第一种模式：对战略性行业的国有全资企业，由相关部门直接管理、部门委派代表直接参与企业管理。2006年以来，在这个基础上进一步建立了一些国家集团公司（取代了其中一些国有全资企业并吸收了一些股份制企业），而国家集团公司由俄联邦政府直接进行政策性管理，运用监事会和董事会制度的国家集团公司具有充分自主的经营管理权。这一模式可以概括为：联邦政府（或部门）委派代表+国家集团公司（国有全资公司）。关于国家集团公司的管理，参见表7-6。

表 7-6 **俄罗斯主要的国家集团公司**

	建立日期	CEO	监事会（管理机构）	理事会（执行机构）
航空制造联合公司	2006. 2	总统任命	主席：原第一副总理 另有 CEO 等 8 位监事	9 位理事，CEO 任主席
俄罗斯技术公司	2007. 11	总统任命	主席：原国防部长 另有 CEO 等 8 位监事	11 位理事，CEO 任主席
俄罗斯核能公司	2007. 12	总统任命	主席：原总统办公厅主任 另有 CEO 等 8 位监事	9 位理事，CEO 任主席
外经与发展银行	2007. 5	总统任命	主席：原总理 另有 CEO 等 8 位监事	9 位理事，CEO 任主席
船舶制造联合公司	2007. 3	总统任命	主席：原副总理 另有 CEO 等 8 位监事	9 位理事，CEO 任主席
奥林匹克建设公司	2007. 10	总统任命	主席：原地区发展部长 另有 CEO 等 12 位监事	13 位理事，CEO 任主席

资料来源：据俄联邦相关法律整理。

第二种模式：在天然垄断性行业设立战略性开放型股份公司（如电力、天然气、石油、铁路、航空、港口、电信领域），实行规范的公司制治理制度，由俄罗斯联邦国家财产管理委员会（署）通过控股和参股进行监管、由联邦国家财产管理委员会（署）和相关的政府（行业）部委派代表或其他委托人作为公司董事参与企业管理。这一模式可以概括为：联邦国家财产管理委员会（署）委派代表+开放型股份公司（控股和参股公司）。

关于俄罗斯的国有企业，应当指出，在俄罗斯私有化改革过程中，国有企业改组为 3 种类型：一是非竞争领域的国有独资企业，这类企业是联邦各部门直接管理的国有企业；二是竞争领域的且是天然垄断型行业的国有独资企业，这类企业是部门管理、任命经理，但自主经营以获利为目标的企业；三是国有股份制企业，这类企业由国家财产管理委员会委派代表和联邦财产基金会一同进行股权管理。

国有股份公司的委托管理是根据 1996 年 12 月 9 日俄联邦总统发布的《将私有化过程中建立的股份公司转为委托管理》的命令实施的。实行委托管理的主要原因是，俄联邦财政状况恶化、同时缺乏资金和管理干部，不能使国有资产在市场经济条件下有效地运转。委托管理的关键是政府委派代表进入各个国有股份公司的管理机构，成为股份公司董事会的成员。代表由联邦国家财产管理委员会、联邦财产基金会、财政部、经济部等有关部门人员组成的招标委员会公开选拔，参加竞聘代表的人选可以是国家或市政机关的公务员，也可以是其他人。竞聘人选的条件是：拥有的净资产或自有资金不少于将要接受委托管理的股票价格的 20%；必须提出有创意的企业发展计划和经营方案。并规定，竞聘决定的代表是国家或市政的公务员，按照招聘时决定的条件由政府支付薪水，不能在作为国家代表的股份公司接受任何形式的报酬。竞聘胜出者同政府部门签订国有股份委托管理合同。

国家委派的代表的责任是：(1) 对于国有股份需要在短期内出售的股份公司，国家代表的任务是努力保持公司的经济状况，寻找机构投资者，确定公司的投资吸引力，制定和实施防止公司破产的措施。(2) 对于需要长期保持国家控股的股份公司，国家代表的主要任务是保证企业稳定运营，努力使股价稳定和适度上涨，注意公司股票的交易和防止少数股东操纵，国家代表应向国有资产管理委员会提出，设定的国有控股期限是否合适，是否全部或部分地出售国有股份等。

国家委派的代表在国家控股和参股的公司中的权限是：(1) 在国家控股51%的公司，国家代表要参加各级管理机构的会议，积极干预公司决策，任命总经理。(2) 在国家持股低于25%的公司，国家代表要参加重大决策，在重大问题上（修订股份公司章程，重组公司，清理股份，改变公司法定资本，签订重要契约等）运用特别权力——国家规定的"黄金股"权力——"一票否决权"，以此来保证股份公司的重大决策符合国家、企业和劳动者的共同利益；并且有权将自己的建议列入当年股东大会的议事日程，有权要求召开非常股东大会等。另外，需要注意的是俄罗斯的另一种国有企业组织（具有一定控股公司特性）：俄罗斯金融工业集团。俄罗斯金融工业集团是1994年后开始组建的大型企业集团。俄罗斯组建金融工业集团的最初意图是：重构经济联系，将前苏联解体后国内地区之间、部门之间、企业之间中断的联系恢复起来，缓和日益严重的经济危机，提高企业的国际竞争力，进行结构改革和调整。建立金融工业集团的理论依据是，金融工业集团可以加强金融资本与工业资本的融合，可以有效筹集生产和技术发展资金，可以形成技术和经营上的一体化。因此，1993年12月5日俄罗斯总统发布《关于在俄罗斯联邦建立金融工业集团的命令》，1995年又出台《金融工业集团法》。于是，从1994年开始俄罗斯就建立了7个金融工业集团，1996年达到45个，1997年为75个，到2001年3月金融工业集团已达到88个，包括1500多个工业企业、商业银行和其他组织。

从性质上看，俄罗斯金融工业集团是通过股份联合形成的大型企业集团，是独立企业的联合组织。金融工业集团中的核心企业和银行，有许多也是俄罗斯的重要国有企业。但是，根据《金融工业集团法》，它的最高管理机构是所有参与成员的代表组成的管理委员会，而且金融工业集团并不是法人组织。这也就是说，参加各金融工业集团的国有控股企业和参股企业受俄联邦国家财产管理委员会（署）的监管，而各金融工业集团总体并不受联邦政府及其部门的监管。

最后，要提到的是农业方面的国有企业管理问题。根据1991年12月27日俄罗斯总统叶利钦发布的《关于实行土地改革的紧急措施》的命令以及12月29日俄政府颁布的《关于改组集体农庄和国营农场的办法的决定》，从1992年起，俄罗斯集体农庄和国营农场开始进行全面的改制：根据农庄和农场成员的意愿，分别建立合伙公司、股份公司、农业合作社、个体农场、农业联合体。改组的具体方法是：(1) 将原生产单位直接变成合伙公司、有限责任公司、股份公司、生产合作社和服务合作社，采取这种改组方式的占40%；(2) 从原生产单位分离出小农场和个体业主，这种改组形式占25%左右；(3) 将原生产单位划分成若干个新的单位，包括农村商业、农业企业联合体、合伙公司、合作社等，采取这种改组形式的占30%左右。到1999年，俄罗斯有各种农业企业2.7万多个，包括公有农业企业2990个、股份公司1.06万多个、农业联合企业和农业合作社1.02万多个，其中只有很少是联邦农场或农业股份公司——它们属于第二种国有资产管理体制模式。

本章小结

国有企业和国有资产的管理体制具有多样性，这取决于国有企业和国有资产的分布范围、数量规模、作用功能、管理效率和管理理念。一般来说，实行所有权与经营权的适当分离是基本原则，这也是各国采取不同管理体制的基本原因。

美国的经验证明，部门实行直接委托经营是有效的，特别是对于那些从事公共品提供和处在基础设施建设和维护领域的公共服务来说，委托经营可以解决诸多管理问题。

意大利和新加坡的经验证明，组建国有控股公司对国有企业和国有资产进行综合管理是一般趋势。尤其是对于一个国有企业多、国有资产规模大、分布广的国家来说，建立国有控股公司进行综合性的配置、协调和管理是必要的。国有企业和国有资产既要分散经营、又要相对整合集中，当市场经济尚未发育成熟时，多方位的弥补和支持形成了国有经济的分散经营格局；当市场经济逐步走向成熟时，国有经济又应根据结构变化理性地收缩和集中，在一些重点产业发展上形成强大合力。而依靠单个国有企业很难顺利实施这种战略转移。当然，对综合性国有控股公司是统一让财政部管理，还是也让其他部门进行管理两国有所不同，这涉及是否要对综合性国有控股公司进行适当分类和分领域的问题。

俄罗斯的经验证明，为了加强重点领域或战略性资源的国家控制，为了对不同类型的国有企业进行管理，完全可以实行2层式2种模式的管理体制：一是中央政府（或部门）直接管理全国性、多行业的特大型国有公司（或战略性全资公司）；二是建立专门的国有资产管理部门对国有资本控股和参股的企业进行监管。

复习思考题

1. 简述主要国家战后建立国有企业的途径和国有企业的作用。
2. 目前世界各国国有企业主要分布在哪些领域？为什么？
3. 如何评价国有资产管理体制或模式的优劣？
4. 简述美国国有资产管理的特点及其原因。
5. 简述意大利国有资产管理体制的特点。
6. 简述新加坡淡马锡国有控股公司的营运特点。
7. 简述俄罗斯组建国家集团公司的目的和意义。
8. 简述俄罗斯国有资产管理体制的特点。

参考文献

一、中文文献：

[1] 马克思，恩格斯．马克思恩格斯全集：第9卷．北京：人民出版社，1965.
[2] 邓子基．现代西方财政学．北京：中国财政经济出版社，1994.
[3] 王传纶．资本主义财政学．武汉：武汉大学出版社，1997.
[4] 陈共．财政学．北京：中国人民大学出版社，2004.
[5] 吴俊培，等．现代财政学．北京：中国财政经济出版社，2001.
[6] 胡庆康，等．现代公共财政学．上海：复旦大学出版社，1999.
[7] 薛健，等．当代西方财政理论与实践．北京：中国财政经济出版社，1993.
[8] 姜维壮．国际财政制度比较．北京：中国财政经济出版社，1991.
[9] 项怀诚．中国财政管理．北京：中国财政经济出版社，2001.
[10] 叶振鹏，张馨．公共财政论．北京：经济科学出版社，1999.
[11] 张馨．构建公共财政框架问题研究．北京：经济出版社，2004.
[12] 高培勇，等．市场化进程中的中国财政运行机制．北京：中国人民大学出版社，2001.
[13] 李萍，刘尚希．部门预算理论与实践．北京：中国财政经济出版社，2003.
[14] 王金秀．政府预算机制研究．北京：中国财政经济出版社，2000.
[15] 王雍君．部门预算与预算改革．太原：山西教育出版社，2001.
[16] 肖捷．德国经济体制和经济政策．北京：中国计划出版社，1992.
[17] 张志超，等．政府财政政策的国际比较．北京：经济科协出版社，2001.
[18] 刘文海．发达国家社会保障制度．北京：时事出版社，2001.
[19] 罗元文．国际社会保障制度比较．北京：中国经济出版社，2001.
[20] 和春雷．社会保障制度的国际比较．北京：法律出版社，2001.
[21] 刘溶沧，赵志耘．税制改革国际比较研究．北京：中国财政经济出版社，2002.
[22] 陈志楣，著．税收制度国际比较．北京：经济科学出版社，2000.
[23] 王春萍，贺强．中外税制改革与借鉴．北京：中华工商联合出版社，1996.
[24] 刘军．经济转轨时期税收制度比较研究．北京：中国财政经济出版社，2002.
[25] 李建昌，高培勇．当代美国财税教程．北京：世界知识出版社，1988.
[26] 李俊生，李新华．国债管理．北京：中国财政经济出版社，2001.
[27] 肖宇．中国国债市场——发展、比较和前瞻．北京：社会科学出版社，1999.
[28] 杨大楷，将萍，杨晔．国债风险管理．上海：上海财经大学出版社，2001.

[29] 马晨．国债市场与投资研究．北京：中国经济出版社，2001.
[30] 刘振亚．美国债券市场．北京：经济科学出版社，2001.
[31] 伍伯麟．中日证券市场及其比较研究．上海：上海财经大学出版社，2000.
[32] 杨迈军．世界金融衍生品市场．北京：中国物价出版社，2001.
[33] 寇铁军．中央与地方财政关系研究．大连：东北财经大学出版社，1996.
[34] 王绍光．分权的底线．北京：中国计划出版社，1997.
[35] 杨灿明．政府间财政转移支付制度研究文集．北京：经济科学出版社，2000.
[36] 贾康．地方财政问题研究．北京：经济科学出版社，2004.
[37] 刘小明．财政转移支付制度研究．北京：中国财政经济出版社，2001.
[38] 刘黎明．财政转移支付的博弈分析．北京：中国财政经济出版社，2000.
[39] 刘云龙．民主机制与民主财政：政府间财政分工．北京：中国城市出版社，2001.
[40] 朱志刚，张翼湘．控股公司组织和管理．北京：中国社会科学出版社，1994.
[41] 许新．转型经济的产权改革．北京：社会科学文献出版社，2003.
[42] 斯列普佐娃·伊琳娜．俄罗斯国有企业的经营管理方式及其社会经济效应研究．哈尔滨：黑龙江大学硕士学位论文，2014.
[43] 李作双．俄罗斯经济现代化问题研究．大连：东北财经大学博士学位论文，2010.
[44] 王玮．地方财政学．北京：北京大学出版社，2013.
[45] 刘万生．国有控股公司研究．北京：经济科学出版社，1998.
[46] 徐茂魁．国有经济论．北京：经济科学出版社，1998.
[47] 佟福全，范新宇．西方混合所有制企业比较．北京：经济科学出版社，2001.
[48] 李晓丹．国有资产管理与经营．北京：中国统计出版社，2000.
[49] 刘薇．转型时期的俄罗斯财政．北京：中国财政经济出版社，2005.
[50] 何家成．公司治理比较．北京：经济科学出版社，2003.
[51] 财政部财政制度国际比较课题组．美国财政制度．北京：中国财政经济出版社，1999.
[52] 财政部财政制度国际比较课题组．英国财政制度．北京：中国财政经济出版社，1999.
[53] 财政部财政制度国际比较课题组．德国财政制度．北京：中国财政经济出版社，1999.
[54] 财政部财政制度国际比较课题组．日本财政制度．北京：中国财政经济出版社，1999.
[55] 财政部财政制度国际比较课题组．俄罗斯财政制度．北京：中国财政经济出版社，1999.
[56] 财政部税收制度国际比较课题组．德国税制．北京：中国财政经济出版社，2004.
[57] 财政部税收制度国际比较课题组．法国税制．北京：中国财政经济出版社，2002.
[58] 道格拉斯·C. 诺思．经济史中的结构与变迁．上海：上海三联书店，2002.
[59] 詹姆斯·M. 布坎南．民主财政论．北京：商务印书馆，2002.
[60] 理查德·A. 马斯格雷夫．比较财政分析．上海：上海三联书店，1996.

[61] 哈维·S. 罗森．财政学．北京：中国人民大学出版社，2000.
[62] C. V. 布朗和 D. M. 杰克逊．公共部门经济学．北京：中国人民大学出版社，2000.
[63] 理查德·A. 马斯格雷夫．美国财政理论与实践．北京：中国财政经济出版社，1987.
[64] 罗伯特·D. 李，罗纳德·约翰逊．公共预算系统．北京：清华大学出版社，2002.
[65] 托马斯·D. 林奇．美国公共预算．北京：中国财政经济出版社，2002.
[66] A. 普雷姆詹德．预算经济学．北京：中国财政经济出版社，1989.
[67] 杰克·瑞宾，托马斯·D. 林奇．国家预算与财政管理．北京：中国财政经济出版社，1990.
[68] 爱伦·鲁宾．公共预算中的政治．北京：中国人民大学出版社，2001.
[69] 萨尔瓦托雷斯·基亚沃—坎波，等著．公共支出管理：亚洲开发银行．北京：中国财政经济出版社，2001.
[70] 桑贾伊·普拉丹．公共支出分析的基本方法．北京：中国财政经济出版社，2000.
[71] 锡德里克·桑福德．成功税制改革的经验与问题：第 1~4 卷．北京：中国人民大学出版社，2001.
[72] 亨瑞·J. 艾伦、威廉姆·G. 盖尔．美国税制改革的经济影响．北京：中国人民大学出版社，2001.
[73] 金子宏．日本税法．北京：法律出版社，2004.
[74] 佐藤进·高桥诚．地方财政读本．3 版．北京：东洋经济新报社，1987.
[75] T. B. 博拉伊切娃．俄罗斯国家财政．圣彼得堡：彼杰尔出版社，2002.
[76] 石弘光．日本财政政策的制定．北京：中国财政经济出版社，2005.
[77] 罗纳德·J. 奥克森．治理地方公共经济．北京：北京大学出版社，2005.
[78] 赫尔穆特·沃尔曼，等．比较英德公共部门改革．北京：北京大学出版社，2004.
[79] E. S. 萨瓦斯．民营化与公私部门的伙伴关系．北京：中国人民大学出版社，2002.
[80] 雅诺什·科尔奈，等．转轨中的福利、选择和一致性．北京：中信出版社，2003.
[81] 弗雷德里克·普赖尔．美国资本主义的未来．北京：中国社会科学出版社，2004.
[82] 关谷俊作．日本的农地制度．北京：生活·读书·新知三联书店，2004.
[83] 福克纳．美国经济史．北京：商务印书馆，1964.
[84] 柯拉潘．1815—1914 年法国和德国的经济发展．北京：商务印书馆，1965.
[85] 爱德华·S. 考文．美国宪法的“高级法”背景．北京：生活·读书·新知三联书店，1997.

二、外文文献：

[1] Aaron Wildavsky, Naomi Caiden. The new politics of the budgetary process. Addison-wesley Educational Publishers, 2001.
[2] Anwar Shah. The reform of intergovernmental fiscal relations in developing & emerging market economies World Bank. Policy and Research, 1994 (23).
[3] A. Premchand. Public expenditure management. Washington, D. C: IMF, 1993.

[4] Charles Tiebout. A pure theory of local expenditures. Journal of Political Economy, 1956 (64).
[5] James M. Buchanan. An economic theory of clubs. Economica, 1965.
[6] International Bureau of Fiscal Documentation-Amsterdam. European Tax Handbook, IBFD Publication, 1995.
[7] Jim Somers. VAT & sales taxes worldwide—A guide to practice and procedures in 61 countries. Ernst & Young International , 1995.
[8] John L. Mikesell, fiscals administration. Wadsworth Publishers , 2003.
[9] Ken Messere, et al. Tax policy: Theory and practice in OECD countries. Oxford: Oxford University Press, 2003.
[10] Kevin E. Murphy, Mark Higgins. Concepts in federal taxation. South-western College Publishing, 1998.
[11] Luigi Bernardi, Oaola Profeta. Tax systems and tax reforms in Europe. Routledge, 2004.
[12] OMB. Budget of the United States government (Fiscal year 2000). U. S. Government Printing Office, 1999.
[13] OMB. Analytical perspectives: Budget of the United States government (Fiscal year 2000). U. S. Government Printing Office, 1999.
[14] OMB. A citizen's guide to the federal budget: Budget of the United States government (Fiscal year 2000), U. S. Government Printing Office, 1999.
[15] OMB. Budget system and concepts: Budget of the United States government (Fiscal year 2000). U. S. Government Printing Office, 1999.
[16] Predeep Mitra, Nicholas Stern. Tax Systems in Transiting. WB, 2003.
[17] Richard Abel Musgrave. Public finance in theory and practice. McGraw-Hill, 1984.
[18] Richard Bonney. The rise of the fiscal state in Europe 1200—1815. Oxford: Oxford University Press, 1999.
[19] Stephen J. Bailey. Strategic Public finance. Palgrave Macmillan, 2004; OECD. Economic outlook, 2003.
[20] Teresa Ter-Minassian. Fiscal federalism in theory and practice. IMF, 1997.
[21] U. S. census bureau. Statistical abstract of the United States: 2004—2005.
[22] Vito Tanzi, Public spending in 20th century: A global perspective. Cambridge: Cambridge University Press, 1999.
[23] World Bank. Sub-national budgeting in Russia. Technical Paper, 1999 (452).
[24] World Bank. Tax systems in transition. Policy Research Working Paper, 2003 (2947).
[25] Wallace E. Oates. Toward a second-generation theory of fiscal fedralism. International Tax and Public Finance, 2005 (12).
[26] 英国财政部网站, http: //www. hm-treasury.
[27] 日本总务省网站, http: //www. soumu. go. jp/iken/zaisei. html.
[28] 日本财务省网站, http: //www. mof. go. jp/jgbs/reference/gbb/data. htm.

[29] 日本统计局网站，http：//www. stat. go. jp/data/nenkan/index1. htm.
[30] 德国财政部网站，http：//www. bundesfinanzministerium. de/.
[31] 德国统计局网站，https：//www. destatis. de.
[32] 美国预算与管理办公室，http：//www. whitehouse. gov/omb/.
[33] 美国财政部网站，http：//www. gpo. gov/us/.
[34] 美国政府支出网站，http：//www. usgovernmentspending. com.
[35] 美国统计局网站，http：//www. census. gov/.
[36] OECD 数据库，http：//stats. oecd. org/.
[37] 芬兰财政部网站，http：//vm. fi/en/frontpage.
[38] 芬兰统计局网站，http：//www. stat. fi.
[39] 俄罗斯财政部网站，http：//wwwl. minfin. ru/.
[40] 印度财政部网站，http：//www. finmin. nic. in/index. asp.
[41] 淡马锡年度报告 2015，http：//www. temasekreview. com. sg/zh/index. html.
[42] 埃尼集团公司治理报告 2014，http：//www. eni. com/en_IT/attachments/governance/shareholder-meeting/2015/Corporate-Governance-Report-2014. pdf.
[43] 意大利国有资产报告 2013，http：//www. rgs. mef. gov. it/_Documenti/VERSIONE-I/Attivit-i/Rendiconto/Conto _ del _ bilancio _ e _ Conto _ del _ patrimonio/Il-Patrimo/PS-2013. pdf.